Das Rechtsinstitut der
steuerstrafrechtlichen Selbstanzeige

Europäische Hochschulschriften Recht

European University Studies in Law

Publications Universitaires Européennes de Droit

Band/Volume 6728

Lisa Martin

Das Rechtsinstitut der steuerstrafrechtlichen Selbstanzeige

Eine rechtsvergleichende Untersuchung der deutschen und britischen Selbstanzeige im Hinblick auf die Notwendigkeit einer europäischen Selbstanzeigeregelung

PETER LANG

Bibliografische Information der Deutschen Nationalbibliothek
Die Deutsche Nationalbibliothek verzeichnet diese Publikation in der Deutschen Nationalbibliografie; detaillierte bibliografische Daten sind im Internet über http://dnb.d-nb.de abrufbar.

Zugl.: Heidelberg, Univ., Diss., 2022

Die Dissertation wurde durch ein Begabtenstipendium der Hanns-Seidel-Stiftung aus Mitteln des Bundesministeriums für Bildung und Forschung (BMBF) gefördert.

D 16
ISSN 0531-7312
ISBN 978-3-631-89514-6 (Print)
E-ISBN 978-3-631-89756-0 (E-PDF)
E-ISBN 978-3-631-89757-7 (EPUB)
DOI 10.3726/b20583

Peter Lang – Berlin · Bern · Bruxelles · New York · Oxford · Warszawa · Wien

Diese Publikation wurde begutachtet.

www.peterlang.com

Vorwort

Die Dissertation wurde im Wintersemester 2021/2022 an der Juristischen Fakultät der Ruprecht-Karls-Universität eingereicht.

Mein besonderer Dank gilt meinem Doktorvater Herrn Prof. Dr. Dr. h.c. Gerhard Dannecker, der mir während meiner Promotion immer mit Rat zur Seite stand und wertvolle Denkanstöße bei unseren Gesprächen lieferte, die maßgeblich zum Gelingen der Arbeit beigetragen haben. Ferner möchte ich mich bei meinem Doktorvater für die schnelle Erstellung des Erstgutachtens bedanken.

Mein weiterer Dank gilt Herrn Prof. Dr. Hanno Kube, LL.M. (Cornell), der das Zweitgutachten erstellt hat und Herrn Prof. Dr. Dieter Dölling, der den Vorsitz im Prüfungsausschuss geführt hat.

Weiterhin möchte ich mich bei meinen britischen Kollegen aus der Praxis und an der Universität Cambridge für Ihre Hilfe in Bezug auf die britische Selbstanzeige bedanken. Durch sie war es mir möglich, an spannenden Diskussionen in der Tax Discussion Group der Universität Cambridge teilzunehmen und wertvolle Einblicke in die praktische Handhabung der britischen Selbstanzeige zu erhalten. Namentlich seien hier insbesondere erwähnt: Prof. Dr. Dominic de Cogan, Tina Riches, Heather Self, Phil Berwick, Paul Noble, Ray McCann und Andrew McKenna.

Weiter möchte ich mich bei der Hanns-Seidel-Stiftung bedanken, die mich durch ihr Promotionsstipendium im Rahmen des Promotionskollegs „Politik und Medien in Europa“ sowohl ideell als auch finanziell gefördert hat.

Zu guter Letzt gilt mein großer Dank meinen Eltern und meinem Lebensgefährten, die mich auf diesem Weg immer unterstützt haben.

Braunschweig, Februar 2023

Inhalt

Abkürzungsverzeichnis

A.A./a.A.	andere Ansicht
aaO.	am angegebenen Ort
ABl.	Amtsblatt der Europäischen Gemeinschaften/ Europäischen Union
Abs.	Absatz
AC	Appeal Cases
AcP	Archiv für die civilistische Praxis
AEAO	Anwendungserlasses zur Abgabenordnung
AEUV	Vertrag über die Arbeitsweise der Europäischen Union
AG	Amtsgericht
AK	Reihe Alternativkommentare
All ER	All England Reports
Anh.	Anhang
Anm.	Anmerkung
anor	another
AO	Abgabenordnung
AöR	Archiv des öffentlichen Rechts
Art.	Artikel
AStG	Außensteuergesetz
ATC	Annotated Tax Cases
AWG	Außenwirtschaftsgesetz
BayObLG	Bayerisches Oberstes Landesgericht
BayVbl.	Bayerische Verwaltungsblätter
BB	Betriebs-Berater
Bd.	Band
BDSG	Bundesdatenschutzgesetz
Bearb.	Bearbeiter
BeckOK	Beck´scher Onlinekommentar
Begr.	Begründer
BFH	Bundesfinanzhof

BFHE	Entscheidungen des Bundesfinanzhofs
BFH/NV	Sammlung der Entscheidungen des Bundesfinanzhofs
BGB	Bürgerliches Gesetzbuch
BGBl.	Bundesgesetzblatt
BGH	Bundesgerichtshof
BGHSt	Entscheidungen des Bundesgerichtshofs in Strafsachen
BIM	Business Income Manual
BMF	Bundesministerium der Finanzen
BR-Drs.	Bundesratsdrucksache
BRJ	Bonner Rechtsjournal
BStBl.	Bundessteuerblatt
BT-Drs.	Bundestagsdrucksache
B.T.R.	British Tax Review
BuW	Betrieb und Wirtschaft
BVerfG	Bundesverfassungsgericht
BVerfGE	Entscheidungen des Bundesverfassungsgerichts
BVerwG	Bundesverwaltungsgericht
BVerwGE	Entscheidungen des Bundesverwaltungsgerichts
bzw.	beziehungsweise
CA	Court of Appeal
CC/FS	compliance checks factsheet
Cd.	Command
CDF	Contractual Disclosure Facility
CEMA	Customs and Excise Management Act
CH	Compliance Handbook
CHF	Schweizer Franken
CIF	Civil Investigation of Fraud
CIR	Commissioner of Inland Revenue
Cm.	Command
Cmd.	Command

Cmnd.	Command
Cmrs	Commissioners
col.	Column
cols.	Columns
COM	Europäische Kommission (Commission)
Comr	Commissioner
COP	Code of Practice
Cr. App. R. (S.)	Criminal Appeal Reports (Sentencing)
CRCA	Commissioners for Revenue and Customs Act
Crim. L.R.	Criminal Law Review
CPS	Crown Prosecution Service
CS	Court of Sessions
CTA	Corporation Tax Act
DAR	Deutsches Autorecht
dass.	dasselbe
Deb	Debate
ders.	derselbe
DF	Disclosure Facility
d.h.	das heißt
dies.	dieselbe/dieselben
Diss.	Dissertation
DÖV	Die öffentliche Verwaltung
DRiZ	Deutsche Richterzeitung
DS	Disclosure Sheet
DStJG	Veröffentlichungen der Deutschen Steuerjuristischen Gesellschaft e.V.
DStR	Deutsches Steuerrecht
DStRE	Deutsches Steuerrecht Entscheidungsdienst
DStZ	Deutsche Steuer-Zeitung
DVO	Durchführungsverordnung
ebd.	ebenda
EFG	Entscheidungen der Finanzgerichte

EGMR	Europäischer Gerichtshof für Menschenrechte
Einf.	Einführung
Einl.	Einleitung
EM	Enquiry Manual
EMRK	Europäische Menschenrechtskonvention
endg.	Endgültig
ErbStG	Erbschaftsteuer und Schenkungsteuergesetz
Erl.	Erläuterung
EU	Europäische Union
EuGH	Europäischer Gerichtshof
EuGRZ	Europäische Grundrechte Zeitschrift
EuR	Europarecht
EUStA	Europäische Staatsanwaltschaft
EUV	Vertrag über die Europäische Union
EuZW	Europäische Zeitschrift für Wirtschaftsrecht
EWS	Europäisches Wirtschafts- und Steuerrecht
ex p	ex parte
FA	Finance Act
FATCA	Foreign Account Tax Compliance Act
FAZ	Frankfurter Allgemeine Zeitung
FCIM	Fraud Civil Investigation Manual
FG	Finanzgericht
FGO	Finanzgerichtsordnung
FinStrG	Finanzstrafgesetz
Fn.	Fußnote
FR	Finanz-Rundschau
Forts.	Fortsetzung
FS	Festschrift
GA	Goltdammer´s Archiv für Strafrecht
GG	Grundgesetz
GRCh	Grundrechtecharta
GStB	Gestaltende Steuerberatung
GWB	Gesetz gegen Wettbewerbsbeschränkungen

Habil.	Habilitation
HbStR	Handbuch des Staatsrechts
HC	House of Commons
HdB	Handbuch
HFR	Höchstrichterliche Finanzrechtsprechung
h.M.	herrschende Meinung
HMRC	Her Majesty´s Revenue and Customs
HRA	Human Rights Act
HRRS	Onlinezeitschrift für Höchstrichterliche Rechtsprechung im Strafrecht
Hrsg.	Herausgeber
HS	Halbsatz
IHT	inheritance tax
InsO	Insolvenzordnung
Int´l Tax Rev.	International Tax Review
IPBPR	Internationaler Pakt über bürgerliche Rechte und Pflichten
IR	Inland Revenue
IRC	Inland Revenue Commissioners
iRd	im Rahmen des
iSd	im Sinne des
IStR	Internationales Steuerrecht
ITA	Income Tax Act
iVm	in Verbindung mit
JA	Juristische Ausbildung
JR	Juristische Rundschau
JSE	Jura Studium & Examen
J. Tax Prac. & Proc	Journal of Tax Practice & Procedure
Jura	Juristische Ausbildung
JuS	Juristische Schulung
JZ	JuristenZeitung
Kap.	Kapitel
KB	Law Reports Kings´ Bench
KG	Kammergericht Berlin

KK	Karlsruher Kommentar
KOM	Europäische Kommission
KraftStG	Kraftfahrzeugsteuergesetz
KritV	Kritische Vierteljahresschrift für Gesetzgebung und Rechtswissenschaft
LDF	Liechtenstein Disclosure Facility
LG	Landgericht
lit.	littera (Buchstabe)
LK	Leipziger Kommentar
lPGR	liechtensteinisches Personen- und Gesellschaftsrecht
LPK	Lehr- und Praxiskommentar
MCAA	Multilateral Competent Authority Agreement on Automatic Exchange of Financial Account Information
MedR	Medizinrecht
MK	Münchener Kommentar
m.w.N.	mit weiteren Nachweisen
MwStR	Mehrwertsteuerrecht
NJ	Neue Justiz
NJW	Neue Juristische Wochenschrift
NK-WSS	Nomos Kommentar Wirtschafts- und Steuerstrafrecht
NStZ	Neue Zeitschrift für Strafrecht
NVwZ	Neue Zeitschrift für Verwaltungsrecht
NZG	Neue Zeitschrift für Gesellschaftsrecht
OECD	Organisation for Economic Co-operation and Development/Organisation für wirtschaftliche Entwicklung und Zusammenarbeit
OECD-MA	Musterabkommen der Organisation für wirtschaftliche Zusammenarbeit und Entwicklung (Organisation for Economic Cooperation and Development) zur Vermeidung von Doppelbesteuerung
OGH	Oberster Gerichtshof der Republik Österreich
OLG	Oberlandesgericht

OWiG	Ordnungswidrigkeitengesetz
PACE	Police and Criminal Evidence Act
PAYE	pay as you earn (Lohnsteuer)
PC	Privy Council
POCA	Proceeds of Crime Act
QB	Law Reports Queen´s Bench
PStR	Praxis Steuerstrafrecht
R.	Regina (Latin for “queen”)
RAO	Reichsabgabenordnung
RGBl.	Reichsgesetzblatt
RI	Revenue Interpretations
Rn.	Randnummer
Rs.	Rechtssache
Rspr.	Rechtsprechung
RStPO	Reichsstrafprozessordnung
S.	Satz/Seite
S./s.	siehe
SCD	Special Commissioner´s Division
SDÜ	Schengener Durchführungsübereinkommen
SFD	Specialist Fraud Division
SGB	Sozialgesetzbuch
SI	Statutory Instrument
SK	Systematischer Kommentar
Slg.	Sammlung der Rechtsprechung des Gerichtshofs und des Gerichts Erster Instanz
sog.	sogenannt
Sp.	Spalte
S/S/W StPO	Satzger/Schmidt/Widmaier StPO Kommentar
StB	Der Steuerberarter
Stbg	Die Steuerberatung
StbJb	Steuerberater-Jahrbuch
STC	Simon´s Tax Cases
StGB	Strafgesetzbuch
StPO	Strafprozessordnung

StraFO	Strafverteidger-Forum
StuW	Steuer und Wirtschaft
StV	Strafverteidiger
TabStG	Tabaksteuergesetz
Tax Notes Int´l	Tax Notes International
TC	Tax Cases
TCA	Taxes Consolidation Act
TIEA	Tax Information Exchange Agreement
TMA	Taxes Management Act
TTOG	Technical Teams Operational Guidance Manual
u.a.	und andere
UAbs.	Unterabsatz
UKFTT (TC)	United Kingdom First Tier Tribunal (Tax Chamber)
UKHL	United Kingdom House of Lords
Urt.	Urteil
UStG	Umsatzsteuergesetz
uStGB	ungarisches StGB
VATA	Value Added Tax Act
UWG	Gesetz gegen den unlauteren Wettbewerb
UZK	Zollkodex der Union, kurz Unionszollkodex
v	versus
v.a.	vor allem
Var.	Variante
VAT Dig.	VAT Digest
VersR	Versicherungsrecht
VfGH	Verfassungsgerichtshof Österreich
VO	Verordnung
Vol.	Volume
Vor	Vorbemerkungen
Vorbem.	Vorbemerkungen
VR	Verwaltungsrundschau

VVDStRL	Veröffentlichungen der Vereinigung der Deutschen Staatsrechtslehrer
VwVfG	Verwaltungsverfahrensgesetz
W	Written Answer (House of Commons)
wistra	Zeitschrift für Wirtschafts- und Steuerstrafrecht
WRV	Weimarer Reichsverfassung
WuW	Wirtschaft und Wettbewerb
z.B.	zum Beispiel
ZEV	Zeitschrift für Erbrecht und Vermögensnachfolge
ZIS	Zeitschrift für Internationale Strafrechtsdogmatik
ZJS	Zeitschrift für das Juristische Studium
ZollVG	Zollverwaltungsgesetz
ZPO	Zivilprozessordnung
ZRP	Zeitschrift für Rechtspolitik
ZStrR	Schweizerische Zeitschrift für Strafrecht
ZStW	Zeitschrift für die gesamte Strafrechtswissenschaft
ZWF	Zeitschrift für Wirtschafts- und Finanzstrafrecht

A. Einleitung

I. Problemstellung

Spätestens seit dem spektakulären Steuerstrafprozess um Uli Hoeneß und die Wirksamkeit seiner Selbstanzeige[1] und dem Fall von Alice Schwarzer[2] ist das Institut der Selbstanzeige in Deutschland so präsent wie nie zuvor.

Laut einer Umfrage unter den Finanzämtern berichtete die Süddeutsche Zeitung, dass in den ersten drei Monaten des Jahres 2014 bereits 13.000 Selbstanzeigen eingereicht worden seien. Dem standen lediglich 26.000 Anzeigen im gesamten Vorjahr gegenüber. Durch den Prozess gegen Uli Hoeneß sei die Zahl der Selbstanzeigen um das Vierfache in Bayern und das Fünffache in Nordrhein-Westfalen im Vergleich zum Vorjahr gestiegen. Ähnliche Anstiege habe es auch in Baden-Württemberg, Rheinland-Pfalz und Hessen gegeben.[3]

Nach dem Rekordjahr 2014 mit 40.000 Selbstanzeigen stand am Ende des Jahres 2015 eine Zahl von 14.500 Anzeigen, was vor allem auf die Verschärfungen des § 371 AO seit dem 01.01.2015 zurückzuführen ist.[4] Gleiches trifft auf die Jahre 2016 und 2017 zu, in denen die Zahl der Selbstanzeigen nur 4.373[5] bzw. etwas mehr als 2.000 betrug.[6]

Gerade im Hinblick auf die prominenten Fälle, bei denen Steuern im Hunderttausend- bzw. Millionenbereich hinterzogen worden sind, wurden sowohl bei den

---

1 Artikel Zeit Online vom 13.03.2014, abrufbar unter: http://www.zeit.de/wirtschaft/2014-03/uli-hoeness-urteil-prozess.

2 Artikel FAZ.net vom 07.06.2014, abrufbar unter: http://www.faz.net/aktuell/politik/unvollstaendige-selbstanzeige-steuerstrafrechtler-alice-schwarzer-muss-mit-verfahren-rechnen-12978216.html#/elections; s. auch Erlass eines Strafbefehls und Strafzahlung gegen Alice Schwarzer in Artikel Zeit Online vom 10.07.2016, abrufbar unter: http://www.zeit.de/gesellschaft/2016-07/steuerhinterziehung-alice-schwarzer-strafbefehl.

3 Artikel Zeit Online vom 16.04.2014, abrufbar unter: http://www.zeit.de/wirtschaft/2014-04/steuerhinterziehung-selbstanzeigen-hoeness.

4 Artikel Süddeutsche Zeitung vom 24.12.2015, abrufbar unter: https://www.sueddeutsche.de/wirtschaft/finanzen-zahl-der-steuer-selbstanzeigen-sinkt-drastisch-dpa.urn-newsml-dpa-com-20090101-151224-99-550945.

5 Artikel Spiegel Online vom 27.12.2016, abrufbar unter: http://www.spiegel.de/wirtschaft/soziales/steuerhinterziehung-zahl-der-selbstanzeigen-bricht-offenbar-ein-a-1127574.html.

6 Artikel Hamburger Abendblatt vom 07.01.2018, abrufbar unter: https://www.abendblatt.de/wirtschaft/article213035125/Zahl-der-Selbstanzeigen-von-Steuersuendern-geht-zurueck.html.

Gesetzesänderungen 2010 als auch 2014 immer wieder Stimmen laut, die eine Abschaffung der Selbstanzeige forderten.[7]

Der Gesetzgeber hat sich jedoch jedes Mal für den Erhalt der Selbstanzeige ausgesprochen und hervorgehoben, dass sich das Institut der Selbstanzeige über die Jahrzehnte bewährt habe.[8]

Da kommt die Frage auf, warum der Gesetzgeber nach wie vor an der Selbstanzeigeregelung festhält oder ob nicht vielmehr sogar eine Notwendigkeit für die Existenz einer solchen besteht.

Beschäftigt man sich mit der Selbstanzeige näher, ist es nicht schwer, an juristische Literatur zu gelangen. Es existiert eine Fülle an Handbüchern, die eine Anleitung zur vollständigen und wirksamen Selbstanzeige geben, und es gibt mehrere Kommentare, Lehrbücher, zahlreiche Aufsätze sowie Dissertationen, die sich mit der Selbstanzeige auseinandersetzen.[9]

Schaut man sich die verschiedenen Beiträge genauer an, so fällt auf, dass sich diese häufig tiefgehend mit den tatbestandlichen Voraussetzungen der Selbstanzeige und ihren gesetzlichen Änderungen befassen. Allerdings standen bisher, sieht man von der Habilitationschrift *Brauns* aus dem Jahr 1996 ab,[10] die Grundlagen des Instituts der Selbstanzeige nicht im Mittelpunkt des Interesses.

II. Gang der Untersuchung

Um ein umfassendes Verständnis über die Selbstanzeige sowohl in steuer- und steuerstrafrechtlicher Hinsicht als auch in verfassungs- und europarechtlicher Hinsicht zu bekommen, ist zunächst ein Überblick über den Steuerstaat, die

---

7 Gesetzesentwurf der SPD-Fraktion vom 20.04.2010 BT-Drs. 17/1411, S. 1, 4; Vorschlag der SPD, die Selbstanzeige oberhalb einer Bagatellgrenze abzuschaffen, s. Badische Zeitung Artikel vom 05.02.2014, abrufbar unter: http://www.badische-zeitung.de/deutschland-1/debatte-um-die-selbstanzeige--80415614.html; Antrag der Fraktion Die Linke BT-Drs. 18/556, S. 1 f.

8 Regierungsentwurf der CDU/CSU- und FDP-Fraktion BT-Drs. 17/4182, S. 3; Empfehlungen der Ausschüsse des Bundesrats BR-Drs. 318/1/10, S. 80.

9 Statt vieler: Flore/Tsambikakis Steuerstrafrecht; Hübschmann/Hepp/Spitaler AO/FGO; Hüls/Reichling Steuerstrafrecht; Joecks/Jäger/Randt Steuerstrafrecht; Kohlmann Steuerstrafrecht; Leitner/Rosenau Wirtschafts- und Steuerstrafrecht; *Rolletschke* Steuerstrafrecht; *Beckemper/Schmitz/Wegner/Wulf* wistra 2011, 281, 281 ff.; *J. R. Müller* Die Selbstanzeige im Steuerstrafverfahren; *Kuhlen* Grundfragen der strafbaren Steuerhinterziehung; *Löffler* Grund und Grenzen der steuerstrafrechtlichen Selbstanzeige; *M. Müller* Die Selbstanzeige im Steuerstrafrecht; *Rolletschke/Roth* Die Selbstanzeige.

10 Siehe *Brauns* Die Wiedergutmachung der Folgen der Straftat durch den Täter, S. 136 ff.; siehe auch *G. Dannecker* in: Leitner/Brandl Finanzstrafrecht 2017, 1, 1 ff.

Sozialschädlichkeit der Steuerhinterziehung und die Steuermoral der Bürger (dazu B. I.-III.) erforderlich. Denn der Staat ist als Steuerstaat auf Steuereinnahmen angewiesen. Diese kann er aber nur generieren, wenn die Bürger eine hohe Steuermoral haben und auch der Staat zugleich Besteuerungsmoral zeigt.

Über kaum ein Rechtsinstitut ist in den letzten Jahren so heftig diskutiert worden wie über die Selbstanzeige und ihre Berechtigung.[11] Während die herrschende Meinung bis zum Beschluss des BGH vom 20.05.2010[12] als Zweck der Selbstanzeige maßgeblich auf die Erschließung unbekannter Steuerquellen abstellte, hat sich mit der genannten Entscheidung des BGH der Schwerpunkt von der fiskalischen Begründung auf eine strafrechtliche verlagert, bei der die Schadenswiedergutmachung durch den Täter honoriert wird. Welche Ansätze zur Rechtfertigung der Selbstanzeige bestehen, ist Gegenstand des Kapitels C. I.

Neben ihrer Rechtfertigung muss die Selbstanzeige den verfassungsrechtlichen Anforderungen genügen. Die Selbstanzeige ist dem Steuerstrafrecht zuzuordnen. Das Steuerstrafrecht selbst ist eine Verbindung aus den Begriffen Steuer- und Strafrecht. Beide Rechtsgebiete unterliegen unterschiedlichen verfassungsrechtlichen Grundsätzen, die näher untersucht werden sollen (dazu C. II. 1.-3.). Für die Selbstanzeige sind insbesondere der Gleichbehandlungsgrundsatz in Art. 3 Abs. 1 GG und der Grundsatz „nemo tenetur se ipsum accusare" von Bedeutung. Der Gleichbehandlungsgrundsatz spielt deshalb eine wichtige Rolle, weil teilweise[13] die Selbstanzeigeregelung als verfassungswidrig angesehen wird (dazu C. II. 2.).

Die historische Entwicklung und die rechtliche Einordnung von „nemo tenetur" (dazu C. II. 3 b), c)) haben vor allem Auswirkungen darauf, ob sich auch eine juristische Person auf das Schweigerecht berufen kann (dazu C. II. 3. d)), wenn gegen diese ein Ordnungswidrigkeitenverfahren zur Verhängung einer Geldbuße gemäß § 30 Abs. 1 OWiG eingeleitet wurde, weil eine Selbstanzeige der natürlichen Person, die beispielsweise als Organ des Unternehmens Steuerhinterziehungen begangen hat, unwirksam war.

Die Selbstanzeige ist geschaffen worden, um dem Steuerstraftäter einen Weg zurück in die Legalität zu ermöglichen. Wegen der jährlichen Veranlagung der Steuern ist ein Vergleich zwischen den verschiedenen Veranlagungszeiträumen möglich. Sollte der Täter zuvor seine Einkünfte falsch angegeben haben und für die aktuelle Veranlagungsperiode eine korrekte Steuererklärung einreichen, gibt er damit der Finanzbehörde Anlass zu strafrechtlichen Ermittlungen, die zu einer

11 Während SPD und die Linke für eine Abschaffung plädierten, aaO. (Fn. 7), hielten CDU, CSU und FDP als Regierungsfraktionen 2010 an der Existenz der Selbstanzeige fest, aaO. (Fn. 8).

12 BGHSt 55, 180, 180 ff.

13 AG Saarbrücken DStZ 1983, 130, 130; *Abramowski* DStZ 1992, 460, 465; *Bilsdorfer* DStZ 1983, 131, 132; *Krack* NStZ 2001, 505, 510; *Patzschke* Die Selbstanzeige als Strafaufhebungsgrund des allgemeinen Strafrechts, S. 37 f., 237.

strafrechtlichen Verurteilung führen können. Ohne die Selbstanzeige könnte der Steuerdelinquent nicht seinen steuerlichen Mitwirkungspflichten nachkommen, ohne sich strafrechtlich selbst zu belasten (sog. Hinterziehungsfalle). Ob eine verfassungsrechtliche Notwendigkeit für dieses Institut besteht, um dem Steuerstraftäter einen Weg in die Legalität zu eröffnen, oder ob nicht vielmehr von einer rechtspolitischen Gebotenheit auszugehen ist, soll Gegenstand des Kapitels C. III. sein.

Die deutsche Selbstanzeige ist ein Rechtsinstitut, das bereits seit über 100 Jahren existiert und im Laufe der Zeit mehrere grundlegende Änderungen erfahren hat (dazu D. I. 1.). Während früher noch eine Berücksichtigung der subjektiven Motive des Täters erfolgte, besteht heute kein Freiwilligkeitserfordernis mehr. Entscheidend ist, dass der Steuerdelinquent die positiven und negativen Wirksamkeitsvoraussetzungen erfüllt (dazu D. I. 2.). Ist das der Fall, wird er mit Straffreiheit belohnt (dazu D. I. 3.).

Die Selbstanzeige in Großbritannien ist hingegen nicht gesetzlich verankert, sondern es handelt sich um eine Praxis der Finanzbehörde, die nach dem ersten Weltkrieg eingeführt wurde, um der steigenden Anzahl von Steuerhinterziehungen Herr zu werden (dazu D. II. 3. a)). Um die britische Selbstanzeige einordnen zu können, muss man verstehen, wie das Steuersystem in Großbritannien ausgestaltet ist (s. dazu D. II. 1. a)), welche Pflichten des Steuerzahlers bestehen (s. dazu D. II. 1. b)), welche Befugnisse der britischen Finanzbehörde im Steuer- und Steuerstrafverfahren zustehen (s. dazu D. II. 1. c), 2. a)) und wie sich der Steuerstraftäter strafbar machen kann (s. dazu D. II. 2. b)). Dass es sich bei der britischen Selbstanzeige um ein steuerrechtliches und kein strafrechtliches Rechtsinstitut handelt, lässt sich mit der restriktiven Strafverfolgungspolitik der britischen Finanzbehörde begründen (s. dazu D. II. 3. b)). Wie im deutschen Teil soll die britische Selbstanzeige daraufhin untersucht werden, was die Gründe für die Existenz dieses Rechtsinstituts sind (dazu D. II. 3. c)), wie die Regelung ausgestaltet ist (dazu D. II. 3. d)) und welche Rechtsfolgen mit der wirksamen Selbstanzeige einhergehen (dazu D. II. 3. e)), bevor ein Rechtsvergleich (dazu D. III.) erfolgt.

Dieser Vergleich ist erforderlich, um sodann auf europäischer Ebene zu beleuchten, ob eine einheitliche europäische Selbstanzeigeregelung notwendig ist (dazu E.). Für diese müssen die bereits getroffenen Maßnahmen auf europäischer und internationaler Ebene gegen Steuerhinterziehung nicht ausreichend gewesen sein (dazu E. I.). Zwar hat die Europäische Union auf dem Gebiet der Betrugsbekämpfung mit der Richtlinie (EU) 2017/1371 des Europäischen Parlaments und des Rates über die strafrechtliche Bekämpfung von gegen die finanziellen Interessen der Europäischen Union gerichtetem Betrug vom 05.07.2017 eine einheitliche Definition des Betruges geschaffen und die Angleichung von gegen die finanziellen Interessen der EU gerichteten Straftatbeständen und Verjährungsfristen sowie die Einführung strafrechtlicher Sanktionen und Mindeststrafen beim Höchstmaß vorgesehen.[14] Regelungen in Bezug auf die Selbstanzeige fehlen jedoch völlig.

14 S. Erwägungsgründe, ABl. L 198 vom 28.07.2017, S. 29 ff. m.w.N.

Eine europäische Selbstanzeigeregelung sollte eingeführt werden, wenn eine tatsächliche und rechtliche Notwendigkeit besteht. Dafür müssen zunächst die Fälle grenzüberschreitender Steuerhinterziehungen identifiziert werden (s. dazu E. II. 1.) und die Selbstanzeige mit dem Schutz der finanziellen Interessen der Europäischen Union vereinbar sein (s. dazu E. II. 2. a)). Nur wenn die Mitgliedstaaten nicht in der Lage sind, die grenzüberschreitende Steuerhinterziehung einzudämmen, es eine geeignete Ermächtigungsgrundlage gibt (s. dazu E. II. 2. b) aa)) und bestimmte Rechtsprinzipien in den europäischen Verträgen, namentlich der Effektivitätsgrundsatz, eine europäische Selbstanzeigeregelung rechtfertigen (s. dazu E. II. 2. b) bb)), kann ein Regelungsvorschlag unterbreitet werden (s. dazu E. III.).

III. Ziel der Untersuchung

In Anbetracht dessen, dass sich nur wenige Autoren mit den Grundlagen der Selbstanzeige beschäftigt haben, ist es Ziel dieser Arbeit, einen „Blick über den Tellerrand“ der nationalen Selbstanzeigeregelung des § 371 AO zu werfen und sowohl die verfassungsrechtlichen als auch europarechtlichen Einflüsse auf diese zu beleuchten. Dabei ist zentrale These der Arbeit, dass die Selbstanzeige rechtspolitisch und europarechtlich geboten ist, damit das Steuerstrafrecht seine Aufgabe, das Steueraufkommen des Staates durch Verhinderung bzw. Bestrafung von Steuerhinterziehungen zu schützen, effektiv erfüllen kann und um dem Steuerstraftäter einen Ausweg aus der Hinterziehungsfalle zu ermöglichen.

Auch wenn Großbritannien am 31. Januar 2020 die EU verlassen hat, hat die britische Selbstanzeige dennoch Relevanz für die Schaffung einer europäischen Selbstanzeigeregelung, weil es sich bei Großbritannien, ebenso wie bei Irland, um ein Land handelt, dessen Rechtsordnung dem common law zuzuordnen ist. Für eine Vereinheitlichung der Selbstanzeige in der Europäischen Union müssen die verschiedenen Rechtssysteme des common und des civil law so in Einklang gebracht werden, dass eine europäische Regelung den Beurteilungsspielraum der Mitgliedstaaten bei der Gesetzgebung nicht zu sehr einschränkt oder zu Widersprüchen im nationalen Recht führt. Ferner ähneln sich die Selbstanzeigeregelungen in Irland und Großbritannien, sodass ein Vergleich der deutschen und der britischen Selbstanzeige den Ausgangspunkt für die Untersuchung der Einführung einer europäischen Selbstanzeigeregelung bilden kann.

B. Der deliktische Eingriff in die Funktionsfähigkeit der Steuer

Die Bundesrepublik Deutschland ist ein Steuerstaat.[15] Der Steuerstaat berechtigt den Staat dazu, Steuern zu erheben. Steuern sind gemäß § 3 Abs. 1 AO Geldleistungen, die nicht eine Gegenleistung für eine besondere Leistung darstellen und von einem öffentlich-rechtlichen Gemeinwesen zur Erzielung von Einnahmen allen auferlegt werden, bei denen der Tatbestand zutrifft, an den das Gesetz die Leistungspflicht knüpft, wobei die Erzielung von Einnahmen auch Nebenzweck sein kann. Die Steuer ist das Mittel des Staates zur Deckung seines Finanzbedarfs. Die Steuer hat somit primär die Funktion, dem Staat die erforderlichen Steuerreinnahmen zu verschaffen. Allerdings kann die Erzielung von Einnahmen auch Nebenzweck sein. Die Steuern können als Lenkungsnormen der Verwirklichung sozialer, wirtschaftlicher, kultureller und/oder umweltpolitischer Ziele dienen.[16] Durch den Einsatz von Steuern als Lenkungsnormen können die Steuerpflichtigen zu einem bestimmten Verhalten gelenkt werden, indem ein bestimmtes steuerliches Verhalten begünstigt (durch Steuervergünstigungen, z.B. in Form von Abschreibungsmöglichkeiten, Freibeträgen, Prämien oder ermäßigten Steuersätzen[17]) oder benachteiligt wird (z.B. in Form von Verbrauch- und Aufwandsteuern, wie die Tabak- und Alkoholsteuer, Stromsteuer, Energiesteuer, Luftverkehrsteuer). Wer sich „sozial erwünscht“ verhält, wird steuerlich entlastet, wer sich „sozial unerwünscht“ verhält, wird steuerlich sonderbelastet.[18] Insbesondere im Bereich des Umweltschutzes sollen nicht zuletzt durch die Kaufprämien auf Elektroautos und die damit einhergehende Steuerbefreiung von der Kraftfahrzeugsteuer gemäß § 3d KraftStG sowie die Einführung einer CO_2-Steuer die Bürger zu einem emissionsärmeren Verhalten bewegt werden.

Das Verständnis, dass der Staat seinen Finanzbedarf allein durch die Erhebung von Steuern zu decken hat, bestand nicht von Anfang an, sondern ist erst im Laufe der Jahrhunderte gereift. Wie sich der Steuerstaat entwickelt hat (I. 1.) und welche Merkmale ihn kennzeichnen (I. 2.) ist von Bedeutung für die Frage, wer als Geschädigter der Steuerhinterziehung anzusehen ist (II.). Darüber hinaus stellt sich die Frage, warum Steuerpflichtige Steuerhinterziehungen begehen und inwiefern die Steuermoral der Bürger mit der Besteuerungsmoral des Staates zusammenhängt (III.).

---

15 *K. Vogel* HbStR Bd. II § 30 Rn. 69; *Kloepfer* Finanzverfassungsrecht § 2 Rn. 4.

16 Vgl. *Hey* in: Tipke/Lang Steuerrecht Rn. 3.20 f.

17 S. *Hey* in: Tipke/Lang Steuerrecht Rn. 19.16 f. m.w.N.

18 *Hey* in: Tipke/Lang Steuerrecht Rn. 3.21.

I. Der Steuerstaat

1. Geschichtliche Entwicklung

Unter dem Steuerstaat ist ein Staat zu verstehen, der seinen Finanzbedarf im Wesentlichen durch Steuern deckt.[19] Der Steuerstaat und seine Kriterien wurden von der Finanzwissenschaft entwickelt und von der juristischen Literatur übernommen.[20] Der Terminus kam vermutlich im ersten Weltkrieg auf und findet sich sowohl bei *Rudolf Goldscheid*[21] als auch bei *Max Weber.*[22] *Lorenz von Stein*[23] war der Erste, der den Steuerstaat in seinen Merkmalen beschrieb.[24]

Nach der Ansicht von *Lorenz von Stein* sind die Entstehung des modernen Staates und die Steuer unmittelbar miteinander verknüpft.[25] Dabei ist für den zu leistenden Beitrag nicht mehr das ständische Recht, sondern die Angehörigkeit zum Staat entscheidend und jeder Einzelne wird unabhängig von den gesellschaftlichen Unterschieden auf die gleiche Pflicht reduziert, die in der Geldzahlung besteht.[26] Dabei stünden die Gemeinschaft und der Einzelne in Wechselwirkung zueinander. Alles, was der Einzelne sei, habe und leiste, beruhe zu einem wesentlichen Teil auf dem, was er von der Gemeinschaft, dem Staat, empfangen habe.[27] Würde der Einzelne nicht einen Teil dieser wirtschaftlichen Entwicklung zurückgeben, könnte der Staat gar nicht erst die Bedingungen für eine solche Entwicklung schaffen.[28]

Es bestand aber nicht immer die Vorstellung, dass der Staat seinen Finanzbedarf aus Steuern zu decken hat. Das Mittelalter kannte Steuern nur als Ausnahme.[29] Auch im 18. Jahrhundert war noch die Meinung vorherrschend, dass sich

---

19 BVerfGE 78, 249, 266 f.; *K. Vogel/Waldhoff* Grundlagen des Finanzverfassungsrechts Rn. 327; *K. Vogel* HbStR Bd. II § 30 Rn. 51; *Kloepfer* Finanzverfassungsrecht § 1 Rn. 3; *Isensee* in: FS Ipsen 1977, 409, 409; *Tipke* Die Steuerrechtsordnung Bd. I, S. 1.

20 Vgl. *Siekmann* in: Sachs GG Vor Art. 104a Rn. 69; *K. Vogel* HbStR Bd. II § 30 Rn. 54; *Isensee* in: FS Ipsen 1977, 409, 412.

21 *Goldscheid* Staatssozialismus oder Staatskapitalismus, S. VII, XI, XVI, der vom verschuldeten bzw. tiefverschuldeten Steuerstaat spricht.

22 *Weber* Wirtschaft und Gesellschaft, S. 117.

23 *v. Stein* Lehrbuch der Finanzwissenschaft, 1. Teil, S. 119, 123; *ders.* Lehrbuch der Finanzwissenschaft, 2. Teil, 1. Abteilung, S. 348 f.

24 *K. Vogel/Waldhoff* Grundlagen des Finanzverfassungsrechts Rn. 328; *K. Vogel* HbStR Bd. II § 30 Rn. 54.

25 Näher dazu *K. Vogel/Waldhoff* Grundlagen des Finanzverfassungsrechts Rn. 328; *v. Stein* Lehrbuch der Finanzwissenschaft, 2. Teil, 1. Abteilung, S. 349.

26 *v. Stein* Lehrbuch der Finanzwissenschaft, 1. Teil, S. 119.

27 *v. Stein* Lehrbuch der Finanzwissenschaft, 2. Teil, 1. Abteilung, S. 348.

28 *v. Stein* Lehrbuch der Finanzwissenschaft, 2. Teil, 1. Abteilung, S. 348.

29 *T. Mayer* in: HdB Finanzwissenschaft Bd. I, 2. Auflage 1952, 236, 250; *K. Vogel* HbStR Bd. II § 30 Rn. 55; *Preuß* in: Ordnungsmacht 1981, 46, 48.

das Vermögen des Fürsten und damit des Staates aus Commercien, Manufakturen, Gewerbe und nur als Nebenzweck aus Steuern zusammensetzte.[30] Erst im 19. Jahrhundert reifte die Einsicht, dass die Einnahmen des Staates nicht mehr durch Domänen, Gebühren oder alte ständische Steuern gedeckt werden konnten, sondern fortan nur noch durch Steuern.[31]

2. Merkmale des Steuerstaats

Der Steuerstaat in Deutschland, der in den Art. 105 ff. GG zu verorten ist[32], zeichnet sich dadurch aus, dass Staat und Wirtschaft voneinander getrennt sind. Beide Begriffe verfolgen unterschiedliche Zielsetzungen. Die Wirtschaft orientiert sich vor allem an Gewinn und Verlust.[33] Eine Berücksichtigung der öffentlichen Interessen findet nicht statt. Der Staat richtet sich dagegen nach dem Gemeinwohl. Er greift kontrollierend und korrigierend ein, wenn die Ergebnisse des wirtschaftlichen Verteilungsprozesses zu Ungleichheiten führen, die nicht mehr tragbar sind.[34] Gleiches gilt in Bezug auf die wirtschaftlich Tätigen, wenn deren Verhalten zu einer Gefährdung anderer[35] oder zu unerwünschten Folgen[36] führt.[37]

Ohne den Steuerstaat wäre der Sozialstaat nicht zu verwirklichen.[38] Durch Steuereinnahmen hat der Staat erst die notwendigen Mittel, um eine Umverteilung

30 *Justi* System des Finanzwesens, S. 60 f.

31 *v. Stein* Lehrbuch der Finanzwissenschaft, 2. Teil, 1. Abteilung, S. 133 f.

32 BVerfGE 93, 319, 342, 345; Vgl. *Siekmann* in: Sachs GG Vor Art. 104a GG Rn. 71; *K. Vogel/Waldhoff* Grundlagen des Finanzverfassungsrechts Rn. 333; *K. Vogel* HbStR Bd. II § 30 Rn. 70; *P. Kirchhof* Jura 1983, 505, 505; zur stillschweigenden Voraussetzung der Steuerpflicht in den Art. 105 ff. GG vgl. *Tipke* Die Steuerrechtsordnung Bd. I, S. 3. A.A. *Isensee* in: FS Ipsen 1977, 409, 420 f., 434, der vom Verfassungsrang des Steuerstaats aus Art. 20 und 28 GG ausgeht. Zum Streitstand der rechtlichen Einordnung des Instituts des Steuerstaats und seine Verankerung im Grundgesetz s. *K. Vogel/Waldhoff* Grundlagen des Finanzverfassungsrechts Rn. 333, 337 f.; *Meyer* Gebühren für die Nutzung von Umweltressourcen, S. 156 ff.

33 *K. Vogel/Waldhoff* Grundlagen des Finanzverfassungsrechts Rn. 331.

34 *K. Vogel* HbStR Bd. II § 30 Rn. 60.

35 Der Staat erlässt z.B. Gesetze, um den Umwelt- und Arbeitsschutz zu gewährleisten. Dadurch sollen die Bürger geschützt werden.

36 Beispielsweise dient das Verbot von Kartellen gemäß § 1 GWB dazu, einen freien Wettbewerb zu garantieren, der nicht durch Absprachen verfälscht oder verzerrt werden darf.

37 Vgl. *K. Vogel* HbStR Bd. II § 30 Rn. 60.

38 Vgl. *Badura* Das Verwaltungsmonopol, S. 304; vgl. *Forsthoff* VVDStRL 12 (1954), 8, 31 f.; vgl. *Isensee* in: FS Ipsen 1977, 409, 410, 432 f., der vom Steuerstaat als verfassungsrechtlicher Grundlage des Sozialstaates spricht; vgl. *Preuß* in: Ordnungsmacht 1981, 46, 58 f.

zugunsten der Bedürftigen zu veranlassen. Damit trägt die Steuer zur Erfüllung des sozialen Staatsziels bei.[39]

Der Steuerstaat hängt auch mit dem Rechtsstaat zusammen.[40] Denn die Steuer ist der „Preis für die Freiheit des Bürgers".[41] Es werden nicht mehr Dienste[42], sondern nur Geldleistungen verlangt.[43] Weil im modernen Staat keine persönliche Unterwerfung mehr erforderlich ist, wird es dem Bürger ermöglicht, seine Individualität in Freiheit zu entwickeln.[44] Diese Freiheit findet vor allem Ausdruck in der grundrechtlichen Gewährleistung des Eigentums gemäß Art. 14 Abs. 1 GG und der Berufsfreiheit gemäß Art. 12 Abs. 1 GG. Das Eigentum sichert einen Freiheitsraum im vermögensrechtlichen Bereich, wodurch der Einzelne sein Leben eigenverantwortlich gestalten kann.[45] Die Berufsfreiheit gibt ein Recht auf Ergreifen und Ausübung eines Berufs und garantiert Wettbewerbsfreiheit.[46]

Dadurch, dass der Staat die Voraussetzungen für die Betätigung des Einzelnen in der Wirtschaft schafft, indem er Bildungseinrichtungen, Infrastruktur und Subventionen bereitstellt, besteht für den Bürger im Gegenzug die Pflicht[47], Steuern zu entrichten. Dabei greift der Staat nur auf denjenigen zu, der leistungsfähig ist. Ziel der Steuer ist eine gleichmäßige Verteilung der Steuerlast entsprechend der jeweiligen Leistungsfähigkeit.

II. Sozialschädlichkeit der Steuerhinterziehung

Der Steuerstaat gibt dem Staat das Recht, seine Einnahmen durch Steuern zu erzielen und dient der Verwirklichung des Sozial- und Rechtsstaats. Der Staat kann zugleich durch den Einsatz von Lenkungsnormen die Umsetzung aktueller wirtschafts-, umwelt- und sozialpolitischer Ziele verfolgen, indem die Steuerpflichtigen

---

39 *Isensee* in: FS Ipsen 1977, 409, 432.

40 *Friauf* StbJb 1977/78, 39, 43; *Tipke* Die Steuerrechtsordnung Bd. I, S. 105.

41 *K. Vogel/Waldhoff* Grundlagen des Finanzverfassungsrechts Rn. 338; *Friauf* DStJG 12 (1989), 3, 3 f.; vgl. *Forsthoff* NJW 1955, 1249, 1250; *Isensee* DÖV 1982, 609, 617; ähnlich *ders.* in: FS Ipsen 1977, 409, 432: „Die Steuer bildet den Preis für den Bestand der freiheitlichen Ordnung.".

42 Vgl. *K. Vogel/Waldhoff* Grundlagen des Finanzverfassungsrechts Rn. 335.

43 *Isensee* in: FS Ipsen 1977, 409, 415.

44 *Isensee* in: FS Ipsen 1977, 409, 417, 424; *Preuß* in: Ordnungsmacht 1981, 46, 50.

45 BVerfGE 50, 290, 339.

46 BVerfGE 32, 311, 317; 50, 290, 362; *K. Vogel* HbStR Bd. II § 30 Rn. 71.

47 Zur Steuerpflicht als Grundpflicht: *Isensee* VVDStRL 41 (1983), 130, 130 f.; *Tipke* Die Steuerrechtsordnung Bd. I, S. 3; zur Steuerpflicht als Grundpflicht, abgeleitet aus Art. 14 Abs. 2 GG (Sozialbindung des Eigentums): *P. Kirchhof* JZ 1982, 305, 307; *Klein* BayVbl. 1980, 527, S. 529; a.A. *Rodi* Die Rechtfertigung von Steuern als Verfassungsproblem, S. 159.

für ein bestimmtes Handeln steuerlich begünstigt oder belastet werden. Angesichts dieser vielfältigen Ausprägung des Steuerstaats stellt sich die Frage, wer durch die Steuerhinterziehungen geschädigt wird, wenn sich einige Steuerpflichtige ihrer Steuerpflicht entziehen.

Die herrschende Meinung sieht das geschützte Rechtsgut bei § 370 AO im staatlichen Interesse am vollständigen und rechtzeitigen Aufkommen der einzelnen Steuern.[48] Durch die Steuerhinterziehung wird somit der Staat geschädigt, weil ihm Einnahmen verloren gehen, auf die er einen Anspruch hat. Zwar fällt die einzelne Steuerhinterziehung hinsichtlich des Steueraufkommens nicht allzu sehr ins Gewicht. Nimmt man jedoch alle Steuerhinterziehungen zusammen, gehen Deutschland schätzungsweise 125 Milliarden Euro jährlich durch Steuerhinterziehung verloren.[49] Begeht der Steuerdelinquent eine Steuerhinterziehung, entzieht er dadurch dem Staat diejenigen Mittel, die er für die Erfüllung seiner öffentlichen Aufgaben (Gewährung des Sozial- und Rechtsstaats) benötigt. Steuerhinterziehungen schränken damit die Planungs- und Dispositionsfreiheit des Staates ein[50], weil der Staat nicht mehr frei entscheiden kann, für welche Zwecke die Einnahmen künftig verwendet werden sollen. Die Steuer ist „voraussetzungslos" und stellt keine Gegenleistung für eine besondere Leistung des Staates dar.[51]

Zugleich werden durch die Steuerhinterziehungen die ehrlichen Steuerzahler stärker belastet, weil sie zusätzlich die Steuerlast derjenigen schultern müssen, die nicht bereit sind, entsprechend ihrer Leistungsfähigkeit Steuern zu zahlen.[52] Dadurch kann der Staat seiner Pflicht, die Steuerlast auf die Steuerpflichtigen gleichmäßig entsprechend ihrer jeweiligen Leistungsfähigkeit zu verteilen, nicht gerecht werden.

Den Steuerausfall kann der Staat nur durch Steuererhöhungen ausgleichen, die mit einer Belastung der ehrlichen Steuerzahler durch Erhöhung der Einkommen- oder Körperschaftsteuer oder mit Erhöhung der indirekten Steuern, wie z.B. der Umsatzsteuer, einhergeht.[53] Werden derartige Erhöhungen nicht vorgenommen, sind diejenigen Bürger geschädigt, an die die hinterzogenen Steuergelder weitergeleitet worden wären.[54] Hierfür müssen die öffentlichen Aufgaben, die durch die

---

48 BGH, Urt. v. 01.02.1989 – 3 StR 179/88 Rn. 8; BGH NJW 1994, 2302, 2303; BGH NJW 1995, 1764, 1765; *Hadamitzky/Senge* in: Erbs/Kohlhaas Strafrechtliche Nebengesetze § 370 AO Rn. 2; *Peters* in: Hübschmann/Hepp/Spitaler AO/FGO § 370 Rn. 29; *Schmitz/Wulf* in: MK StGB, § 370 AO, Rn. 2.

49 *Murphy* The European Tax Gap, January 2019, S. 9, abrufbar unter: https://www.taxresearch.org.uk/Documents/EUTaxGapJan19.pdf.

50 *G. Dannecker* Steuerhinterziehung im internationalen Wirtschaftsverkehr, S. 145 f.

51 *Isensee* in: FS Ipsen 1977, 409, 416.

52 *G. Dannecker* in: Leitner Finanzstrafrecht 2005, 125, 129.

53 *G. Dannecker* Steuerhinterziehung im internationalen Wirtschaftsverkehr, S. 153.

54 *G. Dannecker* Steuerhinterziehung im internationalen Wirtschaftsverkehr, S. 154; *ders.* in: Leitner Finanzstrafrecht 2005, 125, 144.

verlorenen Steuereinnahmen finanziert worden wären, bestimmt werden. Hierzu zählen beispielweise Sozialausgaben, Investitionen in die Infrastruktur sowie Subventionen an Unternehmen.[55]

Von großer Bedeutung sind schließlich die Auswirkungen von Steuerhinterziehungen auf die Wirtschaft. Neben den monetären Schäden führen Steuerhinterziehungen zu Wettbewerbsverzerrungen.[56] Die Marktwirtschaft ist darauf ausgerichtet, dass sich diejenigen Wettbewerber am Markt behaupten, die kostengünstig nachfragegerechte Produkte herstellen und ihren Gewinn anschließend wieder in das Unternehmen investieren. Der kurzfristige Gewinnvorsprung eines Mitbewerbers wird durch das Gleichziehen der anderen Konkurrenten ausgeglichen.[57]

Steuerhinterziehungen führen indes dazu, dass der Gewinn, den ein Unternehmen erwirtschaftet, höher ausfällt, da das Unternehmen weniger Körperschaft- und Gewerbesteuer bezahlt. Gleiches gilt, wenn das Unternehmen keine Umsatzsteuer abführt.

Diese höheren Gewinne ermöglichen es den Steuerdelinquenten, die Waren günstiger anzubieten als die Konkurrenten. Oftmals können die Mitbewerber mit den niedrigeren Preisen nicht mithalten, sodass sie entweder aus dem Markt ausscheiden und es somit an der erwünschten Konkurrenz fehlt oder die Mitbewerber sich gezwungen sehen, ebenfalls Steuerhinterziehungen zu begehen, um nicht aus dem Markt gedrängt zu werden.[58] Es kommt zu einer „Sog- bzw. Spiralwirkung“ bezüglicher illegaler Verhaltensweisen am Markt.[59] Die Steuerhinterziehung eines Marktteilnehmers führt zur Nachahmung durch die anderen Mitbewerber.

III. Steuermoral des Bürgers

Die Funktionsfähigkeit des Staates beruht darauf, dass die Bürger Steuern zahlen. Hierzu müssen diese bereit sein. Dies hängt von der Steuermoral ab, die sich in der Akzeptanz des Staates und seines Steuersystems äußert. Eine solche Akzeptanz

---

55 *G. Dannecker* Steuerhinterziehung im internationalen Wirtschaftsverkehr, S. 154 f. m.w.N.

56 *G. Dannecker* in: Leitner Finanzstrafrecht 2005, 125, 145.

57 *G. Dannecker/Bülte* in: Wabnitz/Janovsky HdB Wirtschafts- und Steuerstrafrecht, 1. Kap. Rn. 17; *G. Dannecker* Steuerhinterziehung im internationalen Wirtschaftsverkehr, S. 156; *ders.* in: Leitner Finanzstrafrecht 2005, 125, 145.

58 *G. Dannecker/Bülte* in: Wabnitz/Janovsky HdB Wirtschafts- und Steuerstrafrecht, 1. Kap. Rn. 17; *G. Dannecker* Steuerhinterziehung im internationalen Wirtschaftsverkehr, S. 156 f.; *ders.* in: Leitner Finanzstrafrecht 2005, 125, 145.

59 *G. Dannecker/Bülte* in: Wabnitz/Janovsky HdB Wirtschafts- und Steuerstrafrecht, 1. Kap. Rn. 17; *G. Dannecker* Steuerhinterziehung im internationalen Wirtschaftsverkehr, S. 156 f.; *ders.* in: Leitner Finanzstrafrecht 2005, 125, 145.

ist insbesondere deshalb erforderlich, weil der Staat auf die Mitwirkung seiner Bürger bei der Ermittlung der Steuerpflicht angewiesen ist. Zur generellen Steuerzahlung kommt es aber nur, wenn die Steuern als gerecht empfunden werden. Das schließt ein, dass die Steuerlast gleichmäßig unter den Steuerpflichtigen verteilt wird. Wenn sich aber auch nur einige ihrer Pflicht entziehen, droht das System aus dem Gleichgewicht zu geraten und die Gleichmäßigkeit der Besteuerung sowie die Steuergerechtigkeit sind nicht mehr gewährleistet. *K. Vogel* spricht von der „heimlichen Steuerrevolte", wenn die Bürger die Steuern nicht mehr als gerechtfertigt ansehen und versuchen, sich ihrer Steuerpflicht zu entziehen, indem legale Schlupflöcher ausgenutzt, in die Schattenwirtschaft ausgewichen oder unzutreffende bzw. gar keine Angaben gegenüber dem Fiskus gemacht werden.[60] Inwieweit eine Steuermoral bei den Bürgern vorhanden ist, hängt aber auch von der Besteuerungsmoral des Staates ab. Wie er sich bei der gesetzlichen Regelung, der Erhebung und Verwendung von Steuern verhält, hat Einfluss auf die Zahlungsbereitschaft der Bürger.

1. Motive für die Begehung einer Steuerhinterziehung

Es gibt eine Vielzahl an Motiven, warum Steuerpflichtige sich für die Steuerhinterziehung entscheiden. Um diese strukturiert darstellen zu können, bietet sich die Einordnung *Tipkes*[61] an, der die verschiedenen Typen und ihre jeweilige Einstellung zur Steuerpflicht erläutert.

Doch bevor diese näher betrachtet werden, muss zunächst definiert werden, was unter der Steuermoral zu verstehen ist. Diese kann definiert werden als Einstellung des Steuerpflichtigen zur Erfüllung oder Nichterfüllung seiner steuerlichen Pflichten.[62] Damit hängt die Steuermoral mit der inneren Haltung zum Delikt der Steuerhinterziehung und ihrer moralischen Bewertung zusammen.[63] Wird Steuerhinterziehung sehr negativ bewertet, ist die Steuermoral hoch. Wird sie als unproblematisch angesehen, ist die Steuermoral niedrig.[64] Die Steuermoral ist Teil der Steuermentalität, die die generelle Einstellung zur Steuer und zur Besteuerung beschreibt.[65] Dabei steht die Steuer als einseitige, durch hoheitlichen Zwang

60 *K. Vogel* Der Staat 25 (1986), 481, 483, 518.

61 *Tipke* Besteuerungsmoral und Steuermoral, S. 82 ff.

62 Vgl. *A. Klein* Steuermoral und Steuerrecht, S. 36; *Schmölders* Finanz- und Steuerpsychologie, S. 75; *F. Schneider/Torgler/Schaltegger* Schattenwirtschaft und Steuermoral, S. 29.

63 *Schmölders* Finanz- und Steuerpsychologie, S. 79; ebenso *Hofmann* Steuermoral – Eine wirtschaftspsychologische Analyse, S. 28 f.; *Körner/Strotmann* Steuermoral, S. 22.

64 Deutscher Bundestag Wissenschaftliche Dienste WD 4 – 3000 – 043/2008, S. 9.

65 *Schmölders* Das Irrationale in der öffentlichen Finanzwissenschaft, S. 69 f.

auferlegte Abgabe in Konflikt zum Besitz- und Erwerbsstreben des Menschen[66], der in erster Linie nur für sich und seine Familie wirtschaftet. Aus der Sicht des Täters will dieser nicht in das Vermögen eines anderen eingreifen, sondern nur den Eingriff in seine eigene Vermögenssphäre verhindern.[67] Bei der Zahlung von Steuern wird der Staat nicht an seinen Leistungen gemessen, sondern eher als Gegner angesehen, der auf das Vermögen des Einzelnen zugreift. Wenn *Tipke* die verschiedenen Motive für die Begehung einer Steuerhinterziehung in einzelne Steuerzahlertypen unterteilt, soll das nicht heißen, dass sich diese Typen trennscharf voneinander unterscheiden lassen, sondern es ist vielmehr möglich, dass der Steuerhinterzieher von mehreren Motiven geleitet wird und die Übergänge fließend sind.[68]

a) Der homo oeconomicus

Die neoklassische Ökonomie geht vom Leitbild des homo oeconomicus aus.[69] Das ist ein nutzenmaximierender Steuerzahler, der Steuerhinterziehung als legitime Handlungsstrategie ansieht.[70] Dabei nimmt er keine Rücksicht auf rechtliche oder moralische Verhaltensregeln, sondern lässt sich vom Kosten-Nutzen-Kalkül leiten.[71] Erlaubt ist alles, was ihm nützt.[72] Er wägt die Mehrung seines Vermögens (Nutzen) gegen das Entdeckungsrisiko und das Strafmaß (Kosten) ab.[73] Je nachdem, wie hoch das Risiko und seine eigene Risikobereitschaft sind, entscheidet er sich für Steuerehrlichkeit oder Steuerhinterziehung.[74] Obwohl er die staatlichen Leistungen in Anspruch nimmt, überlässt er anderen das Zahlen der Steuern.[75]

Es besteht Einigkeit, dass das Leitbild des homo oeconomicus allein nicht geeignet ist, um das Verhalten der Steuerzahler zu erklären.[76] Dass an dieser Figur zu

66 *Hoffschmidt* Über die Rechtfertigung der strafbefreienden Selbstanzeige, S. 77; *Röckl* Das Steuerstrafrecht im Spannungsfeld des Verfassungs- und Europarechts, S. 55.

67 *Frees* Die steuerrechtliche Selbstanzeige, S. 87; *Hoffschmidt* Über die Rechtfertigung der strafbefreienden Selbstanzeige, S. 78 f.

68 *Tipke* Die Steuerrechtsordnung Bd. III, S. 1706.

69 S. *Allingham/Sandmo* Journal of Public Economics 1972, 323, 323 ff.

70 Zum Steuerzahler als homo oeconomicus: *Allingham/Sandmo* Journal of Public Economics 1972, 323, 323 ff.; *Lösel/Brähler/Hackert* StuW 2009, 221, 221.

71 *Tipke* Die Steuerrechtsordnung Bd. III, S. 1706.

72 *Tipke* Besteuerungsmoral und Steuermoral, S. 83; *ders.* Die Steuerrechtsordnung Bd. III, S. 1706.

73 *G. Dannecker* in: Leitner Finanzstrafrecht 2005, 125, 146; *Tipke* Die Steuerrechtsordnung Bd. III, S. 1706 f.

74 *Lösel/Brähler/Hackert* StuW 2009, 221, 221.

75 *Lösel/Brähler/Hackert* StuW 2009, 221, 222.

76 *G. Dannecker* in: Leitner Finanzstrafrecht 2005, 125, 149 f.; *Körner/Strotmann* Steuermoral, S. 18 f.; *Lösel/Brähler/Hackert* StuW 2009, 221, 221.

zweifeln ist[77], haben auch Experimente belegt.[78] Deshalb müssen moralische Überlegungen Berücksichtigung finden, weil die damit einhergehende Normakzeptanz, abhängig von ihrer Höhe, zu delinquentem Verhalten führt oder nicht.[79] Wenn der Steuerpflichtige die steuerrechtlichen Normen akzeptiert, wird er seine Steuerpflicht erfüllen und Steuern zahlen. Ist das nicht der Fall, wird er alles unternehmen, um diese Pflicht zu minimieren oder zu unterlaufen.

b) Der Aufrechner

Der Aufrechner geht davon aus, dass er nur in der Höhe Steuern zahlen muss, wie an ihn Leistungen des Staates zurückfließen. Die Steuerleistung ist der Preis für die ihm zugute kommenden Leistungen.[80] Er ist sich seiner Abhängigkeit vom Staat und dessen Leistungen bewusst.[81] Allerdings ist er nicht bereit, Steuern zu zahlen, wenn der Staat nach seiner Ansicht die Aufgaben unzureichend erfüllt und insbesondere die Steuergelder verschwendet.[82] Ähnlich argumentiert *D. Schneider*: Ethische Normen hätten vor allem für diejenigen zu gelten, die Steuerzahlungspflichten auferlegen.[83] Wenn diese sich jedoch ihren ethischen Verpflichtungen entzögen und Steuereinnahmen verschwendeten, würde dem gesetzwidrigen Handeln Einzelner der moralische Makel entzogen.[84]

c) Der Staatsverdrossene

Der Staatsverdrossene hat innerlich mit dem Staat gekündigt.[85] Die Verdrossenheit muss nicht unbedingt die Staatsform betreffen, sondern es genügt, wenn der Steuerpflichtige mit der gegenwärtigen Politik nicht einverstanden ist und der Eindruck entsteht, dass den Bürgern zu hohe steuerliche Lasten aufgebürdet werden, wohingegen Sozialhilfeempfängern nichts zugemutet wird.[86] Auch die Steuermittelverschwendung kann zur Staatsverdrossenheit führen, wenn Großprojekte dauerhaft den finanziellen Rahmen sprengen oder nicht mehr alle Bürger mit der Euro-Rettungspolitik einverstanden sind. In den Augen einiger Bürger haben sich

---

77 So *Pyle* Journal of Economic Surveys 1991, 163, 173 ff. m.w.N.

78 *Alm/McClelland/Schulz* Journal of Public Economics 1992, 21 ff.; *Lösel/Brähler/Hackert* StuW 2009, 221, 230.

79 *G. Dannecker* in: Leitner Finanzstrafrecht 2005, 125, 149 f.

80 *Märkt* Steuern als Preise, S. 376; *Tipke* Die Steuerrechtsordnung Bd. III, S. 1708.

81 *Lösel/Brähler/Hackert* StuW 2009, 221, 222; *Tipke* Die Steuerrechtsordnung Bd. III, S. 1708.

82 *Tipke* Besteuerungsmoral und Steuermoral, S. 83.

83 *D. Schneider* DB 1997, 485, 485 ff., 490.

84 *D. Schneider* DB 1997, 485, 490.; *Tipke* Die Steuerrechtsordnung Bd. III, S. 1710.

85 *Tipke* Besteuerungsmoral und Steuermoral, S. 84.

86 *Tipke* Die Steuerrechtsordnung Bd. III, S. 1713.

die Eurostaaten wegen ihrer hohen Staatsverschuldung selbst in diese missliche Lage manövriert[87], sodass viele diese Staaten nicht finanziell unterstützen wollen.

d) Der Steuerliberale

Der Steuerliberale empfindet Steuern als Eingriff in seine persönliche Freiheit und stellt die Steuer gern als Opfer ohne Gegenleistung dar.[88] Diese Ansicht übersieht, dass der Einzelne auf den Schutz seiner Grundrechte und Rechtsgüter durch den Staat angewiesen ist und der Staat zur Erfüllung dieser Aufgaben Steuereinnahmen benötigt.[89] Die Haltung des Steuerliberalen führt aber nicht immer zur Steuerhinterziehung, sondern es ist auch eine legalistische Steuervermeidung möglich[90], bei der der Einzelne die gesetzlichen Schlupflöcher ausnutzt.

e) Der legalistische Steuervermeider

Der legalistische Steuervermeider begeht keine Steuerhinterziehung, sondern versucht, die gesetzlichen Schlupflöcher auszunutzen, um seine Steuerpflicht zu minimieren. Dabei bedient er sich häufig eines Steuerberaters.[91]

Unter Steuervermeidung ist eine vom Steuerpflichtigen begangene Handlung zu verstehen, die dieser für geeignet hält, seine Steuerzahllast zu reduzieren, und die weder zu einer Steuernachzahlung noch zu einer Bestrafung führt.[92] Steuervermeidung ist nicht strafbar, denn grundsätzlich steht es jedem frei, die Entstehung der Steuerpflicht zu verhindern oder zu minimieren.[93] Ein solches Verhalten wird erst dann strafbar, wenn ein Verstoß gegen Steuergesetze vorliegt und der Steuerpflichtige eine unrichtige oder keine Steuererklärung abgibt (vgl. § 370 Abs. 1 AO).

Dazwischen steht die Steuerumgehung. Diese stellt eine Handlung dar, bei der es unter Anwendung einer unangemessenen rechtlichen Gestaltung zu einer Minderung der Steuerlast kommt, entweder weil der steuerliche Tatbestand nicht

---

87 *Tipke* Die Steuerrechtsordnung Bd. III, S. 1713 ff.

88 *Lösel/Brähler/Hackert* StuW 2009, 221, 222.

89 *Tipke* Besteuerungsmoral und Steuermoral, S. 84; *ders.* Die Steuerrechtsordnung Bd. III, S. 1711.

90 *G. Dannecker* in: Leitner Finanzstrafrecht 2005, 125, 147; *Tipke* Die Steuerrechtsordnung Bd. III, S. 1712.

91 *Lösel/Brähler/Hackert* StuW 2009, 221, 222; *Tipke* Die Steuerrechtsordnung Bd. III, S. 1727.

92 *Franzen* Steuermoral und Steuerhinterziehung, S. 6, abrufbar unter: http://www.fores-koeln.de/publikat/franzen2009_steuermoral+steuerhinterziehung.pdf; *Wrede* Ökonomische Theorie des Steuerentzugs, S. 19.

93 BFHE 137, 433, 444; 190, 173, 175; 228, 509, 517; 238, 344, 351.

erfüllt ist oder ein gesetzlich nicht vorgesehener Steuervorteil erlangt wird[94], der außersteuerlich nicht zu rechtfertigen ist (vgl. § 42 Abs. 2 AO). Nach § 42 Abs. 1 S. 3, Abs. 2 S. 1 AO entsteht der Steueranspruch dann in Höhe der angemessenen rechtlichen Gestaltung. Gemäß § 42 Abs. 1 S. 2 AO werden keine Steuervorteile gewährt oder belassen, soweit nicht ein Spezialgesetz den Tatbestand der Steuerumgehung regelt. Ob die Steuerumgehung strafbar ist, beurteilt sich nach § 370 Abs. 1 Nr. 1 bis 3 AO.[95]

f) Der Steuerlaie

Der Steuerlaie als Normalbürger versteht die Steuergesetze nicht und unterschreibt, was sein Steuerberater vorbereitet hat.[96] Nicht in jedem Fall zieht der Steuerpflichtige einen Steuerberater hinzu, sondern füllt die Steuerklärung nach Gutdünken aus.[97] Gemäß des Anwendungserlasses zur Abgabenordnung 2014 (AEAO) des Bundesfinanzministeriums zu § 88 AO wird für den Regelfall die Richtigkeit und Vollständigkeit der Steuererklärung vermutet.[98] Allerdings wird der Steuerpflichtige ohne fachkundige Hilfe wohl nur in einfach gelagerten Fällen eine steuerrechtlich zutreffende Steuererklärung abgeben.[99] Andernfalls ist von der Unrichtigkeit der Erklärung auszugehen.[100] Aus diesem Grund hat *Seer* die Umstellung auf ein Selbstanlageverfahren mit der Einführung einer Pflicht zur Konsultation eines Angehörigen der steuerberatenden Berufe in den Fällen, in denen nicht nur typisierende Abzugspauschalen beansprucht werden, vorgeschlagen.[101] Die Hinzuziehung eines Steuerberaters ist aber bisher keine Pflicht. Gemäß § 80 Abs. 1 S. 1 AO kann sich der Steuerpflichtige von einem Bevollmächtigten vertreten lassen, muss es aber nicht. Informiert der Steuerzahler sich nicht richtig, können die unrichtigen oder unvollständigen Angaben in der Steuererklärung den Tatbestand der leichtfertigen Steuerverkürzung gemäß § 378 AO erfüllen.[102] Deshalb ist

---

94 *Koenig* in: Koenig AO § 42 Rn. 1; für Beispiele zur Steuerumgehung s. *Joecks* in: *Joecks/Jäger/Randt* Steuerstrafrecht § 370 AO Rn. 197 m.w.N.

95 *Joecks* in: *Joecks/Jäger/Randt* Steuerstrafrecht § 370 AO Rn. 198.

96 *Tipke* Besteuerungsmoral und Steuermoral, S. 86.

97 *G. Dannecker* in: Leitner Finanzstrafrecht 2005, 125, 148.

98 BFHE 95, 484, 485; 199, 451, 464; AEAO 2014 zu § 88 Ziffer 2., abrufbar unter: http://www.bundesfinanzministerium.de/Content/DE/Downloads/BMF_Schreiben/Weitere_Steuerthemen/Abgabenordnung/AO-Anwendungserlass/2014-01-31-Neubekanntmachung-AEAO.pdf?__blob=publicationFile&v=2.

99 *Seer* StuW 2003, 40, 55.

100 *Seer* StuW 2003, 40, 55; *Tipke* Besteuerungsmoral und Steuermoral, S. 82, 87, 101.

101 *Seer* StuW 2003, 40, 55; *ders.* in: *Ahrens/Nagel* FR 2002, 261, 265.

102 Zu Fällen der Leichtfertigkeit: *Joecks* in: Jäger/Randt/Joecks Steuerstrafrecht § 378 AO Rn. 43 f.; *Merkt* in: BeckOK OWiG § 378 AO Rn. 1 ff.; *Tipke* Die Steuerrechtsordnung Bd. III, S. 1726.

anzuraten, bei mangelnder Kenntnis der Steuergesetze die Steuererklärung durch einen Steuerberater anfertigen zu lassen.

g) Der Gerechtigkeitssensible

Der Gerechtigkeitssensible ist mit den Ungleichbehandlungen im Steuerrecht nicht einverstanden. Er geht davon aus, dass andere Steuerpflichtige Steuervergünstigungen sowie Schlupflöcher nutzen können, welche ihm jedoch versperrt bleiben.[103] Dadurch entsteht bei diesem der Eindruck, dass seine Steuerbelastung zu hoch und er aufgrund dieser ungerechten Steuergesetze zur Steuerhinterziehung berechtigt sei, um Gleichbelastung herzustellen.[104] Der Gerechtigkeitssensible ist für die Abschaffung der Steuervergünstigungen und die Senkung von Steuern für alle.[105]

h) Weitere Motive

Neben diesen Steuerzahlertypen und ihren Beweggründen gibt es noch weitere Motive, die eine Rolle für die Steuerhinterziehung spielen können:[106] Ein Steuerpflichtiger kann z.B. zur Steuerhinterziehung verleitet werden, wenn er aus wirtschaftlicher Not handelt, um den Zusammenbruch seines Unternehmens zu verhindern, er keine Steuern für seinen Nebenberuf zahlen will oder kleine Betriebe mangels regelmäßiger Außenprüfungen zur Steuerhinterziehung „verführt" werden.

Dass die Einordnung *Tipkes* der verschiedenen Steuerzahlertypen zutreffend ist, haben *Lösel, Brähler* und *Hackert* empirisch nach der Q-Methode bewiesen. Seine Überlegungen wurden von den Autoren als gelungen befunden.[107]

2. Zur aktuellen Lage der Steuermoral in Deutschland

Wenn man die verschiedenen Beiträge von Autoren zur Steuermoral analysiert, könnte man meinen, dass es um diese in Deutschland schlecht bestellt ist.[108] Eine

103 *Tipke* Die Steuerrechtsordnung Bd. III, S. 1719.

104 *Bayer/Reichl* Ein Verhaltensmodell zur Steuerhinterziehung, S. 66, 88 f., 105; *Fuest* in: Deutscher Finanz-gerichtstag 2007, 87, 94; *Lösel/Brähler/Hackert* StuW 2009, 221, 222; *Mackscheidt* in: Am Staat vorbei 2004, 15, 27 f.; *Tipke* Die Steuerrechtsordnung Bd. III, S. 1719.

105 *Tipke* Besteuerungsmoral und Steuermoral, S. 89.

106 *Tipke* Die Steuerrechtsordnung Bd. III, S. 1718, 1724.

107 *Lösel/Brähler/Hackert* StuW 2009, 221, 229.

108 So *Frees* Die steuerrechtliche Selbstanzeige, S. 84 ff.; *Hoffschmidt* Über die Rechtfertigung der strafbefreienden Selbstanzeige, S. 77 f.; *A. Klein* Steuermoral und Steuerrecht, S. 47 ff.; *Scholz* in: FS Leisner 1999, 797, 800 f.

neuere Studie der Forschungsstelle für empirische Sozialökonomie Köln[109], die vom Bund der Steuerzahler in Auftrag gegeben und im Jahr 2014 veröffentlicht wurde, bescheinigt jedoch das Gegenteil. Danach ergibt sich das diffuse Bild, dass sich die Steuermentalität im Vergleich zur Studie von 2008 verschlechtert, die Steuermoral hingegen verbessert hat. Dass es um die Steuermentalität so schlecht bestellt ist, lässt sich nach den Erkenntnissen der Forschungsstelle für empirische Sozialökonomie auf vier verschiedene Faktoren zurückführen: Die negative Haltung der Bürger zum Steuersystem, zur Steuergerechtigkeit und ihrer individuellen Steuerlast liegt daran, dass 85 Prozent ihre Steuern für zu hoch halten (subjektive Steuerbelastung) und damit der höchste Wert seit Ende der 1980er Jahre erreicht wurde.[110] Ein weiterer Faktor ist der Anstieg des relativen Steuerbelastungsgefühls, wonach drei Viertel der Bürger davon überzeugt sind, dass sie im Vergleich zu anderen zu viele Steuern zahlen.[111] Zudem fordern vier von fünf Deutschen ein Ende der kalten Progression, bei der Einkommenssteigerungen durch das Eingreifen höherer Steuersätze sowie die Inflation aufgezehrt werden, und dass die Steuerverschwendung[112] gestoppt wird.[113]

Hingegen hat sich der Steuermoralindex von 4,28 im Jahr 2008 auf 4,8 verbessert, wobei 1 für die niedrigste und 7 für die höchste Steuermoral steht.[114] Die Vorstellung, dass der Ehrliche der „Dumme"[115] und Steuerhinterziehung als „Kavaliersdelikt" anzusehen sei[116], haben sich durch die Studie nicht bestätigen können.[117] Generell ist auch die Bereitschaft zur Begehung einer Steuerhinterziehung gesunken[118].[119] Das liegt daran, dass die Angst, entdeckt zu werden, gestiegen ist.

---

109 Ausgewählte Ergebnisse der Studie „Steuerkultur und Steuermoral in Deutschland 2014", abrufbar unter: https://docplayer.org/6553129-Steuerkultur-und-steuermoral-in-deutschland-2014.html.

110 Steuerkultur und Steuermoral in Deutschland 2014 aaO. (Fn. 109), S. 1 und Abbildung 2, 3.

111 Steuerkultur und Steuermoral in Deutschland 2014 aaO. (Fn. 109), S. 1.

112 95 Prozent gehen von einer Steuerverschwendung aus. S. Abbildung 6.

113 Steuerkultur und Steuermoral in Deutschland 2014 aaO. (Fn. 109), S. 2 und Abbildung 5, 6.

114 Steuerkultur und Steuermoral in Deutschland 2014 aaO. (Fn. 109), S. 2 und Abbildung 7.

115 Zustimmend nur 20 Prozent.

116 62 Prozent gehen von einer Steuerhinterziehung aus, auch wenn es sich nur um geringe Beträge handelt.

117 Steuerkultur und Steuermoral in Deutschland 2014 aaO. (Fn. 109), S. 2.

118 68 Prozent würden unter keinen Umständen Steuern hinterziehen. Im Vergleich der Wert von 2008: 57 Prozent. S. Steuerkultur und Steuermoral in Deutschland 2014 aaO. (Fn. 109), Abbildung 9.

119 Steuerkultur und Steuermoral in Deutschland 2014 aaO. (Fn. 109), S. 3. Zum Vergleich der Steuermoral in anderen europäischen Ländern und insbesondere

Zum einen werden verstärkt Steuerdaten-CDs vom Staat gekauft, zum anderen hat die Steuerhinterziehung durch prominente Fälle eine stärkere Präsenz in der Öffentlichkeit erlangt.[120]

3. Besteuerungsmoral des Staates und Einfluss auf die Steuermoral der Bürger

Nachdem für die Steuerzahler ein recht gutes Zeugnis hinsichtlich ihrer Steuermoral ausgestellt werden konnte, ist nun die Frage, wie es um die Besteuerungsmoral des Staates bestellt ist. Darunter ist das Verhalten des Staates bei der Erschließung von Steuereinnahmen zu verstehen.[121] Die Besteuerungsmoral lässt sich somit auch als Steuermoral des Staates definieren.[122]

a) Mangelnde Verwirklichung von Steuergerechtigkeit sowohl bei der Rechtsetzung als auch bei der Rechtsanwendung

Gemäß Art. 3 Abs. 1 GG muss der Steuerpflichtige durch ein Steuergesetz rechtlich und tatsächlich gleichbehandelt werden.[123] Der Gesetzgeber hat bei der Rechtsetzung den Gleichheitssatz zu beachten (Rechtsetzungsgleichheit)[124] und die Steuergesetze müssen gleichmäßig angewendet werden (Rechtsanwendungsgleichheit).[125] Denn nur wenn die Gleichmäßigkeit der Besteuerung gewährleistet ist, kann Steuergerechtigkeit verwirklicht werden.

Schweden, welches sich durch eine hohe Steuermoral auszeichnet, s. Monatsbericht 3/2005 BMF, S. 50 ff.; *Swedish Tax Agency* Taxes in Sweden 2015, S. 12 ff., abrufbar unter: https://www.skatteverket.se/download/18.361dc8c15312eff6fd1f7cd/1467206001885/taxes-in-sweden-skv104-utgava16.pdf.

120 Steuerkultur und Steuermoral in Deutschland 2014 aaO. (Fn. 109), S. 3.

121 *Röckl* Das Steuerstrafrecht im Spannungsfeld des Verfassungs- und Europarechts, S. 55.

122 *Mattern* Treu und Glauben im Steuerrecht, S. 11; vgl. *Naumann* BB 1967, 1433, 1433; *Röckl* Das Steuerstrafrecht im Spannungsfeld des Verfassungs- und Europarechts, S. 55; *Simmich* Die Steuermoral, S. 12.

123 BVerfGE 84, 239, 268.

124 BVerfGE 1, 14, 52; 32, 346, 360; 42, 64, 72; *P. Kirchhof* HbStR Bd. VIII § 181 Rn. 5, 8; *Huster* Rechte und Ziele, 1993, 17 f.

125 BVerfGE 84, 239, 271; BFHE 167, 266, 270; 183, 45; 51; *Eckhoff* Rechtsanwendungsgleichheit im Steuerrecht, S. 475 ff.; *Karl* DStZ 2002, 598 ff.; *H. Vogel* Ungleichheiten beim Vollzug von Steuergesetzen im Bundesstaat, S. 65 f.

aa) Rechtsetzung

Nach Art. 38 Abs. 1 S. 2 GG sind Abgeordnete Vertreter des ganzen Volkes, an Aufträge und Weisungen nicht gebunden und nur ihrem Gewissen unterworfen. Das freie Mandat postuliert, dass sich jeder Abgeordnete grundsätzlich am Gemeinwohl zu orientieren hat, um seinem Repräsentationsauftrag gerecht zu werden und den Willen des Volkes zutreffend abzubilden. Individuelle Interessen müssen außen vor bleiben.[126] Die Frage ist, ob diese theoretische Forderung auch mit der politischen Wirklichkeit übereinstimmt.

Mit dem Abgeordnetenstatus sind zahlreiche Befugnisse verbunden. Sie haben Antrags-, Initiativ-, Rede- sowie Stimmrechte und können in einem Ausschuss mitwirken.[127] Allerdings ist die Ausübung der Befugnisse in der Realität an die Fraktionszugehörigkeit gekoppelt.[128] Das gilt vor allem für die Stimmrechte, die einem fraktionslosen Mitglied im Ausschuss nicht zustehen.

Mit der Zugehörigkeit zu einer Fraktion geht die Fraktionsdisziplin einher, bei der sich die Fraktion um ein einheitliches Auftreten in der politischen Arbeit durch vorbereitende interfraktionelle Willensbildung bemüht.[129] Die Fraktionsdisziplin wird häufig dazu führen, dass der einzelne Abgeordnete nicht nur nach seinem freien Gewissen entscheidet, sondern sich durch den Kurs der Fraktion beeinflussen lässt.

Ähnliches gilt für die Parteizugehörigkeit. Der Abgeordnete hat seinen Sitz im Parlament durch seine Parteizugehörigkeit erlangt.[130] Auch wenn er ebenfalls wie bei der Fraktion nicht an Weisungen der jeweiligen Partei gebunden ist, wird er dennoch die Wertvorstellungen dieser einbeziehen und seiner Entscheidung zugrunde legen.[131] Artikel 21 Abs. 1 S. 1 GG steht damit in einem Spannungsverhältnis zum freien Mandat des Art. 38 Abs. 1 S. 2 GG, weil der Abgeordnete einerseits Parteimitglied, andererseits aber Vertreter des ganzen Volkes ist.[132] Er ist somit auf seine Partei angewiesen, hat aber wiederum Entscheidungen nach seiner persönlichen Einschätzung zu treffen. Das kann teilweise erfordern, dass er sich gegen die Parteilinie entscheidet oder aber seine eigene Überzeugung zurückstellt.

Schließlich hat er auch ein Versprechen gegenüber seinen Wählern abgegeben, Politik in einer bestimmten Art und Weise zu betreiben. Das alles führt dazu, dass der einzelne Abgeordnete eher gruppengebunden agieren wird.[133] Um seine

---

126 *H. Klein* HbStR Bd. II § 41 Rn. 1.

127 Zu den einzelnen Rechten des Abgeordneten: *Degenhart* Staatsrecht I Rn. 657 ff.

128 Vgl. BVerfGE 43, 142, 148; vgl. *H. Klein* HbStR Bd. II § 41 Rn. 8; *Degenhart* Staatsrecht I Rn. 677.

129 *Badura* Staatsrecht, S. 635; *Stern* Staatsrecht Bd. I, 1. Auflage, S. 847.

130 *Degenhart* Staatsrecht I Rn. 677.

131 BVerfGE 5, 83, 233; zur faktischen Bindung der Abgeordneten an Parteien oder Fraktionen s. *A. Klein* Steuermoral und Steuerrecht, S. 154.

132 BVerfGE 118, 277, 329; *Degenhart* Staatsrecht I Rn. 677.

133 *A. Klein* Steuermoral und Steuerrecht, S. 154.

Wiederwahl zu sichern, wird der Abgeordnete keine Steuerbelastungen fordern, die zulasten seines Wählerkreises gehen, sondern die Politik einschlagen, die für seine Wähler am günstigsten ist. Zu jeder anstehenden Wahl treten die Parteien in einem Wettkampf um die meisten Stimmen und übertrumpfen sich mit neuen Regelungs- und Vergünstigungsversprechen.[134] Dabei setzt sich nicht die Politik der vernünftigen Sachprogramme durch, sondern eher diejenige, die rhetorisch gut ankommt und auf die Wünsche, Ängste und Stimmungen einer breiten Wählerschaft eingeht.[135]

Ferner üben auch die Lobbyvertreter Einfluss auf die Abgeordneten aus. Das führt zu Steuervergünstigungen zugunsten der Lobby, wohingegen der Steuerzahler das Gefühl hat, immer stärker belastet zu werden.

Darüber hinaus tragen die zahlreichen Regelungen, die ständig im Steuerrecht dazukommen, nicht zu dessen Vereinfachung, sondern eher zur weiteren Verkomplizierung der Materie bei, sodass einige vom Steuerrecht als „Steuerchaos“ oder „Steuerdschungel“[136] reden. Die Undurchsichtigkeit des Steuerrechts hat zur Folge, dass der Bürger als juristischer Laie die einzelnen Regelungen nicht versteht, obwohl immer wieder Steuervereinfachung gefordert wird.[137]

bb) Rechtsanwendung

Schließlich muss der Gesetzgeber dafür Sorge tragen, dass die Gesetze so ausgestaltet sind, dass die Gleichheit im Belastungserfolg gewährleistet ist.[138] Die Aufforderung zu einer gleichmäßigen Steuererhebung richtet sich auch an die Finanzverwaltung, die für den Vollzug der Steuergesetze zuständig ist.[139] § 85 AO normiert, dass die Finanzbehörden die Steuern nach Maßgabe der Gesetze gleichmäßig festzusetzen und zu erheben haben. Nur dann kann es zu einer Gleichheit im Belastungserfolg kommen.

Schaut man sich jedoch die gegenwärtige Lage der Finanzbehörden an, ergibt sich ein ernüchterndes Bild. Laut einer Auswertung des Portals Lohnsteuer kompakt[140] hängt der Zeitraum bis zum Erlass eines Steuerbescheids sehr stark davon ab, in welchem Ort und in welchem Bundesland der Bürger seine Steuererklärung eingereicht hat. Danach liegt Hamburg auf dem ersten Platz mit einer durchschnittlichen Bearbeitungsdauer von 45 Tagen, wohingegen Bremen als

---

134 *A. Klein* Steuermoral und Steuerrecht, S. 146; *Tipke* StuW 1990, 308, 310.

135 *Tipke* Besteuerungsmoral und Steuermoral, S. 58.

136 *Tipke* Die Steuerrechtsordnung Bd. II, S. 573; *K. Vogel* DStJG 12 (1989), 123, 127.

137 S. *Scholz* in: FS Leisner 1999, 797, 798 m.w.N.

138 BVerfGE 84, 239, 271.

139 BVerfGE 84, 239, 271.

140 Artikel Lohnsteuer kompakt vom 24.05.2016, abrufbar unter: https://www.lohnsteuer-kompakt.de/steuerwissen/exklusiv-die-langsamsten-finanzaemter-deutschlands/#more-5669.

Schlusslicht durchschnittlich 80,1 Tage benötigt, um den Steuerbescheid auszustellen. Auch im Vergleich vom schnellsten (Bielefeld-Außenstadt 28,4 Tage) zum langsamsten Finanzamt (Hagenow 86,60 Tage) werden großen Unterschiede deutlich. Die unterschiedlich lange Bearbeitungsdauer lässt sich auf ein bundesweites Problem zurückführen: die mangelnde personelle Ausstattung der Finanzämter.[141]

Der Finanzbeamte befindet sich in einem Dilemma. Zum einen soll der Staat möglichst viele Steuern einnehmen; zum anderen hat der Beamte die Grundsätze gemäß §§ 85, 88 AO zu beachten. Angesichts steigender Fallzahlen sind die Behörden nicht mehr in der Lage, jede Erklärung eingehend zu prüfen[142], sondern viele werden „durchgewunken" und nur auf ihre Plausibilität hin überprüft.[143] Gemäß § 88 Abs. 1 S. 2 AO richtet sich der Umfang der Prüfungspflichten der Finanzbehörde zur Ermittlung des Sachverhalts nach den Umständen des Einzelfalls, wobei jedoch grundsätzlich von der Richtigkeit der Steuererklärung ausgegangen werden kann, wenn nicht besondere Umstände bestehen, die Anlass zum Zweifel geben.[144] Fälle, die einer eingehenden Prüfung bedürfen, werden nun nicht mehr anhand von Umsatz- und Einkunftskennzahlen[145], sondern anhand des Kontrollbedürfnisses ausgewählt.[146]

Eine Ungleichheit im Gesetzesvollzug besteht auch bei der Außenprüfung. Die Prüfungsfrequenz richtet sich nach der jeweiligen Betriebsgröße.[147] Das führt dazu, dass größere Betriebe häufiger kontrolliert werden als Klein- und Kleinstbetriebe, für die das Risiko, einer Betriebsprüfung unterzogen zu werden, eher theoretischer Natur ist.[148] Die Auswahl anhand der Betriebsgröße ist für die Herstellung von Rechtsanwendungsgleichheit ungeeignet.[149] Denn es kann nicht auf die erwarteten Mehreinnahmen ankommen, sondern das einzig taugliche Kriterium ist die geschuldete Steuer[150], wobei nicht davon ausgegangen werden kann, dass Erklärungen kleiner Steuerpflichtiger grundsätzlich richtiger sind als die der großen.[151]

Hinzu kommen die Kompliziertheit der einzelnen Sachverhalte und des Steuerrechts allgemein, die es den Finanzbeamten unnötig schwer macht, den Sachverhalt

---

141 *Tipke* Die Steuerrechtsordnung Bd. III, S. 1455.

142 *A. Klein* Steuermoral und Steuerrecht, S. 133.

143 *Seer* StuW 2003, 40, 43.

144 AEAO 2014 aaO. (Fn. 98) zu § 88 Ziffer 2.

145 Zur Schwäche dieses Systems: *Seer* StuW 2003, 40, 43 f.

146 *Seer* in: Tipke/Kruse AO/FGO § 88 AO Rn. 22; zum Kontrollbedürfnis und den möglichen Risiken s. *E. Schmidt* DStJG 31 (2008), 37, 43 ff.

147 *Tipke* Die Steuerrechtsordnung Bd. III, S. 1457.

148 *Hey* in: FS Kruse 2001, 269, 273; *Tipke* Die Steuerrechtsordnung Bd. III, S. 1457.

149 *Präsident des Bundesrechnungshofs* Probleme beim Vollzug der Steuergesetze, S. 75 f.; *Hey* in: FS Kruse 2001, 269, 273 f. *Tipke* Die Steuerrechtsordnung Bd. III, S. 1457.

150 *Hey* in: FS Kruse 2001, 269, 273.

151 *E. Schmidt* DStJG 81 (2008), 37, 43; *Tipke* Die Steuerrechtsordnung Bd. III, S. 1457.

steuerlich richtig zu ermitteln.[152] Durch das Ausnutzen von gesetzlichen Schlupflöchern und die kreative Auslegung von Sachverhaltsgestaltungen ist es vor allem den „Großverdienern“ möglich mithilfe der von ihnen engagierten Steuerexperten ihre Steuerlast zu minimieren, wohingegen der gewöhnliche Steuerzahler diese Möglichkeiten nicht hat.[153] Das führt zu Frustration und einem Gefühl der Ungerechtigkeit gegenüber dem Steuersystem, das den gut Verdienenden offensichtlich besser stellt als den Normalverdiener.

b) Steuerverschwendung

Ein weiteres Problem stellt die Steuermittelverschwendung des Staates dar, von der 95 Prozent der Bürger ausgehen.[154] Jährlich veröffentlicht der Bund der Steuerzahler ein Schwarzbuch, in dem die Steuerverschwendung anhand einzelner Projekte angeprangert wird. Durch die Medien sind den Bürgern die Verzögerungen sowie die ständige Erhöhung der Kosten von Großbauprojekten wie der Elbphilharmonie, Stuttgart 21 oder dem Flughafen Berlin bestens bekannt. Diese Verschwendung erweckt beim Bürger den Eindruck, dass der Staat das Geld „mit beiden Händen zum Fenster hinauswirft“, solange es nicht von ihm, sondern von den Steuerzahlern kommt. Auch Zweifel an der Planungsfähigkeit der jeweiligen Länder sowie des Bundes werden größer, wenn die Projekte den Finanzrahmen nicht einhalten können und die Summen immer weiter nach oben in die Milliarden korrigiert werden. Der Bürger hat das Gefühl, dass im Gegenzug das Geld, welches dringend für die Erneuerung von Schulen, die Einrichtung von Kindertagesstätten, den Wohnungsbau oder die Sanierung der Straßen benötigt wird, nicht vorhanden ist, weil es bereits an anderer Stelle für „Prestigeprojekte“ ausgegeben wurde. Dieses zügellose Verhalten des Staates drückt auf die Steuermoral und führt zu deren Absinken.

c) Ausnutzen von gesetzlichen Lücken zur Steuerhinterziehung

Ferner bedenkt der Gesetzgeber bei den jährlichen Änderungen im Steuerrecht nicht, dass durch diese ein undurchsichtiges System entsteht, in dem sich gesetzliche Lücken bilden, die der Steuerpflichtige zur Steuerhinterziehung ausnutzt. Dabei kann genau genommen nicht von einer Steuerhinterziehung ausgegangen werden, denn mangels Verstoßes gegen ein Steuergesetz liegt eine legale Steuervermeidung vor. Ob ein Missbrauch von unzulässigen Gestaltungsmöglichkeiten und damit eine Steuerumgehung vorliegen, beurteilt sich nach § 42 AO. Legt der Steuerpflichtige diese Gestaltung offen, kann die Finanzbehörde die Steuer gemäß § 42 AO festsetzen.[155] Die Steuerumgehung ist jedoch dann als Steuerhinterziehung strafbar, wenn der Steuerpflichtige

152 *A. Klein* Steuermoral und Steuerrecht, S. 133 f.
153 *Hofmann* Steuermoral – Eine wirtschaftspsychologische Analyse, S. 38.
154 S. B. III. 2.
155 *Ratschow* in: Klein AO § 42 Rn. 15.

pflichtwidrig unvollständige oder unrichtige Angaben macht, um das Vorliegen einer Steuerumgehung zu verschleiern.[156]

Dieses Ausnutzen von Schlupflöchern wird von vielen Politikern als unmoralisch angesehen.[157] Allerdings hat der Gesetzgeber erst diese Möglichkeiten geschaffen. Die Ansicht der „Klugen", ihr Geld vor dem Fiskus zu verstecken und dass Steuern nur die „Dummen" zahlen, ist nur bei einem Bruchteil der deutschen Bevölkerung verankert.[158] Aber auch hinsichtlich der Enthüllungen zu den Panama Papers im April 2016, bei denen viele berühmte und vermögende Personen ihr Geld bei Briefkastenfirmen deponiert haben, kann beim normalen Steuerzahler der Eindruck erweckt werden, dass er zu den wenigen gehört, die ihre Steuern pflichtgemäß zahlen, während diejenigen, die über genügend Vermögen verfügen, sich ihrer Steuerpflicht entziehen.

d) Einfluss der Besteuerungsmoral auf die Steuermoral

Steuermoral und Besteuerungsmoral stehen in einer Wechselbeziehung zueinander.[159] Eine niedrige Steuermoral wirkt sich negativ auf die Besteuerungsmoral aus und umgekehrt.[160] Nur wenn das Steuersystem für den Steuerzahler gerecht ist und er dieses akzeptiert, kann die Steuermoral hoch sein. Damit die Steuern gerecht sind, muss jedoch schon auf der Gesetzgebungsebene angesetzt werden. Hier wäre zu wünschen, dass die Abgeordneten sich darum bemühen, ein in sich schlüssiges Steuerrecht zu schaffen, das nicht nur von Ausnahmen geprägt ist und aus sich heraus verständlich ist. Diese bessere Verständlichkeit würde womöglich auch dazu beitragen, dass die Bürger den Sinn der einzelnen Gesetze erfassen und nachvollziehen können, warum der Gesetzgeber eine Entscheidung für diese Regelungen getroffen hat.

Viel entscheidender ist aber, dass bei den Steuerzahlern das Bewusstsein gestärkt werden muss, warum sie Steuern zahlen und wofür diese verwendet werden. Es muss ihnen vor Augen geführt werden, dass der Staat als Steuerstaat auf Steuern angewiesen ist, um seine Aufgaben erfüllen zu können. Dass dieser Hinweis ausreicht, um zu höheren Steuerzahlungen zu motivieren, zeigt ein Experiment der britischen Finanzbehörde zusammen mit dem Cabinet Office und Behavioural Insights Team, welche an säumige Steuerzahler Mitteilungen verschickten, in denen sie darauf hinwiesen, wofür die Steuergelder benötigt werden.[161] Auch der Hinweis, dass neun von zehn

156 AEAO 2014 aaO. (Fn. 98) zu § 42 Ziffer 3.; *Ratschow* in: Klein AO § 42 Rn. 15.

157 Dazu *Tipke* Die Steuerrechtsordnung Bd. III, S. 1728.

158 S. B. III. 2.

159 *Röckl* Das Steuerstrafrecht im Spannungsfeld des Verfassungs- und Europarechts, S. 59; *Tipke* Besteuerungsmoral und Steuermoral, S. 89 ff.

160 *Röckl* Das Steuerstrafrecht im Spannungsfeld des Verfassungs- und Europarechts, S. 59; *Simmich* Die Steuermoral, S. 13.

161 Abhandlung Cabinet Office/Behavioural Insights Team, S. 22 ff., abrufbar unter: https://www.gov.uk/government/publications/fraud-error-and-debt-behavioural-insights-team-paper; Artikel Süddeutsche Zeitung vom 16.04.2016, S. 26.

Briten ihre Steuern pünktlich zahlen oder bereits die meisten Leute aus demselben Ort bzw. der Region gezahlt hätten, führte zu höheren Überweisungen.[162]

Dieses Experiment zeigt, dass die Menschen stark von dem Verhalten ihrer Mitmenschen beeinflusst werden und keine Steuerhinterziehung begehen, wenn sie ein Gefühl von moralischer Verpflichtung, Gerechtigkeit und Fairness haben, das ihre Umgebung teilt.[163] Dass die Durchsetzbarkeit der Steuern wesentlich von der Freiwilligkeit und Akzeptanz des Steuersystems durch die Steuerzahler abhängt, haben *Schmölders* und *Strümpel*[164] bereits im Jahr 1968 nachgewiesen. Staatlicher Druck durch Verschärfung der Kontrollen und Erhöhung der Strafen kann jedoch kaum zur Hebung der Steuermoral beitragen, weil dadurch nicht die innere Haltung des Steuerzahlers geändert, sondern lediglich die Angst vor Strafverfolgung gesteigert wird.[165]

IV. Zwischenergebnis

Der Steuerstaat bildet den Ausgangspunkt für das Handeln des Staates zur Erzielung von Einnahmen sowie der Erfüllung seiner öffentlichen Aufgaben, die in der Gewährleistung des Rechts- und Sozialstaats bestehen. Diese Aufgaben können nur mit Steuereinnahmen verwirklicht werden. Entziehen sich einige Steuerpflichtige ihrer Steuerpflicht, wird dadurch nicht nurder Staat, sondern auch die ehrlichen Steuerzahler und die Wirtschaft geschädigt.

Damit der Staat seine Einnahmen erhält, ist er im Besteuerungsverfahren wesentlich auf die Mitwirkung des Steuerpflichtigen angewiesen. Dieser wird richtige und vollständige Angaben in seiner Steuererklärung machen, wenn er von der Gerechtigkeit des Steuersystems ausgeht und die Besteuerung für gerechtfertigt hält. Dann ist auch die Steuermoral hoch und die Neigung zur Begehung von Steuerhinterziehungen niedrig. Letzen Endes lässt sich damit die Steuermoral wieder auf die Steuer, ihre Rechtfertigung sowie den Steuerstaat zurückführen. Nur wenn alle diese Komponenten als gerecht angesehen werden, sind die Bürger zur vollständigen Steuerzahlung bereit, wodurch eine gleichmäßige Steuerbelastung nach der jeweiligen Leistungsfähigkeit gewährleistet ist.

---

162 Abhandlung Cabinet Office/Behavioural Insights Team aaO. (Fn. 161), S. 22ff.

163 Abhandlung Cabinet Office/Behavioural Insights Team aaO. (Fn. 161), S. 16; vgl. *Beckmann* Steuerhinterziehung, S. 151; vgl. *Hofmann* Steuermoral – Eine wirtschaftspsychologische Analyse, S. 31f.

164 *Schmölders/Strümpel* Vergleichende Finanzpsychologie 1968, 129, 132f.

165 *Schmölders* in: Handwörterbuch der Sozialwissenschaften 1959, 119, 123.

C. Verfassungsrechtliche Grundlagen und rechtspolitische Gebotenheit der Selbstanzeige

Der Steuerstaat und seine Verankerung im Grundgesetz sind Ausgangspunkt für die weiteren Untersuchungen. Um die Steuereinnahmen sicherzustellen, ist einerseits das Steuerrecht zur Festsetzung des Steueranspruchs und andererseits das Steuerstrafrecht zur Sanktionierung der Steuerhinterziehung erforderlich. Die Selbstanzeige ist Teil des Steuerstrafrechts, scheint aber auf den ersten Blick der Effektivität des (Steuer-)Strafrechts zu widersprechen, da der Steuerpflichtige nicht für sein schuldhaftes Fehlverhalten bestraft wird, sondern nachträglich Straffreiheit erlangt. Jedoch könnte aus den Gründen, die für die Existenz der Selbstanzeige sprechen, ein anderer Schluss zu ziehen sein.

Das Steuerstrafrecht hat als Teil des Strafrechts die Aufgabe, der Durchsetzung des Steuerrechts zu dienen und rechtlich missbilligtes Verhalten zu pönalisieren. Damit die Sanktionswirkung des Steuerstrafrechts greifen kann, muss ein Verstoß gegen eine Norm des Steuerrechts vorliegen. Aus diesem Grund ist ein Rückgriff auf das Steuerrecht vonnöten. Über allem steht das Grundgesetz, dessen Einhaltung zwingend erforderlich ist und das verfassungsrechtliche Anforderungen zugunsten jedes Rechtsgebiets trifft. Welche verfassungsrechtlichen Grundsätze für das Steuerrecht und die Selbstanzeige von Bedeutung sind und ob es eine rechtspolitische Gebotenheit für die Selbstanzeige gibt, ist Gegenstand dieses Kapitels.

I. Gründe für die Existenz der Selbstanzeige

Um zu verstehen, warum der Gesetzgeber nach wie vor an dem Institut der Selbstanzeige festhält, muss ein Blick auf die Gründe, die für die Existenz der Selbstanzeige sprechen, geworfen werden.

1. Fiskalische Begründung der Selbstanzeige

Als entscheidende Begründung für die Existenz der Selbstanzeige sieht die herrschende Meinung das Interesse an der Aufdeckung unbekannter Steuerquellen.[166]

---

166 RGSt 70, 350, 351; BGHSt 12, 100, 100 f.; BGH NJW 2005, 2720, 2721; BayObLG NJW 1954, 244, 244 f.; BayObLG DStZ/B 1972, 287, 288; *Kohler* in: MK StGB § 371 AO Rn. 23; *Schauf* in: Kohlmann Steuerstrafrecht § 371 AO Rn. 30; *Schmedding* in: Wannemacher Steuerstrafrecht § 371 AO Rn. 1929; *Rolletschke* Steuerstrafrecht Rn. 546d; *Kratzsch* DStJG 6 (1983), 283, 290 f.; *Lenckner/Schumann/Winkelbauer* wistra 1983, 123, 124; *J. R. Müller* Die Selbstanzeige im Steuerstrafverfahren Rn. 348 f.

Dem Täter muss ein Anreiz gegeben werden, damit er zu deren Aufdeckung beiträgt und nachträglich seinen steuerlichen Pflichten nachkommt. Das gelingt nur, wenn er Straffreiheit erlangt. Dabei erklärt sich die Rechtsfolge der Straffreiheit nicht aus der Ähnlichkeit zum Rücktritt vom Versuch[167], sondern daraus, dass die Strafe nicht mehr erforderlich ist, weil durch die Selbstanzeige der rechtmäßige Zustand wiederhergestellt wird. Es fehlt an der Strafbedürftigkeit. Erstattet der Steuerpflichtige Selbstanzeige, trägt er dadurch zur Ermittlung des steuerlichen Sachverhalts bei. Die Finanzbehörde wird dadurch in die Lage versetzt, den Steueranspruch festzusetzen. Die Nachzahlung der hinterzogenen Steuern bewirkt, dass der eingetretene Schaden (Verletzung des öffentlichen Interesses am vollständigen und rechtzeitigen Aufkommen aller Steuern) wiedergutgemacht wird.

Dass dieses steuerpolitische Motiv nach wie vor Relevanz hat, zeigen die Gesetzgebungsmaterialien zu den Gesetzesverschärfungen des § 371 AO im Jahr 2011, in denen der Gesetzgeber für den Erhalt der Selbstanzeige die Aufdeckung von bisher unbekannten Steuerquellen anführte.[168] Gleiches gilt für den Ankauf von Steuerdaten-CDs, der zumeist in den Medien publik gemacht wird, um möglichst viele Anleger in Unruhe zu versetzen und zu einer Selbstanzeige zu veranlassen.[169]

Dieser fiskalische Ansatz wird jedoch teilweise von Autoren kritisiert, die sich daneben oder ausschließlich für eine strafrechtliche Ableitung der Selbstanzeige aussprechen (Einordnung in die Rücktrittsystematik und/oder tätige Reue bzw. Anführen des Wiedergutmachungsgedankens).[170] Zum einen wird eingewendet, dass der fiskalische Ansatz für die Begründung der Selbstanzeige ungeeignet sei, denn die Existenz dieses Strafaufhebungsgrundes könne den Täter gerade zur Steuerhinterziehung motivieren.[171] Dagegen spricht, dass der Täter bei Begehung

167 *Beckemper* in: Hübschmann/Hepp/Spitaler AO/FGO § 371 AO Rn. 15.

168 BT-Drs. 17/4182, S. 4.

169 *Schuster* JZ 2015, 27, 29.

170 Für eine ausschließlich strafrechtliche Ableitung: *Bottke* Strafrechtswissenschaftliche Methodik und Systematik, S. 626 ff., 689 ff.; *Breyer* Der Inhalt der strafbefreienden Selbstanzeige, S. 118 ff., 155, *Ceffinato* Vollendungsumkehr und Wiedergutmachung, S. 165 ff.; *Grötsch* Persönliche Reichweite der Sperrwirkung iRd § 371 Abs. 2 AO, S. 12, 18 ff.; *Löffler* Grund und Grenzen der steuerstrafrechtlichen Selbstanzeige, S. 104 ff.; *Rüffelmacher* Die strafrechtliche Wiedergutmachung im Steuerstrafrecht, S. 46 ff., S. 53 ff.; *Schröder* in: FS Mayer 1966, 377, 377 Fn. 1; für eine strafrechtliche Ableitung neben anderen Erklärungsansätzen: *Blesinger/Viertelhausen* in: Kühn/v. Wedelstädt AO/FGO § 371 AO Rn. 1; *Joecks* in: Joecks/Jäger/Randt Steuerstrafrecht § 371 AO Rn. 25 ff.; *Brauns* wistra 1985, 171, 171 ff.; *ders.* wistra 1987, 233, 235 ff.

171 *Brauns* wistra 1985, 171, 171 f.; *Kratzsch* StuW 1974, 68, 71, 75; *Kuhlen* Grundfragen der strafbaren Steuerhinterziehung, S. 167.

des Delikts wohl eher auf die fehlende Entdeckung spekulieren wird, anstatt sich Gedanken über eine Selbstanzeige zu machen.[172]

Zum anderen wird teilweise behauptet, dass die Selbstanzeige auf die „Theorie der goldenen Brücke“ zurückgehe.[173] Nach dieser soll für den Täter ein Anreiz geschaffen werden auf seine Tatvollendung zu verzichten. Durch den Rücktritt wird ihm Straffreiheit in Aussicht gestellt und die Möglichkeit geboten, über eine goldene Brücke in die Legalität zurückzukehren.[174] Zwar kommt sowohl in der fiskalischen Begründung der Selbstanzeige als auch bei der Erklärung des Rücktritts das Wort „Anreiz“ vor. Allerdings haben die Begründungen nichts gemein, was sich schon aus der Unterschiedlichkeit der jeweiligen Rechtsinstitute ergibt. So greifen die Selbstanzeige und der Rücktritt zu völlig unterschiedlichen Zeitpunkten ein. Während der Täter nur vor Vollendung der Tat zurücktreten kann, ist die Selbstanzeige auch noch mehrere Jahre nach Vollendung der Steuerhinterziehung möglich.

Zudem ist die Theorie der goldenen Brücke empirisch nicht bestätigt. Der Täter wird sich bei der Ausführung der Tat keine Gedanken über einen möglichen Rücktritt und die damit verbundene Straffreiheit machen.[175] In den seltensten Fällen wird dieser überhaupt Kenntnis vom persönlichen Strafaufhebungsgrund haben.[176]

Zwar ist es im Fall der Selbstanzeige genau umgekehrt, dass nämlich durch die mediale Berichterstattung die Selbstanzeige in den Fokus der Öffentlichkeit geraten ist und dadurch nahezu jeder Täter den persönlichen Strafaufhebungsgrund der Selbstanzeige kennt.[177] Allerdings wird der Steuerpflichtige nicht von der Selbstanzeige Gebrauch machen, um unbekannte Steuerquellen zum Fließen zu bringen oder in die Legalität zurückzukehren. Das Einzige, was für den Täter entscheidend ist, ist die Erlangung von Straffreiheit.

Wenn damit auch von Seiten des Täters nicht die Aufdeckung unbekannter Steuerquellen das entscheidende Motiv zur Erstattung der Selbstanzeige sein wird, bildet die fiskalische Begründung doch einen geeigneten Ansatz für die Existenz der Selbstanzeige, da der Staat für die Erfüllung seiner öffentlichen Aufgaben auf Steuern angewiesen ist und bei der Selbstanzeige keine Bewertung der Motive des Täters, anders als beim Rücktritt nach § 24 StGB, erfolgt. Würde man Freiwilligkeit fordern, käme das einer Abschaffung der Selbstanzeige gleich, weil die Erstattung von Selbstanzeigen immer dann sprunghaft ansteigt, wenn von einem neuen

172 *Beckemper* in: Hübschmann/Hepp/Spitaler AO/FGO § 371 AO Rn. 15; *Schuster* JZ 2015, 27, 30.

173 *Löffler* Grund und Grenzen der steuerstrafrechtlichen Selbstanzeige, S. 60 ff.

174 RGSt 73, 52, 60; *Kudlich* JuS 1999, 240, 240 f.; *Puppe* NStZ 1984, 488, 490.

175 BGHSt 9, 48, 52; *Wessels/Beulke/Satzger* Strafrecht AT Rn. 1003; *Kudlich* JuS 1999, 240, 241.

176 Vgl. BGHSt 9, 48, 52.

177 *Grötsch* Persönliche Reichweite der Sperrwirkung iRd § 371 Abs. 2 AO, S. 22.

Ankauf von Steuerdaten-CDs die Rede ist und der Täter aus Angst vor Tatentdeckung und somit heteronomen Motiven handelt.[178]

2. Kriminalpolitische Begründung der Selbstanzeige

Neben fiskalischen Gründen sprechen auch kriminalpolitische Erwägungen für die Existenz der Selbstanzeige. Der Staat hat ein Interesse an der Aufklärung unbekannter Steuerstraftaten[179], da Steuerhinterziehungen in der Regel kaum Spuren hinterlassen und deshalb schwer zu ermitteln sind.[180] Die Finanzbehörden verfügen aufgrund des begrenzt vorhandenen Personals nicht über genügend personelle Mittel für strafrechtliche Ermittlungen, sodass von einem Ermittlungsnotstand des Staates auszugehen ist.[181] Allerdings bieten sich durch den zunehmenden Informationsaustausch zwischen den einzelnen Staaten sowie den Ankauf von Steuerdaten-CDs bessere Ermittlungsmöglichkeiten, sodass der Ermittlungsnotstand an Bedeutung für die Erklärung der Existenz der Selbstanzeige verloren hat.[182]

3. Strafrechtliche Einordnung der Selbstanzeige

a) Einordnung der Selbstanzeige als Fall des Rücktritts oder der tätigen Reue

Andere versuchen die Selbstanzeige allein oder ergänzend aus dem Strafrecht abzuleiten, indem sie die Selbstanzeige als Fall des Rücktritts und/oder in das System der tätigen Reue einordnen oder den Wiedergutmachungsgedanken für die Erklärung der Selbstanzeige anführen.[183]

---

178 *Neiseke* Die Selbstanzeige im Steuerrecht Rn. 4.

179 *Kohler* in: MK StGB § 371 AO Rn. 24.

180 *Schauf* in: Kohlmann Steuerstrafrecht § 371 AO Rn. 39. Beispiele für die schwierige Aufdeckung von Steuerhinterziehungen: Bargeld wird über die deutsche Grenze ins Ausland transportiert, wobei diese Methode in den letzten Jahren abgenommen hat, weil der Zoll seine Kontrollen verbessert hat, Schwarzarbeit, Manipulation von Registrierkassen z.B. in der Gastronomie, in Geschäften oder Apotheken, Gründung von ausländischen Stiftungen, Fälschung von Bilanzen, Gewinnverlagerungen durch unangemessene Verrechnungspreise, Finanzierung der Gesellschaft mit Fremdkapital oder Einsatz von ausländischen Basisgesellschaften, um Einkünfte und Gewinne zu verschleiern.

181 *Schauf* in: Kohlmann Steuerstrafrecht § 371 AO Rn. 39.

182 BGHSt 55, 180, 183; *Kohler* in: MK StGB § 371 AO Rn. 24; *Schauf* in: Kohlmann Steuerstrafrecht § 371 AO Rn. 39.

183 Nachweise s. Fn. 180.

Gegen eine Einordnung des § 371 AO in die Rücktrittssystematik spricht, dass beide Institute zu unterschiedlichen Zeitpunkten eingreifen (Rücktritt vor Vollendung, Selbstanzeige nach Vollendung). Der Rücktritt muss zudem freiwillig erfolgen. Dafür muss der Täter nach der psychologisierenden Auffassung des BGH und der herrschenden Meinung[184] aus autonomen Gründen von der Tatvollendung absehen, diese verhindern oder sich beim untauglichen Versuch ernsthaft bemühen. Bei der Selbstanzeige ist hingegen keine Freiwilligkeit erforderlich.[185] Ob die Selbstanzeige wirksam ist, wird allein nach objektiven Umständen beurteilt.[186] Im Regelfall würde Freiwilligkeit wohl auch nicht vorliegen, da eher die Angst vor Tatentdeckung und nicht der Wille zur Rückkehr in die Steuerehrlichkeit entscheidend sein wird. Wäre Freiwilligkeit erforderlich, bestünde zudem die Unsicherheit zunächst den inneren Willen des Täters erforschen zu müssen.[187]

Auch eine Verortung der Selbstanzeige in der tätigen Reue ist abzulehnen. Die tätige Reue greift immer dann ein, wenn ein Delikt vollendet, die Rechtsgutsverletzung aber noch nicht eingetreten ist.[188] Die tätige Reue ist daher bei Delikten einschlägig, die Vorbereitungs- oder Gefährdungshandlungen bestrafen bzw. wenn man zur Abwendung des Erfolges verpflichtet war.[189] Sie erfasst solche Konstellationen, bei denen der Vollendungszeitpunkt weit nach vorne verlagert und bei materieller Betrachtung noch im Versuchsstadium zu verorten ist.[190] Wenn der Täter jedoch eine Umkehrleistung erbringt und damit den Eintritt des Schadens verhindert, kann das Gericht von Strafe absehen.

Die Selbstanzeige greift dann ein, wenn das Delikt vollendet (Steuerverkürzung oder Erlangung eines nicht gerechtfertigten Steuervorteils) ist. Da jedoch bei der Steuerhinterziehung in der Regel Vollendung und Beendigung zusammenfallen, besteht nicht die gleiche Situation wie bei der tätigen Reue, bei der das Delikt vollendet, d.h. alle Tatbestandsvoraussetzungen dieses erfüllt sind und lediglich die Rechtsgutsverletzung noch nicht eingetreten ist. Wann die Steuerhinterziehung voll- bzw. beendet ist, richtet sich danach, ob es sich um Veranlagungs- oder Fälligkeitssteuern handelt.

Bei den Veranlagungssteuern (Einkommensteuer, Körperschaftsteuer, Gewerbesteuer) setzt das Finanzamt durch Steuerbescheid die Steuer fest (vgl. § 155 Abs. 1 AO).

---

184 BGHSt 7, 296, 299; 35, 184, 186; BGH NStZ-RR 2014, 171, 171; 2014, 241, 241; *Fischer* StGB § 24 Rn. 19.

185 *Joecks* in: Joecks/Jäger/Randt AO/FGO § 371 AO Rn. 18.

186 Vgl. *Jäger* in: Klein AO § 371 Rn. 4.

187 *Schauf* in: Kohlmann Steuerstrafrecht § 371 AO Rn. 34; *Neiseke* Die Selbstanzeige im Steuerrecht Rn. 4.

188 *Helml* Die Reform der Selbstanzeige im Steuerstrafrecht, S. 23; *Krack* NStZ 2001, 505, 505.

189 *Rüping* DStR 2010, 1768, 1769.

190 *Helml* Die Reform der Selbstanzeige im Steuerstrafrecht, S. 23.

Mit der Bekanntgabe des unrichtigen Steuerbescheids ist das Delikt vollendet und zugleich beendet.[191]

Bei den Fälligkeitssteuern (z.B. Umsatzsteuer, Lohnsteuer, Kapitalertragsteuer) muss der Steuerpflichtige die Steuern selbst berechnen[192] und diese zum Fälligkeitstermin anmelden. Mit der unrichtigen Anmeldung ist das Delikt dann vollendet[193] und beendet. Falls keine Steuererklärung abgegeben oder rechtzeitig eingereicht wurde, ist bezüglich der Vollendung bei den Veranlagungssteuern auf den Zeitpunkt abzustellen, zu dem die Veranlagungsarbeiten abgeschlossen worden wären[194] und bei den Fälligkeitssteuern auf den Ablauf des Fälligkeitstermins.[195]

Hieraus ergibt sich, dass der Eintritt eines Vermögensschadens bei § 370 AO nicht erforderlich ist. Ausreichend ist, dass mit der Bekanntgabe des Steuerbescheids, der unrichtigen oder nicht rechtzeitigen Anmeldung oder der Abgabe der Steuererklärung das Vermögen des Staates bereits als gefährdet angesehen wird[196], ohne dass es zu einer tatsächlichen finanziellen Einbuße gekommen sein muss. Damit ist die Steuerhinterziehung konkretes Gefährdungsdelikt, nicht notwendig jedoch Verletzungsdelikt.[197]

Dass es sich bei der Steuerhinterziehung um ein konkretes Gefährdungsdelikt handelt, wird teilweise zum Anlass genommen, die Selbstanzeige in die Systematik der tätigen Reue einzuordnen.[198] Hierbei wird argumentiert, dass die Vollendung der Steuerhinterziehung vor die eigentliche Rechtsgutsverletzung in ein Gefährdungsstadium vorverlegt werde.[199] Diese Annahme ist jedoch unzutreffend. Die Vorschriften der tätigen Reue wurden für diejenigen Fälle geschaffen, bei denen der Vollendungszeitpunkt sehr weit nach vorne verlagert ist, obwohl materiell gesehen noch von einem Versuchsstadium auszugehen ist. Das ist bei der Steuerhinterziehung nicht der Fall. Der Versuch beginnt bei § 370 AO dann, wenn der Steuerpflichtige die Unterlagen für die Steuererklärung bzw. Anmeldung an das Finanzamt schickt.[200] Mit Festsetzung des Steuerbescheids (Veranlagungssteuern) bzw. Anmeldung der Steuern (Fälligkeitssteuern) oder bei nicht erfolgter Anmeldung oder Abgabe der Steuererklärung ist das Delikt vollendet und beendet (s.o.). Versuch und Vollendung können klar voneinander abgegrenzt werden. Es kommt

---

191 *Gehm* Steuerstrafrecht Kap. 1.4.7.2.1.

192 *Gehm* Steuerstrafrecht Kap. 1.4.1.2.1.

193 BGH NStZ 2015, 282, 282.

194 BGH NJW 2002, 762, 764; *Joecks* in: Joecks/Jäger/Randt AO/FGO § 370 AO Rn. 56 ff.

195 *Rolletschke* Steuerstrafrecht Rn. 134.

196 *Joecks* in: Joecks/Jäger/Randt AO/FGO § 370 AO Rn. 53 f.

197 BGH NJW 2009, 1979, 1983; BGH NStZ 2014, 157, 159; *Gehm* Steuerstrafrecht Kap. 1.4.1.2.

198 So *Löffler* Grund und Grenzen der steuerstrafrechtlichen Selbstanzeige, S. 118.

199 So *Löffler* Grund und Grenzen der steuerstrafrechtlichen Selbstanzeige, S. 118.

200 *Rolletschke* Steuerstrafrecht Rn. 127.

somit nicht zu einer weiten Vorverlagerung des Vollendungszeitpunkts. Die Selbstanzeige kann deshalb auch nicht in die Systematik der tätigen Reue eingeordnet werden.

Die strafrechtliche Einordnung des § 371 AO als Fall des Rücktritts oder der tätigen Reue ist aus den oben genannten Gründen abzulehnen.

b) Schadenswiedergutmachung

Rücktritt, tätige Reue und die Selbstanzeige ähneln sich allerdings darin, dass sie den Gedanken der Schadenswiedergutmachung in sich tragen. Ein Täter, der seinen Schaden freiwillig wiedergutmacht, bedarf aus Gründen der Spezialprävention keiner Bestrafung mehr.[201] Aus diesem Grund hat der BGH in seinem Beschluss vom 20.05.2010 eine strafrechtliche Begründung der Selbstanzeige in den Mittelpunkt seiner Argumentation gestellt. Die Selbstanzeige sei deshalb erforderlich, um dem Täter die Rückkehr in die Steuerehrlichkeit zu ermöglichen.[202] Um aber von einer Rückkehr in die Steuerehrlichkeit ausgehen zu können, müsse der Täter, so der BGH, „reinen Tisch machen", also alle begangenen Steuerhinterziehungen offenlegen und nicht nur diejenigen, bezüglich derer er eine Aufdeckung befürchtet.[203] Der Gesetzgeber hat sich dieser Auffassung in den Gesetzesänderungen von 2010 und 2014 angeschlossen.[204] Dass es für den Steuerstraftäter einen Weg zurück in die Legalität geben sollte, erklärt sich aus den Besonderheiten des Steuerrechts, wonach Steuern jährlich veranlagt oder angemeldet werden und den Steuerpflichtigen gemäß § 90 AO steuerliche Mitwirkungspflichten bei der Ermittlung des Sachverhalts treffen. Falls Einkünfte oder Umsätze in einem Jahr nicht zutreffend angegeben wurden, im darauffolgenden hingegen schon, wird die Finanzbehörde hinsichtlich der höheren Einkünfte bzw. Umsätze misstrauisch werden und Ermittlungen einleiten. Gäbe es keine Selbstanzeige, könnte der Täter den strafrechtlichen Ermittlungen nur entgehen, wenn er weiterhin Steuerhinterziehungen begeht. Die Selbstanzeige bietet ihm die Möglichkeit, wieder steuerehrlich zu werden, ohne eine strafrechtliche Verurteilung befürchten zu müssen.

Auch hier werden, wie oben beschrieben, die Aussicht auf Straffreiheit sowie die Angst vor Tatentdeckung wohl die treibenden Motive des Täters für die Erstattung der Selbstanzeige sein. Allerdings ist nicht auszuschließen, dass sich der Täter in Zukunft steuerehrlich verhalten wird. Durch Abgabe der Selbstanzeige hat er sich für die Rückkehr in die Steuerehrlichkeit entschieden. Zudem wird die Finanzbehörde den Steuerdelinquenten stärker kontrollieren, weil er durch seine

201 *G. Dannecker* in: Leitner/Brandl Finanzstrafrecht 2017, 1, 17, 40.

202 BGHSt 55, 180, 183; so auch die hM: *Jäger* in: Klein AO § 371 Rn. 2; *Kohler* in: MK StGB § 371 AO Rn. 24; *Schauf* in: Kohlmann Steuerstrafrecht § 371 AO Rn. 40; *Helml* Die Reform der Selbstanzeige im Steuerstrafrecht, S. 35.

203 BGHSt 55, 180, 183.

204 BT-Drs. 17/4182, S. 4; BT-Drs. 18/3018, S. 8.

begangenen Steuerhinterziehungen in den Fokus der Finanzbehörden geraten ist. Das macht es für ihn schwerer, erneut Steuerhinterziehungen zu begehen.

4. Herstellung der Belastungsgleichheit im Steuerrecht und Wiederherstellung der Effektivität des Steuerstrafrechts

Neben dem fiskalischen Ansatz und der Ermöglichung zur Rückkehr in die Steuerehrlichkeit trägt die Selbstanzeige zur Herstellung der Belastungsgleichheit im Steuerrecht und zur Wiederherstellung der Effektivität des Steuerstrafrechts[205] bei. Die Selbstanzeige dient als Teil des Steuerstrafrechts der effektiven Durchsetzung des Steuerrechts und sichert somit den Steueranspruch des Staates.[206] Das Steuerrecht hat die Aufgabe, entsprechend der Steuergesetze die Höhe des jeweiligen Steueranspruchs festzustellen und diesen notfalls zwangsweise durchzusetzen.[207] Der Bürger ist somit verpflichtet, seine Steuern zu zahlen. Tut er dies nicht, indem er auf eine Abgabe der Steuererklärung verzichtet oder unzulässigerweise den Steueranspruch des Staates durch unrichtige Angaben mindert, greift das Steuerstrafrecht ein, um diese Zuwiderhandlungen zu bestrafen. Dabei kommt durch die Strafe ein sozialethischer Tadel[208] gegenüber dem Täter zum Ausdruck. Die mögliche Verhängung von Freiheitsstrafen als schärfster Eingriff oder Geldstrafen nach § 370 AO sollen dazu beitragen, dass die steuerrechtlichen Normen eingehalten und die staatlichen Steueransprüche erfüllt werden.[209] Grundsätzlich ist aber eine Bestrafung nur dann angemessen, wenn das widerrechtliche Verhalten, also die Steuerhinterziehung, strafwürdig und strafbedürftig ist. Das ist der Fall, wenn das Handeln nach seinem Unrechtsgehalt Strafe verdient (Strafwürdigkeit) und wenn die Rechtsfolge Strafe zur Verhinderung des Verhaltens in einem gewissen Umfang geeignet und erforderlich ist (Strafbedürftigkeit).[210]

Wäre die Steuerhinterziehung nicht mit Strafe bewehrt, wäre nicht hinreichend gesichert, dass der Staat die finanziellen Mittel zur Erfüllung seiner öffentlichen Aufgaben hätte, die allen Bürgern zugutekommen.[211] Die Behörde ermittelt gemäß

205 Zur Notwendigkeit der Selbstanzeige für ein effektives Steuerstrafrecht *G. Dannecker* in: GS Joecks 2018, 383, 389 ff.; *ders.* in: Leitner/Brandl Finanzstrafrecht 2017, 1, 10, 22, 38 m.w.N.

206 *G. Dannecker* in: Leitner Finanzstrafrecht 2005, 125, 129; *ders.* DStJG 38 (2015), 373, 376 f.

207 *Kratzsch* StuW 1974, 68, 70.

208 Vgl. *Frisch* in: FS Stree/Wessels 1993, 69, 69 f.; *Kuhlen* Grundlagen der strafbaren Steuerhinterziehung, S. 92.

209 *G. Dannecker* in: Leitner Finanzstrafrecht 2005, 125, 129; *ders.* DStJG 38 (2015), 373, 376 f.

210 *Kuhlen* Grundlagen der strafbaren Steuerhinterziehung, S. 87.

211 *Kuhlen* Grundlagen der strafbaren Steuerhinterziehung, S. 93 f.

§ 88 Abs. 1 S. 1 AO den steuerlichen Sachverhalt von Amts wegen. Dabei ist sie wesentlich auf die Mitwirkung des Steuerpflichtigen angewiesen. Kommt dieser seiner Mitwirkungspflicht nicht nach, gehen dem Staat dadurch Steuereinnahmen verloren, auf die er einen Anspruch hat. Zwar mag die einzelne Steuerhinterziehung hinsichtlich des Steueraufkommens nicht allzu stark ins Gewicht fallen. Die Kumulation der einzelnen Steuerhinterziehungen führt jedoch dazu, dass der Gesamtbetrag an Steuereinnahmen geschmälert wird und damit verbunden auch weniger Mittel für die Erfüllung öffentlicher Aufgaben zur Verfügung stehen.[212]

Schließlich werden durch die Steuerhinterziehung auch die ehrlichen Steuerzahler geschädigt[213], wenn der Täter meint, sich eine Sonderstellung anmaßen zu können, indem er auf das Zahlen von Steuern verzichtet.[214] Aus diesen Gründen ist die Steuerhinterziehung strafwürdig. Für die Strafbedürftigkeit muss die Strafe zur Verhinderung des Verhaltens geeignet und erforderlich sein. Wie bereits erwähnt, ist das geschützte Rechtsgut der Steuerhinterziehung das öffentliche Interesse am vollständigen und rechtzeitigen Aufkommen aller Steuern. Die mögliche Strafandrohung bei der Steuerhinterziehung ist dazu geeignet, die Bürger zur Steuerzahlung zu veranlassen und die steuerrechtlichen Normen einzuhalten. Zum einen wirken die verhängten Strafen abschreckend auf die Allgemeinheit, zum anderen wird das Vertrauen der Bevölkerung in die Geltung der Rechtsordnung gestärkt, dass Zuwiderhandlungen effektiv verfolgt und geahndet werden.[215]

Schließlich ist die Bestrafung auch erforderlich, denn die Ausgestaltung der vorsätzlichen Steuerhinterziehung als Ordnungswidrigkeit, bei der eine Sanktion bloß durch Geldbuße möglich ist, wirkt nicht genauso abschreckend wie eine Geldstrafe oder eine Freiheitsstrafe.[216] Durch letztere soll einerseits die sozialethische Missbilligung des Verhaltens zum Ausdruck kommen, andererseits das Ansehen des Täters in der Gesellschaft geschmälert werden.[217]

Allerdings ist zu beachten, dass der Täter durch die Mitwirkungspflichten im Besteuerungsverfahren gemäß § 90 AO zu seiner Überführung beiträgt, wenn er seine Einkünfte für den aktuellen Veranlagungszeitraum richtig angibt, in früheren Veranlagungszeiträumen aber Einkünfte verschwiegen hat. Durch die korrekte Angabe seiner Einkünfte in der aktuellen Steuererklärung deckt er zuvor begangene Steuerhinterziehungen auf. Im Strafverfahren gilt aber das

212 *Kuhlen* Grundlagen der strafbaren Steuerhinterziehung, S. 94.

213 *Seer* in: Tipke/Lang Steuerrecht Rn. 23.1; *G. Dannecker* in: Leitner Finanzstrafrecht 2005, 125, 129; *ders.* DStJG 38 (2015), 373, 376 f.

214 *Kuhlen* Grundlagen der strafbaren Steuerhinterziehung, S. 94. Zur Sozialschädlichkeit der Steuerhinterziehung s. B. II.

215 *Kuhlen* Grundlagen der strafbaren Steuerhinterziehung, S. 90 f.

216 Vgl. *Sieber/Engelhart* Compliance Programs for the Prevention of Economic Crimes, S. 162 ff.

217 *Kuhlen* Grundlagen der strafbaren Steuerhinterziehung, S. 91 f.

Nemo-tenetur-Prinzip, wonach niemand gezwungen werden darf, zu seiner Überführung oder Verurteilung beizutragen. Damit stehen die Mitwirkungspflichten einerseits und der Schutz des Selbstbelastungsverbots andererseits in einem Spannungsverhältnis. Die Periodizität der Steuern bewirkt, dass der Steuerpflichtige in eine Hinterziehungsfalle gerät.[218] Der Weg in die Legalität wird dem Steuerdelinquenten durch die Strafandrohungen des Steuerstrafrechts erschwert. Wenn der Steuerpflichtige durch seine Offenlegung strafrechtliche Ermittlungen sowie eine Verurteilung befürchten muss, wird dieser es vorziehen, nichts offenzulegen und weiterhin Steuerhinterziehungen zu begehen. Damit wird dem Steuerstrafrecht aber seine präventive Wirkung und somit seine Effektivität genommen. Denn es kann in diesem Fall pflichtwidriges Verhalten nicht sanktionieren und den Steueranspruch des Staates durchsetzen.

Die Selbstanzeige gleicht dieses Problem durch die Inaussichtstellung von Straffreiheit wieder aus. Mit der Berichtigung seiner Angaben und der Nachzahlung der Steuern erfüllt der Täter nachträglich seine steuerlichen Pflichten. Damit ist das Steueraufkommen des Staates gesichert, das er für die Erfüllung seiner öffentlichen Aufgaben benötigt. Gleichzeitig wird Belastungsgleichheit hergestellt, weil diejenigen, die sich zunächst ihrer Steuerpflicht entzogen haben, nun durch ihre Selbstanzeige steuerehrlich geworden sind und ihrer Verpflichtung nachkommen. Die Selbstanzeige führt dazu, dass das Steuerstrafrecht wieder effektiv wird und die Einhaltung der steuerrechtlichen Normen gewährleistet ist, weil mangels Strafandrohung der Weg aus der Hinterziehungsfalle frei ist und der Steuerstraftäter nicht mehr zur Begehung weiterer Steuerhinterziehungen gezwungen ist.[219]

5. Zwischenergebnis

Die Begründungen, die für die Selbstanzeige angeführt werden, sind vielfältig. Nach der herrschenden Meinung sollen das Interesse des Staates an der Aufdeckung unbekannter Steuerquellen sowie die Ermöglichung der Rückkehr in die Steuerehrlichkeit entscheidend sein. Eine teilweise vertretene Ansicht setzt sich für eine strafrechtliche Einordnung der Selbstanzeige als Fall des Rücktritts bzw. der tätigen Reue ein, die jedoch aus den oben angeführten Gründen nicht überzeugen kann.

Die Selbstanzeige findet ihre Rechtfertigung aber nicht nur im fiskalischen Ansatz und der Rückkehr in die Steuerehrlichkeit. Auch die Herstellung der Belastungsgleichheit ist ein entscheidendes Argument für deren Existenz. Ohne die Selbstanzeige wäre das Steuerstrafrecht nicht genauso effektiv und könnte nicht zur Aufdeckung unbekannter Straftaten beitragen. Dadurch, dass die

---

218 Zur Hinterziehungsfalle s. *G. Dannecker* in: GS Joecks 2018, 383, 386 f.; *ders.* in: Leitner/Brandl Finanzstrafrecht 2017, 1, 19 f.; *Leitner* DStJG 38 (2015), 153, 166 f.; *ders.* in: Leitner/Brandl Finanzstrafrecht 2017, 49, 55 f.

219 *G. Dannecker* in: Leitner/Brandl Finanzstrafrecht 2017, 1, 22, 38.

Steuerhinterziehung aber kaum Spuren hinterlässt und deshalb schwer zu ermitteln ist, bietet die Selbstanzeige eine Möglichkeit, diese zu enttarnen und damit nicht nur den Täter durch die Berichtigung sowie die Nachzahlung von Steuern und Zinsen zur nachträglichen Erfüllung seiner steuerlichen Pflichten zu bewegen, sondern vor allem Belastungsgleichheit unter allen steuerpflichtigen Bürgern herzustellen.

II. Vorgaben des Verfassungsrechts für die Selbstanzeige als Teil des Steuerstrafrechts

Die Selbstanzeige bietet dem Täter einen Weg zurück in die Legalität, wenn er Steuern hinterzogen hat. Steuern können nur hinterzogen werden, wenn ein Verstoß gegen Normen des Steuerrechts vorliegt. Der Verstoß gegen das Steuerrecht ist insofern die notwendige Vorstufe für das Eingreifen des Steuerstrafrechts. Aufgabe des Steuerstrafrechts ist es, die effektive und gleichmäßige Durchsetzung von Steuern und damit auch das materielle Steuerrecht zu gewährleisten.[220] Wie bereits gesehen, kann das Steuerstrafrecht jedoch dann seine präventive und repressive Wirkung nicht entfalten, wenn der Steuerhinterzieher sich in der sog. Hinterziehungsfalle (s. dazu C. I. 4. und C. III. 1. a)) befindet. Einzig und allein die Selbstanzeige ermöglicht es dem Täter, steuerehrlich zu werden, ohne sich einer strafrechtlichen Verfolgung auszusetzen. Die Selbstanzeige macht das Steuerstrafrecht wieder effektiv.

Als Teil des Steuerstrafrechts muss die Selbstanzeige den verfassungsrechtlichen Anforderungen genügen. Verfassungsrechtliche Bedeutung für die Selbstanzeige haben das Nemo-tenetur-Prinzip und der Gleichbehandlungsgrundsatz in Art. 3 Abs. 1 GG. Letzterer ist vor allem deshalb relevant, weil teilweise die Selbstanzeige als verfassungswidrig angesehen wird.[221]

Für das Steuerrecht, das Voraussetzung für die Anwendung des Steuerstrafrechts ist, gelten wiederum andere verfassungsrechtliche Grundsätze. Das Steuerrecht legt den Steueranspruch des Staates fest und sichert dem Staat die Einnahmen, die er zur Erfüllung seiner öffentlichen Aufgaben benötigt. Gleichzeitig hat das Steuerrecht zum Ziel, die Gesamtsteuerlast entsprechend dem Gleichheitssatz gleichmäßig auf seine leistungsfähigen Bürger zu verteilen und auf diese Weise die steuerehrlichen Bürger vor Benachteiligung zu schützen.[222] Der Rechtsanspruch des Staates auf Steuereinnahmen kann nicht mehr isoliert ohne dessen Durchsetzung durch das dazugehörige Verfahren betrachtet werden[223], weil es für

---

220 *G. Dannecker* DStJG 38 (2015), 373, 376 f.; *Tipke* Besteuerungsmoral und Steuermoral, S. 97 f.

221 Näher dazu C. II. 2.

222 *G. Dannecker* in: Leitner Finanzstrafrecht 2005, 125, 155; *Salditt* in: FS Tipke 1995, 475, 478 ff.

223 Vgl. *Schmidt-Aßmann* AöR 2017, 326, 326.

die Verwirklichung der Steuergerechtigkeit maßgeblich auf deren effektive Durchsetzung ankommt. Der Gesetzgeber muss also nicht nur bei der Gesetzgebung, sondern auch beim Gesetzesvollzug die Steuergerechtigkeit gewährleisten. Das Gebot der gleichmäßigen Anwendung des Steuerrechts richtet sich vor allem an die Finanzverwaltung, die gemäß § 85 AO die Steuern nach Maßgabe der Gesetze gleichmäßig festzusetzen, zu erheben und insbesondere sicherzustellen hat, dass Steuern nicht zu Unrecht verkürzt, erhoben oder Steuererstattungen und -vergütungen zu Unrecht versagt oder gewährt werden. Welche verfassungsrechtlichen Ausprägungen die Steuergerechtigkeit im Grundgesetz gefunden hat, soll sogleich (C. II. 1.) behandelt werden, um anschließend auf die Verfassungsmäßigkeit der Selbstanzeige (C. II. 2.) und den für die Selbstanzeige bedeutenden Nemo-tenetur-Grundsatz einzugehen (C. II. 3.).

1. Steuerrechtliche Grundsätze aus dem allgemeinen Gleichheitssatz Art. 3 Abs. 1 GG

Die Frage, ob Steuern erhoben werden können, lässt sich mit dem Prinzip des Steuerstaats rechtfertigen, der für die Erfüllung der öffentlichen Aufgaben auf Steuereinnahmen angewiesen ist. Der moderne Staat ist Rechtsstaat und Sozialstaat zugleich. Um diese Staatsstrukturprinzipien und ihre inhaltlichen Anforderungen verwirklichen zu können, muss der Staat Steuern erheben.

Neben dieser ersten Stufe der Steuerrechtfertigung, ob der Staat überhaupt Steuern erhebt, stellt sich auf der zweiten Stufe die Frage, „wie" der Staat eine Steuer bezieht, d.h. welche Bemessungsgrundlagen bei der Erhebung der Steuer zu beachten sind.

Als tragendes Element des Steuerrechts[224] gilt der allgemeine Gleichbehandlungsgrundsatz des Art. 3 Abs. 1 GG, aus dem wichtige Bemessungsgrundlagen für ein gerechtes Maß der Belastung abgeleitet werden.[225] Oberstes Gebot im Steuerrecht bildet dabei die Steuergerechtigkeit, die sich aus dem Gleichheitssatz ergibt.[226]

---

224 *Tipke* Die Steuerrechtsordnung Bd. I, S. 290 m.w.N; einige bezeichnen Art. 3 Abs. 1 GG als die „Magna Charta" des Steuerrechts: *Wernsmann* in: Hübschmann/Hepp/Spitaler AO/FGO § 4 AO Rn. 411; *Herzog* in: VI. Deutscher Steuerzahlerkongreß 1991, 10, 11; *Kischel* in: Gleichheit im Verfassungsstaat 2008, 175, 176 f.

225 Vgl. *Birk/Desens/Tappe* Steuerrecht Rn. 170.

226 BVerfGE 6, 55, 70; 13, 331, 338; 43, 108, 118 f.; 66, 214, 223; 97, 332, 346; 117, 1, 30; *Hey* in: Tipke/Lang Steuerrecht Rn. 3.110; *Benda* DStZ 1984, 159, 160; *Tipke* Die Steuerrechtsordnung Bd. I, S. 298.

a) Gebot der Gleichmäßigkeit der Besteuerung

Die Gleichmäßigkeit der Besteuerung ist Ausfluss des Art. 3 Abs. 1 GG und wendet sich zum einen an den Gesetzgeber, zum anderen an die Finanzbehörden und die Finanzgerichtsbarkeit.[227] Der Gleichheitssatz normiert Rechtsetzungsgleichheit. Der Gesetzgeber muss bei der Schaffung von Steuertatbeständen den Gleichheitssatz beachten. Dafür müssen alle Steuerpflichtigen, die unter einen gerechten Besteuerungsmaßstab fallen, erfasst und gleichmäßig belastet werden (Gleichheit der normativen Steuerpflicht).[228] Zugleich bildet die Rechtsanwendungsgleichheit einen Handlungsauftrag an die Finanzbehörden sowie an die Finanzgerichtsbarkeit, die Steuergesetze gleichmäßig anzuwenden und durchzusetzen.[229] Die Steuerpflichtigen müssen sowohl durch das Steuergesetz als auch bei dessen Vollzug rechtlich und tatsächlich gleichbehandelt werden.[230] Eine einfachgesetzliche Normierung des Grundsatzes der Gleichmäßigkeit der Besteuerung findet sich in § 85 S. 1 AO[231], wonach die Finanzbehörden die Steuern nach Maßgabe der Gesetze gleichmäßig festzusetzen und zu erheben haben.

Das schließt ein, dass der Belastungserfolg im Steuergesetz auch durch das Besteuerungsverfahren gewährleistet wird. Es muss neben dem materiellen Steuergesetz, das Gleichheit normiert, auch Verfahrensvorschriften geben, die eine gleichmäßige Besteuerung regeln.[232] Zwar kann es infolge von Vollzugsmängeln zu einer Ungleichbehandlung kommen[233], die in der Masse an Steuerfällen und der chronisch an Personalmangel leidenden Verwaltung begründet liegt.[234] Diese Ungleichbehandlung kann jedoch für sich noch keine Verfassungswidrigkeit der Besteuerungsgrundlage zur Folge haben.[235] Erst wenn der Besteuerungserfolg durch das rechtliche Erhebungsverfahren weitgehend nicht durchgesetzt werden kann (Vollzugsdefizit), ist die Besteuerungsgrundlage verfassungswidrig.[236] Das Vollzugsdefizit wird dem Gesetzgeber nur zugerechnet, wenn entweder die Verfahrensvorschrift die Ungleichheit im Belastungserfolg bewirkt oder diese Ungleichheit auf einer Verwaltungsvorschrift beruht, die er bewusst und gewollt

---

227 *Seer* in: Tipke/Kruse AO/FGO § 85 AO Rn. 10.

228 *Seer* in: Tipke/Kruse AO/FGO § 85 AO Rn. 10.

229 *Seer* in: Tipke/Kruse AO/FGO § 85 AO Rn. 10; *Hey* in: Tipke/Lang Steuerrecht Rn. 3.110; *Birk/Desens/Tappe* Steuerrecht Rn. 172.

230 *Söhn* in: Hübschmann/Hepp/Spitaler AO/FGO § 85 AO Rn. 35; zur Rechtsanwendungsgleichheit und die Anforderungen an die drei Staatsgewalten s. *Pezzer* StuW 2007, 101, 101 ff. m.w.N.

231 *Birk/Desens/Tappe* Steuerrecht Rn. 172.

232 Vgl. *Söhn* in: Hübschmann/Hepp/Spitaler AO/FGO § 85 AO Rn. 36.

233 BVerfGE 84, 239, 272.

234 S. zum Ermittlungsnotstand des Staates C. I. 2.

235 BVerfGE 84, 239, 272.

236 BVerfGE 84, 239, 272.

bei seiner Regelung hingenommen hat, obwohl es sich dem Gesetzgeber aufdrängen musste, dass die Gleichheit im Belastungserfolg prinzipiell nicht zu erreichen war.[237] Erkennt er den Erhebungsmangel erst nachträglich, muss er diesen innerhalb einer angemessenen Frist beseitigen.[238]

Eine Verletzung des Gleichheitsgrundsatzes in Form der Gleichmäßigkeit der Besteuerung ist nicht nur durch den Gesetzgeber, sondern auch durch die Finanzverwaltung denkbar, die sich bei der Besteuerung vom ökonomischen Prinzip oder von politischer Opportunität leiten lässt.[239] Das ist der Fall, wenn die Steuerpflichtigen unterschiedlich häufig und intensiv geprüft werden.[240] Das wird insbesondere bei der Außenprüfung gemäß § 193 AO deutlich, bei der sich die Prüfungshäufigkeit nach der Betriebsgröße richtet.[241] Danach werden größere Betriebe häufiger geprüft als kleinere, weil die Finanzbehörden davon ausgehen, in diesen Fällen ein hohes Mehrergebnis zu erzielen.[242] Sie folgen damit dem ökonomischen Prinzip, mit den gegebenen Mitteln (Personalmangel, Steuerverwaltung als Massenverwaltung) einen möglichst großen Erfolg zu erzielen. Durch diese Auswahl können aber mittlere und kleinere Betriebe durchs Raster fallen, die ebenso Steuerhinterziehungen begehen.

Steuergerechtigkeit lässt sich also nur dann durchsetzen, wenn die Gleichmäßigkeit der Besteuerung gewährleistet ist. Dabei betrifft die Gleichmäßigkeit der Besteuerung das Verhältnis der Steuerpflichtigen zueinander als Lasten- und Solidargemeinschaft.[243] Wenn sich der Steuerhinterzieher seiner Steuerpflicht entzieht, schädigt er dadurch nicht nur den Fiskus, dem es an Steuereinnahmen fehlt, sondern auch die steuerehrlichen Bürger, die ihre Steuern im Vergleich zum Täter zahlen.[244]

b) Leistungsfähigkeitsprinzip

Das Gleichbehandlungsgebot in Art. 3 Abs. 1 GG verlangt, dass der Gesetzgeber wesentlich Gleiches gleich und wesentlich Ungleiches verschieden behandelt.[245]

---

237 BVerfGE 84, 239, 272.

238 BVerfGE 84, 239, 272.

239 *Seer* in: Tipke/Kruse AO/FGO § 85 AO Rn. 11; zur Ausgestaltung des Steuervollzugs in der Massenverwaltung: s. B. III. 3 a) bb); *Seer* in: Tipke/Kruse AO/FGO § 85 AO Rn. 24 ff. m.w.N.; *ders.* StuW 2003, 40, S. 42 ff.

240 *Seer* in: Tipke/Kruse AO/FGO Vor §§ 193-203 AO Rn. 21.

241 *Seer* in: Tipke/Kruse AO/FGO Vor §§ 193-203 AO Rn. 21.

242 *Seer* in: Tipke/Kruse AO/FGO Vor §§ 193-203 AO Rn. 21.

243 *Seer* in: Tipke/Kruse AO/FGO § 85 AO Rn. 12.

244 *Seer* in: Tipke/Lang Steuerrecht Rn. 23.1; *G. Dannecker* in: Leitner Finanzstrafrecht 2005, 125, 129; *ders.* DStJG 38 (2015), 373, 377.

245 BVerfGE 3, 58, 135; 42, 64, 72; 110, 412, 431; 127, 224, 244; *Hey* in: Tipke/Lang Steuerrecht Rn. 3.116; *Birk/Desens/Tappe* Steuerrecht Rn. 171.

Um festzustellen, was wesentlich gleich oder ungleich ist, bedarf es zunächst eines gemeinsamen Bezugspunktes.[246] Die verschieden behandelten Personen, Personengruppen oder Situationen müssen sich unter einen gemeinsamen Oberbegriff fassen lassen, um vergleichbar zu sein.[247] Der Gleichheitssatz trägt jedoch den Vergleichsmaßstab nicht in sich, sondern muss bereichsspezifisch gewonnen werden.[248] Aus diesem Grund ist eine bereichsspezifische Anwendung erforderlich.[249] Als maßgebliches Kriterium für eine gerechte und gleichmäßige Besteuerung hat sich im Steuerrecht die Orientierung am Prinzip der Leistungsfähigkeit etabliert.[250] Das Leistungsfähigkeitsprinzip war bereits in Art. 134 WRV verankert, wonach alle Staatsbürger ohne Unterschied im Verhältnis ihrer Mittel zu allen öffentlichen Lasten nach Maßgabe der Gesetze beitragen. Heutzutage findet sich das Leistungsfähigkeitsprinzip in Art. 3 Abs. 1 GG wieder.

Folglich richtet sich die jeweilige Steuerlast nach der wirtschaftlichen Leistungsfähigkeit.[251] Das Leistungsfähigkeitsprinzip gilt besonders strikt im Einkommensteuerrecht[252], da es auf die Leistungsfähigkeit des einzelnen Steuerpflichtigen angelegt ist[253], aber auch für die übrigen Steuerarten.[254] Dabei hat der Gesetzgeber einen Gestaltungsspielraum bei der Ausgestaltung der systemtragenden Prinzipien

---

246 *Wernsmann* in: Hübschmann/Hepp/Spitaler AO/FGO § 4 AO Rn. 434.

247 *Wernsmann* in: Hübschmann/Hepp/Spitaler AO/FGO § 4 AO Rn. 434.

248 *Hey* in: Tipke/Lang Steuerrecht Rn. 3.121.

249 BVerfGE 84, 239, 268; BVerfGE 93, 121, 134; *Birk/Desens/Tappe* Steuerrecht Rn. 174.

250 *Hey* in: Tipke/Lang Steuerrecht Rn. 3.121; *P. Kirchhof* HbStR Bd. V § 118 Rn. 170, 183; *Birk* Das Leistungsfähigkeitsprinzip als Maßstab der Steuernormen, S. 6 ff., 20; *G. Dannecker* in: Leitner Finanzstrafrecht 2005, 125, 131; *Mellinghoff* in: FS Bareis 2005, 171, S. 177; *Ossenbühl* Die gerechte Steuerlast, S. 83 ff.; *Rodi* Die Rechtfertigung von Steuern als Verfassungsproblem, S. 16; *Tipke* Die Steuerrechtsordnung Bd. I, S. 481 ff., 491. Das Leistungsfähigkeitsprinzip ist das einzige sachgerechte Kriterium für eine gerechte und gleichmäßige Besteuerung. Zum Kopfsteuer-, Äquivalenz- und Leistungsfähigkeitsprinzip im Vergleich mit Vorzug für das Leistungsfähigkeitsprinzip: *Tipke* Die Steuerrechtsordnung Bd. I, S. 473 ff., 484.

251 BVerfGE 8, 51, 68 f.; 13, 290, 297; 32, 333, 339; 47, 1, 29; 66, 214, 223; 117, 1, 30 f.; 122, 210, 230 f.; *Hey* in: Tipke/Lang Steuerrecht Rn. 3.121.

252 Im Einkommensteuerrecht gilt das Nettoprinzip: Die Höhe des zu versteuernden Einkommens wird aus dem Nettoeinkommen des Steuerpflichtigen ermittelt, welches sich aus den Erwerbseinnahmen abzüglich der betrieblichen/beruflichen Erwerbsaufwendungen sowie der existenzsichernden Aufwendungen ergibt, s. *Birk/Desens/Tappe* Steuerrecht Rn. 175 f. m.w.N.

253 BVerfGE 6, 55, 67; 9, 237, 243; 13, 290, 297; 14, 34, 41; 27, 58, 64; 32, 333, 339; 36, 66, 72; 47, 1, 29; 61, 319, 343 f.; 82, 60, 86.

254 BVerfGE 98, 106, 124; 110, 274, 297; *Hey* in: Tipke/Lang Steuerrecht Rn. 3.121; *Engisch* Wettbewerbsgleichheit im grenzüberschreitenden Handel, S. 563 ff.

für die Besteuerung und welche Besteuerungsformen er festlegt.[255] Wenn er eine Entscheidung für bestimmte systemtragende Prinzipien getroffen hat, muss er diese verallgemeinernd und folgerichtig umsetzen.[256]

Das Leistungsfähigkeitsprinzip sieht vor, dass der Bürger das an Steuern zahlt, was er aus seinem Einkommen beitragen kann, damit dem Staat die Erfüllung seiner Aufgaben ermöglicht wird.[257] Um eine gerechte Besteuerung zu gewährleisten, sind die horizontale und die vertikale Steuergerechtigkeit zu beachten, die das Leistungsfähigkeitsprinzip konkretisieren. Das bedeutet zum einen, dass Steuerpflichtige bei gleicher Leistungsfähigkeit auch gleich hoch belastet werden müssen (horizontale Steuergerechtigkeit), und zum anderen, dass Steuerpflichtige mit einem höheren Einkommen stärker belastet werden müssen als solche mit einem niedrigeren Einkommen (vertikale Steuergerechtigkeit).[258]

Die Frage ist, wie sich die wirtschaftliche Leistungsfähigkeit messen lässt, d.h. welche Kriterien erforderlich sind, um festzustellen, ob Steuerpflichtige unterschiedlich oder gleich zu belasten sind. Der Gesetzgeber legt bestimmte Indikatoren fest, in denen sich die Leistungsfähigkeit zahlenmäßig ausdrückt.[259] Wirtschaftliche Leistungsfähigkeit ist die in Geldwert vorhandene Ist-Leistungsfähigkeit.[260] Sie beschreibt die Fähigkeit, Geldzahlungen erbringen zu können (Vermögenspotential), aber nicht die Fähigkeit, Geld erwirtschaften zu können (Erwerbspotential).[261] Diese Zahlungsfähigkeit drückt sich in drei Modalitäten aus: der Zufluss finanziellen Ertrags infolge wirtschaftlicher Betätigung (Einkommen, Vermögensertrag), das Innehaben liquider geldwerter Vermögenspositionen (Vermögen) und die geldwerte Teilnahme am Rechtsverkehr (Erbringung von Leistungen).[262]

---

255 *Hey* in: Tipke/Lang Steuerrecht Rn. 3.122; zur Sachgerechtigkeit und Widerspruchsfreiheit: *P. Kirchhof* HbStR Bd. V § 118 Rn. 175 ff.

256 *Tipke* in: Leitgedanken des Rechts Bd. II, § 146 Rn. 2.

257 *Tipke* Die Steuerrechtsordnung Bd. I, S. 479.

258 BVerfGE 107, 27, 46 f.; *P. Kirchhof* HbStR Bd. V § 118 Rn. 180; *Birk/Desens/Tappe* Steuerrecht Rn. 179; *Birk* Das Leistungsfähigkeitsprinzip als Maßstab der Steuernormen, S. 165 ff.; *Engisch* Wettbewerbsgleichheit im grenzüberschreitenden Handel, S. 564; *Mellinghoff* in: FS Bareis 2005, 171, 180.

259 *Birk* Das Leistungsfähigkeitsprinzip als Maßstab der Steuernormen, S. 166.

260 *Birk* Das Leistungsfähigkeitsprinzip als Maßstab der Steuernormen, S. 167; vgl. *Tipke* StuW 1980, 281, 295.

261 *P. Kirchhof* HbStR Bd. V § 118 Rn. 183; *ders.* VVDStRL 39 (1980), 213, 226; *Birk* Das Leistungsfähigkeitsprinzip als Maßstab der Steuernormen, S. 167.

262 *Birk* Das Leistungsfähigkeitsprinzip als Maßstab der Steuernormen, S. 167; ähnlich *P. Kirchhof* VVDStRL 39 (1981), 213, 284 f. Anlage 1 und 2 mit Einteilung in Einkommen (zuerworbenes Eigentum), Ertragsfähigkeit des Eigentums (Vermögen) und Einkommensverwendung (Belastung eines in den Marktverkehr gebrachten Gutes).

Der Spielraum des Gesetzgebers bei der Auswahl und Ausgestaltung dieser Indikatoren wird durch bestimmte Verfassungsgrundsätze begrenzt.[263] Der Steuerstaat ist Rechts- und Sozialstaat gemäß Art. 20 Abs. 3, 20 Abs. 1 und Art. 28 Abs. 1 S. 1 GG. Das bedeutet zum einen, dass der Einzelne seine Grundrechte verwirklichen können muss. Zum anderen sorgt der Staat für ein gesetzliches Existenzminimum (Art. 1 Abs. 1 GG iVm Sozialstaatsprinzip aus Art. 20 Abs. 1, 28 Abs. 1 S. 1 GG) und die Unterstützung derjenigen durch staatliche Leistungen, die sonst nicht über ausreichend Mittel zur Bestreitung ihres täglichen Lebens verfügen würden sowie die Absicherung bei Krankheit, Alter, Invalidität und Arbeitslosigkeit.[264] Das heißt aber auch, dass dem Steuerpflichtigen durch Steuern nicht die Mittel entzogen werden dürfen, die für seine individuelle Erhaltung notwendig sind.[265] Denn durch den Erwerb und die damit verbundene wirtschaftliche Entfaltung schafft der Einzelne erst die Voraussetzung für ein gesellschaftliches Leistungsniveau, das die Grundlage eines sozialen Verteilungssystems bildet.[266] Die Beachtung der Grundrechte, des Rechtsstaats- sowie des Sozialstaatsprinzips setzen dem Gesetzgeber damit Grenzen bei der Festlegung der Kriterien für die wirtschaftliche Leistungsfähigkeit.

Hat der Gesetzgeber sich einmal für ein Kriterium zur Verwirklichung des Gleichbehandlungsgebots in Art. 3 Abs. 1 GG entschieden, darf er dieses jedoch nicht auf horizontaler Ebene durchbrechen, da es andernfalls zur Bevorzugung oder Belastung einzelner Gruppen kommt.[267]

c) Zwischenergebnis

Die Untersuchungen haben gezeigt, dass dem Steuerrecht durch die Steuergerechtigkeit in Art. 3 Abs. 1 GG verschiedene verfassungsrechtliche Grenzen gesetzt sind, die bei der Schaffung und Anwendung von Steuertatbeständen beachtet werden müssen.

Für den Gesetzgeber, die Exekutive und die Judikative gilt das Gebot der Gleichmäßigkeit der Besteuerung, das sowohl bei der Rechtsetzung als auch bei der Rechtsanwendung beachtet werden muss.

Aus dem Gleichheitssatz wurde das Leistungsfähigkeitsprinzip entwickelt, das den Maßstab für eine gerechte und gleichmäßige Besteuerung festlegt und nur denjenigen zur Steuerzahlung verpflichtet, der leistungsfähig ist. Diejenigen, die

263 *Birk* Das Leistungsfähigkeitsprinzip als Maßstab der Steuernormen, S. 167, der das soziale Transferverhältnis für maßgeblich hält; *P. Kirchhof* VVDStRL 39 (1980), 213, 242 ff., 270 ff., 283 ff., der auf den Eigentumsschutz als Grenze für die Bemessung der Leistungsfähigkeit abstellt.

264 *Degenhart* Staatrecht I Rn. 593.

265 *Birk* Das Leistungsfähigkeitsprinzip als Maßstab der Steuernormen, S. 168.

266 *Birk* Das Leistungsfähigkeitsprinzip als Maßstab der Steuernormen, S. 168.

267 *Birk* Das Leistungsfähigkeitsprinzip als Maßstab der Steuernormen, S. 171.

gleich leistungsfähig sind, müssen gleich belastet (horizontale Steuergerechtigkeit) und diejenigen mit unterschiedlicher Leistungsfähigkeit müssen unterschiedlich hoch belastet werden (vertikale Steuergerechtigkeit).

Das Prinzip der Steuergerechtigkeit wird durch die Begehung von Steuerhinterziehungen gefährdet, weil sich Täter ihrer Steuerpflicht entziehen und somit einerseits dem Staat Steuereinnahmen fehlen, die er zur Erfüllung seiner öffentlichen Aufgaben benötigt, andererseits die ehrlichen Steuerzahler geschädigt werden, weil nicht jeder Bürger entsprechend seiner Leistungsfähigkeit belastet wird.

Die Belastungsgleichheit und Steuergerechtigkeit können aber durch die Selbstanzeige wiederhergestellt werden, weil sie es den Tätern ermöglicht, ihren steuerlichen Mitwirkungspflichten nachzukommen und die Steuern, zu deren Entrichtung sie verpflichtet sind, nachzuzahlen. Die Selbstanzeige trägt somit dazu bei, dass das Steuerrecht gleichmäßig und effektiv angewendet und durchgesetzt wird.

2. Verfassungsmäßigkeit der Selbstanzeige

Auch wenn die herrschende Meinung[268] die Selbstanzeige als verfassungsgemäß ansieht, gehen das Amtsgericht Saarbrücken und einige Autoren davon aus, dass es sich bei § 371 AO dennoch um eine verfassungswidrige Regelung wegen Verstoßes gegen den Gleichheitssatz des Art. 3 Abs. 1 GG handelt.[269] Die Selbstanzeigeregelung stelle eine ungerechtfertigte Ungleichbehandlung dar, weil der Steuerhinterzieher bei Erfüllung aller Voraussetzungen immer Straffreiheit erlange, wohingegen andere Straftäter nur auf eine Strafmilderung hoffen könnten.[270] Dadurch würde insbesondere der Täter eines Betruges, der den eingetretenen Schaden vor Tatentdeckung beseitige, benachteiligt, obwohl Betrug und

---

268 BVerfGE 64, 251, 254 ff., das den Vorlagebeschluss des AG Saarbrücken als unzulässig zurückwies; BGH NStZ 1983, 415, 415; *Beckemper* in: Hübschmann/Hepp/Spitaler AO/FGO § 371 AO Rn. 20; *Hüls/Reichling* in: Hüls/Reichling Steuerstrafrecht § 371 Rn. 44; *Jäger* in: Klein AO § 371 Rn. 3; *Joecks* in: Joecks/Jäger/Randt Steuerstrafrecht § 371 AO Rn. 37; *Kohler* in: MK StGB § 371 AO Rn. 26 ff.; *Schauf* in: Kohlmann Steuerstrafrecht § 371 AO Rn. 46; *Wessing/Biesgen* in: Flore/Tsambikakis Steuerstrafrecht § 371 AO Rn. 17; *Frees* Die steuerrechtliche Selbstanzeige, S. 109 f.; *Helml* Die Reform der Selbstanzeige im Steuerstrafrecht, S. 21 ff.; *Kuhlen* Grundfragen der strafbaren Steuerhinterziehung, S. 159; *Mellinghoff* in: FS Hassemer 2010, 503, 510 f.; *Zöbeley* DStZ 1984, 198, 198 ff.

269 AG Saarbrücken DStZ 1983, 130, 130; *Abramowski* DStZ 1992, 460, 465; *Bilsdorfer* DStZ 1983, 131, 132; *Krack* NStZ 2001, 505, 510; *Patzschke* Die Selbstanzeige als Strafaufhebungsgrund des allgemeinen Strafrechts, S. 37 f., 237.

270 AG Saarbrücken DStZ 1983, 130, 131; *Abramowski* DStZ 1992, 460, 460; vgl. *Bilsdorfer* DStZ 1983, 131, 131 f.; *Krack* NStZ 2001, 505, 510; *Patzschke* Die Selbstanzeige als Strafaufhebungsgrund des allgemeinen Strafrechts, S. 37 f., 237.

Steuerhinterziehung artverwandt seien.[271] Ferner monierte das AG Saarbrücken, dass der Steuerstraftäter sich aufgrund der Nachzahlungspflicht in § 371 Abs. 3 AO im Vergleich zu anderen Tätern freikaufen könne und somit eine Ungleichbehandlung zwischen dem liquiden und dem nicht liquiden Steuerhinterzieher bestehe.[272]

Das BVerfG hat den Vorlagebeschluss des AG Saarbrücken nach Art. 100 Abs. 1 GG als unzulässig zurückgewiesen, da die Vorlage in sich widersprüchlich sei und somit die Entscheidungserheblichkeit fehle.[273] Obwohl das BVerfG die Selbstanzeigeregelung des § 371 AO nicht auf seine Verfassungsmäßigkeit hin überprüft hat, führte es in seiner Entscheidung aus, dass § 371 AO nicht deshalb ungültig sei, weil es an einer entsprechenden Regelung in anderen Strafvorschriften fehle.[274] Es stellt sich daher die Frage, inwieweit die Ausführungen des AG Saarbrücken und einiger Autoren haltbar sind und von einer Verfassungswidrigkeit der Selbstanzeige auszugehen ist oder ob § 371 AO trotz seiner weitreichenden Rechtsfolge verfassungsgemäß ist. Für einen Verstoß gegen Art. 3 Abs. 1 GG ist erforderlich, dass zunächst der Prüfungsmaßstab des Gleichheitssatzes festgelegt wird, bevor eine Auseinandersetzung mit den Argumenten für oder gegen eine Rechtfertigung der Selbstanzeige erfolgt.

a) Prüfung des Art. 3 Abs. 1 GG

Grundsätzlich erfolgt die Prüfung des Gleichbehandlungsgrundsatzes entweder nach der Willkür- oder der neuen Formel des BVerfG. Die Willkürformel besagt, dass nicht willkürlich wesentlich Gleiches ungleich und wesentlich Ungleiches gleichbehandelt werden darf.[275] Eine Ungleichbehandlung ist gerechtfertigt, wenn sachliche Gründe gegeben sind.[276] Die neue Formel sieht eine ausführlichere Prüfung der Verhältnismäßigkeit vor, bei der Art, Ausmaß und Gewicht des Differenzierungsgrundes zur Ungleichbehandlung ins Verhältnis gesetzt werden müssen.[277] Nach dieser Formel liegt ein Verstoß gegen Art. 3 Abs. 1 GG vor, wenn eine Gruppe von Normadressaten im Vergleich zu anderen Normadressaten anders behandelt wird, obwohl zwischen diesen Gruppen keine Unterschiede von solcher Art und solchem Gewicht bestehen, dass sie die ungleiche Behandlung rechtfertigen könnten.[278] Die Ungleichbehandlung kann nur dann gerechtfertigt werden, wenn es ein legitimes Ziel gibt und die Ungleichbehandlung zur Erfüllung dieses Ziels geeignet, erforderlich und angemessen ist. Welche der beiden Formeln Anwendung

---

271 AG Saarbrücken DStZ 1983, 130, 131.
272 AG Saarbrücken DStZ 1983, 130, 131.
273 BVerfGE 64, 251, 254.
274 BVerfGE 64, 251, 255.
275 BVerfGE 78, 104, 121.
276 Vgl. BVerfGE 1, 14, 52; vgl. BVerfGE 91, 118, 123.
277 *Brüning* JZ 2001, 669, 671; *Gentsch* ZJS 2010, 596, 597.
278 BVerfGE 55, 72, 88; 82, 60, 86; 100, 195, 205; 112, 50, 67; 117, 272, 300 f.; 122, 39, 52 f.

findet, richtet sich danach, ob es sich bei der untersuchten Ungleichbehandlung um eine personen- oder sach- bzw. verhaltensbezogene Ungleichbehandlung handelt.[279] So soll sowohl bei unmittelbar als auch bei mittelbar[280] personenbezogenen Ungleichbehandlungen eine Verhältnismäßigkeitsprüfung stattfinden, wohingegen bei sachbezogenen Differenzierungen nach wie vor das Willkürverbot gilt.[281] Allerdings findet bei beiden Differenzierungsarten der strengere Prüfungsmaßstab in Form der neuen Formel Anwendung, wenn die Regelung nachteilig in einen grundrechtlich geschützten Freiheitsbereich eingreift[282] oder an bestimmte Persönlichkeitsmerkmale anknüpft, die weniger für den Einzelnen verfügbar sind oder sich denen des Art. 3 Abs. 3 GG annähern.[283] Auch ist bei sachbezogenen Differenzierungen von Einfluss, inwieweit der Betroffene durch sein Verhalten die Verwirklichung der Differenzierungskriterien beeinflussen kann.[284]

Die Selbstanzeige, die Straffreiheit garantiert, stellt eine Ungleichbehandlung innerhalb der Personengruppe der Straftäter dar. Eine Verurteilung des Täters zu einer Geld- oder Freiheitsstrafe greift in die allgemeine Handlungsfreiheit aus Art. 2 Abs. 1 GG und in das Recht auf Freiheit der Person aus Art. 2 Abs. 2 S. 2 GG ein, sodass ebenfalls Freiheitsrechte betroffen sind. Aus diesen Gründen muss bei der Überprüfung der Selbstanzeige auf ihre Vereinbarkeit mit Art. 3 Abs. 1 GG das Verhältnismäßigkeitsprinzip Anwendung finden. Fraglich ist, ob die Ungleichbehandlung gegenüber Straftätern, die ein Vermögensdelikt begangen haben[285], gerechtfertigt werden kann.

b) Rechtfertigung der Ungleichbehandlung

Dafür müsste der Gesetzgeber mit der Selbstanzeige ein legitimes Ziel verfolgt haben und sie muss zur Erreichung bzw. Förderung dieses Ziels geeignet, erforderlich sowie angemessen sein.

279 *Brüning* JZ 2001, 669, 669; *Gentsch* ZJS 2010, 596, 597; *Odendahl* JA 2000, 170, 171.

280 BVerfGE 88, 87, 96; 91, 346, 362 f.; 92, 53, 68 f.

281 BVerfGE 55, 72, 89 f.; 60, 329, 346 f.; 81, 156, 206; 93, 99, 111; 97, 271, 290 f.; *Brüning* JZ 2001, 669, 669; vgl. *Odendahl* JA 2000, 170, 171.

282 BVerfGE 88, 87, 96 f.; 93, 99, 111.

283 BVerfG NVwZ 2011, 1316, 1317.

284 BVerfG NVwZ 2011, 1316, 1317.

285 Die Vorlage des AG Saarbrücken beschränkte sich auf die Ungleichbehandlung von Steuerhinterziehern im Vergleich zu Tätern eines Vermögensdelikts, AG Saarbrücken DStZ 1983, 130, 131.

aa) Ungleichbehandlung aufgrund Straffreiheit gemäß § 371 Abs. 1 AO

aaa) Legitimes Ziel

Die Selbstanzeige hat zum Ziel, unentdeckte Steuerquellen aufzudecken, dem Steuerhinterzieher die Rückkehr in die Steuerehrlichkeit zu ermöglichen sowie die Belastungsgleichheit und Effektivität des Steuerstrafrechts (wieder-)herzustellen. Ein legitimes Ziel liegt somit vor.

bbb) Geeignetheit

Die Ungleichbehandlung muss zur Erreichung bzw. Förderung des legitimen Zwecks geeignet sein. Die Selbstanzeige gibt dem Täter den notwendigen Anreiz zur Aufdeckung der Steuerquellen. Durch die Inaussichtstellung von Straffreiheit kann der Steuerpflichtige steuerehrlich werden, ohne eine strafrechtliche Verfolgung befürchten zu müssen. Sobald der Steuerhinterzieher die Selbstanzeige erstattet, erfüllt er seine steuerlichen Pflichten und trägt damit zur Herstellung der Belastungsgleichheit im Steuerrecht bei. Die Selbstanzeige ist auch zur Erreichung der legitimen Ziele geeignet.

ccc) Erforderlichkeit

Schließlich muss die Ungleichbehandlung erforderlich sein. Es darf kein milderes Mittel geben, mit dem sich gleichermaßen effektiv der Zweck erreichen ließe.[286] Anstatt der Inaussichtstellung von Straffreiheit könnte die Selbstanzeige auch nur mit einer Strafmilderung einhergehen. Dadurch wäre die Intensität der Ungleichbehandlung im Vergleich zu anderen Straftätern beseitigt. Allerdings ist die Aussicht auf Strafmilderung im Vergleich zur Straffreiheit ein weniger starker Anreiz für den Steuerhinterzieher, seine Taten offenzulegen, sodass diese Maßnahme nicht gleich effektiv ist.[287] Die Erforderlichkeit liegt vor.

ddd) Angemessenheit

Die Selbstanzeige müsste auch angemessen sein. Dafür muss der mit der Ungleichbehandlung verfolgte Zweck in einem angemessenen Verhältnis zur Intensität der Ungleichbehandlung stehen.[288] Die Inaussichtstellung von Straffreiheit bei der Selbstanzeige könnte angemessen sein, weil die Gründe, die für die Existenz dieses Instituts sprechen, die Gründe, die gegen eine Ungleichbehandlung angeführt werden, überwiegen.

---

286 *Manssen* Staatsrecht II Rn. 924.

287 So auch *Breyer* Der Inhalt der strafbefreienden Selbstanzeige, S. 143.

288 *Manssen* Staatsrecht II Rn. 925.

(1) Steuerhinterziehung als leicht zu begehendes Delikt

Zur Rechtfertigung der Selbstanzeige wird angeführt, dass die Steuerhinterziehung im Vergleich zu anderen Vermögensdelikten ein leicht zu begehendes Delikt sei.[289] Objektiv müssten entweder nur unrichtige Angaben in der Steuererklärung gemacht oder die Einreichung einer solchen unterlassen werden.[290] Subjektiv sei die Tatbegehung ebenfalls leichter, weil die Mehrheit der Steuerzahler die Steuerhinterziehung als Kavaliersdelikt ansehe und die Manipulation leichter falle, wenn es um die Abwehr des staatlichen Zugriffs in die eigene Vermögenssphäre gehe.[291] Auch die Anonymität des geschädigten Fiskus begünstige den Fortfall der Hemmungen bei Ausführung der Tat[292], wohingegen es beim Diebstahl und Betrug ein individualisierbares Opfer gebe. Zwar ist für die Steuerhinterziehung nur erforderlich, dass eine unrichtige oder keine Steuererklärung abgegeben wird. Manche Vorgehensweisen erfordern aber ein hohes Maß an krimineller Energie, wenn beispielsweise Geld ins Ausland gebracht wird, um es vor dem Fiskus zu verstecken.[293] Deshalb kann nicht generell auf eine leichtere Tatbegehung geschlossen werden. Auch ist die Annahme verfehlt, dass die Steuerhinterziehung als Kavaliersdelikt anzusehen sei, wie die aktuelle Studie zur Steuermoral in Deutschland zeigt.[294] Dass kein individualisierbares Opfer, sondern nur die Allgemeinheit geschädigt werde, ist kein Argument, um die leichtere Tatbegehung zu begründen.[295] Denn der Staat hat einen Anspruch auf die ihm zustehenden Steuern, um seine öffentlichen Aufgaben zu erfüllen. Von dieser Aufgabenerfüllung profitieren alle Bürger. Der Unrechtsgehalt ist bei der Steuerhinterziehung der gleiche wie bei anderen Vermögensdelikten. Die Schädigung des öffentlichen Vermögens ist Teil der Wirtschaftsdelikte[296] und auch der Subventionsbetrug in § 264 StGB stellt dessen Verletzung unter Strafe.

(2) Fiskalischer Zweck

Das AG Saarbrücken hat in seinem Vorlagebeschluss zum BVerfG angeführt, dass fiskalische Zwecke nicht die Ungleichbehandlung rechtfertigen könnten. Es seien

---

289 *Frees* Die steuerrechtliche Selbstanzeige, S. 104; *Hoffschmidt* Über die Rechtfertigung der strafbefreienden Selbstanzeige, S. 76 ff.; *Zöbeley* DStZ 1984, 198, 198 f.

290 *Hoffschmidt* Über die Rechtfertigung der strafbefreienden Selbstanzeige, S. 76.

291 *Frees* Die steuerrechtliche Selbstanzeige, S. 84, 87; vgl. auch *Hoffschmidt* Über die Rechtfertigung der strafbefreienden Selbstanzeige, S. 77 ff; *Zöbeley* DStZ 1984, 198, 198 f.

292 *Frees* Die steuerrechtliche Selbstanzeige, S. 87; *Zöbeley* DStZ 1984, 198, 198.

293 *M. Müller* Die Selbstanzeige im Steuerstrafrecht, S. 76.

294 S. B. III. 2.

295 Vgl. *M. Müller* Die Selbstanzeige im Steuerstrafrecht, S. 76.

296 *Abramowski* DStZ 1992, 460, 462.

sachfremde Erwägungen.[297] Dagegen sprechen sowohl die Gesetzgebungsmaterialien[298] als auch die Entscheidung des BGH, in welcher er den fiskalischen Zweck, unbekannte Steuerquellen aufzudecken, neben der Rückkehr in die Steuerehrlichkeit als Grund für die Existenz der Selbstanzeige anführte.[299] Diese Entscheidung zeigt, dass zwar fiskalische Zwecke nicht allein, aber dennoch in Zusammenspiel mit anderen Gründen § 371 AO rechtfertigen können.

(3) Ermöglichung der Rückkehr in die Steuerehrlichkeit

Als wohl eines der entscheidenden Argumente für die Rechtfertigung der Ungleichbehandlung lässt sich die Rückkehr in die Steuerehrlichkeit anführen. Denn die Selbstanzeige ermöglicht es dem Täter, seine steuerlichen Pflichten zu erfüllen, ohne sich strafrechtlich belasten zu müssen. *Abramowski* geht davon aus, dass es an einer Rückkehr in die Steuerehrlichkeit mangele, weil keine Freiwilligkeit bei Erstattung der Selbstanzeige erforderlich sei.[300] Dabei verkennt er, dass der Gesetzgeber auf das Freiwilligkeitskriterium in § 371 AO verzichtet hat. Die Motive, warum der Täter sich zur Erstattung einer Selbstanzeige entschlossen hat, sind unbeachtlich. Das lässt sich mit den äußerst ungünstigen Bedingungen des Steuerrechts begründen, wonach die Steuererklärung jährlich einzureichen und damit Vergleiche zwischen den verschiedenen Veranlagungsperioden möglich sind. Gäbe es keine Selbstanzeige, bliebe dem Täter nur die Möglichkeit, entweder seine Steuerhinterziehungen zu offenbaren und sich strafrechtlich zu belasten oder weiterhin Steuerhinterziehungen zu begehen.[301] Der Betrüger oder Dieb hingegen kann die Begehung weiterer Taten unterlassen, ohne dass er dadurch seine bereits begangenen Taten aufdecken würde. Allein die Inaussichtstellung von Straffreiheit bei § 371 AO kann den Konflikt zwischen den steuerlichen Mitwirkungspflichten und dem Schutz von nemo tenetur lösen.

(4) Herstellung der Belastungsgleichheit im Steuerrecht und Wiederherstellung der Effektivität des Steuerstrafrechts

Die Selbstanzeige führt auch dazu, dass die Belastungsgleichheit im Steuerrecht hergestellt wird und in Fällen der Hinterziehungsfalle das Steuerstrafrecht wieder effektiv ist.[302] Mit Berichtigung der steuerlich erheblichen Angaben und der Nachzahlung der hinterzogenen Steuern erfüllt der Steuerhinterzieher seine steuerlichen Pflichten und trägt entsprechend seiner Leistungsähigkeit seinen Anteil an

297 AG Saarbrücken DStZ 1983, 130, 131.
298 BT-Drs. 17/4182, S. 4.
299 BGHSt 55, 180, 183.
300 *Abramowski* DStZ 1992, 460, 461.
301 Zur Hinterziehungsfalle s. C. III. 1. a).
302 S. C. I. 4.

den zu zahlenden Steuern. Durch § 371 AO herrscht Steuergerechtigkeit zwischen den einzelnen Steuerzahlern.[303] Die Zahlung von Zinsen sowie gegebenenfalls eines Zuschlags soll das kriminelle Verhalten des Täters pönalisieren.

(5) Schadenswiedergutmachung

Schließlich könnte für eine Privilegierung des Steuerhinterziehers sprechen, dass der Täter mit Erstattung der Selbstanzeige nicht nur zur Steuerehrlichkeit zurückkehrt, sondern durch Nachzahlung seiner Steuern gemäß § 371 Abs. 3 AO den eingetretenen Schaden in Form von Steuerverkürzungen oder erlangten Steuervorteilen wiedergutmacht. Die Selbstanzeige wird aber vielfach als Ausnahmeerscheinung[304] und Fremdkörper[305] im Strafrecht bezeichnet. Dieser Ansicht ist nicht zu folgen. Der Gedanke der Schadenswiedergutmachung ist ein fester Bestandteil des Strafrechts. So sieht der Täter-Opfer-Ausgleich in § 46a StGB unabhängig von der begangenen Straftat die Möglichkeit einer Strafmilderung oder im unteren Strafbereich[306] ein Absehen von Strafe vor, wenn der Täter den Schaden wiedergutgemacht oder sich um dessen Wiedergutmachung bemüht hat. Auch die Vorschriften der §§ 261 Abs. 9, 266a Abs. 6 S. 2 StGB sind ähnlich wie die Selbstanzeige ausgestaltet und stellen einen persönlichen Strafaufhebungsgrund[307] dar. Bei der Schaffung des § 266a Abs. 6 S. 2 StGB bildete § 371 Abs. 3 AO sogar das Vorbild.[308] Generell gilt gemäß § 46 Abs. 2 StGB, dass das Gericht bei der Strafzumessung die Schadenswiedergutmachung als Strafmilderungsgrund zu beachten hat.

Die oben aufgeführten Vorschriften des StGB zeigen, dass dem Strafrecht der Gedanke der Schadenswiedergutmachung immanent ist und sich die Selbstanzeige in das Strafrecht einfügt. Von einem Fremdkörper oder einer Ausnahmeerscheinung kann keine Rede sein.

---

303 *Kratzsch* DStJG 6 (1983), 283, 299 Fn. 72; *List* Die Selbstanzeige im Steuerstrafrecht, S. 14.

304 *Brauns* wistra 1985, 171, 171; *Firnhaber* Die strafbefreiende Selbstanzeige im Steuerrecht, S. 4; *Kauffmann* JSE 2014, 136, 147; S. 2; *Lenckner/Schumann/Winkelbauer* wistra 1983, 123, 124; vgl. *Tiedemann* JR 1975, 385, 386; a.A. *Breyer* Der Inhalt der strafbefreienden Selbstanzeige, S. 23 ff., 108; *Böse* BRJ 2014, 145, 150; *Hoffmann* Selbstanzeige, S. 38 ff.; vgl. *Rüping* DStR 2010, 1768, 1768; *Stahl* Selbstanzeige, S. 55.

305 *Westphal* Die strafbefreiende Selbstanzeige im Steuerrecht, S. 13.

306 Gemäß § 46a StGB darf die Freiheitsstrafe nicht höher als ein Jahr sein und die Geldstrafe darf 360 Tagessätze nicht überschreiten, um von der Strafe abzusehen.

307 Über das Absehen von Strafe in § 266a Abs. 6 S. 1 StGB sieht Satz 2 einen Strafaufhebungsgrund vor, wenn die Sozialversicherungsbeiträge innerhalb einer angemessenen Frist nachgezahlt werden.

308 BT-Drs. 10/318, S. 26; *Fischer* StGB § 266a Rn. 33; vgl. *J. R. Müller* Die Selbstanzeige im Steuerstrafverfahren Rn. 346.

Hinzu kommt, dass die Rechtsgutsverletzung vollständig reparabel ist.[309] Das erklärt auch, warum die Strafbedürftigkeit bei der Steuerhinterziehung im Fall der Selbstanzeige entfällt. Wenn der Schaden an dem Rechtsgut vollständig gutgemacht wurde, besteht kein Bedürfnis mehr für eine Bestrafung. Zwar könnte man argumentieren, dass auch beim Betrug oder Diebstahl das Geld oder die gestohlene Sache zurückgegeben werden könnten und deshalb die Schadenswiedergutmachung kein Argument für die Ungleichbehandlung von Steuerstraftätern im Vergleich zu anderen Straftätern sei.[310] Dabei wird jedoch außer Betracht gelassen, dass mit § 46a StGB eine Wiedergutmachungsvorschrift existiert, die eine Strafmilderung oder ein Absehen für alle Straftaten vorsieht, bei denen eine Wiedergutmachung möglich ist. Schließlich gibt es auch mit § 264 Abs. 5 StGB beim Subventionsbetrug eine tätige Reuevorschrift, die Straffreiheit gewährt, wenn der Täter die Gewährung der Subvention verhindert. Ist der Strafzweck durch das Nachtatverhalten entfallen, obliegt es dem Ermessen des Gesetzgebers, ob er eine Strafmilderung oder eine Strafaufhebung vorsieht.[311] Daraus erklärt sich auch das Nebeneinander von Strafmilderungs- und Strafaufhebungsgründen in Form des Rücktritts, der tätigen Reue, der Strafzumessungsvorschrift des § 46 StGB, den §§ 46 a, b StGB sowie § 371 AO. Dass die Selbstanzeige immer Straffreiheit anordnet, bedeutet nicht, dass es sich um eine Ausnahme im Strafrecht handelt, sondern zeigt nur, dass die Schadenswiedergutmachung durch den Gesetzgeber unterschiedlich umgesetzt wurde.[312]

Gegen die Schadenswiedergutmachung als Rechtfertigung für die Ungleichbehandlung könnte eingewendet werden, dass nur dann eine Nachzahlung vonnöten sei, wenn der Täter Steuervorteile erlangt hat oder Steuerverkürzungen eingetreten sind.[313] Dagegen spricht, dass nicht nachvollziehbar ist, warum die Strafbarkeit von der Schadenswiedergutmachung abhängig gemacht werden soll, wenn gar keine Vorteile erlangt wurden. Das ist z.B. der Fall bei einer versuchten Steuerhinterziehung oder wenn die Selbstanzeige vor der Veranlagung erfolgte.[314] Die Schadenswiedergutmachung stellt damit einen Grund für die Rechtfertigung der Ungleichbehandlung dar.

---

309 *Joecks* in: Joecks/Jäger/Randt Steuerstrafrecht § 371 AO Rn. 26; *Kohler* in: MK StGB § 371 AO Rn. 19; *Kuhlen* Grundfragen der strafbaren Steuerhinterziehung, S. 159; *Löffler* Grund und Grenzen der steuerstrafrechtlichen Selbstanzeige, S. 124.

310 *M. Müller* Die Selbstanzeige im Steuerstrafrecht, S. 77.

311 *Stahl* in: FS Korn 2005, 757, 772.

312 *Breyer* Der Inhalt der strafbefreienden Selbstanzeige, S. 38.

313 *Abramowski* DStZ 1992, 460, 461.

314 *Joecks* in: Joecks/Jäger/Randt Steuerstrafrecht § 371 AO Rn. 141; *J. R. Müller* Die Selbstanzeige im Steuerstrafverfahren Rn. 634.

(6) Zwischenergebnis

Für die Rechtfertigung der Ungleichbehandlung von Straftätern durch die Anordnung der Straffreiheit in § 371 Abs. 1 AO lassen sich verschiedene Gründe anführen. Dazu zählen fiskalische Gründe, die Ermöglichung der Rückkehr in die Steuerehrlichkeit, die (Wieder-)Herstellung der Belastungsgleichheit im Steuerrecht sowie der Effektivität des Steuerstrafrechts und die Schadenswiedergutmachung.

bb) Ungleichbehandlung aufgrund der Nachzahlungspflicht in § 371 Abs. 3 AO

Auch die Nachzahlungspflicht in § 371 Abs. 3 AO stellt keine Ungleichbehandlung von Straftätern im Vergleich zu Steuerhinterziehern oder zwischen dem liquiden und nicht liquiden Steuerzahler dar. Denn der Täter-Opfer-Ausgleich in § 46a StGB führt auch bei anderen Straftaten zur Strafmilderung oder einem Absehen von Strafe. Schließlich ist es legitim, dass der Staat die Nachzahlung der hinterzogenen Steuern vom Steuerhinterzieher fordert. Darin liegt keine Ungleichbehandlung vom liquiden zum nicht liquiden Täter. Wenn der Staat schon nach Vollendung die Straffreiheit verspricht, dann kann er diese auch von der Wiedergutmachung abhängig machen.[315]

c) Zwischenergebnis

Die Selbstanzeige stellt damit keine ungerechtfertigte Ungleichbehandlung iSd Art. 3 Abs. 1 GG dar und ist verfassungsgemäß.

3. Das Nemo-tenetur-Prinzip

Von großer Bedeutung für die Selbstanzeige ist das Nemo-tenetur-Prinzip.[316] Denn nach § 90 AO ist der Steuerpflichtige zur umfassenden Mitwirkung im Steuerrecht verpflichtet und muss jährlich seine Steuererklärung einreichen. Das führt dazu, dass die verschiedenen Veranlagungszeiträume miteinander verglichen werden können. Ein Steuerpflichtiger, der zuvor Steuerhinterziehungen begangen hat und sich nunmehr entschließt, steuerehrlich zu werden, legt durch die korrekte Steuererklärung für den aktuellen Veranlagungszeitraum die begangenen Steuerhinterziehungen offen. Gäbe es keine Selbstanzeige, könnten die Angaben im Besteuerungsverfahren im Steuerstrafverfahren nach § 30 Abs. 4 Nr. 1, Abs. 2 Nr. 1b AO verwertet werden. Das würde bedeuten, dass der Täter durch seine steuerlichen Angaben selbst zu seiner Überführung beigetragen hat, wenn er anschließend in einem Steuerstrafverfahren wegen der offenbarten Taten verurteilt wird.

---

315 *Hein* StB 1983, 144, 145.

316 S. zum Nemo-tenetur-Prinzip eingehend *Rösinger* Die Freiheit des Beschuldigten vom Zwang zur Selbstbelastung, S. 3 ff.

Ebenso ist eine Verwertung der Angaben wegen anderer mitverwirklichter Straftaten nach §§ 393 Abs. 2 S. 2, 30 Abs. 4 Nr. 5 AO möglich. Das könnte einen Verstoß gegen das Selbstbelastungsverbot bedeuten. Die Selbstanzeige ist in der Lage, das Spannungsfeld zwischen den steuerlichen Mitwirkungspflichten und dem strafrechtlichen Selbstbelastungsverbot aufzulösen und trägt somit zur Wahrung von nemo tenetur bei. Welchen Inhalt das Nemo-tenetur-Prinzip hat, wie es sich entwickelt hat und in welche Normen der Verfassung dieses Prinzip zu verankern ist, hat Auswirkungen auf die Beantwortung der Frage, ob sich auch eine juristische Person auf das Schweigerecht berufen kann. Dieses Problem wird dann relevant, wenn Steuerhinterziehungen durch eine juristische Person begangen wurden und die Verhängung einer Geldbuße gemäß § 30 OWiG im Raum steht.

a) Inhalt des Nemo-tenetur-Prinzips

Nach dem Nemo-tenetur-Grundsatz ist niemand verpflichtet, sich selbst zu belasten bzw. anzuklagen (nemo tenetur se ipsum accusare). Das bedeutet, dass niemand zu seiner eigenen Überführung und strafrechtlichen Verurteilung beitragen muss.

Das Selbstbelastungsverbot trägt der Auffassung Rechnung, dass der Beschuldigte im Strafverfahren nicht zum bloßen Gegenstand des Verfahrens gemacht werden darf und als Beweismittel dient, sondern dass er ein Prozesssubjekt mit Rechten und Pflichten darstellt.[317] Das Nemo-tenetur-Prinzip schützt vor jedem staatlichen Zwang, der die aktive Mitwirkung des Beschuldigten an seiner eigenen Strafverfolgung bezweckt.[318] Allerdings muss er bestimmte gesetzliche Maßnahmen dulden wie z.B. körperliche (§ 81a StPO) und psychische Untersuchungen (§ 81 StPO), Aufnahme von Lichtbildern bzw. Fingerabdrücken (§ 81b StPO) oder auch die zwangsweise Gegenüberstellung[319].[320] Die gewonnen Erkenntnisse können ohne Weiteres zur Beurteilung der Tat- und Schuldfrage herangezogen werden.[321]

Der Beschuldigte hat die Wahlmöglichkeit, ob er zur Sache aussagen oder die Einlassung verweigern möchte.[322] Macht der Beschuldigte von seinem

317 Vgl. *Böse* Wirtschaftsaufsicht und Strafverfolgung, S. 164 f.; *Reiter* „Nemo tenetur se ipsum prodere" und Steuererklärungspflicht, S. 39f.

318 Vgl. BGHSt 1, 342, 343; 5, 332, 334; 34, 39, 45 f.; 42, 139, 153; 45, 367, 368; *Haller/Conzen* Das Strafverfahren Rn. 129; *Kühne* Strafprozessrecht Rn. 103; *Sahan* Keine Steuererklärungspflicht bei Gefahr strafrechtlicher Selbstbelastung, S. 128.

319 Die zwangsweise Gegenüberstellung wird von der hM für zulässig erkannt, obwohl sie nicht gesetzlich geregelt ist. S. dazu *Kühne* Strafprozessrecht Rn. 103.2. Die Rechtsgrundlage ist streitig: für § 58 Abs. 2 StPO BGHSt 34, 39, 49; für § 81a StPO *Senge* in: KK StPO § 58 Rn. 8; *Odenthal* NStZ 1985, 433, 434; für § 81b StPO *Rogall* in: SK-StPO § 58 Rn. 35.

320 *Roxin/Schünemann* Strafverfahrensrecht § 25 Rn. 2.

321 *Haller/Conzen* Das Strafverfahren Rn 128.

322 *Diemer* in: KK StPO § 136 Rn. 10; *Beulke/Swoboda* Strafprozessrecht Rn. 191.

Schweigerecht in vollem Umfang Gebrauch, dürfen daraus grundsätzlich keine für ihn nachteiligen Schlüsse gezogen werden.[323] Nemo tenetur gewährt damit einen Schutz der Passivität[324], sich nicht am Strafverfahren zu beteiligen. Der Beschuldigte kann selbst entscheiden, ob er an seiner eigenen Überführung mitwirken will oder nicht.[325] Ihm steht aber nicht die Befugnis zu, neues Unrecht zu begehen, um seine Strafverfolgung zu verhindern.[326]

Die Aussagefreiheit ist in §§ 136 Abs. 1 S. 2 StPO, 163a Abs. 4 S. 2 StPO abgesichert, wonach der Beschuldigte vor seiner ersten Vernehmung durch Polizeibeamte über sein Aussageverweigerungsrecht zu belehren ist, es ihm also nach dem Gesetz freisteht, sich zur Sache zu äußern oder zu schweigen. Gleiches gilt für die Vernehmung durch die Staatsanwaltschaft gemäß §§ 136 Abs. 1 S. 2, 163a Abs. 3 S. 2 StPO und den Richter in der Hauptverhandlung gemäß § 243 Abs. 5 S. 1 StPO.

Um einen staatlichen Zwang zur aktiven Mitwirkung auszuschließen, statuiert § 136a StPO verbotene Vernehmungsmethoden und ordnet bei Anwendung solcher ein Beweisverwertungsverbot nach § 136a Abs. 3 S. 2 StPO an. Die Möglichkeit zu autonomer Willensentschließung und Willensbetätigung ist Voraussetzung dafür, dass der Beschuldigte seine Aussage- bzw. Mitwirkungsfreiheit ausüben kann.[327] In der Vorschrift des § 136a StPO manifestiert sich die den Ermittlungsbehörden auferlegte Pflicht zur Achtung der auch dem Straftäter[328] zustehenden Menschenwürde[329], mit der die in § 136a StPO aufgeführten aktiven Verhaltensweisen unvereinbar sind.[330] Es geht im Strafverfahren nicht um die Ermittlung der Wahrheit um

---

323 BVerfG StV 1995, 505, 506; BGHSt 20, 281, 282 f.; 42, 139, 152; BGH NJW 1992, 2304, 2305; BGHSt 45, 367, 368 f.; OLG Brandenburg NStZ-RR 2015, 53, 53; *Beulke/Swoboda* Strafprozessrecht Rn. 191. Aus dem partiellen Schweigen dürfen nachteilige Schlüsse gezogen werden, BGH NStZ 2003, 45, 45.

324 BGH StV 1986, 325, 326; *Eb. Schmidt* Lehrkommentar zur Strafprozeßordnung und zum Gerichtsverfassungsgesetz Bd. II § 95 StPO Rn. 1.; *ders.* Lehrkommentar zur Strafprozeßordnung und zum Gerichtsverfassungsgesetz, Nachtragsband zu Bd. II § 136 StPO Rn. 19; *Reiter* „Nemo tenetur se ipsum prodere“ und Steuererklärungspflicht, S. 41; *Rogall* Der Beschuldigte als Beweismittel gegen sich selbst, S. 158.

325 *Reiter* „Nemo tenetur se ipsum prodere“ und Steuererklärungspflicht, S. 41; *Rogall* Der Beschuldigte als Beweismittel gegen sich selbst, S. 60.

326 *Röckl* Das Steuerstrafrecht im Spannungsfeld des Verfassungs- und Europarechts, S. 115; *Sahan* Keine Steuererklärungspflicht bei Gefahr strafrechtlicher Selbstbelastung, S. 129.

327 *Schuhr* in: MK StPO § 136a Rn. 2.

328 BVerfGE 64, 261, 284.

329 BVerfGE 45, 187, 228; BGHSt 5, 332, 333; *Schmitt* in: Meyer-Goßner/Schmitt StPO § 136a Rn. 1.

330 *Reiter* „Nemo tenetur se ipsum prodere“ und Steuererklärungspflicht, S. 42.

jeden Preis, sondern diese darf nur in einem rechtsstaatlich geordneten Verfahren erforscht werden.[331]

Im Gegensatz zum Zeugen trifft den Beschuldigten keine prozessuale Verpflichtung, die Wahrheit zu sagen.[332] Die Falschaussage ist beim Beschuldigten nicht mit Strafe gemäß §§ 153, 154, 258 StGB bedroht.[333] Andernfalls könnte das Nemo-tenetur-Prinzip unterlaufen werden, da der Beschuldigte, sobald er aussagt, zur Wahrheit verpflichtet wäre und damit zu seiner Überführung beitragen würde. Die Lüge führt nur dann zu einer Strafbarkeit, wenn er die Tatbestände der §§ 145d, 164, 185 ff. StGB erfüllt.[334]

Weitere Vorschriften, die das Nemo-tenetur-Prinzip absichern, sind § 55 Abs. 1 StPO (Auskunftsverweigerungsrecht des Zeugen bei Gefahr der Selbst- oder Belastung eines Angehörigen), § 115 Abs. 3 S. 1 StPO (Vernehmung durch den Richter, der den Haftbefehl erlassen hat) und § 128 Abs. 1 S. 2 StPO (Vernehmung durch den Richter bei vorläufiger Festnahme entsprechend § 115 Abs. 3 StPO).[335]

Darüber hinaus ist der Nemo-tenetur-Grundsatz in Art. 6 Abs. 1 EMRK als Bestandteil des Rechts auf ein faires Verfahren und Art. 14 Abs. 3g des Internationalen Pakts über bürgerliche und politische Rechte (IPBPR), die den Rang eines einfachen Bundesgesetzes besitzen, verankert.[336]

b) Geschichtliche Entwicklung des Nemo-tenetur-Prinzips

Die Wurzeln des Nemo-tenetur-Grundsatzes werden in der Auseinandersetzung um die kirchliche Strafgerichtsbarkeit in England im 16. und 17. Jahrhundert gesehen.[337] Erste Nachweise gab es schon im jüdischen Talmud[338] und bei dem Kirchenlehrer Johannes Chrysotomos, der die Ansicht vertrat, dass der Einzelne

---

331 BVerfG NJW 1984, 428, 428; BGHSt 5, 332, 333 f.; 14, 358, 365; 31, 304, 309; OLG Köln NJW 1979, 1216, 1217; *Schmitt* in: Meyer-Goßner/Schmitt StPO § 136a Rn. 1.

332 BGHSt 3, 149, 152; *Beulke/Swoboda* Strafprozessrecht Rn. 191.

333 *Haller/Conzen* Das Strafverfahren Rn. 129.

334 Vgl. BGH JR 2015, 489, 489 ff.; *Beulke/Swoboda* Strafprozessrecht Rn. 191

335 *Sahan* Keine Steuererklärungspflicht bei Gefahr strafrechtlicher Selbstbelastung, S. 120 f., 123.

336 *Möller* JR 2005, 314, 315 f.; *Sahan* Keine Steuererklärungspflicht bei Gefahr strafrechtlicher Selbstbelastung, S. 118.

337 *Böse* Wirtschaftsaufsicht und Strafverfolgung, S. 150; vgl. *Möller* JR 2005, 314, 315; *Rogall* Der Beschuldigte als Beweismittel gegen sich selbst, S. 76 ff.

338 *L. W. Levy* Origins of the Fifth Amendment, S. 433 f.; *Reiter* „Nemo tenetur se ipsum prodere" und Steuererklärungspflicht, S. 27; *Rogall* Der Beschuldigte als Beweismittel gegen sich selbst, S. 67; *Sahan* Keine Steuererklärungspflicht bei Gefahr strafrechtlicher Selbstbelastung, S. 117; *Seebode* JA 1980, 493, 496.

nicht gehalten sei, sich öffentlich bloßzustellen, noch sich bei einem anderen anzuklagen.[339]

Mit der Einführung des Inquisitionsverfahrens in England im 12. Jahrhundert konnte der Angeklagte zur Ableistung eines Offizialeides („iuramentum de veritate dicenda") gezwungen werden, der ihn verpflichtete, auf alle Fragen des Gerichts wahrheitsgemäß zu antworten.[340] Allerdings war die Vernehmung des Angeklagten auf den Gegenstand der Untersuchung beschränkt, sodass er bisher verborgen gebliebene Verfehlungen nicht offenbaren musste.[341] Bezüglich dieser musste er sich nicht selbst belasten. Die Beschränkungen wurden jedoch mit der Verfolgung der Ketzerei nach und nach abgeschafft.[342]

Insbesondere die Sondergerichte der Krone (Prerogative Courts), die Sternkammer (Star Chamber) und die Hohe Kommission (Court of High Commission) hatten weitgehende Befugnisse und konnten die Ableistung des Offizialeids im kirchengerichtlichen Verfahren verlangen.[343]

Die Hohe Kommission diente als kirchliches Sondergericht zur Verfolgung derer, die mit der Ablehnung der Staatskirche auch eine Gefahr für die politische Macht der Monarchen darstellten.[344] Dort wurde von den Angeklagten die Ableistung des Offizialeids verlangt, ohne dass der Gegenstand der Untersuchung auf einen bestimmten Vorwurf festgelegt war.[345] Die Ableistung dieses Eides lehnten einige Angeklagte unter Berufung auf das Nemo-tenetur-Prinzip ab, welches auf den naturrechtlichen Gedanken der menschlichen Selbsterhaltung zurückzuführen sei und gegen den die Selbstbelastung vor Gericht verstoße.[346] Schließlich wurde der Offizialeid abgeschafft.[347]

---

339 *Böse* Wirtschaftsaufsicht und Strafverfolgung, S. 150.; vgl. *Seebode* JA 1980, 493, 496.

340 *Böse* Wirtschaftsaufsicht und Strafverfolgung, S. 151; *Reiter* „Nemo tenetur se ipsum prodere" und Steuererklärungspflicht, S. 28 f.

341 *Biener* Geschichte des Inquisitionsprozesses, S. 53; *Böse* Wirtschaftsaufsicht und Strafverfolgung, S. 151 f.

342 *Böse* Wirtschaftsaufsicht und Strafverfolgung, S. 152; *Helmholz* in: The Privilege 1997, 17, 30.

343 *Böse* Wirtschaftsaufsicht und Strafverfolgung, S. 152; *L. W. Levy* Origins of the Fifth Amendment, S. 101, 106, 126 f.; *Rogall* Der Beschuldigte als Beweismittel gegen sich selbst, S. 75 f.

344 *Böse* GA 2002, 99, 109.

345 *Böse* GA 2002, 99, 109; *Guradze* in: FS Loewenstein 1971, 151, 152; *L. W. Levy* Origins of the Fifth Amendment, S. 131.

346 Dazu *Reiter* „Nemo tenetur se ipsum prodere" und Steuererklärungspflicht, S. 31; *Rogall* Der Beschuldigte als Beweismittel gegen sich selbst, S. 77 f.

347 *Böse* Wirtschaftsaufsicht und Strafverfolgung, S. 154.

Der Durchbruch im common law-Strafverfahren gelang mit der Kassation eines Urteils gegen John Lilburne, der sich auf den Nemo-tenetur-Grundsatz berief.[348] Zwar war das common law-Verfahren vor den gemeinen Gerichten akkusatorisch ausgestaltet und es gab keinen Offizialeid.[349] Aber der Angeklagte war nach wie vor beim Vorverfahren durch den Friedensrichter zur wahrheitsgemäßen Aussage verpflichtet, obwohl er nicht zu einem Geständnis gezwungen werden durfte und ein erzwungenes Geständnis nicht verwertbar war (confession rule).[350]

Die Anerkennung des Nemo-tenetur-Grundsatzes hatte die Einführung des Zeugnisverweigerungsrechts und den Erlass des „Indictable Offence Act", der die Pflicht des Friedensrichters statuierte, den Angeklagten auf sein Recht zur Aussageverweigerung ausdrücklich hinzuweisen, zur Folge.[351] Eine Belehrungspflicht der jeweiligen Ermittlungsperson (v.a. durch einen Polizeibeamten) wurde 1912 in den sog. *Judges´ Rules (Rule 5)* aufgenommen.[352] Sie enthielten Verhaltensregeln für Polizeibeamte bei der Vernehmung von Beschuldigten. Allerdings besaßen diese keine Gesetzeskraft und fanden deshalb teilweise keine Beachtung, um ein Geständnis zu erzwingen.[353] 1988 wurden die *Judges´ Rules* durch den *Code of Practice C* ersetzt, der durch den *Police and Criminal Evidence Act 1984 (PACE)* eingeführt wurde.[354] Heute ist das *privilege against self-incrimination* ein allgemein anerkanntes Prinzip, auch wenn es an einer ausdrücklichen Normierung fehlt.[355]

In Amerika wurde die Entwicklung aus England aufgenommen und der Nemo-tenetur-Grundsatz im 5. Zusatzartikel der Verfassung festgeschrieben.[356]

In Deutschland war bis ins 19. Jahrhundert der Inquisitionsprozess vorherrschend, bei dem das Gericht gleichzeitig Ankläger, Verteidiger und Richter war.[357] Die dadurch bedingte Voreingenommenheit des Richters wurde mit der Einführung der Staatsanwaltschaft, die nun für die Anklage zuständig war[358], etwas entschärft. Der Angeklagte wurde aber nach wie vor als Objekt des Verfahrens ohne ein Recht auf Verteidigung angesehen.[359] Wie in England war der Angeklagte zur

---

348 *Böse* GA 2002, 99, 111 Fn. 111; *L. W. Levy* Origins of the Fifth Amendment, S. 313; *Reiter* „Nemo tenetur se ipsum prodere" und Steuererklärungspflicht, S. 31; *Rogall* Der Beschuldigte als Beweismittel gegen sich selbst, S. 79.

349 *Rogall* Der Beschuldigte als Beweismittel gegen sich selbst, S. 76.

350 *Böse* Wirtschaftsaufsicht und Strafverfolgung, S. 155, 157.

351 *Reiter* „Nemo tenetur se ipsum prodere" und Steuererklärungspflicht, S. 31 f.; *Rogall* Der Beschuldigte als Beweismittel gegen sich selbst, S. 81.

352 *Johnston* Journal of Criminal Law and Criminology 1966, 85, 85 ff. m.w.N.

353 *Joyce/Wain* A Dictionary of Criminal Justice, S. 112.

354 *Joyce/Wain* A Dictionary of Criminal Justice, S. 112.

355 *Mäder* Betriebliche Offenbarungspflichten, S. 53.

356 *Reiter* „Nemo tenetur se ipsum prodere" und Steuererklärungspflicht, S. 32 Fn. 48.

357 *Böse* Wirtschaftsaufsicht und Strafverfolgung, S. 159.

358 *Wohlers* Entstehung und Funktion der Staatsanwaltschaft, S. 57, 59.

359 *Böse* Wirtschaftsaufsicht und Strafverfolgung, S. 159.

wahrheitsgemäßen Aussage verpflichtet, die auch durch Folter erzwungen werden konnte.[360] Erst mit dem Übergang des absolutistischen zum liberalen Rechtsstaat Mitte des 19. Jahrhunderts wurden dem Staatsbürger Grundrechte zuerkannt und dieser nicht mehr als Objekt, sondern als Subjekt im Strafverfahren angesehen.[361] In Anlehnung an die Autonomiedefinition *Kants*[362], ging die Literatur[363] davon aus, dass ein Zwang zum Geständnis den Menschen zum bloßen Mittel im Rahmen einer Untersuchung herabwürdige und seines naturgegebenen Rechts zur freien Verteidigung beraube.[364] Mit Art. X § 179 der Frankfurter Reichsverfassung 1848 (sog. Paulskirchenverfassung) wurde der Anklageprozess eingeführt und das Inquisitionsverfahren fand sein Ende.[365] Ein erzwungenes Geständnis war damit unzulässig. Geltung erlangte der Nemo-tenetur-Grundsatz erst in der Reichsstrafprozessordnung. Der damalige § 136 Abs. 1 RStPO sah jedoch keine Belehrung des Beschuldigten über dessen Schweigerecht vor[366] und aus dem Schweigen konnten nachteilige Schlüsse gezogen werden.[367] Erst durch das Gesetz zur Änderung der Strafprozessordnung und des Gerichtsverfassungsgesetzes (StPÄG) vom 19.12.1964 wurde in § 136 StPO die Belehrungspflicht, die bis dahin nur für die richterliche Vernehmung galt, auch auf die Staatsanwaltschaft und die Polizei durch § 163a Abs. 3, Abs. 4 S. 2 StPO ausgedehnt.[368]

Im Steuerstrafrecht soll der Schutz des Nemo-tenetur-Prinzips durch § 393 AO gewährleistet werden. Nach § 393 Abs. 1 S. 2 AO dürfen im Besteuerungsverfahren keine in § 328 AO genannten Zwangsmittel angewendet werden, wodurch der Steuerpflichtige sich wegen seiner Mitwirkungspflichten hinsichtlich einer begangenen Steuerordnungswidrigkeit oder Steuerstraftat belasten würde. § 393 Abs. 2 S. 1 AO normiert ein Verwendungsverbot für Straftaten, die keine Steuerstraftaten

---

360 *Reiter* „Nemo tenetur se ipsum prodere“ und Steuererklärungspflicht, S. 32 f.; *Rieß* JA 1980, 293, 293.

361 *Böse* Wirtschaftsaufsicht und Strafverfolgung, S. 161.

362 *Kant* Grundlegung zur Metaphysik der Sitten, S. 58 ff.

363 *Rulf* Magazin für Rechts- und Staatswissenschaft Bd. 4 (1851), 309, 310; *v. Stemann* Einige Bemerkungen zum Entwurfe der Strafproceßordnung für die Herzogthümer Schleswig-Holstein, S. 13.

364 Dazu *Reiter* „Nemo tenetur se ipsum prodere“ und Steuererklärungspflicht, S. 35; *Rüping* JR 1974, 135, 136.

365 *Reiter* „Nemo tenetur se ipsum prodere“ und Steuererklärungspflicht, S. 35.

366 RGBl. I 1877, S. 278.

367 *Möller* JR 2005, 314, 315; *Reiter* „Nemo tenetur se ipsum prodere“ und Steuererklärungspflicht, S. 36.

368 BGBl. I 1964, S. 1074; *Eser* Beiheft ZStW 86 (1974), 136, 142 f.; *Reiter* „Nemo tenetur se ipsum prodere“ und Steuererklärungspflicht, S. 37; *Sahan* Keine Steuererklärungspflicht bei Gefahr strafrechtlicher Selbstbelastung, S. 118.

sind.[369] Dieses Verwendungsverbot wird jedoch durch § 393 Abs. 2 S. 2 AO eingeschränkt, der eine Verwertung ermöglicht. Der Schutz des Selbstbelastungsverbots ist deshalb im Steuerstrafrecht besonders wichtig, weil der Steuerpflichtige gemäß § 90 AO zur Mitwirkung im Besteuerungsverfahren verpflichtet ist, wodurch er seine begangenen Steuerhinterziehungen und mitverwirklichten Allgemeindelikte offenlegen könnte. Um eine Selbstbelastung zu verhindern, wurde die Norm des § 393 AO sowie die Selbstanzeige geschaffen. Insbesondere die Selbstanzeige trägt zum Schutz von nemo tenetur bei.

c) Verfassungsrechtliche Verankerung

Der Grundsatz nemo tenetur ist in der Verfassung nicht ausdrücklich aufgeführt. Bis auf Art. 52 Abs. 5 der Verfassung des Landes Brandenburg ist nirgends das Schweigerecht ausdrücklich normiert.[370] Das BVerfG leitet das Nemo-tenetur-Prinzip aus dem Rechtsstaatsprinzip des Art. 20 Abs. 3 GG, der Menschenwürde in Art. 1 Abs. 1 GG, der allgemeinen Handlungsfreiheit gemäß Art. 2 Abs. 1 GG und aus dem allgemeinen Persönlichkeitsrecht aus Art. 1 Abs. 1 iVm Art. 2 Abs. 1 GG ab.[371] Dem hat sich die Fachrechtsprechung und ein überwiegender Teil der Literatur angeschlossen.[372] Dabei beziehen sich die Gerichte und die Literatur nicht immer auf alle oben aufgeführten Vorschriften, sondern führen für die verfassungsrechtliche Verankerung auch nur einzelne Normen des Grundgesetzes an.

369 Zum Schutz des Selbstbelastungsverbots durch § 393 AO: s. BGHSt 49, 136, 145; BGH NJW 2005, 763, 764.

370 *Röckl* Das Steuerstrafrecht im Spannungsfeld des Verfassungs- und Europarechts, S. 95.

371 BVerfGE 38, 105, 113 f.; 56, 37, 41 f., 43; 133, 168, 201.

372 BGHSt 38, 214, 220; 42, 139, 151 f.; 52, 11, 17; 55, 138, 144; 58, 301, 304; ebenso *Esser* JR 2004, 98, 98; *Huber* JuS 2007, 711, 711; *Kasiske* JuS 2014, 15, 15 ff.; *Nothelfer* Die Freiheit von Selbstbezichtigungszwang, S. 83; *Ransiek/Winsel* GA 2015, 620, 620 ff.; *Reiß* Besteuerungsverfahren und Strafverfahren, S. 170; *Reiter* „Nemo tenetur se ipsum prodere" und Steuererklärungspflicht, S. 104 ff., der für eine Ableitung allein aus der Menschenwürde ist; *Röckl* Das Steuerstrafrecht im Spannungsfeld des Verfassungs- und Europarechts, S. 114; *Rogall* Der Beschuldigte als Beweismittel gegen sich selbst, S. 148 f.; s. auch *ders.* in: SK-StPO Vor § 133 Rn. 132 f.; *Sahan* Keine Steuererklärungspflicht bei Gefahr strafrechtlicher Selbstbelastung, S. 127; *T. Schaefer* Der Nemo-Tenetur-Grundsatz im Steuerstrafverfahren, S. 113, 117; *Verrel* NStZ 1997, 361, 364, der jedoch eine induktive Vorgehensweise bevorzugt und Zweifel hat, ob die verfassungsrechtliche Einordnung zur Konkretisierung von nemo tenetur geeignet ist.

Der BGH, ebenso wie der EGMR[373], sieht den Nemo-tenetur-Grundsatz als Kernbereich des Rechts auf ein faires Verfahren in Art. 6 Abs. 1 EMRK an.[374]

aa) Die Menschenwürde (Art. 1 Abs. 1 GG)

Die Rechtsprechung[375] und die überwiegende Meinung in der Literatur[376] gehen davon aus, dass das Nemo-tenetur-Prinzip in der Menschenwürde des Art. 1 Abs. 1 GG verankert ist.

Die Würde des Menschen ist der oberste Wert[377] und die wichtigste Wertentscheidung des Grundgesetzes. Als oberstes Konstitutionsprinzip[378] beeinflusst die Menschenwürde alle anderen Bestimmungen des Grundgesetzes und findet insbesondere bei der Auslegung der Grundrechte Berücksichtigung.[379] Das wird auch durch Art. 79 Abs. 3 GG verdeutlicht, wonach die Menschenwürde der Ewigkeitsklausel unterliegt und damit nicht durch eine Grundgesetzänderung abgeschafft werden kann.

---

373 EGMR Urt. v. 08.02.1996 – 18731/91 (*John Murray v The United Kingdom*) Rn. 45; EGMR StV 2003, 257, 259; EGMR NJW 2006, 3117, 3122 f.

374 BGHSt 25, 325, 330; 38, 214, 220 f.; 38, 302, 305; 52, 11, 17; 53, 294, 305; 55, 138, 144; 58, 301, 304; s. auch BayObLG JZ 1984, 492, 492.

375 BVerfGE 38, 105, 113 f.; 55, 144, 150; 56, 37, 42, 49; BGHSt 14, 358, 364 f.; BVerwG NJW 1968, 857, 857.

376 *Dreier* in: Dreier GG Art. 1 I Rn. 140; *Herdegen* in: Dürig/Herzog/Scholz GG Art. 1 Abs. 1 Rn. 86; *Bauer* Die Aussage des über das Schweigerecht nicht belehrten Beschuldigten, S. 61 ff.; *Eser* ZStW 79 (1967), 565, 571 Fn. 24, 26; *ders.* Beiheft ZStW 86 (1974), 136, 144 f.; *Lammer* Verdeckte Ermittlungen im Strafprozeß, S. 156 f.; *Sautter* AcP 161 (1962), 215, 248; *Seebode* JA 1980, 493, 496; *Torka* Nachtatverhalten und Nemo tenetur, S. 300; *R. Wieland* Buchhaltungsunterlagen als Gegenstand der Beschlagnahme beim Steuerberater des Beschuldigten, S. 69; *Wölfl* Die Verwertbarkeit heimlicher privater Ton- und Bildaufnahmen im Strafverfahren, S. 46.; a.A. *Starck* in: v. Mangoldt/Klein/Starck GG Art. 1 Abs. 1 Rn. 56; *Bosch* Aspekte des nemo-tenetur-Prinzips, S. 38 ff.; *Böse* Wirtschaftsaufsicht und Strafverfolgung, S. 149; *Helgerth* Der Verdächtige, S. 169 f.; *Möller* JR 2005, 314, 317; *Nothelfer* Die Freiheit von Selbstbezichtigungszwang, S. 77, der zwar von einer prinzipiellen, aber keiner erschöpfenden Verankerung von nemo tenetur in Art. 1 Abs. 1 GG ausgeht; *Schäfer* in: FS Dünnebier 1982, 11, 12; *T. Schaefer* Der Nemo-Tenetur-Grundsatz im Strafverfahren, S. 79 für die Einordnung der Menschenwürde als Wurzel des nemo-tenetur-Grundsatzes aber nicht dessen generelle verfassungsrechtliche Verankerung; *H. Schneider* Grund und Grenzen des strafrechtlichen Selbstbegünstigungsprinzips, S. 49; *Stürner* NJW 1981, 1757, 1757 f.

377 BVerfGE 96, 375, 399; *Herdegen* in: Dürig/Herzog/Scholz GG Art. 1 Abs. 1 Rn. 4.

378 BVerfGE 45, 187, 227; 72, 105, 115; 79, 256, 268; 109, 133, 149; 109, 279, 311.

379 *Hillgruber* in: BeckOK GG Art. 1 Rn. 1.

Art. 1 Abs. 3 GG bindet alle staatliche Gewalt an die Grundrechte, wobei die Menschenwürde ebenso ein subjektives Recht wie alle anderen Grundrechte verbürgt und nicht nur ein objektiv-rechtliches Grundprinzip[380] darstellt.[381] Dabei formen die übrigen Grundrechte die Menschenwürde weiter aus und konkretisieren sie.[382] Umgekehrt sind die Grundrechte, die einen Menschenwürdekern enthalten, ebenso von der Ewigkeitsgarantie des Art. 79 Abs. 3 GG umfasst wie die Menschenwürde selbst. Damit ist die Änderung, Einschränkung oder Abschaffung einzelner Grundrechte nur insoweit möglich, wie der in ihnen enthaltene Menschenwürdegehalt[383] unangetastet bleibt.[384]

Wie die Menschenwürde zu definieren ist, ist unklar. Es wurden verschiedene Versuche unternommen, den geschützten Schutzbereich abzustecken.[385]

Das BVerfG definiert die Menschenwürde vom Verletzungsvorgang, also vom Eingriff, her. Anknüpfend an die Erfahrungen des Nationalsozialismus konzentrierte sich das BVerfG zunächst auf Erscheinungen wie Misshandlung, Verfolgung und Diskriminierung.[386] Als Menschenwürdeverletzungen wurden namentlich Erniedrigung, Brandmarkung, Verfolgung und Ächtung anerkannt.[387] Später übernahm es die auf *Wintrich*[388] zurückgehende und von *Dürig* entwickelte Objektformel[389], wonach niemand zum bloßen Objekt staatlichen Handelns herabgewürdigt werden oder einer Behandlung ausgesetzt werden darf, die seine Subjektqualität prinzipiell infrage stellt.[390] Dabei kann eine Menschenwürdeverletzung nicht generell, sondern immer nur anhand der Umstände des konkreten Falls festgestellt werden.[391] Die Behandlung des Menschen muss Ausdruck der Verachtung des Wertes, der dem Menschen kraft seines Personseins zukommt, also in diesem Sinne eine "verächtliche Behandlung" sein.[392]

---

380 So aber *Castringius* Schweigen und Leugnen des Beschuldigten im Strafprozess, S. 42 f.; *Helgerth* Der Verdächtige, S. 170; *Röckl* Das Steuerstrafrecht im Spannungsfeld des Verfassungs- und Europarechts, S. 103.

381 Zum Streitstand s. *Hillgruber* in: BeckOK GG Art. 1 Rn. 1.1.

382 *Herdegen* in: Dürig/Herzog/Scholz GG Art. 1 Abs. 1 Rn. 24.

383 Zum Menschenwürdegehalt der einzelnen Grundrechte s. *Herdegen* in: Dürig/Herzog/Scholz GG Art. 1 Abs. 1 Rn. 26.

384 BVerfGE 109, 279, 310.

385 Zur Mitgift- und Leistungstheorie s. *Kingreen/Poscher* Staatsrecht II Rn. 480 ff.

386 BVerfGE 109, 279, 312.

387 Vgl. BVerfGE 1, 97, 104; 109, 279, 312.

388 *Wintrich* in: FS Laforet 1952, 227, 235 f.

389 *Herdegen* in: Dürig/Herzog/Scholz GG Art. 1 Abs. 1 Rn. 36.

390 BVerfGE 9, 89, 95; 27, 1, 6; 28, 386, 391; 30, 1, 25 f.; 45, 187, 228; 50, 166, 175; 87, 209, 228.

391 BVerfGE 30, 1, 25.

392 BVerfGE 30, 1, 26.

Auch ein Straftäter darf nicht unter Verletzung seines verfassungsrechtlich geschützten sozialen Wert- und Achtungsanspruchs behandelt und dadurch zum bloßen Objekt der Verbrechensbekämpfung und Strafvollstreckung gemacht werden.[393]

Die herrschende Meinung geht davon aus, dass eine Aussagepflicht, durch die der Täter gezwungen wäre, sich strafrechtlich selbst zu belasten und damit zu überführen, gegen die Menschenwürde verstoßen würde.[394] Denn der Straftäter würde zum reinen Beweismittel herabgewürdigt und seine Subjektqualität im Strafverfahren verkannt. Der Wandel vom Inquisitions- zum Anklageprozess hatte aber zur Folge, dass die Staatsanwaltschaft die Schuld des Täters beweisen und das Gericht entsprechend dem Untersuchungsgrundsatz in den §§ 155 Abs. 2, 244 Abs. 2 StPO Beweis erheben und über diese Beweise gemäß § 261 StPO nach seiner freien Überzeugung urteilen muss. Erst wenn dem Täter die Tat zweifelsfrei nachgewiesen ist, darf er verurteilt werden. Ob es aber zu einer Verurteilung kommt, hängt oft auch maßgeblich von der Mitwirkung des Täters ab. Beschließt der Beschuldigte, nicht an den Ermittlungen mitzuwirken, dann müssen die Ermittlungspersonen und die Staatsanwaltschaft diese Entscheidung achten und dürfen ihn nicht zu einer Mitwirkung zwingen.

Von den Kritikern, die die Objektformel außerhalb der typischen Menschenwürdeverletzungen[395] oder generell[396] als unzureichend für die Feststellung einer Verletzung von nemo tenetur ansehen, wird der Widerspruch zur Zulässigkeit von körperlichen Zwangsmaßnahmen (§§ 81 ff. StPO) moniert, mit deren Hilfe der Beschuldigte zur beweisrechtlichen Informationsquelle gemacht wird.[397]

Wenn die Menschenwürde den Nemo-tenetur-Grundsatz umfasst, müssten folglich alle staatlichen Zwangsmaßnahmen unzulässig sein und gegen die Menschenwürde verstoßen.[398]

Insbesondere die Entscheidung des BVerfG zur Zulässigkeit der zwangsweisen Veränderung der Haar- und Barttracht zum Zweck der Gegenüberstellung[399] ist nach dieser Ansicht problematisch. Denn durch dieses Vorgehen wird der Beschuldigt zum Objekt herabgewürdigt, indem sein Körper zum Zweck der

---

393 BVerfGE 45, 187, 228; 109, 279, 312.

394 BVerfGE 56, 37, 49.

395 *T. Schaefer* Der Nemo-Tenetur-Grundsatz im Steuerstrafverfahren, S. 77.

396 *Bosch* Aspekte des nemo-tenetur-Prinzips, S. 38 ff.; *Möller* JR 2005, 314, 317.

397 *Bosch* Aspekte des nemo-tenetur-Prinzips, S. 40 f.; vgl. *Günther* GA 1978, 193, 196; vgl. *Mahlstedt* Die Befragung des Beschuldigten, S. 76; *Renzikowski* JZ 1997, 710, 714; *T. Schaefer* Der Nemo-Tenetur-Grundsatz im Steuerstrafverfahren, S. 77; *Wolfslast* NStZ 1987, 103, 104.

398 *Keller* Rechtliche Grenzen der Provokation von Straftaten, S. 136; *Mahlstedt* Die Befragung des Beschuldigten, S. 76; vgl. *Wolfslast* NStZ 1987, 103, 104.

399 BVerfGE 47, 239, 247.

Inaugenscheinnahme herangezogen und dafür noch verändert wird.[400] Gegen die Degradierung des Beschuldigten zum „Schauobjekt" hat das BVerfG eingewandt, dass es sich hierbei nur um einen Eingriff von geringer Intensität handele und das Aussehen des Beschuldigten nur vorübergehend verändert werde.[401] Schließlich diene die Veränderung der Haar- und Barttracht der rechtsstaatlich gebotenen Aufklärung von Straftaten und der Ermittlung von Straftätern, sodass der Beschuldigte diese Behandlung im Interesse überwiegender Belange des Gemeinwohls hinnehmen müsse.[402] Ferner sollte dem Beschuldigten durch die zwangsweise Veränderung der Haar- und Barttracht ein Aussehen gegeben werden, welches nach dem Stand der Ermittlungen demjenigen entsprach, welches der Beschuldigte zu einem früheren Zeitpunkt gewählt hatte, um eine Identifikation durch einen Zeugen zu ermöglichen.[403] Diese Auslegung des § 81a StPO durch den BGH hat das BVerfG für verfassungsgemäß erklärt.[404]

Dass staatliche Zwangsmaßnahmen wegen eines Verstoßes gegen das Nemotenetur-Prinzip unzulässig, passive Maßnahmen wie die §§ 81, 81a, 81b StPO zulässig sein sollen, beruht auf der Annahme, dass die Duldungsmaßahmen weniger intensiv in die Willensentschließungsfreiheit eingreifen als eine aktive Mitwirkung.[405] Während beim Zwang zur aktiven Mitwirkung dem Beschuldigten die Wahl, ob er aussagen möchte (Willensentschließungsfreiheit), beeinträchtigt (z.B. Drohung) oder sogar unmöglich gemacht wird (z. B. Misshandlungen, Folter), soll bei den Duldungspflichten überhaupt keine geistige Mitwirkung erforderlich sein[406], weil sich der Eingriff auf den Körper beschränke und der Mensch als Augenscheinsobjekt untersucht werde.[407] Ob das so richtig ist, mag bezweifelt werden.[408] Bei einer Weigerung kann die Duldung auch erzwungen werden und diese ist unter Umständen mit einem noch intensiveren Eingriff verbunden.[409] Dadurch

---

400 *Bosch* Aspekte des nemo-tenetur-Prinzips, S. 38; *Möller* JR 2005, 314, 317.

401 BVerfGE 47, 239, 247.

402 BVerfGE 47, 239, 247 f.

403 BVerfGE 47, 239, 247.

404 BVerfGE 47, 239, 247.

405 Vgl. *Kasiske* JuS 2015, 15, 18; *Mahlstedt* Die verdeckte Befragung des Beschuldigten, S. 72.

406 *Rogall* NStZ 1998, 66, 69; *Wolff* Selbstbelastung und Verfahrenstrennung, S. 95.

407 *Rogall* Der Beschuldigte als Beweismittel gegen sich selbst, S. 33 f.; *Wolff* Selbstbelastung und Verfahrenstrennung, S. 95.

408 Für eine Beeinträchtigung der Willensfreiheit durch Duldungsmaßnahmen: *Dallmeyer* StV 1997, 606, 608; *ders.* KritV 2000, 252, 260 ff.; *Mahlstedt* Die verdeckte Befragung des Beschuldigten, S. 72; *Neumann* in: FS Wolff 1998, 373, 378 f.; *Verrel* Selbstbelastungsfreiheit, S. 232; *Weßlau* ZStW 110 (1998), 1, 31.

409 *Mahlstedt* Die verdeckte Befragung des Beschuldigten, S. 72; *Verrel* Selbstbelastungsfreiheit, S. 232; *Weßlau* ZStW 110 (1998), 1, 31.

wird auf den Beschuldigten faktischer Druck ausgeübt, sodass er aktiv an der Herbeiführung des durch die Ermittlungsbehörden bezweckten Erfolgs mitwirken wird, indem er die Überführungshandlung selbst vornimmt (z.B. Herausgabe des gesuchten Gegenstands).[410] Dass diese Abgrenzung zwischen aktiver Mitwirkung und passiver Duldung zu teilweise kuriosen Ergebnissen führt, zeigt die Kontrolle im Straßenverkehr. Dort kann der Beschuldigte nicht zu einem Atemalkoholtest gezwungen, ihm aber zwangsweise Blut abgenommen werden.[411] Gleiches gilt für die Zulässigkeit der zwangsweisen Verabreichung von Brechmitteln[412], bei der der Beschuldigte zur aktiven Mitwirkung gezwungen wird[413]. Anstatt pauschal auf die Abgrenzung aktive Mitwirkung oder passive Duldungspflicht für die Geltung des Nemo-tenetur-Prinzips zu verweisen, ist es sinnvoll, jeden Einzelfall daraufhin zu untersuchen, ob ein Verstoß gegen das Selbstbelastungsverbot vorliegt oder nicht. Das gilt nicht nur für passive, sondern auch für aktive Zwangsmaßnahmen.

Die mangelnde Eignung der Objekttheorie zur Begründung des Selbstbelastungsverbots wird auch teilweise damit begründet, dass diese den Beschuldigten gerade zum Objekt im Strafverfahren mache, weil die Entscheidung zu schweigen nicht als freie Wahl gegen eine aktive und für eine passive Verteidigungsstrategie anzusehen sei, sondern der Beschuldigte gezwungen sei, das Strafverfahren über sich ergehen zu lassen.[414] Dagegen spricht, dass der Beschuldigte im Strafverfahren als Subjekt mit eigenen Rechten angesehen wird. Das Recht auf eine wirksame Verteidigung ist wesentlicher Ausdruck der Anerkennung dieser Verfahrensposition. Deshalb wird der Beschuldigte durch die Einleitung eines Strafverfahrens nicht zum Objekt degradiert. Ansonsten wäre jedes Strafverfahren mit der Menschenwürde unvereinbar, obwohl ersichtlich ist, dass nur eine effektive Strafverfolgung zur Einhaltung der Gesetze beitragen kann.

Als weiteres Gegenargument gegen eine Verankerung des Nemo-tenetur-Prinzips in Art. 1 Abs. 1 GG wird angeführt, dass es sich bei einer Aussagepflicht um eine Respektierung der Menschenwürde handeln könne, wenn dem Täter die Verantwortung für das Fehlverhalten nicht abgenommen, sondern vielmehr von ihm erwartet werde, dass er kraft seines Personseins für die Folgen menschlichen Verhaltens einstehe.[415] Ähnlich wird die Entscheidung des BVerfG zur

410 *Mahlstedt* Die verdeckte Befragung des Beschuldigten, S. 72; *Verrel* Selbstbelastungsfreiheit, S. 232; *Weßlau* ZStW 110 (1998), 1, 31.

411 *Kasiske* JuS 2015, 15, 18.

412 So BVerfG StV 2000, 1, 1; KG JR 2001, 162, 163; *Rogall* NStZ 1998, 66, 67 f.; a.A. EGMR NJW 2006, 3117, 3117 ff.; OLG Frankfurt StV 1996, 651, 651 ff.

413 OLG Frankfurt StV 1996, 651, 652; *Rüping* Das Strafverfahren Rn. 266; *Mahlstedt* Die verdeckte Befragung des Beschuldigten, S. 73.

414 *Bosch* Aspekte des nemo-tenetur-Prinzips, S. 40; *Möller* JR 2005, 314, 317.

415 Vgl. *Bosch* Aspekte des nemo-tenetur-Prinzips, S. 39; *Günther* GA 1978, 193, 197; vgl. *Händel* NJW 1964, 1144, 1144.

Verfassungsmäßigkeit des § 142 StGB[416] eingeordnet. Wenn der Straftatbestand der Unfallflucht nicht gegen Art. 1 Abs. 1 GG verstoße, da die Rechtsordnung nur vom Betroffenen verlange, für die Folgen seines Versagens einzustehen[417], dann lasse sich diese Argumentation auch auf eine strafrechtliche Aussagepflicht übertragen.[418] Eine rechtlich unterschiedliche Beurteilung beider Formen des Mitwirkungszwangs sei nicht einzusehen.[419]

Gegen diese Argumentation lässt sich jedoch einwenden, dass der Straftatbestand des § 142 StGB das Feststellungs- und Beweisinteresse aller am Unfall Beteiligten schützen will.[420] Durch die Aufklärung der Unfallursachen zur Feststellung der privatrechtlichen Verantwortlichkeit der Beteiligten dient die Vorschrift der Sicherung zivilrechtlicher Ersatzansprüche.[421] Das Nemo-tenetur-Prinzip schützt hingegen den Beschuldigten vor einer zwangsweisen Mitwirkung an seiner strafrechtlichen Überführung. Eine Gleichstellung der Feststellungs- und Wartepflicht in § 142 StGB mit dem strafrechtlichen Selbstbelastungsverbot verbietet sich auch, weil das Strafverfolgungsinteresse nicht als ausreichender Belang zur Statuierung einer Aussagepflicht anerkannt wird.[422] In Übereinstimmung mit dem Gemeinschuldnerbeschluss des BVerfG[423] können nur ein berechtigtes Informationsbedürfnis und berechtigte Interessen Dritter eine solche Pflicht auslösen.[424] Das Strafverfolgungsinteresse des Staates zählt nicht dazu.[425] Aber auch in diesem Urteil ist zu beachten, dass dann ein Verstoß gegen nemo tenetur und damit gegen die Menschenwürde vorliegt, wenn die in diesem Verfahren erlangten Erkenntnisse später in einem Strafverfahren verwendet werden[426], sodass es bezüglich dieser Angaben eines Verwertungsverbots bedarf.[427]

416 BVerfGE 16, 191, 192 ff.

417 BVerfGE 16, 191, 194.

418 Vgl. *Starck* in: v. Mangoldt/Klein/Starck GG Art. 1 Abs. 1 Rn. 55 f.

419 *Bosch* Aspekte des nemo-tenetur-Prinzips, S. 39.

420 BVerfG NJW 1963, 1195, 1195; BGHSt 12, 253, 253; *Sternberg-Lieben* in: Schönke/Schröder StGB § 142 Rn. 1a.

421 BGHSt 12, 253, 253; BayObLG StV 1985, 109, 109; vgl. OLG Hamm NJW 1977, 207, 208; *Fischer* StGB § 142 Rn. 2; *Sternberg-Lieben* in: Schönke/Schröder StGB § 142 Rn. 1a.

422 Zum Vorrang von nemo tenetur vor dem Strafverfolgungsinteresse: BVerfGE 56, 37, 43; *Bosch* Aspekte des nemo-tenetur-Prinzips, S. 69; *Sautter* AcP 161 (1962), 215, 240 ff.

423 BVerfGE 56, 37, 37 ff.

424 BVerfGE 56, 37, 49 f.

425 *Nothelfer* Die Freiheit von Selbstbezichtigungszwang, S. 74.

426 BVerfGE 56, 37, 50 f.

427 BVerfGE 56, 37, 51.

Allerdings machen sowohl die Entscheidung des BVerfG zur Verfassungsmäßigkeit des § 142 StGB als auch der Gemeinschuldnerbeschluss deutlich, dass die Menschenwürde und damit der Schutz vor Selbstbelastung nicht absolut gelten. Würde man das Selbstbelastungsverbot in der Menschenwürde verorten, dann müsste der Nemo-tenetur-Grundsatz unabwägbar sein und absolute Geltung beanspruchen. Die beiden Entscheidungen stehen aber im Gegensatz zur Absolutheit der Menschenwürde, sodass deshalb teilweise von der Ungeeignetheit des Art. 1 Abs. 1 GG als verfassungsrechtliche Verankerung des Nemo-tenetur-Prinzips ausgegangen wird.[428]

Auch die §§ 393 Abs. 2 S. 2, 30 Abs. 4 Nr. 5 AO, die eine Verwertung der Angaben im Besteuerungsverfahren im Strafverfahren zulassen, wenn ein zwingendes öffentliches Interesse[429] besteht, zeigen, dass eine Durchbrechung des Schutzes von nemo tenetur zum Zweck der Strafverfolgung möglich ist. Mit der Absolutheit der Menschenwürde sind diese Vorschriften nicht zu vereinbaren.

Häufig wird die Verankerung des Selbstbelastungsverbots in der Menschenwürde gemäß Art. 1 Abs. 1 GG auch damit begründet, dass der Zwang zur Selbstbezichtigung gegen das Selbsterhaltungsgebot verstoße und damit menschenunwürdig sei.[430] Es könne dem Einzelnen nicht zugemutet werden, sich selbst der Strafverfolgung auszuliefern.[431] Der Betroffene solle vor dem notstandsähnlichen Zwiespalt bewahrt werden, sich entgegen seiner eigenen Interessen dem staatlichen Wahrheitsprozess unterordnen zu müssen.[432] Andernfalls würde er in einen schweren inneren Konflikt gestürzt werden zwischen der staatlichen Offenbarungs- und Wahrheitspflicht einerseits und dem Risiko andererseits, sich einer möglichen Bestrafung auszusetzen. Das würde aber bedeuten, dass auch die jeweilige psychische Belastung des Täters berücksichtigt werden müsste, wobei zweifelhaft ist, ob die Verhängung eines Bußgeldes in einem Ordnungswidrigkeitenverfahren den Beschuldigten in einen ebenso schweren Konflikt wie bei einem

---

428 *Bosch* Aspekte des nemo-tenetur-Prinzips, S. 42; *Helgerth* Der Verdächtige, S. 169; *Möller* JR 2005, 314, 317.

429 Ein solches besteht z.B. beim Vorliegen schwerer Straftaten und Wirtschaftsstraftaten, vgl. § 30 Abs. 4 Nr. 5 AO.

430 *Rogall* in: SK-StPO Vor § 133 Rn. 132; *Bosch* Aspekte des nemo-tenetur-Prinzips, S. 32; *Möller* JR 2005, 314, 317; vgl. auch *Müller-Boysen* Die Rechtsstellung des Betroffenen vor dem parlamentarischen Untersuchungsausschuß, S. 99; *Eb. Schmidt* NJW 1969, 1137, 1139.

431 Vgl. BGHSt 17, 236, 237; vgl. *Lammer* Verdeckte Ermittlungen, S. 156; *Rogall* Der Beschuldigte als Beweismittel gegen sich selbst, S. 145; *Wolff* Selbstbelastung und Verfahrenstrennung, S. 39.

432 *Schramm* Weitergabe von Eigenmeßwerten und nemo-tenetur-Satz, S. 46; *Wolff* Selbstbelastung und Verfahrenstrennung, S. 39.

Strafverfahren stürzen kann.[433] Gleiches trifft zu, wenn gegen den Täter lediglich eine Geldstrafe und keine Freiheitsstrafe verhängt werden soll.[434] Auch hier wird der psychische Druck auf den Täter wohl nicht genauso groß sein als wenn ihm der Verlust seiner Freiheit droht.

Wenn von einem notstandsähnlichen Zwiespalt beim Beschuldigten die Rede ist, können nur solche Rechtsgüter ein Recht auf Selbsterhaltung auslösen, die in § 35 StGB niedergelegt sind (Leib, Leben, Freiheit).[435] Hätte der Täter eine Geldstrafe oder eine Geldbuße zu befürchten, wäre der Nemo-tenetur-Grundsatz bei einer Aussagepflicht nach dieser Ansicht nicht betroffen, da das Vermögen kein geschütztes Gut des § 35 StGB darstellt.[436] Das widerspricht jedoch dem Gedanken, dass das Selbstbelastungsverbot sowohl Geltung für das Strafverfahren als auch für das Ordnungswidrigkeitenverfahren beansprucht und nicht erst bei der möglichen Verhängung einer Freiheitsstrafe eingreift.

Von einer Unzumutbarkeit müsste zudem auszugehen sein, wenn dem Betroffenen existenzvernichtende wirtschaftliche Nachteile drohen.[437] Dem widerspricht, dass dem Zeugen ein Auskunftsverweigerungsrecht nach § 55 Abs. 1 StPO nur dann zusteht, wenn ihm oder einem Angehörigen die Gefahr einer Strafverfolgung oder der Verfolgung wegen einer Ordnungswidrigkeit droht.[438] Gleiches gilt für die Mitwirkungspflicht des Steuerpflichtigen gemäß § 90 Abs.1 AO bezüglich der wahrheitsgemäßen Angabe steuerlich erheblicher Tatsachen[439], die trotz drohender wirtschaftlicher Nachteile bestehen bleibt.

Gegen den Selbsterhaltungsgedanken spricht auch, dass sich dieser innere Konflikt nur beim Täter bilden kann, wobei der Unschuldige von einem solchen Konflikt frei ist.[440] Dadurch wird der Anschein erweckt, dass sich nur der zu recht

---

433 *Bosch* Aspekte des nemo-tenetur-Prinzips, S. 33 f.; vgl. *Günther* GA 1978, 193, 205; *Kasiske* JuS 2015, 15, 16; *Möller* JR 2005, 314, 317.

434 *Kasiske* JuS 2015, 15, 16.

435 *Böse* GA 2002, 98, 106 ff.; *Mahlstedt* Die verdeckte Befragung des Beschuldigten, S. 65.

436 *Böse* GA 2002, 98, 106; *Mahlstedt* Die verdeckte Befragung des Beschuldigten, S. 65.

437 *Bosch* Aspekte des nemo-tenetur-Prinzips, S. 34; *Mahlstedt* Die verdeckte Befragung des Beschuldigten, S. 65; *Möller* JR 2005, 314, 317.

438 *Bosch* Aspekte des nemo-tenetur-Prinzips, S. 34; *Mahlstedt* Die verdeckte Befragung des Beschuldigten, S. 65.

439 *Mahlstedt* Die verdeckte Befragung des Beschuldigten, S. 65; *Puppe* GA 1978, 289, 299; *Wolff* Selbstbelastung und Verfahrenstrennung, S. 46 f.

440 *Bosch* Aspekte des nemo-tenetur-Prinzips, S. 120; *Ransiek* Die Rechte des Beschuldigten, S. 51 f.; *T. Schaefer* Der Nemo-Tenetur-Grundsatz im Steuerstrafverfahren, S. 110 f.

Beschuldigte auf nemo tenetur berufen kann.[441] Allerdings trifft gerade das Gegenteil zu: Auch dem Unschuldigen steht der Nemo-tenetur-Grundsatz zu.[442]

Teilweise wird für die Unzumutbarkeit der Selbstbelastung angeführt, dass es eine ethische Überforderung wäre, wenn der Beschuldigte sich die Blöße geben müsste, das Unrecht zu offenbaren.[443] Es gehe beim Selbstbelastungsverbot darum, dem Betroffenen die überaus peinliche und unangenehme Situation, seine Schuld den Ermittlungspersonen einzugestehen, zu ersparen.[444]

Es ist indes nicht nachvollziehbar, warum die Peinlichkeit ausschlaggebend für die Begründung des Selbstbelastungsverbots sein soll, wenn die Folgen der Überführung (Verurteilung und Bestrafung) wesentlich gravierendere Beeinträchtigungen im Leben des Täters darstellen.[445] Zwar ist jedes Strafverfahren mit einer Schmälerung des eigenen Ansehens in der Öffentlichkeit und die Verurteilung mit einer sozial-ethischen Missbilligung des Täterverhaltens verbunden. Aber das Gefühl der Peinlichkeit kann nicht der Grund sein, dass sich der Beschuldigte auf sein Schweigerecht berufen kann. Der Nemo-tenetur-Grundsatz will davor schützen, dass der Betroffene zu einer Aussage gezwungen wird, die sodann als Beweis im Strafverfahren verwertet wird. Die Verurteilung aufgrund der Verwertung der erzwungenen Aussage ist der ausschlaggebende Punkt.[446]

Das Unzumutbarkeitskriterium stellt schließlich im Bereich der unechten Unterlassungs- und Fahrlässigkeitsdelikte nur ein zusätzliches Schuldausschlusskriterium und keinen allgemeinen übergesetzlichen Entschuldigungsgrund dar, dem eine rein regulative Funktion zukommt.[447] Die Gefahr der Strafverfolgung muss im Rahmen einer Güter- und Interessenabwägung gegen die verletzten Rechtsgüter abgewogen werden.

---

441 *Reiß* Besteuerungsverfahren und Strafverfahren, S. 188; *Röckl* Das Steuerstrafrecht im Spannungsfeld des Verfassungs- und Europarechts, S. 121; *Samson* wistra 1988, 130, 131; *T. Schaefer* Der Nemo-Tenetur-Grundsatz im Steuerstrafverfahren, S. 110 f.

442 *Bosch* Aspekte des nemo-tenetur-Prinzips, S. 120; *T. Schaefer* Der Nemo-Tenetur-Grundsatz im Steuerstrafverfahren, S. 111.

443 *Mahlstedt* Die verdeckte Befragung des Beschuldigten, S. 66; *Pawlik* GA 1998, 378, 378 f.; *Puppe* GA 1978, 289, 299; *Wolff* Selbstbelastung und Verfahrenstrennung, S. 45.

444 *Mahlstedt* Die verdeckte Befragung des Beschuldigten, S. 66; *Verrel* NStZ 1997, 415, 419.

445 *Mahlstedt* Die verdeckte Befragung des Beschuldigten, S. 67.

446 *C. Dannecker* ZStW 127 (2015), 370, 394.

447 *Bosch* Aspekte des nemo-tenetur-Prinzips, S. 35; *Günther* GA 1978, 193, 194; *Henkel* in: FS Mezger 1954, S. 249 ff., 260 ff.; 303 ff.; zur Einordnung der Unzumutbarkeit auf Tatbestands- oder Schuldebene s. Nachweise bei *Wessels/Beulke/Satzger* Strafrecht AT Rn. 1218.

Damit ergibt sich, dass die Unzumutbarkeitskriterien und der Gedanke der Selbsterhaltung ungeeignet für die Herleitung von nemo tenetur sind. Die Menschenwürde stellt damit keine taugliche Grundlage für das Selbstbelastungsverbot dar.

bb) Das allgemeine Persönlichkeitsrecht (Art. 2 Abs. 1 iVm Art. 1 Abs. 1 GG)

Das BVerfG zieht auch das allgemeine Persönlichkeitsrecht gemäß Art. 2 Abs. 1 iVm Art. 1 Abs. 1 GG als verfassungsrechtliche Grundlage des Nemo-tenetur-Grundsatzes heran.[448]

Das allgemeine Persönlichkeitsrecht hat den Schutz der persönlichen Lebenssphäre und der Erhaltung ihrer Grundbedingungen, die sich durch die traditionellen konkreten Freiheitsgarantien nicht abschließend erfassen lassen, zum Ziel.[449] Diese Notwendigkeit besteht namentlich auch aufgrund der modernen Entwicklungen und der mit ihnen verbundenen neuen Gefährdungen für den Schutz der menschlichen Persönlichkeit.[450]

Während die allgemeine Handlungsfreiheit auf die „aktive" Entfaltung der Persönlichkeit angelegt ist, gibt das allgemeine Persönlichkeitsrecht ein Recht auf Schutz eines abgrenzbaren geschützten Bereichs privater Lebensgestaltung, der der Einwirkung durch die öffentliche Gewalt entzogen ist.[451] Der Einzelne hat das Recht, in Ruhe gelassen zu werden.

Das BVerfG hat zum allgemeinen Persönlichkeitsrecht mit der Zeit zahlreiche Einzelverbürgungen entwickelt[452], weil sich der Schutzbereich nicht abschließend umschreiben lässt, aber ein effektiver Grundrechtsschutz im Einzelfall sichergestellt sein muss, der sich dynamisch an die ständig neuen Gefährdungen aufgrund gesellschaftlicher oder technischer Entwicklung anpasst.[453] Das Recht, sich nicht selbst belasten zu müssen, könnte aus einer Einzelverbürgung des allgemeinen Persönlichkeitsrechts herzuleiten sein.

---

448 BVerfGE 38, 105, 114 f.; 56, 37, 41 f.

449 BVerfGE 54, 148, 153.

450 BVerfGE 54, 148, 153.

451 BVerfGE 34, 238, 245; vgl. BVerfGE 54, 148, 153.

452 Zu den Einzelverbürgungen s. BVerfGE 54, 148, 154; Recht auf informationelle Selbstbestimmung, BVerfGE 65, 1, 42 f. (Volkszählungsurteil); Gewährleistung der Vertraulichkeit und Integrität informationstechnischer Systeme, BVerfGE 120, 274, 302; s. auch *Kingreen/Poscher* Staatsrecht II Rn. 509 ff.

453 Vgl. BVerfGE 54, 148, 153; 65, 1, 41; *Di Fabio* in: Dürig/Herzog/Scholz GG Art. 2 Abs. 1 Rn. 127.

aaa) Der Schutz der Ehre

Nach einer teilweise vertretenen Ansicht ergibt sich das Selbstbelastungsverbot aus dem Recht auf Schutz der persönlichen Ehre.[454] Wenn in einem Strafverfahren überprüft werde, ob der kriminalstrafrechtliche Vorwurf zutreffe, könne im Gegenzug der Einzelne nicht verpflichtet werden[455], auszusagen und sich dadurch selbst in der öffentlichen Meinung herabzuwürdigen. Dagegen spricht jedoch, dass ebenso Zwangsmaßnahmen gemäß §§ 81 ff. StPO eine Kränkung, Herabwürdigung oder Missachtung des persönlichen Geltungsanspruchs beinhalten können.[456] Diesbezüglich besteht jedoch kein Selbstbelastungsverbot, sondern der Beschuldigte muss diese Maßnahmen hinnehmen. Ein Strafverfahren ist zwar geeignet, das Ansehen des Einzelnen in der Öffentlichkeit zu schmälern. Insbesondere durch die mediale Berichterstattung werden Bürger auf das Fehlverhalten des Täters aufmerksam gemacht. Das kann dazu führen, dass diese ein negatives Bild von dem Täter bekommen und er als schlechter Mensch angesehen wird. Allerdings erscheint es fernliegend, das Nemo-tenetur-Prinzip mit dem Schutz der Ehre aus dem allgemeinen Persönlichkeitsrecht zu begründen. Das Recht der persönlichen Ehre schützt vor herabsetzenden, verfälschenden und entstellenden Darstellungen.[457] Jedoch wäre es bei bestehender Aussagepflicht der Beschuldigte selbst, der diese Äußerungen in Bezug auf die eigene Person vornehmen würde, und nicht ein Dritter. Zwar geschah dies auf Veranlassung des Staates, sodass ein Eingriff vorliegen könnte. Die Aussagen des Beschuldigten können aber nur dann ehrverletzend sein, wenn er unschuldig ist. Andernfalls würden diese Aussagen zutreffen und entsprächen der Wahrheit.

Würde das Recht auf Schutz der Ehre als verfassungsrechtliche Grundlage des Nemo-tenetur-Prinzips angesehen, dann müsste dieses nicht nur wie bisher für das Strafverfahren gelten, sondern sich auf alle Auskunftspflichten beziehen, die die Offenbarung eines potentiell ehrenrührigen Verhaltens zum Inhalt haben.[458] Das ist aber z.B. sowohl im Hinblick auf die Verpflichtung des Schuldners zur Abgabe einer Vermögensauskunft im Rahmen der Zwangsvollstreckung gemäß §§ 802c, 807 ZPO als auch bei § 393 AO nicht der Fall. Hier ist der Schuldner/Steuerpflichtige verpflichtet, über sein Vermögen oder die steuerlich erheblichen Tatsachen Auskunft zu geben, ohne dass ihm ein Verweigerungsrecht zusteht. Gerade solche Tatsachen sind aber in der Regel dazu geeignet, den Betroffenen in der allgemeinen Meinung herabzusetzen. Der Ehrschutz des allgemeinen Persönlichkeitsrechts ist damit nicht zur Herleitung des Nemo-tenetur-Grundsatzes geeignet.

---

454 *Lagodny* Strafrecht vor den Schranken der Grundrechte, S. 123; *ders.* StV 1996, 167, 171.

455 *Bosch* Aspekte des nemo-tenetur-Prinzips, S. 48 f.

456 *Bosch* Aspekte des nemo-tenetur-Prinzips, S. 49; vgl. *Böse* GA 2002, 98, 100.

457 BVerfGE 54, 208, 217; *Kingreen/Poscher* Staatsrecht II Rn. 515 f.

458 *Böse* Wirtschaftsaufsicht und Strafverfolgung, S. 129; *ders.* GA 2002, 98, 100.

bbb) Das Recht auf informationelle Selbstbestimmung

Als weiteres Recht, aus dem das Nemo-tenetur-Prinzip herzuleiten sein könnte, kommt das Recht auf informationelle Selbstbestimmung in Betracht. Dieses wurde im „Volkszählungsurteil“ entwickelt.[459] Die aus dem Gedanken der Selbstbestimmung folgende Befugnis des Einzelnen, grundsätzlich selbst zu entscheiden, wann und innerhalb welcher Grenzen persönliche Lebenssachverhalte offenbart werden, war bereits vom BVerfG unter dem Recht auf Selbstdarstellung anerkannt.[460] Diese Befugnis bedarf unter den heutigen und zukünftigen Bedingungen der automatischen Datenverarbeitung, durch die personenbezogene Daten unbegrenzt speicherbar und jederzeit in Sekundenschnelle abrufbar sind, in besonderem Maße des Schutzes.[461] Wer also nicht sicher weiß, welche Informationen in seinem sozialen Umfeld bekannt sind, der kann die Befugnis, welche Lebenssachverhalte offenbart werden sollen, nicht vollständig ausüben, sondern ist in dieser Befugnis gehemmt.[462]

Aus diesem Grund schützt das Recht auf informationelle Selbstbestimmung vor der unbegrenzten Erhebung, Speicherung, Verwendung oder Weitergabe persönlicher Daten.[463] Umfasst sind sowohl das Recht auf Abwehr staatlicher Datenerhebungen und -verarbeitungen als auch das Recht auf deren Kenntnis.[464] Der Einzelne hat die Befugnis, selbst über die Preisgabe und Verwendung seiner persönlichen Daten zu entscheiden.[465]

Ein Eingriff in den Schutzbereich wird nicht mehr davon abhängig gemacht, ob die erhobenen oder verwerteten Informationen thematisch den Bereich der Privat- oder gar Intimsphäre betreffen.[466] Das Recht auf informationelle Selbstbestimmung wird vielmehr unabhängig von der qualitativen Aussagekraft der betroffenen persönlichen Daten gewährt.[467] Die moderne Informationstechnologie ermöglicht, dass mithilfe der verfügbaren Daten über eine Person ein umfassendes Persönlichkeitsprofil erstellt wird, sodass es unter den Bedingungen der automatischen Datenverarbeitung kein belangloses Datum mehr gibt.[468] Umfassend geschützt sind damit alle persönlichen Daten, die in Übereinstimmung mit

---

459 BVerfGE 65, 1, 42 f.

460 BVerfGE 63, 131, 142 f.; 65, 1, 42; *T. Schaefer* Der Nemo-Tenetur-Grundsatz im Steuerstrafverfahren, S. 94.

461 BVerfGE 65, 1, 42.

462 BVerfGE 65, 1, 43.

463 BVerfGE 65, 1, 43.

464 BVerfGE 120, 351, 360 f.

465 BVerfGE 65, 1, 43.

466 *Di Fabio* in: Dürig/Herzog/Scholz GG Art. 2 Abs. 1 Rn. 174; *Kingreen/Poscher* Staatsrecht II Rn. 517.

467 *Di Fabio* in: Dürig/Herzog/Scholz GG Art. 2 Abs. 1 Rn. 174.

468 BVerfGE 65, 1, 42, 45; *Di Fabio* in: Dürig/Herzog/Scholz GG Art. 2 Abs. 1 Rn. 174.

der Legaldefinition in Art. 4 Nr. 1 DSGVO Informationen über eine identifizierte oder identifizierbare natürliche Person erfassen. Dabei schützt das Recht auf informationelle Selbstbestimmung nicht nur vor elektronischer Datenerhebung und -verarbeitung, sondern gilt darüber hinaus für sämtliche Sachverhalte, denen ein irgendwie gearteter hoheitlicher Informationszugriff zugrunde liegt.[469]

Diese Grundsätze lassen sich auch für das Nemo-tenetur-Prinzip heranziehen.[470] Auskunftspflichten, die darauf abzielen, sich selbst zu bezichtigen oder Informationen preiszugeben, die den Beschuldigten belasten, berühren das allgemeine Persönlichkeitsrecht.[471] Dass der Grundsatz nemo tenetur in Art. 2 Abs. 1 iVm Art. 1 Abs. 1 GG verankert ist, erkennt auch die übrige Rechtsprechung und die überwiegende Meinung in der Literatur an.[472]

Im Rahmen der verfassungsrechtlichen Rechtfertigung nimmt das BVerfG eine Einordnung nach der Sphärentheorie[473] vor. Es unterscheidet die Intim-,

---

469 BVerfGE 78, 77, 84; *Di Fabio* in: Dürig/Herzog/Scholz GG Art. 2 Abs. 1 Rn. 176; *Dreier* in: Dreier GG Art. 2 I Rn. 79; *Duttge* JZ 1996, 556, 560; *Mahlstedt* Die verdeckte Befragung des Beschuldigten, S. 89; *Rosenbaum* Jura 1988, 178, 179; *T. Schaefer* Der Nemo-Tenetur-Grundsatz im Steuerstrafverfahren, S. 96; *Vogelsang* Grundrecht auf informationelle Selbstbestimmung, S. 25 f., 55 f.; *Weichert* Informationelle Selbstbestimmung und strafrechtliche Ermittlungen, S. 28.; a.A. *Ehmann* AcP 188 (1988), 230, 310.

470 BVerfGE 65, 1, 46; 96, 171, 181 für die Verankerung des nemo-tenetur-Grundsatzes im Recht auf informationelle Selbstbestimmung.

471 BVerfGE 56, 37, 41 f.; 95, 220, 241; 96, 171, 181; *Di Fabio* in: Dürig/Herzog/Scholz GG Art. 2 Abs. 1 Rn. 187.

472 BGHSt 14, 358, 364 f.; 36, 328, 332; 38, 214, 220; *Di Fabio* in: Dürig/Herzog/Scholz GG Art. 2 Abs. 1 Rn. 187; *Rogall* in: SK-StPO Vor § 133 Rn. 132; *ders.* Der Beschuldigte als Beweismittel gegen sich selbst, S. 146 ff.; *Starck* in: v. Mangoldt/Klein/Starck GG Art. 2 Abs. 1 Rn. 105; *Duttge* JZ 1996, 556, 560; *Günther* GA 1978, 193, 198; *Keller* Rechtliche Grenzen der Provokation von Straftaten, S. 132; *Kleinheisterkamp* Kreditwesengesetz und Strafverfahren, S. 249 ff.; *Mahlstedt* Die verdeckte Befragung des Beschuldigten, S. 87 ff.; *Nothelfer* Die Freiheit von Selbstbezichtigungszwang, S. 82 f.; *Renzikowski* JZ 1997, 710, 714 f.; *Sahan* Keine Steuererklärungspflicht bei Gefahr strafrechtlicher Selbstbelastung, S. 125 f.; *T. Schaefer* Der Nemo-Tenetur-Grundsatz im Steuerstrafverfahren, S. 105.; *Schramm* Weitergabe von Eigenmeßwerten und nemo-tenetur-Satz, S. 49 f.; a.A. *Bosch* Aspekte des nemo-tenetur-Prinzips, S. 53 ff.; *Böse* GA 2002, 98, 102 f.; *ders.* Wirtschaftsaufsicht und Strafverfolgung, S. 133 ff.; *Möller* JR 2005, 314, 318; *Reiter* „Nemo tenetur se ipsum prodere" und Steuererklärungspflicht, S. 101 f.

473 BVerfGE 27, 344, 351; 32, 373, 379; 33, 367, 376 f.; 34, 205, 209; 34, 238, 245 f.; 35, 35, 39; 38, 312, 320 f.; 89, 69, 82 f.; siehe auch *Di Fabio* in: Dürig/Herzog/Scholz GG Art. 2 Abs. 1 Rn. 158 ff.; *Rixen* in: Sachs GG Art. 2 Rn. 104.

Privat- und Sozialsphäre. Die Intimsphäre stellt einen unantastbaren Bereich privater Lebensgestaltung dar, der der öffentlichen Gewalt schlechthin entzogen ist.[474] Selbst schwerwiegende Interessen der Allgemeinheit können Eingriffe in diesen Bereich nicht rechtfertigen und eine Abwägung nach Maßgabe des Verhältnismäßigkeitsgrundsatzes findet nicht statt.[475] Zum Intimbereich gehören etwa Äußerungen innerster Gedanken oder Gefühle, Ausdrucksformen der Sexualität oder auch die vertrauliche Kommunikation in der Privatwohnung.[476] Hier muss der Einzelne nicht mit einer Überwachung durch den Staat rechnen. Etwas anderes gilt jedoch für Tagebuchaufzeichnungen. Zwar handelt es sich bei diesen in der Regel um Äußerungen, die der inneren Gedanken- und Gefühlswelt zuzuordnen sind und damit auch der Intimsphäre unterliegen müssten. Enthalten die Aufzeichnungen aber ihrem Inhalt nach Ausführungen, die über die Rechtssphäre des Verfassers hinausgehen und Belange der Allgemeinheit nachhaltig berühren, so soll stattdessen eine Zuordnung zur Privatsphäre erfolgen.[477] Das ist bei der konkreten Planung oder Schilderung der begangenen Straftat der Fall, kann aber je nach sozialem Bezug auch auf Gefühls- und Gedankenäußerungen zutreffen.[478] Zudem hat der Täter durch die schriftliche Fixierung die Gedanken aus dem Innenbereich entlassen und die Gefahr geschaffen, dass Dritte Zugriff auf diese Aufzeichnungen haben.[479] Damit können Tagebuchaufzeichnungen auch im Strafprozess verwertet werden.

Die Privatsphäre umfasst die private, der Öffentlichkeit entzogene Lebensgestaltung, wozu der engere persönliche Lebensbereich, vor allem innerhalb der Familie, gehört.[480] Eingriffe in diesen Bereich sind nur unter strenger Wahrung des Verhältnismäßigkeitsgrundsatzes bei Überwiegen von Allgemeininteressen möglich.[481]

Die Sozialsphäre umfasst den Bereich, in dem sich der Einzelne in der Öffentlichkeit bewegt.[482] Eingriffe in die Sozialsphäre sind zulässig.[483]

Die Entscheidung des BVerfG im Volkszählungsurteil, dass der Einzelne zwar Einschränkungen seines Rechts auf informationelle Selbstbestimmung hinnehmen müsse, wenn überwiegende Allgemeininteressen bestehen[484], aber ein solches

474 BVerfGE 6, 32, 41; 54, 143, 146; 80, 367, 373.
475 BVerfGE 34, 238, 245; 80, 367, 373.
476 BVerfGE 109, 279, 313 f.
477 BVerfGE 80, 367, 376.
478 BVerfGE 80, 367, 376 ff.
479 BVerfGE 80, 367, 376.
480 *D. Schroeder* Grundrechte Rn. 219.
481 BVerfGE 34, 238, 246.
482 *T. Schaefer* Der Nemo-Tenetur-Grundsatz im Steuerstrafverfahren, S. 123.
483 BVerfGE 35, 202, 220; *Degenhart* JuS 1992, 361, 364; *T. Schaefer* Der Nemo-Tenetur-Grundsatz im Steuerstrafverfahren, S. 123.
484 BVerfGE 65, 1, 44.

nicht im Fall von Selbstbezichtigungen und intimen Angaben vorliegen solle[485], könnte den Schluss nahelegen, dass das Selbstbelastungsverbot dem unantastbaren Kernbereich zuzuordnen ist.[486]

Die Tagebuchentscheidung des BVerfG könnte indes dahingehend ausgelegt werden, dass Informationen über Straftaten, auch wenn diese personenbezogene Daten darstellen, weniger schutzwürdig sind und aus diesem Grund verwertet werden können.[487]

Die beiden Entscheidungen des BVerfG zum Volkszählungsurteil und zur Tagebuchentscheidung zeigen, dass das BVerfG zunächst von einem unantastbaren Kernbereich in Bezug auf Selbstbelastungen ausgegangen ist[488], dann aber die starre Zuordnung zugunsten einer Einordnung anhand jedes Einzelfalls, abhängig vom Vorliegen eines Geheimhaltungsinteresses und dem höchstpersönlichen Charakter der Äußerungen, aufgegeben hat.[489] Sollten die Aufzeichnungen nicht dem Kernbereich angehören, ist eine Verwertung nur bei Vorhandensein eines überwiegenden öffentlichen Interesses möglich. Zu diesem gehören das öffentliche Bedürfnis an einer wirksamen Strafverfolgung und Verbrechensbekämpfung, das Interesse an einer vollständigen Wahrheitsermittlung sowie die Aufklärung schwerer Straftaten.[490] Zwar mag der Straftäter ein Geheimhaltungsinteresse hinsichtlich der Angaben zu den von ihm begangenen Straftaten haben. Aber von einem höchstpersönlichen Charakter dieser Daten ist nicht auszugehen, da diese vorrangig Informationen über Eingriffe in andere Rechtsgüter betreffen und eine Aussagepflicht damit keinen Eingriff in die Intimsphäre darstellt.[491] Dass Äußerungen über Straftaten nicht per se zum unantastbaren Kernbereich gehören, hat das BVerfG im Rahmen der akustischen Wohnraumüberwachung entschieden.[492]

Problematisch an den Tagebuchaufzeichnungen ist der persönliche, intime Charakter derartiger Aufzeichnungen, die zusammen mit den Angaben zur Tat bei einer Beschlagnahme bzw. Durchsicht zunächst ohne Unterschied offenbart werden.[493] Bei einer Auskunftspflicht kann dem vorgebeugt werden, indem sich die

485 BVerfGE 65, 1, 46.

486 *Bosch* Aspekte des nemo-tenetur-Prinzips, S. 53; zur Zuordnung des Selbstbelastungsverbots zum unantastbaren Kernbereich: *Berthold* Der Zwang zur Selbstbezichtigung, S. 5, 9; *Besson* Das Steuergeheimnis, S. 81; *Rogall* Der Beschuldigte als Beweismittel gegen sich selbst, S. 147.

487 *Bosch* Aspekte des nemo-tenetur-Prinzips, S. 54.

488 BVerfGE 65, 1, 46.

489 BVerfGE 80, 367, 374.

490 BVerfGE 80, 367, 375.

491 *Bosch* Aspekte des nemo-tenetur-Prinzips, S. 54; *Böse* Wirtschaftsaufsicht und Strafverfolgung, S. 130; *Günther* GA 1978, 193, 197; vgl. *T. Schaefer* Der Nemo-Tenetur-Grundsatz im Steuerstrafverfahren, S. 132.

492 BVerfGE 109, 279, 319; s. auch BGHSt 53, 294, 303.

493 *Böse* Wirtschaftsaufsicht und Strafverfolgung, S. 130 f.

Offenbarungspflicht nur auf die Angaben zum Tathergang beschränkt, ohne dass die innerste Gedanken- und Gefühlswelt gegenüber den Strafverfolgungsbehörden offengelegt wird.[494]

Dieser Gedanke, den Nemo-tenetur-Grundsatz nicht dem unantastbaren Kernbereich zuzuordnen, erscheint auch sinnvoll, da ansonsten jede gesetzliche Auskunftspflicht, die zur Offenbarung strafbaren Verhaltens führen könnte, wegen Verstoß gegen das allgemeine Persönlichkeitsrecht als verfassungswidrig anzusehen und damit der Einzelne in keinem staatlichen Verfahren zur Aussage verpflichtet wäre.

In Bezug auf das Strafrecht ist es unumgänglich, dass der Beschuldigte nicht aktiv zu seiner Überführung beitragen muss. Aber sowohl in Bereichen des Zivil- (§ 807 ZPO) als auch des Verwaltungsrechts (insbesondere § 393 AO), in denen der Staat auf die Mitwirkung des Auskunftspflichtigen angewiesen ist, bleibt eine Auskunftspflicht bestehen, auch wenn eine Selbstbelastung droht.[495] Allerdings dürfen die in diesen Verfahren erlangten Informationen nicht uneingeschränkt für die Strafverfolgung verwertet werden. Eine Verwertung im Strafverfahren ist gemäß §§ 393 Abs. 2 S. 2, 30 Abs. 4 Nr. 5 AO nur in Fällen schwerer Straftaten möglich. Das zeigt ebenfalls, dass der Schutz des Nemo-tenetur-Grundsatzes nicht absolut gilt und daher nicht Teil des unantastbaren Kernbereichs ist.

Gerade in Fällen der organisierten Kriminalität wird es schwierig sein, an geeignete Beweismittel zu gelangen, sodass der Staat auf heimliche Maßnahmen angewiesen ist, z.B. akustische Wohnraum- (§ 100c StPO), Telefonüberwachung (§ 100a StPO), oder den Einsatz verdeckter Ermittler (§ 110a StPO).

Der Schutzbereich des Rechts auf informationelle Selbstbestimmung ist bei einer staatlich erzwungenen Selbstbelastung, die zu einer strafrechtlichen Verurteilung führen kann, eröffnet und ein Eingriff liegt vor. Allerdings lässt sich der Grundsatz nemo tenetur eher der Privatsphäre zuordnen, sodass die Normierung einer Auskunftspflicht verhältnismäßig und gerechtfertigt sein muss. Damit wird der Nemo-tenetur-Grundsatz aber einer Abwägung ausgesetzt, die dessen Absolutheit im Strafverfahren widerspricht. Das allgemeine Persönlichkeitsrecht (Art. 2 Abs. 1 iVm Art. 1 Abs. 1 GG) stellt keine verfassungsrechtliche Grundlage von nemo tenetur dar.

cc) Die allgemeine Handlungsfreiheit (Art. 2 Abs. 1 GG)

Die allgemeine Handlungsfreiheit gemäß Art. 2 Abs. 1 GG könnte ebenfalls als verfassungsrechtliche Grundlage in Betracht kommen.[496] Artikel 2 Abs. 1 GG

494 *Böse* Wirtschaftsaufsicht und Strafverfolgung, S. 131.

495 BVerfGE 56, 37, 45 ff.

496 BVerfGE 56, 37, 41 f.; *Henkel* Strafverfahrensrecht, S. 176; *Bosch* Aspekte des nemo-tenetur-Prinzips, S. 47; *Castringius* Schweigen und Leugnen des Beschuldigten im Strafprozess, S. 45 ff.; *Dingeldey* JA 1984, 407, 409; *Rogall* Der Beschuldigte als

schützt das Recht, zu tun und zu lassen, was man will. Dabei wird sowohl die positive Handlungsfreiheit, etwas zu tun, als auch die negative Handlungsfreiheit, etwas zu unterlassen, geschützt.[497] Damit könnte eine Aussagepflicht, durch die der Einzelne zur aktiven Mitwirkung gezwungen wird und sein strafbares Verhalten offenbart, die negative Handlungsfreiheit des Art. 2 Abs. 1 GG berühren.[498] Allerdings ist zu beachten, dass die allgemeine Handlungsfreiheit subsidiär zu den anderen Freiheitsrechten ist und ein Auffanggrundrecht darstellt. Liegt bereits ein Eingriff in den Schutzbereich eines anderen Grundrechts vor, tritt die allgemeine Handlungsfreiheit zurück. Wie oben festgestellt, ist der Schutzbereich des allgemeinen Persönlichkeitsrechts betroffen, sodass Art. 2 Abs. 1 GG als verfassungsrechtliche Grundlage ausscheidet.

dd) Die Freiheit der Person (Art. 2 Abs. 2 S. 2 GG)

Vereinzelt wird Art. 2 Abs. 2 S. 2 GG als verfassungsrechtliche Grundlage des Nemo-tenetur-Grundsatzes angeführt.[499] Allerdings schützt Art. 2 Abs. 2 S. 2 GG nur die Freiheit, jeden beliebigen Ort aufzusuchen und zu meiden, also die körperliche Fortbewegungsfreiheit.[500] Das zeigt auch der Gesetzesvorbehalt in Art. 2 Abs. 2 S. 3 GG, wonach in das Recht auf Leben, körperliche Unversehrtheit und die Freiheit der Person nur aufgrund eines Gesetzes eingegriffen werden darf. Wegen der hohen Eingriffsintensität ist jedoch nur ein formelles Gesetz ausreichend. Das kommt auch durch Art. 104 GG zum Ausdruck, der bei der Freiheitsentziehung und der Freiheitsbeschränkung besondere Anforderungen an das Vorliegen eines förmlichen Gesetzes und den Richtervorbehalt stellt. Zugleich bildet er eine lex specialis zu Art. 2 Abs. 2 S. 2 GG.[501]

Daraus ergibt sich, dass nur die körperliche Bewegungsfreiheit von Art. 2 Abs. 2 S. 2 GG geschützt wird und nicht das Selbstbelastungsverbot. Bereits *Rogall*[502] hat festgestellt, dass sich *Wessels* fälschlicherweise auf *Schmidt*[503] und *Castringius*[504] bei der Verankerung des Nemo-tenetur-Prinzips in Art. 2 Abs. 2 S. 2 GG stützt.

Beweismittel gegen sich selbst, S. 137; *Sahan* Keine Steuererklärungspflicht bei Gefahr strafrechtlicher Selbstbelastung, S. 125.

497 *Lang* in: BeckOK GG Art. 2 Rn. 7; *Bosch* Aspekte des nemo-tenetur-Prinzips, S. 47.

498 A.A. *Reiter* „Nemo tenetur se ipsum prodere" und Steuererklärungspflicht, S. 91 f.; *Röckl* Das Steuerstrafrecht im Spannungsfeld des Verfassungs- und Europarechts, S. 105 f.

499 *Wessels* JuS 1966, 169, 171.

500 *Kingreen/Poscher* Staatsrecht II Rn. 567.

501 *Di Fabio* in: Dürig/Herzog/Scholz GG Art. 2 Abs. 2 Satz 2 Rn. 42.

502 *Rogall* Der Beschuldigte als Beweismittel gegen sich selbst, S. 125 f.

503 *Eb. Schmidt* Lehrkommentar zur Strafprozeßordnung und zum Gerichtsverfassungsgesetz Bd. I Rn. 71.

504 *Castringius* Schweigen und Leugnen des Beschuldigten im Strafprozess, S. 43 ff.

Diese beziehen sich nicht auf die oben genannte Vorschrift, sondern meinen mit der „Freiheit der Person" das Recht auf freie Entfaltung der Persönlichkeit[505], also Art. 2 Abs. 1 GG. Das lässt sich auch mit dem Hinweis *Schmidts* auf den § 343 StGB[506], der eine Strafbarkeit bei Aussageerpressung vorsieht, begründen.

ee) Die Gewissensfreiheit (Art. 4 Abs. 1 GG)

Teilweise wird auch auf die Gewissensfreiheit gemäß Art. 4 Abs. 1 GG für die Herleitung des Nemo-tenetur-Prinzips abgestellt.[507] Nach dieser Ansicht können Strafverfolgungsmaßnahmen in die Gewissensfreiheit eingreifen. Denn die Gewissensfreiheit umfasst das Recht auf die Intimsphäre des Gewissens, das forum internum, das jedes Eindringen in diesen Bereich ausschließt und damit auch das Recht zu schweigen, das unter keinen Umständen angetastet werden darf.[508] Zwar sind Maßnahmen wie das Nehmen von Fingerabdrücken, das Anfertigen von Lichtbildaufnahmen sowie die Blutentnahme gemäß §§ 81 a, b StPO zulässig[509]. Anders ist das jedoch bei Maßnahmen gemäß § 136a StPO wie beim Einsatz von Hypnose oder des Lügendetektors, die die freie Entscheidung darüber, was der Mensch aus seinem Inneren mitteilen will, herabmindern oder umgehen, wodurch die Gewissensfreiheit und somit auch das von Art. 4 Abs. 1 GG umfasste Schweigerecht aufgehoben würden.[510] Ein wirksamer Schutz des Personengeheimnisses kann nach dieser Ansicht nur durch Art. 4 Abs. 1 GG erfolgen und die Vorschriften der StPO (§§ 136 Abs. 1 S. 2, 136a StPO), die einen Aussagezwang, eine Geständniserpressung sowie Täuschung ausschließen, zeugen von der Respektierung dieser Gewissensfreiheit.[511]

Artikel 4 Abs. 1 GG verbietet demnach Inquisitionsmaßnahmen, die die Fähigkeit des Beschuldigten beeinträchtigen, sich nach eigenem Gewissen zur Aussage oder zur Aussageverweigerung zu entschließen.[512] Für diese Auffassung lässt sich

---

505 *Eb. Schmidt* Lehrkommentar zur Strafprozeßordnung und zum Gerichtsverfassungsgesetz Bd. I Rn. 71, 99; *Castringius* Schweigen und Leugnen des Beschuldigten im Strafprozess, S. 45 ff.

506 *Eb. Schmidt* Lehrkommentar zur Strafprozeßordnung und zum Gerichtsverfassungsgesetz Bd. I Rn. 71, 99.

507 *Zippelius* in: Bonner Kommentar GG (Stand 2004) Art. 4 Rn. 42, s. dazu Nachweis bei *Möller* JR 2005, 314, 318 Fn. 68; *Hamel* in: Die Grundrechte Bd. IV/1 1972, 37, 85; *Scholler* Die Freiheit des Gewissens, S. 148 ff.

508 *Hamel* in: Die Grundrechte Bd. IV/1 1972, 37, 58, 85.

509 *Hamel* in: Die Grundrechte Bd. IV/1 1972, 37, 85.

510 *Hamel* in: Die Grundrechte Bd. IV/1 1972, 37, 85.

511 *Scholler* Die Freiheit des Gewissens, S. 150.

512 *Rogall* Der Beschuldigte als Beweismittel gegen sich selbst, S. 127.

anführen, dass sich viele Angeklagte, die die Ableistung des Offizialeids verweigerten, auch auf die Gewissensfreiheit berufen haben.[513]

Das Gewissen stellt ein real erfahrbares seelisches Phänomen dar, dessen Forderungen, Mahnungen und Warnungen für den Menschen unmittelbar evidente Gebote unbedingten Sollens sind.[514] Als eine Gewissensentscheidung ist somit jede ernste sittliche, an den Kategorien von „Gut" und „Böse" orientierte Entscheidung anzusehen, die der Einzelne in einer bestimmten Lage als für sich bindend und unbedingt verpflichtend ansieht, sodass er gegen sie nicht ohne ernste Gewissensnot handeln könnte.[515] Dabei gewährleistet die Gewissensfreiheit sowohl das Recht, ein Gewissen zu bilden und zu haben (forum internum) als auch nach diesem Gewissen zu handeln (forum externum).[516]

Es könnte sich also dann um eine bewusste Gewissensentscheidung handeln, wenn sich der Beschuldigte entscheidet, aus Reue ein Geständnis abzulegen oder trotz Reue dagegen entscheidet und schweigt.[517] Jeder staatliche Zwang, der auf diese Wahl einwirkt und zum Geständnis führt, würde eine Verletzung der Gewissensfreiheit darstellen.[518]

In der Mehrzahl der Fälle wird der Beschuldigte sich aus prozesstaktischen Gründen[519] für sein Schweigerecht entscheiden, weil er entweder Schweigen für die bessere Verteidigung hält oder weil er fürchtet, dass der Prozess bei einem Geständnis einen negativen Ausgang nehmen könnte.[520] Demgegenüber wirken viele mit, weil sie sich entlasten wollen oder vom staatlichen Strafverfolgungseingriff überrascht werden und weil sie sich meist im Unklaren über ihre eigenen Rechte sind.[521]

Aus diesen Gründen ist eine verfassungsrechtliche Verankerung des Nemo-tenetur-Grundsatzes in Art. 4 Abs. 1 GG abzulehnen, es sei denn, es sollte sich um eine Gewissensentscheidung handeln.

---

513 *Guradze* in: FS Loewenstein 1971, 151, 156; *Nothelfer* Die Freiheit von Selbstbezichtigungszwang, S. 55; *Rogall* Der Beschuldigte als Beweismittel gegen sich selbst, S. 127.

514 BVerfGE 12, 45, 54.

515 BVerfGE 12, 45, 55.

516 *Kingreen/Poscher* Staatsrecht II Rn. 699.

517 *Bosch* Aspekte des nemo-tenetur-Prinzips, S. 45.

518 *Bosch* Aspekte des nemo-tenetur-Prinzips, S. 45; *Böse* Wirtschaftsaufsicht und Strafverfolgung, S. 119.

519 *Röckl* Das Steuerstrafrecht im Spannungsfeld des Verfassungs- und Europarechts, S. 108.

520 *Sahan* Keine Steuererklärungspflicht bei Gefahr strafrechtlicher Selbstbelastung, S. 126.

521 *Rogall* Der Beschuldigte als Beweismittel gegen sich selbst, S. 129.

ff) Anspruch auf rechtliches Gehör (Art. 103 Abs. 1 GG)

Neben der materiell- bzw. grundrechtlichen Verankerung von nemo tenetur gibt es andere, die den Grundsatz entweder ausschließlich oder zusätzlich als Verfahrensrecht[522] einordnen. Innerhalb dieser Meinung werden verschiedene Normen (das Rechtsstaatsprinzip und seine Unterprinzipien wie die Unschuldsvermutung, das Recht auf ein faires Verfahren, Waffengleichheit) als mögliche verfassungsrechtliche Grundlage angeführt.

Teilweise wird das Selbstbelastungsverbot als Ausprägung des Anspruchs auf rechtliches Gehör angesehen.[523] Das wird zum Teil mit einem Umkehrschluss aus Art. 104 Abs. 3 S. 1 GG begründet, wonach der Betroffene Gelegenheit haben muss, sich zu den Einwendungen zu äußern. Die Möglichkeit zur Äußerung bedeutet aber keine Pflicht zur Aussage, sodass somit der Beschuldigte nicht zur Aussage gezwungen werden kann.[524]

Böse sieht den Grund für die Verankerung des Nemo-tenetur-Grundsatzes im Anspruch auf rechtliches Gehör in der Anerkennung des Beschuldigten als

---

522 *Sachs* in: Sachs GG Art. 20 Rn. 163; *Schmitt* in: Meyer-Goßner/Schmitt StPO Art. 6 EMRK Rn. 4; *Roxin/Schünemann* Strafverfahrensrecht § 25 Rn. 1; *Stern* Staatsrecht Bd. I, S. 848; *Arndt* NJW 1966, 869, 870; *Bosch* Aspekte des nemo-tenetur-Prinzips, S. 69 ff., 93 ff.; *Bottke* DAR 1980, 238, 240; *ders.* Jura 1987, 356, 361; *Bringewatt* JZ 1981, 289, 294; *C. Dannecker* ZStW 127 (2015), 370, 384, der sich für die Einordnung von nemo tenetur als justizielle Garantie ausspricht; *G. Dannecker* ZStW 111 (1999), 256, 286; *Dingeldey* JA 1984, 407, 409; *Geppert* DAR 1981, 301, 305; *Gerling* Informatorische Befragung und Auskunftsverweigerungsrecht, S. 53; *Günther* GA 1978, 193, 198 f.; *Guradze* in: FS Loewenstein 1971, 151, 164 f.; *Kasiske* JuS 2015, 15, 17; *Kleinheisterkamp* Kreditwesengesetz und Strafverfahren, S. 249 ff.; *Kühne* EuGRZ 1986, 493, 493; *Minoggio* wistra 2003, 121, 128; *Müller-Dietz* ZStW 93 (1981), 1177, 1208; *Paeffgen* Vorüberlegungen zu einer Dogmatik des Untersuchungshaft-Rechts, S. 70 ff.; *Peres* Strafprozessuale Beweisverbote, S. 121; *Queck* Die Geltung des nemo-tenetur-Grundsatzes zugunsten von Unternehmen, S. 193 ff., 197; *Ransiek* Die Rechte des Beschuldigten, S. 7, 53 f., 70 f.; *Reiß* Besteuerungsverfahren und Strafverfahren, S. 155 ff.; *Rüping* JR 1974, 135, 138; *T. Schaefer* Der Nemo-Tenetur-Grundsatz im Steuerstrafverfahren, S. S. 114 ff.; *H. Schneider* Grund und Grenzen des strafrechtlichen Selbstbegünstigungsprinzips, S. 38 ff.; *Schramm* Weitergabe von Eigenmeßwerten und nemo-tenetur-Satz, S. 50 f.; *Tettinger* Fairness und Waffengleichheit, S. 25 f.; *Weiß* Die Verteidigungsrechte im EG-Kartellverfahren, S. 376 f.

523 *Bauer* Die Aussage des über das Schweigerecht nicht belehrten Beschuldigten, S. 51; *Böse* GA 2002, 98, 118 ff.; *ders.* Wirtschaftsaufsicht und Strafverfolgung, S. 166 ff.; *Castringius* Schweigen und Leugnen des Beschuldigten im Strafprozess, S. 21; *Niese* ZStW 63 (1951), 199, 219 ff.

524 *Bauer* Die Aussage des über das Schweigerecht nicht belehrten Beschuldigten, S. 51; *Castringius* Schweigen und Leugnen des Beschuldigten im Strafprozess, S. 21.

Prozesssubjekt und damit einhergehend dem Recht auf Verteidigung.[525] Mit der Wandlung vom Inquisitions- zum Anklageprozess[526] war der Beschuldigte nicht mehr nur Beweismittel, das der Ermittlung der Wahrheit diente, sondern von nun an mit eigenen Rechten ausgestattet.

Das Recht, im Rahmen der Vernehmung zum Anklagevorwurf Stellung zu nehmen, ist Ausdruck des Anspruchs auf rechtliches Gehör.[527] Gemäß Art. 103 Abs. 1 GG hat der Beschuldigte die Gelegenheit, sich zu den gegen ihn erhobenen Vorwürfen zu äußern und das Gericht muss seine Ausführungen zur Kenntnis nehmen und in Erwägung ziehen. Wenn der Anspruch auf rechtliches Gehör das Recht zur Selbstbehauptung im Prozess gibt, so umfasst das nach *Böse* auch die Verteidigung durch Schweigen.[528]

Von der überwiegenden Meinung wird eine Verankerung von nemo tenetur in Art. 103 Abs. 1 GG abgelehnt.[529] Als Hauptargument wird angeführt, dass Art. 103 Abs. 1 GG aktiv geprägt sei, indem er Gelegenheit zur Äußerung gebe, wohingegen das Schweigerecht darauf gerichtet sei, nicht am Strafverfahren mitwirken zu müssen, sich also passiv zu verhalten.[530] Daher

525 *Böse* GA 2002, 98, 118; *ders.* Wirtschaftsaufsicht und Strafverfolgung, S. 166.

526 S. C. II. 3. b).

527 BGHSt 25, 325, 332; *Böse* GA 2002, 98, 118; *ders.* Wirtschaftsaufsicht und Strafverfolgung, S. 166; *Rüping* Rechtliches Gehör, S. 159 f.

528 *Böse* GA 2002, 98, 119; *ders.* Wirtschaftsaufsicht und Strafverfolgung, S. 166.

529 *Bährle* Aussagefreiheit des Angeklagten, S. 77 f.; *Dingeldey* JA 1984, 407, 409; *B. Fischer* Divergierende Selbstbelastungspflichten, S. 107 ff.; *Nothelfer* Die Freiheit von Selbstbezichtigungszwang, S. 51; *Queck* Die Geltung des nemo-tenetur-Grundsatzes zugunsten von Unternehmen, S. 189 ff.; *Reiter* „Nemo tenetur se ipsum prodere" und Steuererklärungspflicht, S. 93 f.; *Röckl* Das Steuerstrafrecht im Spannungsfeld des Verfassungs- und Europarechts, S. 109; *Rogall* Der Beschuldigte als Beweismittel gegen sich selbst, S. 125; *Sahan* Keine Steuererklärungspflicht bei Gefahr strafrechtlicher Selbstbelastung, S. 127; *T. Schaefer* Der Nemo-Tenetur-Grundsatz im Steuerstrafverfahren, S. 114; *Schlüter* Strafbarkeit von Unternehmen, S. 101; *Wolff* Selbstbelastung und Verfahrenstrennung, S. 32.

530 *Bährle* Aussagefreiheit des Angeklagten, S. 77 f.; *Dingeldey* JA 1984, 407, 409; *B. Fischer* Divergierende Selbstbelastungspflichten, S. 109; *Nothelfer* Die Freiheit von Selbstbezichtigungszwang, S. 53 f.; *Queck* Die Geltung des nemo-tenetur-Grundsatzes zugunsten von Unternehmen, S. 189; *Röckl* Das Steuerstrafrecht im Spannungsfeld des Verfassungs- und Europarechts, S. 109; *Rogall* Der Beschuldigte als Beweismittel gegen sich selbst, S. 125; *Sahan* Keine Steuererklärungspflicht bei Gefahr strafrechtlicher Selbstbelastung, S. 127; *T. Schaefer* Der Nemo-Tenetur-Grundsatz im Steuerstrafverfahren, S. 114; *Schlüter* Strafbarkeit von Unternehmen, S. 101; vgl. *H. Schneider* Grund und Grenzen des strafrechtlichen Selbstbegünstigungsprin-

würden sich diese beiden Prinzipien ergänzen, stünden aber selbständig nebeneinander.[531]

Böse entgegnet dem, dass zur Verteidigung sowohl das Vorbringen von Entlastungsgründen als auch das Schweigen zähle. In beiden Fällen mache der Angeklagte von ein und derselben Freiheit Gebrauch, nämlich selbst über sein Aussageverhalten im Strafverfahren zu bestimmen.[532] Das Schweigerecht bilde die negative Kehrseite zur Aussagefreiheit als positivem Gehalt des Art. 103 Abs. 1 GG.[533] Eine Aussagepflicht würde dem Recht des Beschuldigten, selbst über Art und Weise der Verteidigung zu entscheiden, widersprechen, sodass von vornherein die Kommunikation vor Gericht festgelegt wäre.[534] Von einer Aussage, die der Betroffene im Ermittlungsverfahren getätigt hätte, könne er sich nur schwer distanzieren.[535]

Allerdings ist zu beachten, dass der Anspruch auf rechtliches Gehör auf das Verfahren vor Gericht beschränkt ist und damit nicht für das Ermittlungsverfahren oder das Verwaltungsverfahren, zu dem das Besteuerungsverfahren zählt, gilt.[536] Das Nemo-tenetur-Prinzip beansprucht aber auch Geltung im Ermittlungsverfahren.[537] Dem versucht *Böse* entgegenzutreten, indem er behauptet, dass durch eine erzwungene Aussage im Ermittlungsverfahren der Inhalt des Hauptverfahrens festgelegt sei.[538] Das ist abzulehnen, weil das Gericht gemäß § 261 StPO nach der freien Beweiswürdigung über den Fall entscheidet und sich sein eigenes Bild von den Ermittlungsergebnissen im Ermittlungsverfahren, z.B. durch die Befragung von Zeugen, macht.[539] Natürlich ist ein Geständnis ein starkes Indiz für die Schuld des Täters, aber sobald es sich um ein erzwungenes Geständnis aufgrund von Maßnahmen nach § 136a Abs. 1 StPO handelt oder die Belehrung gemäß § 136 Abs. 1 S. 2 StPO nicht richtig erfolgt ist, zieht das ein Beweisverwertungsverbot nach sich.

---

zips, S. 28 f.; vgl. *Verrel* Selbstbelastungsfreiheit, S. 243 f.; *Wolff* Selbstbelastung und Verfahrenstrennung, S. 32.

531 *Bährle* Aussagefreiheit des Angeklagten, S. 78; *Nothelfer* Die Freiheit von Selbstbezichtigungszwang, S. 54; *Röckl* Das Steuerstrafrecht im Spannungsfeld des Verfassungs- und Europarechts, S. 109; *Rüping* Rechtliches Gehör, S. 133 f.; *Wolff* Selbstbelastung und Verfahrenstrennung, S. 32.

532 *Böse* GA 2002, 98, 119.

533 *Böse* GA 2002, 98, 120; *Queck* Die Geltung des nemo-tenetur-Grundsatzes zugunsten von Unternehmen, S. 189.

534 *Böse* GA 2002, 98, 120 f.; *ders.* Wirtschaftsaufsicht und Strafverfolgung, S. 168, 170.

535 Vgl. *Böse* Wirtschaftsaufsicht und Strafverfolgung, S. 168.

536 *Nothelfer* Die Freiheit von Selbstbezichtigungszwang, S. 52; *Reiter* „Nemo tenetur se ipsum prodere" und Steuererklärungspflicht, S. 93; vgl. *Röckl* Das Steuerstrafrecht im Spannungsfeld des Verfassungs- und Europarechts, S. 109.

537 *Wolff* Selbstbelastung und Verfahrenstrennung, S. 32.

538 *Böse* GA 2002, 98, 121; *ders.* Wirtschaftsaufsicht und Strafverfolgung, S. 170.

539 *Reiter* „Nemo tenetur se ipsum prodere" und Steuererklärungspflicht, S. 93 Fn. 323.

Als weiteres Gegenargument gegen Art. 103 Abs. 1 GG wird angeführt, dass der Anspruch auf rechtliches Gehör nicht auf das Strafverfahren beschränkt ist, sondern für alle gerichtlichen Verfahren gilt und er daher kein spezifisch strafprozessuales Verfahrensrecht begründen könne.[540] Würde der Nemo-tenetur-Grundsatz die Kehrseite des Anspruchs auf rechtliches Gehör bilden, so müsste er in allen Gerichtsverfahren Anwendung finden.[541] Dass es sich bei nemo tenetur um ein allgemeines prozessuales Prinzip handele, belegt *Böse* damit, dass es auch im Zivilprozess keine Pflicht der Partei gebe auszusagen und einzige Folge der Verweigerung etwaige Beweisnachteile gemäß § 446 ZPO seien, wobei Gleiches für die Beeidigung der Aussage gemäß § 453 Abs. 2 ZPO gelte.[542]

Gegen die Geltung des Nemo-tenetur-Grundsatzes für das Zivilverfahren spricht, dass *Böse* die Beweislastverteilung im Zivilprozess mit dem Schutzgehalt des Selbstbelastungsverbots vermengt. Das Nemo-tenetur-Prinzip greift immer dann ein, wenn dem Betroffenen durch eine erzwungene Mitwirkung die Verurteilung droht. Um dem Selbstbelastungsverbot gerecht zu werden, herrscht im Strafverfahren die Unschuldsvermutung. Den Nachweis der Schuld muss die Staatsanwaltschaft als Ankläger führen und der Beschuldigte muss sich weder zu den Vorwürfen äußern noch den Richter von seiner Unschuld überzeugen. Darüber hinaus sind die Staatsanwaltschaft und das Gericht gemäß §§ 160, 244 Abs. 2 StPO verpflichtet, den Sachverhalt von Amts wegen zu untersuchen (Amtsermittlungsgrundsatz). Im Zivilprozess handelt es sich aber um ein kontradiktorisches Verfahren, bei dem sich zwei streitende Parteien gegenüberstehen und ermittelt werden muss, welche von beiden im Recht ist. Grundsätzlich obliegt die Beweislast jeder Partei bezüglich aller für sie günstigen Tatsachen. Es gilt der Beibringungsgrundsatz, bei dem das Gericht nur die von den Parteien in den Prozess eingebrachten Tatsachen berücksichtigen muss. Das zeigt, dass das Strafverfahren und der Zivilprozess von zwei völlig unterschiedlichen Ausgestaltungen des Prozesses ausgehen und deshalb nicht vergleichbar sind. Zwar sehen §§ 383, 384 Nr. 2 ZPO ein Zeugnisverweigerungsrecht für den Zeugen oder einen seiner Angehörigen bei Strafverfolgungsgefahr vor. Dieses Recht gilt im Zivilverfahren aber nur für den Zeugen und nicht für die Partei.[543]

Auch wenn zahlreiche Auskunftsverweigerungsrechte eine Mitwirkung ausschließen, gibt es Vorschriften, die trotz einer Strafverfolgungsgefahr eine Mitwirkung vorsehen[544], so z.B. § 90 AO. Das zeigt, dass der Nemo-tenetur-Grundsatz

540 *Queck* Die Geltung des nemo-tenetur-Grundsatzes zugunsten von Unternehmen, S. 191; *Wolff* Selbstbelastung und Verfahrenstrennung, S. 32.

541 *Queck* Die Geltung des nemo-tenetur-Grundsatzes zugunsten von Unternehmen, S. 191.

542 *Böse* GA 2002, 98, 121 ff.; *ders.* Wirtschaftsaufsicht und Strafverfolgung, S. 170 ff.

543 *Gehrlein* VersR 2011, 1350, 1352.

544 Nachweise zu Auskunftsverweigerungsrechten und Auskunftspflichten s. BVerfGE 56, 37, 42 ff.

keine umfassende Geltung für alle Verfahren beansprucht, sondern nur für das Strafverfahren. Art. 103 Abs. 1 GG ist damit keine geeignete verfassungsrechtliche Grundlage.

gg) Das Rechtsstaatsprinzip (Art. 20 Abs. 3 GG)

Vielfach wird auch das Rechtsstaatsprinzip als verfassungsrechtliche Grundlage von nemo tenetur herangezogen.[545] Das BVerfG geht davon aus, dass es sich bei dem Selbstbelastungsverbot um einen rechtsstaatlichen Grundsatz oder Grundhaltung bzw. um ein anerkanntes Prinzip eines rechtsstaatlichen Verfahrens handele.[546]

Für eine Verankerung des Nemo-tenetur-Prinzips in Art. 20 Abs. 3 GG wird die historische Entwicklung der Stellung des Beschuldigten im Strafverfahren angeführt, der im Strafprozess des modernen Rechtsstaats als Verfahrenssubjekt mit eigenen Rechten ausgestattet ist.[547]

Dagegen wird eingewandt, dass der Begriff des Rechtsstaats zu unbestimmt und nicht mehr als ein Blankett sei, welches durch seine Unterprinzipien, vor allem durch die Grundrechte, erst ausgefüllt werden müsse.[548] Zwar bindet Art. 20 Abs. 3 GG den Staat an die Grundrechte und verlangt, dass den Bürgern ein Freiheitsbereich verbleibt, in dem sie ihre Grundrechte ausüben können. Diese institutionelle Garantie reiche aber nicht für eine Verankerung des Nemo-tenetur-Prinzips aus, weil das Rechtsstaatsprinzip nicht die Grundrechte in ihrer individuellen Ausformung schütze, sondern nur allgemein deren Einhaltung gewährleiste.[549] Geltung

545 BVerfGE 38, 105, 113 f.; 55, 144, 150; 56, 37, 43; BVerfG NJW 2002, 1411, 1412; BVerfG wistra 2010, 341, 341; BVerfGE 133, 168, 201; BGHSt 31, 304, 308; siehe auch *Sachs* in: Sachs GG Art. 20 Rn. 163; *Stern* Staatsrecht Bd. I, S. 847 f.; *Bosch* Aspekte des nemo-tenetur-Prinzips, S. 69 ff.; *Bringewatt* JZ 1981, 289, 294; *G. Dannecker* ZStW 111 (1999), 256, 286; *ders.* in: FS Welsch 2010, 179, 186; *Gerling* Informatorische Befragung und Auskunftsverweigerungsrecht, S. 53; *Kühne* EuGRZ 1986, 493, 493; *Minoggio* wistra 2003, 121, 128; *Paeffgen* Vorüberlegungen zu einer Dogmatik des Untersuchungshaft-Rechts, S. 70 ff.; *Queck* Die Geltung des nemo-tenetur-Grundsatzes zugunsten von Unternehmen, S. 193 ff., 197; *Reiß* Besteuerungsverfahren und Strafverfahren, S. 155 ff.; *T. Schaefer* Der Nemo-Tenetur-Grundsatz im Steuerstrafverfahren, S. 114 ff.; *H. Schneider* Grund und Grenzen des strafrechtlichen Selbstbegünstigungsprinzips, S. 38 ff.; *Weiß* Die Verteidigungsrechte im EG-Kartellverfahren, S. 376 f.

546 BVerfG aaO. (Fn. 545).

547 *Bosch* Aspekte des nemo-tenetur-Prinzips, S. 69; *Reiß* Besteuerungsverfahren und Strafverfahren, S. 155 ff.

548 *Nothelfer* Die Freiheit von Selbstbezichtigungszwang, S. 18, 21 f.; *Reiter* „Nemo tenetur se ipsum prodere" und Steuererklärungspflicht, S. 95; *Rogall* Der Beschuldigte als Beweismittel gegen sich selbst, S. 138 f.

549 *Nothelfer* Die Freiheit von Selbstbezichtigungszwang, S. 31.

und Beachtung würden diese wegen ihrer positiven Normierung erfahren und nicht weil sie als Teilaspekt des Rechtsstaatsprinzips anzusehen seien.[550] Derselbe Sachverhalt werde nur von verschiedenen Seiten, einerseits aus Sicht des Individuums, andererseits aus Sicht des Staates betrachtet.[551] Damit spiegele sich das Selbstbelastungsverbot als Persönlichkeitsrecht lediglich als Kehrseite derselben Medaille im Rechtsstaatsprinzip wider.[552]

Versteht man das Rechtsstaatsprinzip nicht nur formell[553], sondern auch materiell[554], d.h. dass an die Gesetzgebungstätigkeit und die Ausübung von staatlicher Macht bestimmte inhaltliche Anforderungen gestellt werden, ist eine Einordnung des Selbstbelastungsverbots in Art. 20 Abs. 3 GG möglich.

Wenn von der Gegenansicht angeführt wird, dass es sich beim Rechtsstaatsprinzip nur um ein Blankett ohne eigenständigen Inhalt handelt, dann ist dem dahingehend zuzustimmen, dass es für dieses Prinzip keine einfache subsumtionsfähige Definition gibt. Das hat auch das BVerfG anerkannt, indem es feststellte, dass das Rechtsstaatsprinzip keine in allen Einzelheiten bestimmten Ge- und Verbote enthalte, sondern der Konkretisierung je nach den sachlichen Gegebenheiten bedürfe.[555] Es handelt sich bei dem Rechtsstaatsprinzip um ein Fundamentalprinzip, das konstituierend für den modernen Staat ist. Einerseits stellt es Anforderungen an das staatliche Handeln und begrenzt dieses, andererseits wirkt es für staatliche Eingriffe legitimierend.[556] Ziel des Rechtsstaates ist es, Menschenwürde, Freiheit, Gerechtigkeit und Rechtssicherheit sowohl gegenüber der Staatsgewalt als auch im Verhältnis der Individuen untereinander zu gewährleisten.[557] Das Rechtsstaatsprinzip hat sowohl in seiner formellen als auch in seiner materiellen Ausprägung einen eigenständigen Bedeutungsgehalt, der über den Inhalt der

---

550 *Nothelfer* Die Freiheit von Selbstbezichtigungszwang, S. 32.

551 *Rogall* Der Beschuldigte als Beweismittel gegen sich selbst, S. 138.

552 *Queck* Die Geltung des nemo-tenetur-Grundsatzes zugunsten von Unternehmen, S. 193; *Rogall* StV 1996, 63, 63.

553 Zum formellen Gehalt gehören die Gewaltenteilung, die Unabhängigkeit der Gerichte, die Gesetzmäßigkeit der Verwaltung, der Vorrang und Vorbehalt des Gesetzes, Rechtsschutz gegen Akte öffentlicher Gewalt und eine öffentlichrechtliche Entschädigung, s. *Schmidt-Aßmann* HbStR Bd. II § 26 Rn. 18.

554 Zum materiellen Gehalt zählen die Geltung des Verhältnismäßigkeitsprinzips, die Gewährleistung von Grundrechten, Vertrauensschutz, das Schuldprinzip, die Unschuldsvermutung und das Recht auf ein faires Verfahren. Zur Unterscheidung von formellen und materiellen Gehalten des Rechtsstaatsprinzips s. *Degenhart* Staatsrecht I Rn. 143 f.

555 BVerfGE 65, 283, 290; *Schmidt-Aßmann* HbStR Bd. II § 26 Rn. 2.

556 *Queck* Die Geltung des nemo-tenetur-Grundsatzes zugunsten von Unternehmen, S. 194.

557 *Schmidt-Aßmann* HbStR Bd. II § 26 Rn. 1.

Grundrechte hinausgeht[558], sodass nicht behauptet werden kann, Art. 20 Abs. 3 GG sei lediglich ein Blankett. Der Unschärfe dieses Begriffs kann dadurch begegnet werden, indem Untergruppen gebildet werden.[559] Die Konkretisierungen haben sich an den speziellen Ausprägungen des Art. 20 Abs. 3 GG im Grundgesetz bzw. auf die althergebrachten, unbestrittenen Rechtsüberzeugungen zu stützen.[560]

Schließlich müsste das Argument der Gegenansicht auch für die Menschenwürde gelten. Sie ist ebenfalls wie das Rechtsstaatsprinzip auslegungsbedürftig. Dennoch wird von der Gegenansicht nicht die Geeignetheit des Art. 1 Abs. 1 GG als verfassungsrechtliche Grundlage infrage gestellt.

Daneben spricht auch eine historische Auslegung für das Rechtsstaatsprinzip als Grundlage der Selbstbelastungsfreiheit. Sowohl der Rechtsstaat als auch der Nemo-tenetur-Grundsatz beruhen auf einer gemeinsamen historischen Entwicklung. Mit der Aufklärung verbreitete sich die Ansicht, dass der Mensch als mündiger Bürger anzusehen ist, der selbst über sein Leben entscheiden können soll und niemandem hörig ist. Dadurch vollzog sich die Entwicklung vom absolutistischen zum modernden Staat, dessen wesentlicher Ausdruck das Rechtsstaatsprinzip ist. Zur Gewährleistung eines rechtsstaatlichen Verfahrens war die Ablösung des Inquisitions- durch den Anklageprozess zwingend. Mit dessen Einführung war der Angeklagte als Verfahrenssubjekt mit eigenen Rechten anerkannt worden. Dass dem Einzelnen dieser Status zukommt, zeigt sich durch die Respektierung von nemo tenetur, dem jede Auskunftspflicht im Strafverfahren widersprechen würde, da er dadurch zum bloßen Beweismittel würde.

Dementsprechend kann das Selbstbelastungsverbot als althergebrachte Rechtsüberzeugung des Rechtsstaats bezeichnet werden.[561]

hh) Unschuldsvermutung

Ferner könnte für die verfassungsrechtliche Verankerung des Nemo-tenetur-Prinzips auf die Unschuldsvermutung abzustellen sein.[562] Nach dieser gilt jedermann bis zu seiner rechtskräftigen Verurteilung als unschuldig. Die Unschuldsvermutung

558 *Bosch* Aspekte des nemo-tenetur-Prinzips, S. 71.

559 *Bosch* Aspekte des nemo-tenetur-Prinzips, S. 72.

560 *Queck* Die Geltung des nemo-tenetur-Grundsatzes zugunsten von Unternehmen, S. 195.; vgl. *H. Schneider* Grund und Grenzen des strafrechtlichen Selbstbegünstigungsprinzips, S. 39.

561 *H. Schneider* Grund und Grenzen des strafrechtlichen Selbstbegünstigungsprinzips, S. 41.

562 *Arndt* NJW 1966, 869, 870; *Bauer* Die Aussage des nicht über das Schweigerecht belehrten Beschuldigten, S. 51; *Bosch* Aspekte des nemo-tenetur-Prinzips, S. 93 ff.; *Dingeldey* JA 1984, 407, 409; *Guradze* in: FS Loewenstein 1971, 151, 164 f.; *Peres* Strafprozessuale Beweisverbote, S. 121; *Ransiek* Die Rechte des Beschuldigten, S. 70 f.; *Rüping* JR 1974, 135, 138.

wird aus Art. 6 Abs. 2 EMRK und Art. 2 Abs. 1 iVm Art. 20 Abs. 3 GG hergeleitet und ist damit eine besondere Ausprägung des Rechtsstaatsprinzips.[563] Die Unschuldsvermutung wäre aber wertlos, wenn der Beschuldigte zur Aussage gezwungen werden dürfte und damit zu seiner eigenen Verurteilung beitragen würde.[564] Ohne Unschuldsvermutung wäre der Angeklagte unter Druck gesetzt, sich aktiv verteidigen zu müssen, um den Beweis seiner Unschuld zu erbringen.[565] Damit würde das Schweigerecht weitgehend ausgehöhlt.[566] Das Schweigen würde gerade dazu führen, dass er die Schuldvermutung nicht widerlegen kann, sodass das Schweigerecht keine angemessene Verteidigungsmöglichkeit mehr darstellt.

Schließlich könnte man auch auf den Gedanken kommen, dass die Weigerung zur Aussage ein Schuldeingeständnis darstellt. Denn in der Regel wird nur derjenige sich weigern auszusagen, der etwas zu verbergen hat. Der Unschuldige wird hingegen alles daransetzen, den strafrechtlichen Vorwurf aus der Welt zu schaffen. Auch wenn diese Argumentation zunächst sinnvoll erscheint, ist sie dennoch abzulehnen, weil der Beschuldigte festlegen kann, ob er zur Aussage aussagen will oder nicht. Ein zu Unrecht Beschuldigter kann der Ansicht sein, dass es die bessere Verteidigungsstrategie ist, nichts zu sagen. Dabei soll ihm die Entscheidung für das Schweigen nicht zum Nachteil gereichen. Zusammen mit in dubio pro reo sorgt die Unschuldsvermutung dafür, dass die Beweislastverteilung im Strafprozess eingehalten wird und Zweifel zulasten der Anklage gehen.[567] Dadurch wird die veränderte Rolle des Angeklagten als eigenständiges Prozesssubjekt des Verfahrens gewahrt, der nicht zu seiner eigenen Überführung gezwungen werden darf.

Zwar weisen die Unschuldsvermutung und nemo tenetur eine enge Verbindung zueinander auf. Allerdings ist die Unschuldsvermutung als verfassungsrechtliche Grundlage ungeeignet. Wie bereits oben beschrieben, hat das Geständnis zwar eine sehr starke Indizwirkung hinsichtlich der Schuld des Angeklagten. Aber wenn es sich um eine erzwungene Aussage handelt, ist diese gemäß § 136a Abs. 3 S. 2 StPO ohnehin nicht verwertbar. Das Gericht hat sich durch freie Beweiswürdigung gemäß § 261 StPO selbst ein Bild von der Schuld des Angeklagten zu machen und auf Basis seiner Überzeugung zu urteilen. Die Unschuldsvermutung hat das Ziel, dass der Richter unvoreingenommen ist und dem Angeklagten unparteiisch die Möglichkeit zur Verteidigung gegeben wird.[568] Aber hier liegt das Problem bei

---

563 BVerfGE 74, 358, 370; 82, 106, 114 f.; BVerfG Urt. v. 05.05.2001 – 2 BvR 413/00 Rn. 5, 11.

564 *Arndt* NJW 1966, 869, 870; *Bauer* Die Aussage des nicht über das Schweigerecht belehrten Beschuldigten, S. 51

565 *Arndt* NJW 1966, 869, 870; *Bosch* Aspekte des nemo-tenetur-Prinzips, S. 93; *Wessels* JuS 1966, 169, 171.

566 *Wessels* JuS 1966, 169, 171.

567 *C. Dannecker* ZStW 127 (2015), 370, 390.

568 *Bosch* Aspekte des nemo-tenetur-Prinzips, S. 94.

der Verankerung des Selbstbelastungsverbots in der Unschuldsvermutung: Diese richtet sich nur an den Richter, der unvoreingenommen sein soll, aber sämtlichen Ermittlungspersonen ist es gestattet, den Beschuldigten für schuldig zu halten und sich dementsprechend zu verhalten, solange sie sich im Rahmen des Erlaubten halten.[569] Der Nemo-tenetur-Grundsatz gilt aber eindeutig auch im Ermittlungsverfahren.

Ferner kann die Unschuldsvermutung nicht erklären, warum dem Zeugen ein Auskunftsverweigerungsrecht gemäß § 55 StPO zukommt, das ebenfalls auf nemo tenetur gestützt wird.[570] Denn für den Zeugen greift die Unschuldsvermutung nicht ein, da er nicht Angeklagter des Strafverfahrens ist. Ebenso stehen dem vom Strafverfahren Betroffenen auch in anderen Verfahrensordnungen Auskunftsverweigerungsrechte zu[571], wobei die Unschuldsvermutung nur für den Strafprozess gilt.[572] Der Anwendungsbereich des Nemo-tenetur-Prinzips ist damit weiter als der der Unschuldsvermutung, sodass sie nicht die verfassungsrechtliche Grundlage des Selbstbelastungsverbots bilden kann.

ii) Das Recht auf ein faires Verfahren

Nach Ansicht des BGH[573], des EGMR[574] und eines Teils der Literatur[575] stellt das Schweigerecht den Kernbereich des Rechts auf ein faires Verfahren dar. Dabei wird entweder auf das Recht auf ein faires Verfahren allgemein oder auf die Waffengleichheit als dessen besondere Ausprägung abgestellt. Sogar das BVerfG hat in einigen Entscheidungen auf das in Art. 2 Abs. 1 GG und Art. 20 Abs. 3 GG

---

569 *Puppe* GA 1978, 289, 300.

570 *Reiter* „Nemo tenetur se ipsum prodere" und Steuererklärungspflicht, S. 98.

571 Z.B. § 23 Abs. 6 AWG, § 59 Abs. 4 GWB, § 65 Abs. 3 SGB I, § 384 Nr. 2 ZPO. § 26 Abs. 2 VwVfG sieht nur eine Soll-Vorschrift für die Mitwirkung vor. Es besteht insbesondere gemäß § 26 Abs. 2 S. 3 VwVfG keine Aussagepflicht, es sei denn, eine Rechtsvorschrift ordnet eine solche an.

572 *Reiter* „Nemo tenetur se ipsum prodere" und Steuererklärungspflicht, S. 98.

573 BGHSt 25, 325, 330; 38, 214, 220 f.; 38, 302, 305; 52, 11, 17; 53, 294, 305; 55, 138, 144; 58, 301, 304; s. auch BayObLG JZ 1984, 492, 492.

574 EGMR Urt. v. 08.02.1996 – 18731/91 (*John Murray v The United Kingdom*) Rn. 45; EGMR StV 2003, 257, 259; EGMR NJW 2006, 3117, 3122 f.

575 *Schmitt* in: Meyer-Goßner/Schmitt StPO Art. 6 EMRK Rn. 4; *Roxin/Schünemann* Strafverfahrensrecht § 25 Rn. 1; *Bottke* DAR 1980, 238, 240; *ders.* Jura 1987, 356, 361; *Bringewatt* JZ 1981, 289, 294; *Geppert* DAR 1981, 301, 305; *Günther* GA 1978, 193, 198 f.; *Kasiske* JuS 2015, 15, 17; *Kühne* EuGRZ 1986, 493, 493; *Müller-Dietz* ZStW 93 (1981), 1177, 1208; *Queck* Die Geltung des nemo-tenetur-Grundsatzes zugunsten von Unternehmen, S. 197 ff.; *Ransiek* Die Rechte des Beschuldigten, S. 7, 53 f.; *Satzger* Jura 2009, 759, 767; *Schramm* Weitergabe von Eigenmeßwerten und nemo-tenetur-Satz, S. 50 f.; *Tettinger* Fairness und Waffengleichheit, S. 25 f.

verankerte Recht auf ein faires Verfahren als Grundlage für nemo tenetur hingewiesen.[576] Im Rechtsstaat des Grundgesetzes darf der Beschuldigte nicht bloßes Objekt des Strafverfahrens sein, sondern ihm muss die Möglichkeit gegeben werden, zur Wahrung seiner Rechte auf den Gang und das Ergebnis des Verfahrens Einfluss zu nehmen.[577] Als ein solches Recht könnte das Schweigerecht anzusehen sein.

Das Recht auf ein faires Verfahren in Art. 6 EMRK umfasst verschiedene Gewährleistungen in den Absätzen 1, 2 (Unschuldsvermutung) und 3. Die Rechte in Absatz 3 stellen Mindestgarantien dar, die jedoch nicht abschließend sind, sodass das Recht auf ein faires Verfahren über diese Rechte hinausgeht.[578] Nach Art. 6 Abs. 1 EMRK ist ein faires, öffentliches und zügiges Verfahren durchzuführen. Dabei hat der Betroffene im Rahmen einer zivilrechtlichen Streitigkeit oder bei einer gegen ihn erhobenen Anklage das Recht auf eine Entscheidung durch ein unabhängiges, unparteiisches und auf Gesetz beruhendes Gericht. Der Begriff „Anklage" beschränkt sich nicht auf die Erhebung der Anklage gegen den Angeschuldigten oder die Eröffnung der Hauptverhandlung gegen den Angeklagten, wie es die deutsche Definition nahe legt (vgl. § 157 StPO). Eine Anklage liegt vor, sobald ein Individuum von der zuständigen Behörde die amtliche Benachrichtigung von der Anschuldigung erhält, eine Straftat begangen zu haben.[579] Damit reicht der Schutzbereich des Art. 6 EMRK von der Eröffnung des Schuldvorwurfs im Ermittlungsverfahren bis zum Abschluss des Rechtsmittelverfahrens.[580]

Gegen den Rückgriff auf das Recht auf ein faires Verfahren wird eingewandt, dass der Begriff unklar sei[581] und auch dessen Konkretisierungen angesichts ihrer Mannigfaltigkeit nicht geeignet seien, das Fairnessgebot näher zu bestimmen, da sie ihrerseits wiederum der Konkretisierung bedürften.[582] Das Recht auf ein faires Verfahren stelle einen allgemeinen Rechtssatz dar, der gewährleisten solle, dass das Verfahren insgesamt als fair anzusehen sei. Er stelle lediglich eine Ergänzung der bereits bestehenden Prozessrechte der StPO dar, ohne jedoch selbst originäre Rechte zu erzeugen.[583] Zudem seien die in Art. 6 EMRK verbürgten Rechte auf eine aktive Mitwirkung ausgelegt, um auf das Verfahren Einfluss zu nehmen,

576 BVerfG StV 1995, 505, 506; BVerfGE 109, 279, 324.

577 BVerfGE 66, 313, 318; BVerfG StV 1995, 505, 506.

578 *F.-C. Schroeder* in: Roth Europäisierung des Rechts 2010, 183, 187.

579 EGMR EuGRZ 1980, 667, 672.

580 *Satzger* Jura 2009, 759, 766.

581 *Rogall* Der Beschuldigte als Beweismittel gegen sich selbst, S. 115; *Wolff* Selbstbelastung und Verfahrenstrennung, S. 34.

582 *Bosch* Aspekte des nemo-tenetur-Prinzips, S. 75.

583 *Bosch* Aspekte des nemo-tenetur-Prinzips, S. 74, 76; *Nothelfer* Die Freiheit von Selbstbezichtigungszwang, S. 48 ff.

wohingegen das Schweigerecht dazu diene, sich passiv verhalten zu dürfen und sein Wissen nicht preisgeben zu müssen.[584]

Allerdings ist zu beachten, dass die im Recht auf ein faires Verfahren verankerte Waffengleichheit sowohl dem Angeklagten als auch der Staatsanwaltschaft die gleichen prozessualen Befugnisse zuteil werden lässt, damit beide über die gleichen Einwirkungsmöglichkeiten auf den Verfahrensgang verfügen, wozu insbesondere gehört, dass sich der Angeklagte verteidigen kann.[585] Die effektivste Art der Verteidigung kann aber auch die Berufung auf das Schweigerecht sein.[586] Das wird bei einer unklaren Tatsachenlage der Fall sein, weil dem Angeklagten die Schuld nachgewiesen werden muss. Es entspricht auch der nicht unüblichen Verteidigungspraxis, gegebenenfalls erst von nemo tenetur Gebrauch zu machen und im Rahmen der Verhandlung zur Erlangung einer Strafmilderung nach und nach Einlassungen zum strafrechtlichen Vorwurf zu tätigen.[587]

Durch sein Schweigen kann der Betroffene Einfluss auf das Verfahren nehmen, da er sich als Beweismittel den Ermittlungsbehörden entzieht und damit einen Ausgleich zu den besseren Ermittlungsmöglichkeiten der Behörden schafft.[588] Dagegen wird angeführt, dass die Verankerung des Schweigerechts in der Waffengleichheit zwangsläufig zur Folge haben müsste, dass auch der Staatsanwaltschaft das Selbstbelastungsverbot zugebilligt werden müsste, was aber sinnlos sei.[589] Dieses Argument ist nicht stichhaltig. Die Waffengleichheit hat zum Ziel, der Staatsanwaltschaft und dem Angeklagten annährend gleiche prozessuale Befugnisse zuteil werden zu lassen. Um den Ermittlungsmöglichkeiten der Staatsanwaltschaft etwas entgegenzusetzen, muss der Angeklagte sich verteidigen können. Zu einer angemessenen Verteidigung gehört aber nicht nur, sich zur Sache zu äußern, sondern auch zu schweigen.[590] Wäre der Beschuldigte zu einer Aussage gezwungen, wären ihm damit seine Verteidigungsmöglichkeiten genommen. Um den strafrechtlichen Vorwurf zu entkräften, wäre er auf das Vorbringen entlastenden Beweismaterials

---

584 *Müller-Boysen* Die Rechtsstellung des Beschuldigten vor dem parlamentarischen Untersuchungsausschuß, S. 99; *Nothelfer* Die Freiheit von Selbstbezichtigungszwang, S. 44 f.; *Rogall* Der Beschuldigte als Beweismittel gegen sich selbst, S. 113; *Sahan* Keine Steuererklärungspflicht bei Gefahr strafrechtlicher Selbstbelastung, S. 120.

585 BVerfGE 38, 105, 111.

586 *Queck* Die Geltung des nemo-tenetur-Grundsatzes zugunsten von Unternehmen, S. 184.

587 *Queck* Die Geltung des nemo-tenetur-Grundsatzes zugunsten von Unternehmen, S. 185 f.

588 *Kasiske* JuS 2015, 15, 17.

589 *Rogall* Der Beschuldigte als Beweismittel gegen sich selbst, S. 113 f.

590 *Röckl* Das Steuerstrafrecht im Spannungsfeld des Verfassungs- und Europarechts, S. 112.

beschränkt. Ansonsten würde das Geständnis weiterhin im Raum stehen und hätte eine starke Indizwirkung für die Schuld des Betroffenen, auch wenn das Gericht nach seiner freien Überzeugung entscheidet.

Annähernd gleiche prozessuale Befugnisse, um auf das Ergebnis des Verfahrens Einfluss zu nehmen, hat der Beschuldigte nur, wenn ihm auch ein Schweigerecht zugebilligt wird. Die Waffengleichheit als besondere Ausprägung des Rechts auf ein faires Verfahren ist neben dem Rechtsstaatsprinzip eine geeignete verfassungsrechtliche Grundlage des Nemo-tenetur-Grundsatzes.

jj) Zwischenergebnis

Die vorliegende Untersuchung hat gezeigt, dass das Nemo-tenetur-Prinzip als Verfahrensrecht einzuordnen ist. Seine Grundlagen findet es im Rechtsstaatsprinzip und dem Recht auf ein faires Verfahren (Waffengleichheit). Der Vorteil dieses Ansatzes liegt darin, dass er der Absolutheit des Selbstbelastungsverbots im Strafverfahren gerecht wird und nicht eingeschränkt werden kann. Schließlich passt diese Einordnung auch am besten zur historischen Entwicklung von nemo tenetur, der mit dem Wandel vom Inquisitions- zum Anklageprozess untrennbar verbunden und wesentliche Ausprägung eines Rechtsstaats ist, der eine Verurteilung nur in einem staatlich geordneten Verfahren unter Achtung der Subjektstellung des Betroffenen ermöglicht.

d) Geltung von nemo tenetur für juristische Personen

Die verfassungsrechtliche Verankerung des Nemo-tenetur-Grundsatzes hat insbesondere Bedeutung für die Frage, ob sich auch juristische Personen auf das Selbstbelastungsverbot berufen können. Sie sind ebenfalls Steuerpflichtige und damit Beteiligte iSd § 78 Nr. 2 AO, weil zu ihrer Rechtsfähigkeit nicht nur die bürgerlichrechtliche, sondern auch die öffentlich-rechtliche Rechtsfähigkeit zählt, zu der die Steuerrechtsfähigkeit gehört.[591] Die juristische Person ist also mit Rechten und Pflichten des Steuerrechts ausgestattet.[592]

Somit besteht aber auch die Möglichkeit, dass juristische Personen durch ihre Organe oder andere zur Vertretung der juristischen Person befugte Personen eine Steuerhinterziehung begehen und dadurch Pflichten der juristischen Person verletzt werden oder die juristische Person bereichert wird. Mit der Bestrafung der natürlichen Person, die die Steuerhinterziehung begangen hat, geht aber auch eine Verbandsgeldbuße gemäß § 30 OWiG gegen die juristische Person einher. Möglich ist auch, dass Kreditinstitute Beihilfe zu einer Steuerhinterziehung leisten[593],

591 *Alber* in: Beck´sches Steuer- und Bilanzrechtslexikon, Juristische Personen Rn. 1.
592 *Alber* in: Beck´sches Steuer- und Bilanzrechtslexikon, Juristische Personen Rn. 1.
593 *Reichling* NJW 2013, 2233, 2233.

indem sie ihren Kunden helfen, die Einkünfte im Ausland anzulegen bzw. auf ausländischen Konten zu deponieren. Auch das löst eine Verbandsgeldbuße aus.

Da nur eine natürliche Person die Steuerhinterziehung zugunsten des Unternehmens begehen kann, kann auch nur eine solche eine Selbstanzeige erstatten.[594] Erstatten die natürlichen Personen, die Teil eines Organs der juristischen Person sind, Selbstanzeige, greift für sie der persönliche Strafaufhebungsgrund des § 371 AO und sie können nicht mehr wegen Steuerhinterziehung bestraft werden. Damit scheidet ebenfalls eine Festsetzung der Geldbuße gegen die juristische Person gemäß § 30 Abs. 4 S. 3 OWiG aus.[595] Gleiches gilt, wenn die Tat 25.000 Euro übersteigt oder ein besonders schwerer Fall gemäß § 370 Abs. 3 Nr. 2 bis 6 AO vorliegt und damit nur ein Absehen von Strafe nach § 398a AO möglich ist.[596]

Sollte dennoch die Selbstanzeige aus irgendwelchen Gründen fehlschlagen (z.B. Eingreifen der Sperrgründe des § 371 Abs. 2 AO oder keine Liquidität zur Nachzahlung der Steuern) und gegen die juristische Person ein Ordnungswidrigkeitenverfahren wegen § 30 OWiG eingeleitet werden, ist fraglich, ob die juristische Person vom Schweigerecht Gebrauch machen kann. Denn auch im Ordnungswidrigkeitenverfahren findet nemo tenetur Anwendung. Das lässt sich § 46 Abs. 1 OWiG entnehmen, wonach die Strafprozessordnung und damit auch das Selbstbelastungsverbot gilt.

Gegen eine Berufung auf das Selbstbelastungsverbot wendet sich das BVerfG.[597] Das Gericht stellt für die Herleitung von nemo tenetur auf das allgemeine Persönlichkeitsrecht ab, sodass sich die juristische Person nur dann auf die Selbstbelastungsfreiheit berufen könnte, wenn Art. 2 Abs. 1 iVm Art. 1 Abs. 1 GG gemäß Art. 19 Abs. 3 GG wesensmäßig auf sie anwendbar wäre. Das verneint das BVerfG, weil der Zwang zur Selbstbezichtigung vor allem auf der Menschenwürde beruhe und sich der innere Zwiespalt zwischen der Wahrheitspflicht und der Selbstbelastung nur bei natürlichen Personen bilden könne.[598] Juristische Personen handeln hingegen durch ihre Organe und könnten nur mit der Verbandsgeldbuße belegt werden, wenn ein Organwalter eine Straftat unter Verletzung der Pflichten der juristischen Person begangen habe.[599] Die Geldbuße in § 30 OWiG enthalte zudem weder einen Schuldvorwurf noch eine ethische Missbilligung, sondern schaffe lediglich einen Ausgleich für die aus der Tat gezogenen Vorteile.[600]

---

594 *Hüls/Reichling* in: Hüls/Reichling Steuerstrafrecht § 371 Rn. 86.

595 *Reichling* NJW 2013, 2233, 2234.

596 S. näher dazu *Reichling* NJW 2013, 2233, 2235.

597 BVerfGE 95, 220, 242; beachte aber die Entscheidung des BVerfG BB 1975, 1315, 1315, wo es noch von einem Aussageverweigerungsrecht für juristische Personen im Ordnungswidrigkeitenverfahren ausging.

598 BVerfGE 95, 220, 242.

599 BVerfGE 95, 220, 242.

600 BVerfGE 95, 220, 242.

Ähnlich sieht es der EuGH, der davon ausgeht, dass die Selbstbelastungsfreiheit juristischer Personen nicht gewährt sei und deshalb nicht als allgemeiner Rechtsgrundsatz zugunsten juristischer Personen existiere.[601]

Der EGMR, der das Selbstbelastungsverbot aus dem Recht auf ein faires Verfahren in Art. 6 Abs. 1 EMRK herleitet, hat sich zu diesem Problem noch nicht geäußert.[602]

Gegen die Ablehnung der Anwendung des Selbstbelastungsverbots auf juristische Personen lässt sich anführen, dass sich die juristische Person in einer vergleichbaren Gefährdungslage wie eine natürliche Person befinden kann, sodass einer wesensmäßigen Anwendbarkeit gemäß Art. 19 Abs. 3 GG nichts im Wege stünde. Dafür spricht, dass § 30 OWiG eine umfassende Verbandsverantwortlichkeit normiert und die Geldbuße nach § 30 Abs. 4 S. 1 OWiG im selbständigen Verfahren angeordnet werden kann, sollte eine Verfolgung der Straftat oder Ordnungswidrigkei aus tatsächlichen Gründen ausscheiden.[603] Sie ist nicht mehr bloße Nebenfolge zur Bestrafung einer natürlichen Person.[604] Durch die Ausgestaltung des Verbandsgeldbußrechts hat der Gesetzgeber den Verbänden eine Rechtspersönlichkeit zugesprochen, die mit der Einräumung entsprechender Rechte einhergehen muss.[605]

Das Argument, dass die Anwendung von nemo tenetur auf juristische Personen wegen seiner Herleitung aus der Menschenwürde scheitere, verfängt nicht. Denn das allgemeine Persönlichkeitsrecht kann in anderweitigen Grundrechten wie Art. 12 Abs. 1, 14 Abs. 1, 9 Abs. 1, 2 Abs.1 GG verortet werden, in die durch die Geldbuße eingegriffen wird.[606]

Sieht man den Nemo-tenetur-Grundsatz als Ausprägung des Rechtsstaatsprinzips und dem darin enthaltenen Recht auf ein faires Verfahren an, dann ist eine Berufung der juristischen Person auf nemo tenetur unproblematisch, weil sich diese nach herrschender Meinung[607] auf Justizgrundrechte berufen können. Das Abstellen der Rechtsprechung allein auf die Menschenwürde greift zu kurz, zumal auch das BVerfG auf das Rechtsstaatsprinzip verweist und in einigen Entscheidungen sogar ausdrücklich das Rechtsstaatsprinzip angeführt hat.[608]

---

601 EuGH Urt. v. 18.10.1989 – 374/87 (*Orkem/Kommission*), Slg.1989, 3285, 3350, Rn. 29; vgl. EuGH Urt. v. 02.02.2021 – C.148/19 (*DB/Consob u.a.*), NZG 2021, 295, 297.

602 Dazu *C. Dannecker* ZStW 127 (2015), 370, 371; *G. Dannecker* in: FS Welsch 2010, 179, 183.

603 *G. Dannecker* in: FS Welsch 2010, 179, 196 f.

604 *G. Dannecker* in: FS Welsch 2010, 179, 197.

605 *G. Dannecker* in: FS Welsch 2010, 179, 198.

606 S. dazu *G. Dannecker* in: FS Welsch 2010, 179, 200 f. m.w.N.

607 BVerfGE 12, 6, 8; 18, 441, 447; 21, 362, 373; 61, 82, 104; 64, 1, 11; *C. Dannecker* ZStW 127 (2015), 370, 384; *G. Dannecker* in: FS Welsch 2010, 179, 201.

608 *C. Dannecker* ZStW 127 (2015), 370, 375 f. m.w.N.

Käme der juristischen Person keine Berufung auf das Schweigerecht zu, wäre sie in ihren Verteidigungsmöglichkeiten beschränkt, da sie lediglich entlastendes Beweismaterial vorbringen könnte. Von einer wirksamen Verteidigung kann in diesem Fall nicht gesprochen werden. Die besseren Argumente sprechen dafür, dass das Selbstbelastungsverbot auch Geltung für juristische Personen hat.

e) Zwischenergebnis

Der Selbstanzeige ist als Teil des Steuerstrafrechts durch das Verfassungsrecht Grenzen gesetzt. Die Selbstanzeige muss so ausgestaltet sein, dass sie in Einklang mit dem Gleichbehandlungsgrundsatz des Art. 3 Abs. 1 GG steht (s. dazu C. II. 2.). Von großer Bedeutung für die Selbstanzeige ist der Nemo-tenetur-Grundsatz, der aus dem Rechtsstaatsprinzip gemäß Art. 20 Abs. 3 GG und dem Recht auf ein faires Verfahren gemäß Art. 2 Abs. 1, 20 Abs. 3 GG herzuleiten ist. Die Selbstanzeige bietet dem Täter einen Ausweg aus der Hinterziehungsfalle, ohne sich strafrechtlich selbst belasten zu müssen.

Der Beschuldigte ist Subjekt des Verfahrens mit eigenen Rechten. Um sich effektiv verteidigen zu können, muss ihm das Schweigerecht im Strafverfahren zustehen. Dabei können sich auf das Selbstbelastungsverbot nicht nur natürliche, sondern auch juristische Personen berufen.

Das EU-Verfassungsrecht in Form der Grundrechtecharta und der EMRK (Grundsatz des fairen Verfahrens, Rechtsstaatsprinzip, Verhältnismäßigkeit) ist bei der Frage der Einführung einer europäischen Selbstanzeigeregelung von entscheidender Bedeutung (s. dazu E. II 2. b), III.).

III. Verfassungsrechtliche Notwendigkeit oder rechtspolitische Gebotenheit der Selbstanzeige

Die Selbstanzeige ist ein Rechtsinstitut, das bereits seit mehr als 100 Jahren Eingang in die verschiedensten Rechtsordnungen gefunden hat und auch bis heute noch besteht (s. dazu D. I. 1.). Zwar wurde in letzter Zeit von einigen Abgeordneten und Vertretern der Wissenschaft die Abschaffung gefordert[609], auch im Hinblick darauf, dass es sich um eine ungerechtfertigte Privilegierung des Steuerstraftäters handele, der bei Erfüllung aller Voraussetzungen immer Straffreiheit erlange,

609 Antrag der Fraktion Die Linke BT-Drs. 18/556, S. 1 f.; *Fischer* in: FAZ vom 08.03.2014, abrufbar unter: http://www.faz.net/aktuell/wirtschaft/recht-steuern/die-sicht-des-juristen-steuerhinterziehung-ist-eine-ganz-normale-straftat-12837671.html?printPagedArticle=true#pageIndex_2; *Kuhlen* Grundfragen der strafbaren Steuerhinterziehung, S. 165 ff.; *Poß* DRiZ 2013, 206, 206; *Wittig* Jura 2014, 567, 577 ff.

wohingegen andere Straftäter nur auf eine Strafmilderung hoffen könnten.[610] Dennoch hat sich der Gesetzgeber auch bei den mehrfachen Gesetzesänderungen immer für die Beibehaltung der Selbstanzeige entschieden und betont, dass sich diese bewährt habe.[611] Schließlich ist zu beachten, dass auch andere Staaten die Selbstanzeige in ähnlicher Form kennen.[612] Einige Autoren gehen sogar davon aus, dass die Selbstanzeige verfassungsrechtlich geboten sei.[613] Damit stellt sich die Frage, ob eine verfassungsrechtliche Notwendigkeit für dieses Institut besteht, um dem Steuerstraftäter einen Weg in die Legalität zu eröffnen, oder ob nicht vielmehr von einer rechtspolitischen Gebotenheit auszugehen ist.

---

610 So AG Saarbrücken DStZ 1983, 130, 131; *Abramowski* DStZ 1992, 460, 460; vgl. auch *Bilsdorfer* DStZ 1983, 131, 131 f.; *Krack* NStZ 2001, 505, 510; *Patzschke* Die Selbstanzeige als Strafaufhebungsgrund des allgemeinen Strafrechts, S. 37 f., 237.

611 Regierungsentwurf der CDU/CSU- und FDP-Fraktion BT-Drs. 17/4182, S. 4; Empfehlungen der Ausschüsse des Bundesrats BR-Drs. 318/1/10, S. 80; Stellungnahme des Bundesrats zum Entwurf eines Jahressteuergesetzes 2010 (JStG 2010) BR-Drs. 318-10 (Beschluss), S. 76; ebenso *Rüping* DStR 2010, 1768, 1771; *Vinken* DStR 28/2010, S. III; a.A. *Kemper* ZRP 2008, 105, 107.

612 So in folgenden OECD-Staaten: Australien, Dänemark, Griechenland, Großbritannien, Irland, Italien, Japan, Kanada, Mexiko, Neuseeland, Niederlande, Österreich, Polen, Schweden, Schweiz, Slowakische Republik, Spanien, Tschechische Republik, Türkei und USA, vgl. BT-Drs. 17/1352, S. 2; vgl. *Neiseke* Die Selbstanzeige im Steuerrecht Rn. 3; vgl. *Wegner* PStR 2010, 145, 147.

613 *Al Hamwi* Die strafbefreiende Selbsanzeige nach § 371 AO, S. 195 ff.; *Hüls/Reichling* in: Hüls/Reichling Steuerstrafrecht § 371 Rn. 45; *Seipl* in: Gosch AO/FGO § 393 AO Rn. 39; *Breyer* Der Inhalt der strafbefreienden Selbstanzeige, S. 69; *Burwitz* NZG 2014, 494, 495; *Eidam* Die strafprozessuale Selbstbelastungsfreiheit, S. 207; *Hoffmann* Selbstanzeige, S. 25 f.; *Stahl* in: FS Korn 2005, 757, 766 f., 775; a.A. *Bülte* ZWF 2015, 52, 56, der darauf hinweist, dass der Abschaffung der Selbstanzeige keine verfassungsrechtlichen Hindernisse im Weg stünden; s. auch *G. Dannecker* in: GS Joecks 2018, 383, 390; *Kuhlen* Grundfragen der strafbaren Steuerhinterziehung, S. 177 ff., der eine Abschaffung für möglich hält und andere Lösungsmöglichkeiten anführt (Einschränkung der steuerlichen Erklärungspflicht, Straflosigkeit bei Verletzung der steuerlichen Erklärungspflicht, Verwendungsverbot der steuerlichen Angaben, Strafmilderung bzw. Absehen von Strafe entsprechend § 46a StGB oder darüber hinaus).

1. Hinterziehungsfalle und Gefahr der Selbstbelastung bei periodischen Steuern

a) Hinterziehungsfalle

Die Notwendigkeit für das Bestehen der strafbefreienden Selbstanzeige könnte sich daraus ergeben, dass die Steuererklärung jährlich abzugeben ist und die periodischen Steuern (Einkommen-, Körperschaft-, Gewerbe-, Umsatzsteuer) sowohl hinsichtlich der gleichen Steuerart als auch untereinander verknüpft sind.[614] Durch die periodische Veranlagung der Steuern sind Vergleiche mit früheren Erhebungszeiträumen möglich.[615] Wenn der Steuerpflichtige also in einem Jahr seine Einkünfte nicht vollständig angegeben hat und diese ordnungsgemäß für den nächsten Veranlagungszeitraum angeben will, wird die Finanzbehörde hinsichtlich der erhöhten Einkünfte misstrauisch und Nachforschungen anstellen.[616]

Dabei besteht eine Steuerpflicht sowohl für legale als auch illegale Einkünfte.[617] Das ergibt sich aus § 40 AO, wonach es für die Besteuerung unerheblich ist, ob das Verhalten, das den Tatbestand eines Steuergesetzes erfüllt, gegen ein Ge- oder Verbot oder gegen die guten Sitten verstößt. Ein Steuerpflichtiger, der aus unversteuertem Vermögen (z.B. Schwarzgeld) Zinsen erlangt hat, muss diese gemäß §§ 20 Abs. 1 Nr. 7 EStG, 40 AO versteuern, sofern er sich nicht erneut nach § 370 AO strafbar machen will.[618]

Versteuert er die Zinsen, gibt er damit der Behörde Anlass nachzuforschen, wo genau diese Einkünfte herkommen und trägt durch sein nunmehr steuerehrliches Verhalten zur Aufdeckung der bereits begangenen Steuerhinterziehungen bei.[619] Ähnlich verhält es sich mit der Umsatzsteuer, wenn in der Voranmeldung falsche Umsätze angegeben und diese dann in der Jahressteuererklärung offengelegt werden.[620]

---

614 *Hoffschmidt* Über die Rechtfertigung der strafbefreienden Selbstanzeige, S. 120.

615 *Hoffschmidt* Über die Rechtfertigung der strafbefreienden Selbstanzeige, S. 120; vgl. *Stahl* in: FS Korn 2005, 757, 767.

616 *G. Dannecker* in: GS Joecks 2018, 383, 387; *ders.* in: Leitner/Brandl Finanzstrafrecht 2017, 1, 18; *Leitner* DStJG 38 (2015), 153, 166.

617 *Joecks* in: FS Kohlmann 2003, 451, 451; *Helml* Die Reform der Selbstanzeige im Steuerstrafrecht, S. 25.

618 *Breyer* Der Inhalt der strafbefreienden Selbstanzeige, S. 65; *Helml* Die Reform der Selbstanzeige im Steuerstrafrecht, S. 25 f.; *Hoffmann* Selbstanzeige, S. 25.

619 *Breyer* Der Inhalt der strafbefreienden Selbstanzeige, S. 65; *Helml* Die Reform der Selbstanzeige im Steuerstrafrecht, S. 26; *Hoffmann* Selbstanzeige, S. 25; vgl. *Joecks* in: FS Kohlmann 2003, 451, 451.

620 *Hellmann* in: FS Beulke 2015, 406, 416; *G. Dannecker* in: Leitner/Brandl Finanzstrafrecht 2017, 1, 20.

Durch die jährliche Wiederholung der anfallenden Steuern gerät der Steuerpflichtige in eine Hinterziehungsfalle, aus der er nicht mehr herauskommen kann, ohne sein steuerpflichtwidriges Verhalten zu offenbaren. Der Steuerhinterzieher hat demnach die „Wahl", ob er weiterhin Steuerhinterziehungen begeht oder seine bisherigen Steuerstraftaten offenlegt.[621]

b) Gefahr der Selbstbelastung

Durch diese Hinterziehungsfalle besteht aber die Gefahr, dass der Steuerpflichtige sich strafrechtlich selbst belastet. Diese Gefahr der Selbstbelastung beruht zum einen auf der Doppelzuständigkeit der Finanzbehörde und zum anderen auf den umfassenden Mitwirkungspflichten des Steuerpflichtigen im Besteuerungsverfahren.

aa) Doppelzuständigkeit der Finanzbehörde

Die Finanzbehörde ist sowohl in das Besteuerungs- als auch in das (Steuer-)Strafverfahren eingebunden. Die Zuständigkeit für das Besteuerungsverfahren ergibt sich aus §§ 85, 88 AO. Nach § 85 S. 1 AO hat die Behörde die Steuern gleichmäßig festzusetzen und zu erheben. Insbesondere muss sie gemäß § 85 S. 2 AO gewährleisten, dass keine Steuern verkürzt, zu Unrecht erhoben oder Steuererstattungen und Steuervergütungen zu Unrecht gewährt oder versagt werden. Dabei ermittelt die Finanzbehörde den Sachverhalt gemäß § 88 Abs. 1 S. 1 AO von Amts wegen. Ihr obliegt somit die Ermittlung der Besteuerungsgrundlagen.

Gleichzeitig steht der Finanzbehörde nach § 386 Abs. 1 S. 1 AO die Ermittlungskompetenz im Steuerstrafverfahren zu. § 386 Abs. 1 S. 2 AO enthält eine Legaldefinition der Finanzbehörde, zu der das Finanzamt als wohl wichtigstes Beispiel zählt. Für die Strafverfolgung haben die Länder gemäß § 387 Abs. 2 AO von ihrer Befugnis, Aufgaben bei einzelnen Finanzämtern zu konzentrieren, Gebrauch gemacht und sog. Gemeinsame Strafsachen- und Bußgeldstellen eingerichtet, die Straf- und Bußgeldverfahren für den Bezirk mehrerer Finanzämter führen.[622]

Die Finanzbehörde kann selbständig oder unselbständig ermitteln. Bei unselbständigen Ermittlungen gemäß § 386 Abs. 1 S. 1 AO obliegt der Staatsanwaltschaft die Leitung des Ermittlungsverfahrens und den Finanzbehörden stehen die Rechte und Pflichten der Polizeibehörden nach § 402 Abs. 1 AO sowie sonstige Befugnisse des § 399 Abs. 2 S. 2 AO zu. Die Finanzbehörde führt das Ermittlungsverfahren nach § 386 Abs. 2 AO aber selbständig anstelle der Staatsanwaltschaft durch, wenn es sich ausschließlich um eine Steuerstraftat handelt (Nr. 1) oder die Tat zwar auch andere Strafgesetze verletzt, aber deren Verletzung Kirchensteuern oder andere

---

621 Vgl. *G. Dannecker* in: Leitner/Brandl Finanzstrafrecht 2017, 1, 19 f.; *Hellmann* in: FS Beulke 2015, 406, 416; vgl. *Leitner* DStJG 38 (2015), 153, 166 f.; *ders.* in: Leitner/Brandl Finanzstrafrecht 2017, 49, 55 f.

622 *Schick* JZ 1982, 125, 126.

öffentlich-rechtliche Abgaben betrifft, die an Besteuerungsgrundlagen, Steuermessbeträge oder Steuerbeträge anknüpfen (Nr. 2).

Gemäß § 399 Abs. 1 AO nimmt die Finanzbehörde die Rechte und Pflichten wahr, die der Staatsanwaltschaft im Ermittlungsverfahren zustehen. Dazu gehört insbesondere die Erhebung der öffentlichen Anklage durch Beantragung eines Strafbefehls (§ 400 AO), die Möglichkeit, das Verfahren nach § 396 AO gegen Zahlung einer Geldauflage auszusetzen, das Verfahren mit Zustimmung des für die Eröffnung des Hauptverfahrens zuständigen Gerichts einzustellen (§ 153 a Abs. 1 StPO) und von der Verfolgung bei Geringfügigkeit abzusehen (vgl. §§ 153 Abs. 1 StPO, 398 AO) sowie gemäß § 401 AO zu beantragen, dass Nebenfolgen im selbständigen Verfahren angeordnet werden (§§ 440, 442 Abs. 1, 444 Abs. 3 StPO).[623]

Der Staatsanwaltschaft verbleibt allerdings immer noch das Anklagemonopol und sie kann gemäß § 386 Abs. 4 S. 2 AO die Strafsache jederzeit an sich ziehen (sog. Evokationsrecht).[624] Ferner ist sie in den Fällen des § 386 Abs. 3 AO zuständig.

Die Vorschrift des § 386 AO zeigt, dass die Finanzbehörde sowohl für das Besteuerungs- als auch das (Steuer-)Strafverfahren als Ermittlungsbehörde oder Ermittlungsperson der Staatsanwaltschaft tätig wird und damit steuerliche sowie strafrechtliche Befugnisse ausüben kann. Dabei verfolgen das Steuerrecht und das (Steuer-)Strafrecht vollkommen verschiedene Ziele. Während das Steuerrecht der Ermittlung der individuellen Steuerschuld dient, soll das Steuerstrafrecht kriminelles Unrecht pönalisieren[625] und die Durchsetzung des Steueranspruchs gewährleisten.

Diese Doppelzuständigkeit birgt die Gefahr, dass sich die beiden Verfahren nur schwer auseinanderhalten lassen und ein Informationsfluss zwischen diesen stattfinden kann, wenn die jeweilige Behörde nicht eine strikte Trennung der Informationen vorsieht.[626] Nicht selten ist es so, dass Informationen im Besteuerungsverfahren erst den Anlass für (steuer-)strafrechtliche Ermittlungen geben, denn für das Steuerstrafrecht mit seinen blankettartigen Tatbeständen ist zunächst ein Verstoß gegen Steuervorschriften und damit ein Rückgriff auf das Steuerrecht erforderlich, um die Einschlägigkeit eines Tatbestandes festzustellen. Für das Steuerstrafrecht bedarf es demnach guter Kenntnisse des Steuerrechts, über die die Finanzbehörden besser verfügen als die allgemeinen Strafverfolgungsorgane.[627]

---

623 *Randt* in: Joecks/Jäger/Randt Steuerstrafrecht § 386 AO Rn. 8 f.

624 *Wenzel* Das Verhältnis von Steuerstraf- und Besteuerungsverfahren, S. 8.

625 *Reinel* Der „nemo tenetur“-Grundsatz als Grenze steuerlicher Informationshilfe, S. 42 f.; *Rüping/Kopp* NStZ 1997, 530, 530 f.; *Wenzel* Das Verhältnis von Steuerstraf- und Besteuerungsverfahren, S. 12.

626 *Reinel* Der „nemo tenetur“-Grundsatz als Grenze steuerlicher Informationshilfe, S. 48 f.

627 *Peters* in: Kohlmann Steuerstrafrecht § 386 AO Rn. 17; *Randt* in: Joecks/Jäger/Randt Steuerstrafrecht § 386 AO Rn. 11; *Reinel* Der „nemo tenetur“-Grundsatz als Grenze steuerlicher Informationshilfe, S. 48.

Deshalb sind die Finanzbehörden in die steuerstrafrechtlichen Ermittlungen eingebunden.

Kommt der Steuerpflichtige mit der Finanzbehörde in Kontakt, ist für ihn nicht klar erkennbar, ob diese zu Zwecken der Besteuerung oder Strafverfolgung auftritt.[628] Allein aus der Amtsstellung lässt sich dies nicht erschließen.[629] Das macht es für ihn schwer, seine jeweilige Rechtsposition hinreichend wahrnehmen zu können.

Es besteht sogar die Gefahr, dass sich der Finanzbeamte, der mit Kompetenzen in beiden Verfahren ausgestattet ist, bei seinen Ermittlungen überwiegend von Zweckmäßigkeitserwägungen leiten lässt und sich des jeweils günstigeren Verfahrens bedient.[630]

Dieses Risiko besteht ebenfalls bei der Steuerfahndung[631], die nach § 208 AO zur Erforschung von Steuerstraftaten und Steuerordnungswidrigkeiten sowie zur Ermittlung der Besteuerungsgrundlagen dieser Fälle tätig wird.

bb) Steuerliche Mitwirkungspflichten

Im Steuerrecht herrscht zwar gemäß § 88 Abs. 1 S. 1 AO der Untersuchungsgrundsatz, der besagt, dass die Finanzbehörde den Sachverhalt von Amts wegen ermittelt. Dabei ist sie aber wesentlich auf die Mitwirkung des Steuerpflichtigen angewiesen, da sich die notwendigen Informationen bei ihm befinden.[632] Andernfalls könnte ein Beweisnotstand entstehen.[633] Aus diesem Grund werden dem Steuerpflichtigen zahlreiche Mitwirkungs-, Offenbarungs- und Auskunftspflichten auferlegt.

§ 90 Abs. 1 S. 1 AO normiert eine allgemeine Mitwirkungspflicht der Beteiligten iSd § 78 AO. Der Steuerpflichtige ist als Adressat des Steuerbescheids Beteiligter nach § 78 Nr. 2 AO.[634] Er ist gemäß §§ 90 Abs. 1 S. 2 AO, 150 Abs. 2 AO zu wahrheitsgemäßen Angaben über alle steuerlich erheblichen Tatsachen verpflichtet und muss diese offenlegen. Deshalb besteht für den Steuerpflichtigen gemäß

---

628 *Hilgers-Klautzsch* in: Kohlmann Steuerstrafrecht § 393 AO Rn. 25; *Wenzel* Das Verhältnis von Steuerstraf- und Besteuerungsverfahren, S. 2.

629 *Stetter* Die Lösung der Fälle mittelbarer Selbstbelastung, S. 20.

630 *Jakob* StuW 1971, 297, 306; *Schick* JZ 1982, 125, 127 f.; *Stetter* Die Lösung der Fälle mittelbarer Selbstbelastung, S. 21.

631 *Rüping/Kopp* NStZ 1997, 530, 531; *Wenzel* Das Verhältnis von Steuerstraf- und Besteuerungsverfahren, S. 2.

632 *Reinel* Der „nemo tenetur“-Grundsatz als Grenze steuerlicher Informationshilfe, S. 48; vgl. *Ruegenberg* Das nationale und internationale Steuergeheimnis, S. 136; *Tegtmeyer* Zwischenstaatliche informationelle Unterstützung in Steuersachen, S. 34.

633 Vgl. BT-Drs. VI/1982, S. 137; BFH BFH/NV 2005, 503, 504.

634 *Stetter* Die Lösung der Fälle mittelbarer Selbstbelastung, S. 14; *Tegtmeyer* Zwischenstaatliche informationelle Unterstützung in Steuersachen, S. 34 f.

§ 149 Abs. 1 S. 1 AO iVm den Einzelsteuergesetzen die Pflicht zur Abgabe einer Steuererklärung.[635]

Neben der allgemeinen Mitwirkungspflicht in § 90 AO für das Besteuerungsverfahren und § 200 Abs. 1 S. 1 AO im Bereich der Außenprüfung gibt es weitere Mitwirkungspflichten, die den Steuerpflichtigen treffen. So normieren die §§ 140 ff. AO Buchführungs- und Aufzeichnungspflichten. Daneben ist der Steuerpflichtige zur Auskunftserteilung nach § 93 Abs. 1 S. 1 AO verpflichtet, muss Urkunden und Wertsachen gemäß §§ 97 Abs. 1 S. 1, 100 Abs. 1 AO vorlegen und ist zur Duldung beim Betreten von Grundstücken und Räumen gemäß §§ 99, 210 AO verpflichtet. Ähnliches trifft für die Außenprüfung nach § 200 Abs. 1 S. 2 AO zu.[636]

Der Steuerpflichtige muss gemäß § 40 AO auch solche Einkünfte angeben, die gegen ein gesetzliches Ge- oder Verbot oder gegen die guten Sitten verstoßen, wobei die Unwirksamkeit des Rechtsgeschäfts nach § 41 Abs. 1 S. 1 AO unerheblich ist. Andernfalls würde unredliches oder rechtswidriges Verhalten ungerechtfertigt privilegiert werden.[637] Damit dient § 40 AO der Steuergerechtigkeit, alle Bürger entsprechend ihrer individuellen Leistungsfähigkeit gleich zu belasten.[638] Diese Vorschrift hat jedoch zur Folge, dass der Steuerpflichtige zur Offenlegung möglicher Allgemeinstraftaten verpflichtet ist und sich dadurch selbst belasten muss. Anders als im Strafverfahren gibt es im Besteuerungsverfahren kein Schweigerecht für die Beteiligten.[639] Das lässt sich aus den §§ 101 Abs. 1 S. 1, 102 Abs. 1, Abs. 2, 103 S. 1 AO ableiten, die ein Auskunftsverweigerungsrecht nur für Angehörige des Steuerpflichtigen, Angehörige bestimmter Berufsgruppen oder sonstige Personen vorsehen. Bestätigt wird dies durch § 393 Abs. 1 S. 1 AO. Die Rechte und Pflichten des Steuerpflichtigen sowie der Finanzbehörde im Besteuerungs- und Strafverfahren richten sich nach den für das jeweilige Verfahren geltenden Vorschriften. Das bedeutet, dass im Steuerstrafverfahren die StPO und das Aussageverweigerungsrecht in § 136 Abs. 1 S. 2 StPO Anwendung finden und für das Besteuerungsverfahren die Regeln der Abgabenordnung gelten.

Verweigert der Steuerpflichtige seine Mitwirkung, kann die Finanzbehörde ihn zur Mitwirkung nach den §§ 328 ff. AO zwingen oder, falls sich die Besteuerungsgrundlagen nicht ermitteln oder berechnen lassen, ist auch eine Schätzung gemäß

635 *Stetter* Die Lösung der Fälle mittelbarer Selbstbelastung, S. 14.

636 Überblick zu den Mitwirkungspflichten s. *Tormöhlen* in: Hübschmann/Hepp/Spitaler AO/FGO § 393 AO Rn. 37; *Hilgers-Klautzsch* in: Kohlmann Steuerstrafrecht § 393 AO Rn. 34.

637 Vgl. BVerfG NJW 1996, 2086, 2087; BGH HFR 1995, 273, 274; *Ratschow* in: Klein AO § 40 Rn. 1.

638 *Fischer* in: Hübschmann/Hepp/Spitaler AO/FGO § 40 AO Rn. 15; *Koenig* in: Koenig AO § 40 Rn. 1; *Müller-Franken* StuW 1997, 3, 19.; *Popitz* AöR 1921, 129, 138 ff.

639 *Seer* in: Tipke/Kruse AO/FGO § 90 AO Rn. 11; *Söhn* in: Hübschmann/Hepp/Spitaler AO/FGO § 90 AO Rn. 70 f.; *Berthold* Der Zwang zur Selbstbezichtigung, S. 46.

§ 162 AO möglich.[640] Eine Schätzung darf aber nur dann erfolgen, wenn eine Feststellung trotz aller entsprechenden Bemühungen nicht möglich ist.[641] Die Behörde muss vorher alle Möglichkeiten zur Ermittlung des Sachverhalts ausgeschöpft haben. Daraus folgt, dass die Mitwirkungspflichten im Besteuerungsverfahren bestehen bleiben und nicht durch den Nemo-tenetur-Grundsatz aufgehoben werden.[642] Durch seine Pflicht zur wahrheitsgemäßen Offenlegung aller steuerlich erheblichen Tatsachen in der Steuererklärung kann sich der Steuerpflichtige aber bezüglich bereits begangener Steuerstraftaten sowie Allgemeindelikte selbst belasten und der Finanzbehörde Anlass für strafrechtliche Ermittlungen geben. Die Lage wird dadurch verschärft, dass Besteuerungs- und Steuerstrafverfahren gleichzeitig ablaufen können.[643] Dadurch wird dem Steuerpflichtigen die Wahrnehmung der gegenläufigen Rechtspositionen, Mitwirkungspflicht auf der einen, Selbstbelastungsverbot auf der anderen Seite, nahezu unmöglich gemacht.

2. Lösung des Konflikts

Der Gesetzgeber hat eine Reihe von Vorschriften erlassen, um dem Schutz von nemo tenetur gerecht zu werden. Insbesondere sind dabei die §§ 30 und 393 AO auf ihre Eignung für die Gewährleistung der Selbstbelastungsfreiheit zu untersuchen, ob gegebenenfalls Lösungsansätze in der Literatur eine bessere Schutzmöglichkeit bieten und ob das Spannungsfeld Mitwirkungspflichten im Besteuerungsverfahren und Schweigerecht im Strafverfahren nicht am besten durch die Selbstanzeige gelöst werden kann.

a) Schutz durch das Steuergeheimnis (§ 30 AO) und die Regelung des § 393 AO

aa) Das Steuergeheimnis (§ 30 AO)

Das Steuergeheimnis in § 30 AO stellt das Gegenstück zu den weitgehenden Offenbarungs- und Mitwirkungspflichten des Steuerpflichtigen dar.[644] Das Steuergeheimnis soll den Steuerpflichtigen davor schützen, dass offenbarte Tatsachen im Besteuerungsverfahren dem Zugriff anderer unterliegen, sodass die Finanzbehörde zur Verschwiegenheit verpflichtet ist. Es dient dem im allgemeinen Persönlichkeitsrecht verankerten Geheimhaltungsinteresse des Steuerpflichtigen und dem

---

640 *Stetter* Die Lösung der Fälle mittelbarer Selbstbelastung, S. 16.

641 BT-Drs. VI/1982, S. 147.

642 BFHE 198, 7, 11; BFH BFH/NV 2005, 503, 504; 2007, 646, 646; *Söhn* in: Hübschmann/Hepp/Spitaler AO/FGO § 90 AO Rn. 71.

643 BFH BStBl. II 1999, 7, 9; *Tormöhlen* in: Hübschmann/Hepp/Spitaler AO/FGO § 393 AO Rn. 32; *Seipl* in: Gosch AO/FGO § 393 AO Rn. 18.

644 BT-Drs. 7/4292, S. 18; *Merkt* in: BeckOK OWiG § 30 AO Rn. 1.

im öffentlichen Interesse liegenden Zweck, dass die Besteuerungsgrundlagen richtig und vollständig erfasst werden und der Steuerpflichtige nicht etwa aus Furcht vor den Folgen einer Weitergabe an andere Stellen die Offenlegung der steuerlich erheblichen Tatsachen nicht oder nicht vollständig vornimmt.[645] Werden Angaben im Besteuerungsverfahren dennoch weitergegeben, macht sich der Amtsträger nach § 355 StGB strafbar.

Allerdings wird der Schutz in § 30 AO durch zahlreiche Offenbarungsbefugnisse zur Verfolgung strafbarer Handlungen durchbrochen.[646] So besteht nach § 30 Abs. 4 Nr. 1, Abs. 2 Nr. 1b AO die Möglichkeit, im Besteuerungsverfahren gemachte Angaben in einem Strafverfahren bezüglich Steuerstraftaten und Steuerordnungswidrigkeiten zu offenbaren und diese zu verwenden. Dadurch wird der Schutz von nemo tenetur aufgehoben und der Steuerpflichtige durch die Hintertür zu einer steuerstrafrechtlichen Selbstbelastung gezwungen.[647]

In Bezug auf Allgemeindelikte ist eine Durchbrechung des Steuergeheimnisses in § 30 Abs. 4 Nr. 4 und 5 AO zu beachten. § 30 Abs. 4 Nr. 4a AO erfasst Angaben, die in einem Steuerstrafverfahren oder in einem Verfahren wegen einer Ordnungswidrigkeit erlangt wurden und für ein Strafverfahren zu einem Allgemeindelikt verwendet werden. Das ist aber nur möglich, wenn der Steuerpflichtige die Informationen in Kenntnis des Verfahrens herausgegeben hat oder dieser nach § 30 Abs. 4 Nr. 4b AO wusste, dass er zur Herausgabe nicht steuerlich verpflichtet war oder auf sein Auskunftsverweigerungsrecht verzichtet hat.[648] Im Gegensatz zum Besteuerungsverfahren existieren im Steuerstrafverfahren keine umfassenden Mitwirkungspflichten, sodass es keines Schutzes durch das Steuergeheimnis bedarf.[649] Macht der Steuerpflichtige aber aufgrund der steuerlichen Mitwirkungspflicht Angaben, so bleibt er schutzwürdig.[650] Darüber hinaus ist ebenfalls eine Offenbarung von Erkenntnissen im Besteuerungsverfahren an die Strafverfolgungsbehörden möglich, wenn an der Offenbarung ein zwingendes öffentliches Interesse besteht (§ 30 Abs. 4 Nr. 5 AO). Wann ein solch öffentliches Interesse vorliegt, wird in den Nummern 5a bis 5c näher erläutert, die drei Fallgruppen mit Beispielen umfassen. Die Beispiele enthalten viele unbestimmte Rechtsbegriffe.[651]

---

645 Vgl. *Blesinger/Viertelhausen* in: Kühn/v. Wedelstädt AO/FGO § 30 AO Rn. 1; *Rüsken* in: Klein AO § 30 Rn. 7.

646 *Besson* Das Steuergeheimnis, S. 30 ff.; *Bülte* Die Geldwäschegesetzgebung, S. 88 ff.; *Kopf/Szalai* NJ 2010, 363, 365; *Reinel* Der „nemo tenetur"-Grundsatz als Grenze steuerlicher Informationshilfe, S. 49.

647 *Bülte* Die Geldwäschegesetzgebung, S. 89.

648 *Bülte* Die Geldwäschegesetzgebung, S. 97 f.

649 BT-Drs. 7/4292, S. 18.

650 *Bülte* Die Geldwäschegesetzgebung, S. 98.

651 § 30 Abs. 4 Nr. 5 AO enthält folgende unbestimmte Rechtsbegriffe: „vorsätzlich schwere Vergehen" gemäß 30 Abs. 4 Nr. 5a AO, „Wirtschaftsstraftaten" gemäß § 30

Dieser Unsicherheit kann nur durch Auslegung begegnet werden, indem z.B. in § 30 Abs. 4 Nr. 5a AO für schwere Vergehen auf den Katalog des § 138 StGB und bezüglich des Vorliegens einer Wirtschaftsstraftat iSd § 30 Abs. 4 Nr. 5b AO auf § 74c GVG abgestellt wird.[652] Allerdings hat der Gesetzgeber auf solche Verweise verzichtet.[653]

§ 30 Abs. 4 Nr. 5 AO ist problematisch, weil der Steuerpflichtige zur umfassenden Mitwirkung im Besteuerungsverfahren gezwungen ist und durch seine Angaben zur Einleitung eines Strafverfahrens gegen sich selbst beiträgt. Das Zwangsmittelverbot des § 393 Abs. 1 S. 2 AO greift nur bei Angaben zu Steuerstraftaten oder Steuerordnungswidrigkeiten. Die steuerlichen Tatsachen sind damit erzwingbar, auch wenn der Steuerpflichtige dadurch Allgemeindelikte offenbaren muss. Eine Verwendung dieser Informationen im darauffolgenden Strafverfahren ist bei Vorliegen der Voraussetzungen des § 30 Abs. 4 Nr. 5 AO erlaubt. Das steht jedoch in einem klaren Gegensatz zur Absolutheit des Nemo-tenetur-Grundsatzes im Strafverfahren, wo der Schutz des Selbstbelastungsverbots Vorrang vor dem staatlichen Interesse an einer wirksamen Strafverfolgung hat. Im Gemeinschuldnerbeschluss, in dem der Konkursschuldner ebenfalls zur umfassenden Mitwirkung auch unter Offenbarung eigenen strafbaren Verhaltens verpflichtet war, hat es das BVerfG als erforderlich angesehen, ein Verwertungsverbot bezüglich der selbstbelastenden Angaben anzunehmen, um nicht das Nemo-tenetur-Prinzip zu unterlaufen. Die Situation des Steuerpflichtigen im Besteuerungsverfahren ist mit der des Insolvenzschuldners vergleichbar, sodass es ebenfalls eines Verwertungsverbots bedarf.

Dieses Problem hat der Gesetzgeber erkannt und in § 393 Abs. 2 S. 1 AO ein Verwertungsverbot für Erkenntnisse aus dem Besteuerungsverfahren zur Strafverfolgung von Allgemeindelikten normiert. Die Durchbrechung dieses Schutzes durch § 393 Abs. 2 S. 2 AO widerspricht hingegen den Vorgaben des BVerfG im Gemeinschuldnerbeschluss.

Abgesehen von §§ 393 Abs. 1 S. 2, Abs. 2 S. 1 AO bleiben die Durchbrechungen des Steuergeheimnisses für sich betrachtet problematisch und gewähren keinen ausreichenden Schutz vor Selbstbelastung.

bb) § 393 Abs. 1 S. 2 AO

§ 393 Abs. 1 S. 2 AO sieht ein Zwangsmittelverbot bezüglich solcher Angaben vor, durch die sich der Steuerpflichtige wegen einer Steuerstraftat oder Steuerordnungswidrigkeit selbst belasten würde. Dieses gilt nach § 393 Abs. 1 S. 3 AO immer,

---

Abs. 4 Nr. 5b AO und „unwahre Tatsachen, die geeignet sind, das Vertrauen in die Verwaltung erheblich zu erschüttern" gemäß § 30 Abs. 4 Nr. 5c AO.

652 Zu den Konkretisierungen von § 30 Abs. 4 Nr. 5a bis 5c AO s. *Blesinger/Viertelhausen* in: Kühn/v. Wedelstädt AO/FGO § 30 AO Rn. 33 f.; *Rüsken* in: Klein AO § 30 Rn. 183 ff.

653 BT-Drs. 7/4292, S. 18.

wenn bereits ein Steuerstrafverfahren eingeleitet wurde. Um diesem Recht ausreichend Rechnung zu tragen, gibt es eine Belehrungspflicht in § 393 Abs. 1 S. 4 AO. Wird die Belehrung unterlassen oder Zwang trotz bestehenden Verbots ausgeübt, besteht ein Verwertungsverbot für die Angaben im Steuerstrafverfahren.[654] Zwar sind die Mitwirkungspflichten im Fall des § 393 Abs. 1 S. 2 AO nicht mehr erzwingbar. Sie bleiben aber weiterhin bestehen, sodass bei einer Weigerung die Schätzung der Besteuerungsgrundlagen gemäß § 162 AO möglich ist, die auch zum Nachteil für den Steuerpflichtigen ausfallen kann.[655]

aaa) Schätzung als Zwang iSd § 393 Abs. 1 S. 2 AO

§ 393 Abs. 1 S. 2 AO verweist für die Zwangsmittel auf § 328 AO, der nur das Zwangsgeld, die Ersatzvornahme und den unmittelbaren Zwang umfasst. Fraglich ist, ob die Schätzung auch einen entsprechenden Zwang auf den Bürger ausüben kann, sodass er zu deren Vermeidung gegebenenfalls für ihn belastende Angaben im Besteuerungsverfahren macht.

Eine bewusst überhöhte Schätzung, die allein dazu dient, den Steuerpflichtigen zur aktiven Mitwirkung zu zwingen, stellt einen Verstoß gegen den Nemo-tenetur-Grundsatz dar.[656] Eine nachteilige Schätzung, bei der die Steuerlast zu hoch eingeschätzt und an der oberen Grenze des Schätzungsrahmens angesetzt wird, ist aber nach der herrschenden Meinung zulässig.[657] Insbesondere bei einem Verschulden des Steuerpflichtigen soll es erlaubt sein, Unsicherheitszuschläge vorzunehmen und den Schätzrahmen bis an die obere Grenze auszuschöpfen, wenn der Steuerpflichtige seine Mitwirkung im Besteuerungsverfahren gemäß § 393 Abs. 1 S. 2,

---

654 *Hilgers-Klautzsch* in: Kohlmann Steuerstrafrecht § 393 AO Rn. 158, 164.

655 *Jäger* in: Klein AO § 393 Rn. 1.

656 *Hilgers-Klautzsch* in: Kohlmann Steuerstrafrecht § 393 AO Rn. 68; *Jäger* in: Klein AO § 393 Rn. 20 f.; *Joecks* in: Joecks/Jäger/Randt Steuerstrafrecht § 393 AO Rn. 36; *Tormöhlen* in: Hübschmann/Hepp/Spitaler AO/FGO § 393 AO Rn. 76; *Beckemper* ZIS 2012, 221, 223.

657 Vgl. BT-Drs. VI/1982, S. 137; vgl. BT-Drs. 7/4292, S. 46; BFH BFH/NV 2006, 15, 16; *Baum* in: Koch/Scholtz AO § 162 Rn. 4; *Scheurmann-Kettner* in: Koch/Scholtz AO § 393 Rn. 4 f.; *Eidam* Die strafprozessuale Selbstbelastungsfreiheit, S. 208 f.; *Reiß* Besteuerungsverfahren und Strafverfahren, S. 266 ff.; *Rüster* wistra 1988, 49, 50 f.; vgl. *Stürner* NJW 1981, 1757, 1762; a.A. *Merkt* in: BeckOK OWiG § 393 AO Rn. 7; *Brenner* BB 1978, 910, 911; *Rogall* Der Beschuldigte als Beweismittel gegen sich selbst, S. 171 f.; *Streck* BB 1980, 1537, 1539; *ders.* DStJG 6 (1983), 217, 241 f.; *Streck/Spatscheck* wistra 1998, 334, 339 f.; *Teske* Die Abgrenzung der Zuständigkeiten, S. 424; *dies.* wistra 1988, 207, 213, 215 f.; *Wenzel* Das Verhältnis von Steuerstraf- und Besteuerungsverfahren, S. 80 ff.

S. 3 AO verweigert.[658] Das wird damit begründet, dass der Steuerpflichtige sich dies selbst zuzuschreiben habe. Würde er die entsprechenden Angaben machen bzw. Unterlagen vorlegen, würde die Veranlagung für ihn deutlich günstiger ausfallen.[659] Dieses Vorgehen hat einen Sanktionscharakter, obwohl der Steuerpflichtige sich nur auf seine Rechte gemäß § 393 Abs. 1 S. 2, S. 3 AO beruft. Ziel der Schätzung ist, dass die Besteuerungsgrundlagen durch Wahrscheinlichkeitsüberlegungen so bestimmt werden, dass sie der Wirklichkeit möglichst nahe kommen[660] und nicht, dass der Schätzungsrahmen bis zum oberen Ende ausgereizt wird. Wenn der Beschuldigte wie jeder andere Steuerpflichtige behandelt würde, der unverschuldet seinen Mitwirkungspflichten nicht nachkommt[661], würde dadurch keine Besserstellung des Steuerpflichtigen gegenüber dem Steuerehrlichen erfolgen.[662] Denn auch für den unschuldigen Steuerpflichtigen kann es Gründe geben, keine Angaben zu machen.[663] Aus dem Verhalten des Steuerpflichtigen, die Mitwirkung zu verweigern, kann nicht ohne Weiteres der Schluss gezogen werden, dass er etwas zu verbergen hat.[664] Wenn eine solch „vorsichtige" Schätzung erfolgt, bestehen hiergegen keine Bedenken.[665]

Dass der Steuerstraftäter aus seiner Tat keine Vorteile ziehen soll ist nachvollziehbar. Aus diesem Grund ist es richtig, die Mitwirkungspflichten weiterhin aufrechtzuerhalten, auch wenn der Betroffene sich dadurch selbst belastet. Der Staat hat ein Interesse am vollständigen und rechtzeitigen Steueraufkommen und muss zu diesem Zweck alle Steuerpflichtigen entsprechend ihrer Leistungsfähigkeit belasten. Verweigert der Steuerpflichtige die Mitwirkung, stellt die Schätzung die einzige Möglichkeit dar, die Gleichmäßigkeit der Besteuerung herzustellen und die fiskalischen Interessen des Staates zu sichern.[666] Das Selbstbelastungsverbot

---

658 *Hellmann* Das Neben-Strafverfahrensrecht der AO, S. 116 f.; vgl. *Rüster* wistra 1988. 49, 50.

659 *Hilgers-Klautzsch* in: Kohlmann Steuerstrafrecht § 393 AO Rn. 67; *Streck/Spatscheck* wistra 1998, 334, 339.

660 BFHE 188, 160, 163; BFH BFH/NV 2005, 503, 504; *Tormöhlen* in: Hübschmann/Hepp/Spitaler AO/FGO § 393 AO Rn. 75.

661 *Hilgers-Klautzsch* in: Kohlmann Steuerstrafrecht § 393 AO Rn. 68; *Joecks* in: Joecks/Jäger/Randt Steuerstrafrecht § 393 AO Rn. 36; *Tormöhlen* in: Hübschmann/Hepp/Spitaler AO/FGO § 393 AO Rn. 75.

662 *Hellmann* Das Neben-Strafverfahrensrecht der AO, S. 117.

663 *Wenzel* Das Verhältnis von Steuerstraf- und Besteuerungsverfahren, S. 81.

664 *Hellmann* Das Neben-Strafverfahrensrecht der AO, S. 117.

665 *Tormöhlen* in: Hübschmann/Hepp/Spitaler AO/FGO § 393 AO Rn. 75; *Seipl* in: Gosch AO/FGO § 393 AO Rn. 58, der auf die Schärfe des Unscharfbereichs abstellen will; *Hellmann* Das Neben-Strafverfahrensrecht der AO, S. 117.; *Teske* Die Abgrenzung der Zuständigkeiten, S. 424; *dies.* wistra 1988, 207, 216 empfiehlt als Obergrenze den Mittelwert der einschlägigen Richtsatzsammlungen.

666 *Besson* Das Steuergeheimnis, S. 119.

schützt nur davor, dass eine unterbliebene Mitwirkung im Besteuerungsverfahren zum Nachteil des Beschuldigten bei der Beweiswürdigung im Steuerstrafverfahren verwertet wird.[667] Etwas anderes gilt im Besteuerungsverfahren. Es kann nicht Sinn und Zweck des strafprozessualen Nemo-tenetur-Grundsatzes sein, den Betroffenen vor jeglichen außerstrafrechtlichen Nachteilen zu bewahren.[668] Dem Steuerpflichtigen ist eine nachteilige Schätzung zuzumuten. Diese darf weder zu hoch, d.h. am oberen Rand des Schätzungsrahmens, noch zu niedrig sein. Vielmehr ist sie im durch die beiden Werte gesetzten Rahmen anzusiedeln. Eine bewusst überhöhte Schätzung führt zu einem Selbstbelastungszwang, eine nachteilige Schätzung nicht.

bbb) § 393 Abs. 1 S. 2 AO und die Selbstanzeige

Besteht für den Täter die Möglichkeit, eine Selbstanzeige zu erstatten, soll das Zwangsmittelverbot nicht eingreifen[669], weil sich der Konflikt zwischen den Mitwirkungspflichten im Besteuerungsverfahren und dem Schweigerecht im Strafverfahren nicht bilden kann. Denn durch die Inaussichtstellung von Straffreiheit setzt sich der Steuerhinterzieher keiner Gefahr der Strafverfolgung wegen einer Steuerstraftat oder Steuerordnungswidrigkeit aus, die ein Zwangsmittelverbot zur Folge hätte.[670] Eine Zwangslage, aus der er befreit werden müsste, liegt wegen § 371 AO nicht vor.[671] Dagegen wird jedoch teilweise vorgebracht, dass dadurch der Steuerpflichtige zu einer Selbstanzeige und damit zu einer aktiven Mitwirkung gedrängt werde, da andernfalls Zwangsmittel angewendet werden könnten und die Straffreiheit wegen des Eingreifens einer der Sperrgründe in § 371 Abs. 2 AO nur möglich, aber nicht sicher sei.[672] Diese Ansicht übersieht, dass der Bundesfinanzhof das Zwangsmittelverbot nur dann bejaht, wenn keine Selbstanzeige möglich ist.[673]

Fraglich ist, was gilt, wenn dem Steuerpflichtigen die Selbstanzeige nicht möglich ist, entweder weil ein Sperrgrund des § 371 Abs. 2 AO eingreift oder weil er nicht über die finanziellen Mittel zur Nachentrichtung der Steuer verfügt. Hat der Steuerpflichtige über mehrere Jahre eine falsche Steuererklärung abgegeben, befreit ihn dies nicht von der Abgabe einer solchen für das aktuelle Jahr, denn er ist nach wie vor zu wahrheitsgemäßen Angaben gemäß §§ 90 Abs. 1 S. 2 AO, 150

---

667 *Reiß* Besteuerungsverfahren und Strafverfahren, S. 266 f.

668 *Eidam* Die strafprozessuale Selbstbelastungsfreiheit, S. 208 f.; *Reiß* Besteuerungsverfahren und Strafverfahren, S. 267.

669 BFH wistra 2012, 278, 278; *Berthold* Der Zwang zur Selbstbezichtigung, S. 56.

670 *Joecks* in: Joecks/Jäger/Randt Steuerstrafrecht § 393 AO Rn. 23.

671 Vgl. BVerfG wistra 1988, 302, 302 f.; *Tormöhlen* in: Hübschmann/Hepp/Spitaler AO/FGO § 393 AO Rn. 27.

672 Vgl. *Hilgers-Klautzsch* in: Kohlmann Steuerstrafrecht § 393 AO Rn. 73; *Eidam* Die strafprozessuale Selbstbelastungsfreiheit, S. 211.

673 Vgl. BVerfG wistra 1988, 302, 302 f.; BFH wistra 2012, 278, 278.

Abs. 2 AO verpflichtet. Macht er für den gegenwärtigen Veranlagungszeitraum wahrheitsgemäße Angaben, deckt er dadurch die bereits begangenen Steuerhinterziehungen auf und würde sich strafrechtlich selbst belasten. Das ist insbesondere problematisch, wenn wegen derselben Veranlagungszeiträume bereits ein Steuerstrafverfahren eingeleitet wurde. Der Steuerpflichtige würde dann im Besteuerungsverfahren die Beweise für seine Verurteilung im Steuerstrafverfahren liefern. Gibt er hingegen keine oder eine falsche Steuererklärung ab, würde er sich dadurch erneut gemäß § 370 AO strafbar machen. Das Selbstbelastungsverbot gibt dem Beschuldigten nur das Recht auf Passivität, nicht aber das Recht, neues Unrecht zur Verdeckung eigener Straftaten zu verwirklichen.[674] Aus diesem Dilemma muss der Steuerpflichtige befreit werden.

Der gleichen Ansicht ist der BGH, der davon ausgeht, dass die strafbewehrte Pflicht zur Abgabe einer Steuerklärung entfällt, wenn hinsichtlich des Veranlagungszeitraums, für den eine Erklärung abzugeben ist, bereits ein Strafverfahren eingeleitet wurde.[675] Nachfolgende Veranlagungsperioden, die belastendes Beweismaterial für vergangene Zeiträume liefern konnten, bezüglich derer ein Steuerstrafverfahren eingeleitet wurde, waren zunächst nicht umfasst.[676] Wer keine oder eine falsche Steuererklärung für den aktuellen Veranlagungszeitraum abgab, machte sich nach § 370 AO strafbar. Das wurde von der Literatur zurecht kritisiert, die zum Schutz des Nemo-tenetur-Prinzips verschiedene Lösungsansätze entwickelte.[677] Schließlich hat auch der BGH ein Verwendungsverbot für selbstbelastende Angaben aus Folgejahren, die Rückschlüsse auf vergangene Veranlagungszeiträume zulassen, anerkannt.[678]

Die Modifikationen des BGH bezüglich § 393 Abs. 1 S. 2 AO und die Vorschrift selbst haben gezeigt, dass der Steuerpflichtige vor einer möglichen Selbstbelastung in Bezug auf Steuerstraftaten und Steuerordnungswidrigkeiten geschützt wird.

---

674 BGHSt 3, 18, 19; BGH wistra 1993, 66, 68; BGHSt 47, 8, 15; BGH JZ 2002, 615, 616; *Joecks* in: Joecks/Jäger/Randt Steuerstrafrecht § 393 AO Rn. 45; *Tormöhlen* in: Hübschmann/Hepp/Spitaler AO/FGO § 393 AO Rn. 28; *Rogall* Der Beschuldigte als Beweismittel gegen sich selbst, S. 158.

675 BGHSt 47, 8, 12 ff.; BGH JZ 2002, 616, 617; BGH NJW 2005, 763, 764; BGH NStZ 2005, 517, 518; a.A. *Tormöhlen* in: Hübschmann/Hepp/Spitaler AO/FGO § 393 AO Rn. 29 f.; *Hellmann* JZ 2002, 617, 619, die diese Lösung für eine unzulässige steuerliche und strafrechtliche Besserstellung des Steuerpflichtigen halten.

676 BGHSt 47, 8, 15; BGH JZ 2002, 616, 617.

677 *Reinel* Der „nemo tenetur"-Grundsatz als Grenze steuerlicher Informationshilfe, S. 53 f.; zu den verschiedenen Lösungsansätzen s. *Hilgers-Klautzsch* in: Kohlmann Steuerstrafrecht § 393 AO Rn. 19; *Joecks* in: Joecks/Jäger/Randt Steuerstrafrecht § 393 AO Rn. 46 ff.; *Beckemper* ZIS 2012, 221, 223 f.

678 BGH NJW 2005, 763, 765.

cc) § 393 Abs. 2 S. 1 AO

aaa) Inhalt des § 393 Abs. 2 S. 1 AO

Nach § 393 Abs. 2 S. 1 AO dürfen Angaben, die der Steuerpflichtige vor Einleitung des Strafverfahrens oder in Unkenntnis der Einleitung des Strafverfahrens in Erfüllung steuerrechtlicher Pflichten offenbart hat, nicht für die Verfolgung einer Tat gegen ihn verwendet werden, die keine Steuerstraftat ist. Es ist umstritten, ob aus dem Begriff „verwenden" ein Verwendungs-[679], ein Verfolgungs-[680] oder ein Verwertungsverbot[681] folgt und ob dem Verwertungsverbot Fernwirkung[682] zukommt. Das Verwendungs- und Verwertungsverbot unterscheiden sich dahingehend, dass beim Verwendungsverbot weder die getätigten Aussagen selbst noch andere daraus gewonnene weitere Erkenntnisse und Spuren (z.B. infolge einer Dursuchung, Beschlagnahme, Zeugenbefragung) als Beweise verwendet werden können. Das Verwertungsverbot verbietet nur die Verwertung der Aussage, lässt aber weitere Ermittlungen zu.[683] Nimmt man eine Fernwirkung iRd Verwertungsverbots an, kommt man wie beim Verwendungsverbot hinsichtlich der Rechtsfolgen zu demselben Ergebnis.

---

679 Für ein Verwendungsverbot: *Blesinger/Viertelhausen* in: Kühn/v. Wedelstädt AO/FGO § 393 AO Rn. 5; *Hilgers-Klautzsch* in: Kohlmann Steuerstrafrecht § 393 AO Rn. 185, 233 f.; *Jäger* in: Klein AO § 393 Rn. 45; *Rogall* in: FS Kohlmann 2003, 465, 478 ff., 485.

680 Für ein Verfolgungsverbot: *Ruegenberg* Das nationale und internationale Steuergeheimnis, S. 216 ff.

681 So die h.M.: BVerfGE 56, 37; 47; BGH NStZ 1993, 87, 87; 2004, 582, 582; BGH StV 2004, 578, 578; BayObLG NJW 1997, 600, 601; BayObLG wistra 1998, 117, 118; *Hadamitzky/Senge* in: Erbs/Kohlhaas Strafrechtliche Nebengesetze § 393 AO Rn. 8; *Scheurmann-Kettner* in: Koch/Scholtz AO § 393 Rn. 20; *Tormöhlen* in: Hübschmann/Hepp/Spitaler AO/FGO § 393 AO Rn. 159, 178; *Besson* Das Steuergeheimnis, S. 169 f.; *Jarke* wistra 1997, 325, 327; *L. Müller* DStR 1986, 699, 700; *Ranft* DStR 1969, 364, 366; *Reiß* NJW 1977, 1436, 1436 f.; *Rogall* Der Beschuldigte als Beweismittel gegen sich selbst, S. 174; *Spriegel* wistra 1997, 321, 322; *Streck/Spatscheck/Talaska* Steuerfahndung Rn. 1427.

682 Eine Fernwirkung wird teilweise abgelehnt: *Hadamitzky/Senge* in: Erbs/Kohlhaas Strafrechtliche Nebengesetze § 393 AO Rn. 9; *Scheurmann-Kettner* in: Koch/Scholtz AO § 393 Rn. 22/1; *Tormöhlen* in: Hübschmann/Hepp/Spitaler AO/FGO § 393 AO Rn. 178; *Hildebrandt* DStR 1982, 20, 24; a.A. *Hilgers-Klautzsch* in: Kohlmann Steuerstrafrecht § 393 AO Rn. 234; *Jäger* in: Klein AO § 393 Rn. 51; *Joecks* in: Joecks/Jäger/Randt Steuerstrafrecht § 393 AO Rn. 90 ff.; *Streck/Spatscheck/Talaska* Steuerfahndung Rn. 1452.

683 Vgl. *Rogall* in: SK-StPO § 136a Rn. 108; vgl. *Streck/Spatscheck* Steuerfahndung Rn. 1447.

Ein Verfolgungsverbot im Sinne eines Prozesshindernisses bei § 393 Abs. 2 S. 1 AO hätte zur Folge, dass kein Strafverfahren wegen der Allgemeinstraftaten eingeleitet werden darf. Die letzte Ansicht ist abzulehnen, weil § 393 Abs. 2 S. 1 AO nicht die Strafverfolgung generell verhindern will, sondern nur, dass Erkenntnisse im Besteuerungsverfahren über Allgemeindelikte für ein Strafverfahren verwendet werden.

Für ein Verwendungsverbot ließe sich ein Vergleich mit § 97 Abs. 1 S. 3 InsO anführen, wo dem Insolvenzschuldner, dessen Situation mit der des Steuerpflichtigen vergleichbar ist, ein Verwendungsverbot[684] zusteht.[685] Gleiches gilt für § 630c Abs. 2 S. 3 BGB, wenn der behandelnde Arzt einen Behandlungsfehler gegenüber dem Patienten offenbart.[686] Der Insolvenzschuldner, der behandelnde Arzt und der Steuerdelinquent sind von Gesetzes wegen gemäß §§ 97 Abs. 1 S. 1, 2 InsO, 630c Abs. 2 S. 2 BGB, 90 Abs. 1 AO zur Auskunft verpflichtet. In allen Fällen besteht das Risiko, dass der Auskunftspflichtige mit Offenlegung der geforderten Informationen begangene Straftaten offenbart und sich dadurch in einem Strafverfahren selbst belastet. Dieser Selbstbelastung kann durch ein Verwendungsverbot begegnet werden.

Neben der vergleichbaren Situation von Insolvenzschuldner, behandelndem Arzt und Steuerstraftäter spricht ferner für ein Verwendungsverbot, dass in § 393 Abs. 2 S. 1 AO ebenso wie in §§ 97 Abs. 1 S. 3 InsO und 630c Abs. 2 S. 3 BGB das Wort „verwenden" benutzt wurde.

Allerdings ist zu beachten, dass der Gesetzgeber in seiner Entscheidung, ob er in Fällen der Selbstbelastung durch erzwingbare Mitwirkungspflichten für das Strafverfahren ein Beweisverwertungs- oder ein Beweisverwendungsverbot statuiert, frei ist. Er darf nur die Vorgaben des BVerfG im Gemeinschuldnerbeschluss[687] nicht unterschreiten.

Der Gesetzgeber ist bei der Schaffung des § 109 Abs. 1 S. 3 InsO (heutiger § 97 Abs. 1 S. 3 InsO) über die Vorgaben des BVerfG im Gemeinschuldnerbeschluss

---

684 BT-Drs. 12/2443, S. 142.

685 *Rogall* in: FS Kohlmann 2003, 465, 480, 485.

686 Für ein Verwendungsverbot: *Spickhoff* in: Spickhoff Medizinrecht § 630c BGB Rn. 24; *Wagner* in: MK BGB § 630c Rn. 53; a.A. *Schelling/Warntjen* MedR 2012, 506, 509. Aus den Gesetzgebungsmaterialien ist nicht erkennbar, ob der Gesetzgeber von einem Verwertungs- oder Verwendungsverbot ausgeht. Es wird lediglich darauf hingewiesen, dass dem Behandelnden aus der Offenbarung eigener Fehler keine unmittelbaren strafrechtlichen oder ordnungswidrigkeitsrechtlichen Nachteile erwachsen sollen, s. BT-Drs. 17/10488, S. 21f.

687 Das BVerfG hat bei erzwingbaren Mitwirkungspflichten nur ein Verwertungsverbot gefordert, wenn eine Selbstbelastungsgefahr besteht, BVerfGE 56, 37, 50f.

durch die Normierung eines Verwendungsverbots hinausgegangen. In § 393 Abs. 2 S. 1 AO hat er sich hingegen für ein Beweisverwertungsverbot entschieden.[688]

Dennoch ist es interessengerechter, im Rahmen von § 393 Abs. 2 S. 1 AO ein Verwendungsverbot anzunehmen. Denn gemäß §§ 40, 90 AO ist der Steuerpflichtige zur Mitwirkung im Besteuerungsverfahren verpflichtet und muss sogar illegale Einkünfte offenlegen. Das führt dazu, dass begangene Straftaten offenbart werden. Im Ermittlungsverfahren kann sich der Täter auf sein Schweigerecht berufen und es vorziehen, nicht auszusagen. Im Besteuerungsverfahren kann hingegen eine Mitwirkung des Steuerpflichtigen, z.B. durch eine nachteilige Schätzung, erzwungen werden. Um den Steuerdelinquenten umfassend zu schützen, reicht ein Beweisverwertungsverbot nicht aus, da andere Beweismittel (z.B. Durchsuchung, Beschlagnahme, Zeugenbefragung) zur Verurteilung des Täters führen werden. Diese Beweismittel können aber nur deshalb erlangt werden, weil sie auf die Angaben des Steuerpflichtigen in der Steuererklärung zurückzuführen sind. Wenn § 393 Abs. 2 S. 1 AO hingegen ein Verwendungsverbot statuiert, ist der Steuerdelinquent ausreichend geschützt. Eine Strafverfolgung ist auch nicht vollständig ausgeschlossen, da die Strafverfolgungsbehörden auf solche Beweismittel zurückgreifen können, die nicht auf den Angaben des Steuerpflichtigen beruhen. Deshalb folgt aus § 393 Abs. 2 S. 1 AO ein Verwendungsverbot.

bbb) Einschränkungen und Durchbrechungen des § 393 Abs. 2 S. 1 AO

Allerdings erfährt das Verwendungsverbot durch § 393 Abs. 2 S. 2 AO eine Durchbrechung. Eine Verwendung von Angaben im Besteuerungsverfahren hinsichtlich Allgemeinstraftaten ist zulässig, wenn ein öffentliches Interesse an der Verfolgung dieser Straftaten gemäß § 30 Abs. 4 Nr. 5 AO besteht. Diese Vorschrift wird im Schrifttum überwiegend als verfassungswidrig angesehen, weil sie einen Verstoß gegen den Nemo-tenetur-Grundsatz darstelle.[689] Dem ist zuzustimmen. Dafür lässt sich der Gemeinschuldnerbeschluss anführen, in dem das BVerfG für den Insolvenzschuldner ein Beweisverwertungsverbot normierte, um dem Nemo-tenetur-Prinzip gerecht zu werden. Wenn aber selbstbelastende Angaben des Insolvenzschuldners, zu denen er im Interesse der Gläubiger verpflichtet ist, uneingeschränkt nicht verwertet werden dürfen, ist nicht begründbar, warum das Verwendungsverbot in § 393 Abs. 2 S. 1 AO durchbrochen werden darf.

Eine verfassungskonforme Auslegung des § 393 Abs. 2 S. 2 AO dahingehend, dass das Zwangsmittelverbot des § 393 Abs. 1 S. 2 AO auch auf allgemeine Straftaten ausgedehnt wird, widerspricht der gesetzlichen Konzeption, sodass § 393 Abs. 2 S. 2 AO als verfassungswidrig anzusehen ist.[690] Das Verwerfungsmonopol

---

688 In den Gesetzgebungsmaterialien wird ausdrücklich auf ein Verwertungsverbot hingewiesen, s. BT-Drs. VI/1982, S. 198 f. zu § 377 AO (heute § 393 AO).

689 S. *Joecks* in: Joecks/Jäger/Randt Steuerstrafrecht § 393 AO Rn. 97 m.w.N.

690 *Tormöhlen* in: Hübschmann/Hepp/Spitaler AO/FGO § 393 AO Rn. 182; vgl. *Joecks* in: Joecks/Jäger/Randt Steuerstrafrecht § 393 AO Rn. 101 f.

bezüglich formeller Gesetze obliegt jedoch allein dem BVerfG, das sich bisher nicht zur Verfassungswidrigkeit des § 393 Abs. 2 S. 2 AO geäußert hat.[691]

Neben dieser verfassungswidrigen Durchbrechung wird der bestehende Anwendungsbereich des § 393 Abs. 2 S. 1 AO durch die Rechtsprechung weiter eingeschränkt. So ist es zutreffend, dass vorsätzliche falsche Angaben in einer Steuererklärung mittels gefälschter Belege nicht in Erfüllung steuerlicher Pflichten erfolgen. Von einer solchen kann nur bei wahrheitsgemäßen Erklärungen ausgegangen werden.[692] Allerdings soll das Verwendungsverbot auch dann nicht eingreifen, wenn der Steuerpflichtige durch die Erstattung der Selbstanzeige Allgemeindelikte offenbart.[693] Das wird mit dem Sinn und Zweck des § 393 Abs. 2 S. 1 AO begründet, der den Steuerpflichtigen vor Strafverfolgung trotz Offenbarung illegaler Einkünfte schützen will.[694] Der Täter, der durch die Selbstanzeige neben der Steuerhinterziehung Allgemeindelikte aufdecke, offenbare mit diesen Allgemeinstraftaten aber keine neuen Steuerquellen.[695] Unbekannte Steuerquellen werden nur durch die Anzeige von Steuerhinterziehungen offengelegt. § 393 Abs. 2 S. 1 AO ziele darauf ab, das Spannungsverhältnis zwischen den erzwingbaren Mitwirkungspflichten und dem Selbstbelastungsverbot auszugleichen.[696] Ein solches Spannungsverhältnis könne sich nicht bilden, wenn die Mitwirkungspflichten nicht erzwingbar iSd § 393 Abs. 1 S. 2 AO seien.[697] Die Selbstanzeige führe dazu, dass sich der Steuerpflichtige in keiner Zwangslage befinde und damit

691 Lediglich Abweisung der Vorlage des LG Göttingen gemäß Art. 100 Abs. 1 GG wegen Unzulässigkeit, das von der Verfassungswidrigkeit des § 393 Abs. 2 S. 2 AO ausging, s. BVerfG wistra 2010, 341, 342 ff.

692 BGH NStZ 2004, 582, 582; *Hilgers-Klautzsch* in: Kohlmann Steuerstrafrecht § 393 AO Rn. 197 f.; *Jäger* in: Klein AO § 393 Rn. 49; *Joecks* in: Joecks/Jäger/Randt Steuerstrafrecht § 393 AO Rn. 74; *Tormöhlen* in: Hübschmann/Hepp/Spitaler AO/FGO § 393 AO Rn. 138; *Jarke* wistra 1997, 325, 327; *Rogall* in: FS Kohlmann 2003, 465, 491 f.; a.A. BayObLG NJW 1997, 600, 601; wistra 1998, 117, 118; *Eidam* Die strafprozessuale Selbstbelastungsfreiheit, S. 202 f.; *L. Müller* DStR 1986, 699, 702; *Spriegel* wistra 1997, 320, 324 f.

693 BVerfG NJW 2005, 352, 352 f.; BGHSt 49, 136, 146 f.; *Hadamitzky/Senge* in: Erbs/Kohlhaas Strafrechtliche Nebengesetze § 393 AO Rn. 8; *Scheurmann-Kettner* in: Koch/Scholtz AO § 393 Rn. 22; a.A. *Joecks* in: Joecks/Jäger/Randt Steuerstrafrecht § 393 AO Rn. 76; *Seipl* in: Gosch AO/FGO § 393 AO Rn. 112; *Tormöhlen* in: Hübschmann/Hepp/Spitaler AO/FGO § 393 AO Rn. 140; *Eidam* wistra 2004, 412, 414; *Rogall* in: FS Kohlmann 2003, 465, 492; *Ruegenberg* Das nationale und internationale Steuergeheimnis, S. 213.

694 BGHSt 49, 136, 146.

695 BGHSt 49, 136, 146.

696 Vgl. BGHSt 49, 136, 146 f.

697 BGHSt 49, 136, 147.

die Zwangsmittel des § 393 Abs. 1 S. 2 AO ausscheiden.[698] Wenn es keine erzwingbaren Mitwirkungspflichten mehr gebe, dann scheide auch der Schutz durch § 393 Abs. 2 S. 1 AO aus.[699] Dagegen lässt sich vorbringen, dass das Gesetz in § 393 Abs. 2 S. 1 AO nur von der „Erfüllung steuerlicher Pflichten“, aber nicht von erzwingbaren Pflichten spricht. Durch die Selbstanzeige erfüllt der Steuerhinterzieher seine steuerlichen Pflichten, denen er zuvor nicht nachgekommen ist.[700] Wenn der Steuerpflichtige nur Straffreiheit wegen der Steuerhinterziehung und keine wegen der Nichtsteuerstraftat erlangt, wird er dazu übergehen, sich nicht zu offenbaren und seine Verfehlungen geheim zu halten, was aber wiederum den fiskalischen Interessen des Staates widerspricht.[701] Mangels Anwendung des Verwendungsverbots gemäß § 393 Abs. 2 S. 1 AO wird dadurch der Steuerhinterzieher gegenüber jedem anderen Beschuldigten schlechter gestellt, der sich von vornherein auf sein Schweigerecht berufen kann. Wenn die steuerlichen Mitwirkungspflichten schon bezüglich Allgemeinstraftaten erhalten bleiben, dann soll dem Steuerpflichtigen zumindest ein Beweisverwertungsverbot im Strafverfahren zukommen, sobald er solche mit der Steuererklärung offenbart.

dd) Zwischenergebnis

Damit zeigt sich, dass vor allem der Schutz durch das Steuergeheimnis (§ 30 AO) und § 393 Abs. 2 S. 1 AO nach der geltenden gesetzlichen Lage und den entsprechenden Einschränkungen durch die Rechtsprechung im Hinblick auf den Schutz von nemo tenetur unzureichend ist. Allein § 393 Abs. 1 S. 2 AO in Verbindung mit den Modifikationen der Rechtsprechung schützt den Steuerpflichtigen ausreichend vor einer möglichen Selbstbelastung in Bezug auf Steuerstraftaten und Steuerordnungswidrigkeiten.

b) Lösungsansätze in der Literatur

Den unzureichenden Schutz des Selbstbelastungsverbots hat auch die Literatur erkannt und verschiedene Lösungsansätze entwickelt.

aa) Zeitliche Entzerrung von Besteuerungs- und Steuerstrafverfahren

Teilweise wurde vorgeschlagen, das Besteuerungsverfahren auszusetzen, sobald ein Steuerstrafverfahren eingeleitet wurde.[702] Das wird vor allem damit begründet, dass der Steuerpflichtige bei Verweigerung seiner Mitwirkung eine nachteilige Schätzung zu befürchten habe und die Gefahr bestehe, dass er sich selbst

698 S. C. III. 2. a) bb) bbb).
699 BGHSt 49, 136, 147.
700 *Eidam* wistra 2004, 412, 414.
701 *Tormöhlen* in: Hübschmann/Hepp/Spitaler AO/FGO § 393 AO Rn. 140.
702 *Rengier* BB 1985, 720, 723; *Seer* StB 1987, 128, 132.

belaste, um die Schätzung abwehren zu können.[703] Dabei können die im Besteuerungsverfahren gemachten Angaben im Steuerstrafverfahren gegen ihn verwendet werden. Denn § 393 Abs. 2 S. 1 AO ordnet nur ein Verwertungsverbot für Nicht-Steuerstraftaten an und auch § 30 Abs. 4 Nr. 1, Abs. 2 Nr. 1b AO sieht eine Befugnis der Finanzbehörde zur Offenbarung der Informationen an die Strafverfolgungsbehörden vor. Häufig ergeht zunächst der Steuerbescheid und die Strafverfolgungsbehörde legt diese Feststellungen mit mehr oder weniger pauschalen Sicherheitsabschlägen dem Steuerstrafverfahren zugrunde.[704] Die Festsetzungen im Steuerbescheid dienen als Ausgangspunkt für die weiteren steuerstrafrechtlichen Ermittlungen und, falls der Strafrichter diese übernimmt, auch zu seiner Verurteilung. Dadurch wird der Steuerpflichtige sowohl steuerlich als auch strafrechtlich belastet, obwohl er lediglich von seinem Schweigerecht Gebrauch macht. Wird das Besteuerungsverfahren für den Lauf des Steuerstrafverfahrens ausgesetzt, kann sich beim Betroffenen kein Konflikt zwischen den Mitwirkungspflichten sowie den nachteiligen Wirkungen einer Verweigerung einerseits und dem Selbstbelastungsverbot andererseits bilden. Nach dieser Lösung kann er von seinem Schweigerecht im Strafverfahren Gebrauch machen und im anschließenden Besteuerungsverfahren Angaben machen, ohne dass diese Eingang in das Strafverfahren finden und er eine nachteilige Schätzung befürchten müsste.

So treffend diese Argumentation zunächst erscheint, sie ist mit der gesetzlichen Lage unvereinbar. § 393 Abs. 1 S. 1 AO ordnet an, dass Besteuerungs- und Strafverfahren parallel ablaufen können.[705] Schließlich ist das Steuerstrafverfahren auf die Ermittlungen im Besteuerungsverfahren angewiesen, da eine Strafbarkeit wegen einer Steuerstraftat oder Steuerordnungswidrigkeit nur in Betracht kommt, wenn ein Verstoß gegen Steuergesetze vorliegt. Zudem wird für die Zeit der Aussetzung des Besteuerungsverfahrens der Steueranspruch verzögert, wobei nicht abzusehen ist, wie lange das Steuerstrafverfahren dauern wird und dieses sogar Jahre in Anspruch nehmen kann.

bb) Verwertungsverbot bei selbstbelastenden Angaben

Eine andere Lösung, um den Steuerpflichtigen aus dem Konflikt Selbstbelastung/Mitwirkungspflichten zu befreien, könnte ein steuerstrafrechtliches Verwertungsverbot sein, sobald sich der Betroffene im Besteuerungsverfahren wegen einer Steuerstraftat oder Steuerordnungswidrigkeit belastet.[706] Das lässt sich damit begründen, dass § 393 Abs. 2 AO ein Beweisverwertungsverbot nur für Nicht-Steuerstraftaten kenne, wohingegen § 393 Abs. 1 S. 2 AO lediglich die

---

703 *Rengier* BB 1985, 720, 721; vgl. auch *Seer* StB 1987, 128, 129 f.

704 *Rengier* BB 1985, 720, 723.

705 *Rüping/Kopp* NStZ 1997, 530, 532.

706 *Tormöhlen* in: Hübschmann/Hepp/Spitaler AO/FGO § 393 AO Rn. 30 f.; *Hellmann* JZ 2002, 617, 619; *Streck* Der Eingriff der Steuerfahndung Rn. 467, 818 f.

mangelnde Erzwingbarkeit der Mitwirkungspflichten anordne.[707] Entsprechend dem Gemeinschuldnerbeschluss sei jedoch ein Beweisverwertungsverbot zum Schutz des Selbstbelastungsverbots durch verfassungskonforme Auslegung des § 393 AO erforderlich.[708] Dadurch wird auch den gegenläufigen Interessen ausreichend Rechnung getragen. Durch Aufrechterhaltung der Mitwirkungspflichten erhalte der Fiskus die Angaben, die er für die Festsetzung des Steueranspruchs benötige und der Steuerpflichtige würde nicht dazu gezwungen, dass die preisgegebenen Informationen gegen ihn in einem Steuerstrafverfahren verwendet würden.[709] Außerdem stünde diese Lösung mit dem in den §§ 30, 393 Abs. 2 AO zum Ausdruck gebrachten Grundsatz, dass die Abgabenordnung den fiskalischen Interessen einen Vorrang vor den Strafverfolgungsinteressen durch Zurücktreten des Strafanspruchs einräume, in Einklang, um dem Steuerpflichtigen wahrheitsgemäße Angaben zu ermöglichen.[710]

Gegen diesen Ansatz spricht aber bereits der klare Wortlaut des § 393 Abs. 2 S. 1 AO, der ein Verwertungsverbot ausdrücklich nur für Nicht-Steuerstraftaten anordnet.[711] Es besteht auch kein Erfordernis für ein generelles Beweisverwertungsverbot hinsichtlich Steuerstraftaten, weil der Beschuldigte zum einen die Möglichkeit der Selbstanzeige hat und sich damit aus der Zwangslage selbst befreien kann, zum anderen hat der BGH bei Identität der Veranlagungszeiträume von Besteuerungs- und Steuerstrafverfahren die Erklärungspflicht bis zum Abschluss des Strafverfahrens suspendiert, sodass auch hier keine Gefahr der Selbstbelastung besteht. Für den Fall, dass es sich um zukünftige Veranlagungszeiträume handelt, die belastende Hinweise auf vorangegangene Perioden enthalten, bezüglich derer ein Steuerstrafverfahren eingeleitet wurde, hat der BGH ein Verwendungsverbot vorgesehen.[712] Ferner hat das Verwertungsverbot grundsätzlich keine Fernwirkung, sodass der Steuersünder immer noch wegen Steuerhinterziehung verurteilt werden könnte, wenn die Finanzbehörde dem Täter aufgrund anderer Beweise die Tat nachweisen kann.[713] Ein steuerstrafrechtliches Verwertungsverbot bezüglich selbstbelastender Angaben ist somit abzulehnen.

---

707 Vgl. *Streck* Der Eingriff der Steuerfahndung Rn. 466, 816.

708 *Streck* Der Eingriff der Steuerfahndung Rn. 467, 817 f.

709 *Hellmann* JZ 2002, 617, 619.

710 *Tormöhlen* in: Hübschmann/Hepp/Spitaler AO/FGO § 393 AO Rn. 30; *Hellmann* JZ 2002, 617, 619.

711 *Rengier* BB 1985, 720, 722; *Seer* StB 1987, 128, 230.

712 BGH NJW 2005, 763, 765.

713 *Breyer* Der Inhalt der strafbefreienden Selbstanzeige, S. 66; *Helml* Die Reform der Selbstanzeige im Steuerstrafrecht, S. 26.

cc) Mitwirkungsverweigerungsrecht des Steuerpflichtigen

Ferner wäre es möglich, die Erklärungspflichten des Steuerpflichtigen entfallen zu lassen, indem dem Steuerpflichtigen wie im Strafverfahren ein Aussageverweigerungsrecht zugebilligt wird.[714] Das setzt voraus, dass der Nemo-tenetur-Grundsatz nicht nur für das Strafverfahren, sondern auch für das Besteuerungsverfahren gilt.[715] Das wird zum einen mit der Doppelfunktion der Finanzbehörden begründet und zum anderen damit, dass es gerade im Besteuerungsverfahren angesichts der Konfliktlage zu einer Selbstbelastung kommen kann.[716] Gemäß § 393 Abs. 1 S. 2 AO hat der Gesetzgeber sich dafür entschieden, dass Zwangsmittel bei der Belastung wegen einer Steuerstraftat oder Steuerordnungswidrigkeit verboten sind. Wenn dadurch aber schon faktisch die steuerlichen Mitwirkungspflichten suspendiert seien, dann stünde auch einer ausdrücklichen Suspendierung nichts im Weg.[717] Es käme auch zu keiner Besserstellung des Steuerpflichtigen gegenüber dem Steuerehrlichen.[718] Wenn der Gesetzgeber für den Erhalt der Mitwirkungspflicht deshalb plädiere, damit es zu keiner Besserstellung des Hinterziehers im Vergleich zum ehrlichen Steuerzahler komme, übersehe er, dass der Steuerpflichtige auch nicht gegenüber jedem anderen Straftäter schlechter gestellt werden dürfe, der sich auf sein Schweigerecht berufen könne, sodass es angemessen sei, dem Steuerstraftäter ein Aussage- und Mitwirkungsverweigerungsrecht zuzubilligen.[719] Die Suspendierung der Erklärungspflichten würde für den Steuerpflichtigen zu mehr Rechtsklarheit führen und es bestünde nicht die Gefahr, dass dieser als juristischer Laie angesichts der komplizierten Belehrung über das Zwangsmittelverbot trotz bestehen bleibender Mitwirkungspflicht zur Mitwirkung verleitet würde.[720]

Gegen diese Ansicht spricht, dass bei Entfall der Mitwirkungspflicht eine nachteilige Schätzung gemäß § 162 Abs. 2 AO mangels Verletzung der Erklärungspflichten nicht mehr möglich wäre.[721] Die Suspendierung der Erklärungspflichten hätte zur Folge, dass der Steuerpflichtige sowohl steuerrechtlich als auch strafrechtlich

---

714 *Hellmann* Das Neben-Strafverfahrensrecht der AO, S. 120 f., 392 f.; *Samson* wistra 1988, 130, 132; *Streck* BB 1980, 1537, 1539; *ders.* Der Eingriff der Steuerfahndung Rn. 467 f., 818; *Streck/Spatscheck* wistra 1998, 334, 335; *Streck/Spatscheck/Talaska* Steuerfahndung Rn. 666.

715 So *Berthold* Der Zwang zur Selbstbezichtigung, S. 43; *Eidam* Die strafprozessuale Selbstbelastungsfreiheit, S. 170; *Reiß* Besteuerungsverfahren und Strafverfahren, S. 248.

716 *Eidam* Die strafprozessuale Selbstbelastungsfreiheit, S. 170.

717 *Hellmann* Das Neben-Strafverfahrensrecht der AO, S. 120.

718 *Hellmann* Das Neben-Strafverfahrensrecht der AO, S. 120, 393.

719 *Streck* Der Eingriff der Steuerfahndung Rn. 467; *Streck/Spatscheck/Talaska* Steuerfahndung Rn. 669.

720 *Hellmann* Das Neben-Strafverfahrensrecht der AO, S. 392.

721 BFH BFH/NV 2005, 503, 504; *Rüping/Kopp* NStZ 1997, 530, 533.

bezüglich der Aufdeckung der Steuerhinterziehung entlastet würde[722], weil die Feststellungen im Besteuerungsverfahren entscheidenden Einfluss auf die Ermittlungen im Steuerstrafverfahren haben. Es ist verfassungsrechtlich unbedenklich, wenn die Mitwirkungspflichten im Steuerverfahren bestehen bleiben, weil der Nemo-tenetur- Grundsatz ein strafprozessuales Prinzip ist[723], das nur im Strafverfahren absolute Geltung beansprucht. Das BVerfG hat im Gemeinschuldnerbeschluss festgestellt, dass nemo tenetur Vorrang vor dem Strafverfolgungsinteresse habe, aber dort eingeschränkt werden könne, wo es andere schutzwürdige Rechtsgüter Dritter gebe.[724] Ein solches könnte sich aus dem Ziel des Besteuerungsverfahrens zur Herstellung von Steuergerechtigkeit und einer gleichmäßigen Besteuerung ergeben. Der Staat ist auf Steuern als Einnahmequelle angewiesen und benötigt die Mitwirkung der Steuerpflichtigen, um die individuelle Steuerlast feststellen zu können. Stünde diesen ein Aussageverweigerungsrecht auch im Besteuerungsverfahren zu, könnte dadurch weder Steuergerechtigkeit noch eine gleichmäßige Besteuerung sowohl in rechtlicher als auch in tatsächlicher Hinsicht erreicht werden.[725] Die uneingeschränkten steuerlichen Mitwirkungspflichten sind daher im überwiegenden Interesse der Steuergerechtigkeit und der Vollständigkeit des Steueraufkommens gerechtfertigt.[726] Ein Aussageverweigerungsrecht für das Steuerverfahren ist daher abzulehnen.

dd) Verwendungsverbot bei selbstbelastenden Angaben

Ein weiterer Weg, um den Steuerpflichtigen aus der Konfliktlage zwischen seinen steuerlichen Mitwirkungspflichten und dem strafrechtlichen Selbstbelastungsverbot zu befreien, könnte die Statuierung eines Verwendungsverbots sein, sobald sich der Steuerstraftäter im Rahmen des Besteuerungsverfahrens belastet.[727] Dafür könnte sprechen, dass es eine entsprechende Regelung in § 97 Abs. 1 S. 3 InsO gibt, nach der die selbstbelastende Aukunft des Schuldners in einem Straf- oder Ordnungswidrigkeitenverfahren nur mit dessen Zustimmung verwendet werden darf. Der Gesetzgeber hat in den Gesetzesmaterialien zum Ausdruck gebracht, dass auch „solche Tatsachen nicht verwertet werden [dürfen], zu denen die Auskunft den Weg gewiesen hat".[728] Damit dürfen nicht nur die Aussage an sich, sondern alle aufgefundenen Beweise, die aufgrund der Aussage ermittelt wurden, nicht im

722 *Hellmann* in: FS Beulke 2015, 405, 417.
723 BFH BFH/NV 2006, 15, 16.
724 BVerfGE 56, 37, 43, 50.
725 Vgl. BFH BFH/NV 2005, 503, 504.
726 *Rüster* Der Steuerpflichtige, S. 45.
727 *Bülte* in: Leitner/Brandl Finanzstrafrecht 2017, 119; 147 f.; *G. Dannecker* in: GS Joecks 2018, 383, 397 f.; *ders.* in: Leitner/Brandl Finanzstrafrecht 2017, 1, 35 ff., 46; *Kuhlen* Grundfragen der strafbaren Steuerhinterziehung, S. 162, 164 f.
728 BT-Drs. 12/2443, S. 142 (zum damaligen § 109 InsO).

Strafverfahren verwertet werden, es sei denn, dass die Beweise nicht unmittelbar auf die Aussage zurückzuführen sind.[729] Die Aussage soll nicht dazu genutzt werden, um weitere Erkenntnisquellen zu erschließen.[730] § 97 Abs. 1 S. 3 InsO normiert insofern ein Beweisverwendungsverbot.

Neben der Existenz des § 97 Abs. 1 S. 3 InsO lässt sich für eine Anwendung des Beweisverwendungsverbots auf den Steuerhinterzieher anführen, dass die Sachlage zwischen dem Insolvenzschuldner und dem Steuerhinterzieher vergleichbar ist. Beide sind gesetzlich zur Auskunft verpflichtet. Aufgrund dieser Auskunftspflicht sind sie zur Aussage gezwungen und belasten sich selbst. Dem Nemo-tenetur-Grundsatz, der verbietet, dass die erzwungene Aussage des Täters zu dessen strafrechtlicher Verurteilung beiträgt, kann das Beweisverwendungsverbot hinreichend Rechnung tragen. Durch das Verwendungsverbot darf die Aussage weder unmittelbar noch mittelbar zu weiteren Ermittlungen oder als Beweis im Strafverfahren selbst verwendet werden.[731] Dadurch belastet sich der Steuerhinterzieher nicht mehr und er kann seinen steuerlichen Mitwirkungspflichten nachkommen, ohne sich der Gefahr einer strafrechtlichen Verurteilung auszusetzen.

Allerdings besteht keine Pflicht des Gesetzgebers, vergleichbare Sachverhalte gleich zu regeln. Es steht im Ermessen des Gesetzgebers, ob er im Fall der Selbstbelastung durch erzwingbare Mitwirkungspflichten ein Beweisverwertungs- oder ein Beweisverwendungsverbot vorsieht. Die Vorgaben des BVerfG im Gemeinschuldnerbeschluss, dass es bei einer Selbstbelastung aufgrund erzwingbarer Mitwirkungspflichten zum Schutz von nemo tenetur eines Beweisverwertungsverbots bedürfe[732], dürfen nur nicht unterschritten werden.

Das BVerfG hat aus der Verfassung, gestützt auf das allgemeine Persönlichkeitsrecht gemäß Art. 2 Abs. 1 GG iVm Art. 1 Abs. 1 GG und der Menschenwürde gemäß Art. 1 Abs. 1 GG, ein Beweisverwertungsverbot für denjenigen hergeleitet, der aufgrund gesetzlicher Auskunftspflichten zu einer selbstbelastenden Aussage gezwungen ist.[733]

Würde es keine Selbstanzeigeregelung geben, müsste der Gesetzgeber im Gesetz ein Beweisverwertungs- oder Beweisverwendungsverbot statuieren. Für welches strafverfahrensrechtliche Institut er sich entscheidet, unterliegt seinem Entscheidungsspielraum. Wäre der Gesetzgeber untätig, würde ein Beweisverwertungsverbot von Verfassungs wegen eingreifen, weil der Zwang zur Selbstbezichtigung im

---

729 Vgl. BT-Drs. 12/2443, S. 142.

730 *Rogall* in: FS Kohlmann 2003, 465, 480.

731 Zur Reichweite des Verwendungsverbots s. *Joecks* in: Joecks/Jäger/Randt Steuerstrafrecht § 393 AO Rn. 32, 90 ff.; *Webel/Nikolaus* in: Flore/Tsambikakis Steuerstrafrecht § 393 AO Rn. 120 ff.; *Rogall* in: FS Kohlmann 2003, 465, 485.

732 BVerfGE 56, 37, 50 f.

733 BVerfGE 56, 37, 49 ff.

Strafverfahren nach Ansicht des BVerfG mit dem allgemeinen Persönlichkeitsrecht und der Menschenwürde unvereinbar ist.[734]

Der Vorteil eines Beweisverwendungs- im Vergleich zum Beweisverwertungsverbot liegt jedoch darin, dass weder die Aussage des Steuerpflichtigen noch weitere Beweise, die auf dessen Aussage zurückzuführen sind (z.B. Kontoabfragen, Befragung von Zeugen, Auffinden von Beweisen infolge einer Durchsuchung), im Strafverfahren verwendet werden dürfen. Das Beweisverwertungsverbot schließt hingegen nur eine Verwertung der Angaben des Steuerpflichtigen aus.

Das Beweisverwendungsverbot kommt dem Steuerhinterzieher insbesondere dann zugute, wenn eine Selbstanzeige z.B. wegen des Eingreifens von Sperrgründen oder der mangelnden Fähigkeit zur Rückzahlung der Steuern nicht möglich ist. In diesen Fällen wäre der Täter bei Erstattung einer Selbstanzeige weiterhin strafbar, wohingegen er bei einem Beweisverwendungsverbot straffrei wäre.

Allerdings ist eine Verurteilung des Steuerstraftäters möglich, wenn es sich um Beweismittel handelt, von denen die Ermittlungsbehörde unabhängig von den Angaben des Steuerpflichtigen Kenntnis erlangt hat, z.B. Kontrollmitteilungen im Rahmen einer Außenprüfung, (anonyme) Anzeigen, Kontoabfragen, automatischer Informationsaustausch oder der Ankauf von Steuer-CDs.

Insbesondere durch den zunehmenden automatischen Informationsaustausch, der seit 2017 durch die Einführung des Common Reporting Standard verschärft wurde[735], können die Ermittlungsbehörden Steuerhinterziehungen aufdecken. Ein Beweisverwendungsverbot greift zugunsten des Steuerstraftäters nicht. Eine Selbstanzeige ist hingegen solange möglich, wie die Tat noch nicht entdeckt ist.[736]

Der Ankauf von Steuer-CDs und der Informationsaustausch über ausländische Steuerpflichtige hat nicht nur Bedeutung für natürliche Personen hinsichtlich einer Einkommensteuerhinterziehung, sondern auch bezüglich juristischer Personen hinsichtlich einer Körperschaftsteuerhinterziehung. Eine juristische Person ist zwar an sich nicht strafbar.[737] Gegen eine solche kann aber bei Vorliegen einer

---

734 BVerfGE 56, 37, 49 f. Zur hier vertretenen Einordnung des nemo-tenetur-Grundsatzes als Verfahrensrecht, s. C. II. 3. c) gg), ii), jj).

735 Bestimmte Finanzinstitute wie Banken, Verwahrstellen, Makler und bestimmte Versicherungsgesellschaften sind beim Common Reporting Standard nunmehr verpflichtet, Daten ausländischer Steuerpflichtiger über Konten im Inland an das jeweilige inländische Finanzamt zu übermitteln, welches die Daten dann an das ausländische Finanzamt des Steuerpflichtigen weiterleitet, s. dazu Monatsbericht BMF 8/2014, S. 73 f.

736 Zur Tatentdeckung beim Ankauf von Steuer-CDs und beim Informationsaustausch, s. *Joecks* in: Joecks/Jäger/Randt Steuerstrafrecht § 371 AO Rn. 307; *Engler* DStR 2017, 2260, 2260 ff.; *Spatschek/Lindenberg* Stbg 2017, 263, 263 f.; *Weigell/Görlich* in: Kuhn/Weigell/Görlich Steuerstrafrecht, S. 203 f.

737 Zur geplanten Strafbarkeit juristischer Personen s. Koalitionsvertrag von CDU, CSU und SPD, 19. Legislaturperiode vom 12.03.2018, S. 126; s. auch den Entwurf

Straftat eine Geldbuße gemäß § 30 OWiG festgesetzt werden. Wenn man davon ausgeht, dass sich auch eine juristische Person auf den Nemo-tenetur-Grundsatz berufen kann[738], dann beinhaltet das Schweigerecht nicht nur das Innehaben dieses Rechts, sondern ebenfalls deren effektive Durchsetzung.[739] An dieser effektiven Durchsetzung fehlt es, wenn das Beweisverwendungsverbot im Fall des automatischen Informationsaustausches und beim Ankauf von Steuer-CDs nicht eingreift. Die Selbstanzeige bietet hier einen besseren Schutz der juristischen und der natürlichen Person.

Jedoch ist zu beachten, dass auch bei der Selbstanzeige das Zeitfenster für eine Erstattung sehr klein ist, da der BGH eine Tatentdeckung nicht erst bei einem Abgleich mit der Steuererklärung des Steuerpflichtigen annimmt, sondern bereits dann, wenn unter Berücksichtigung der zur Steuerquelle oder zum Auffinden der Steuerquelle bekannten weiteren Umstände nach allgemeiner kriminalistischer Erfahrung eine Steuerstraftat oder -ordnungswidrigkeit nahe liegt. Dies kann sich aus der Art und Weise der Verschleierung der verheimlichten Steuerquellen ergeben.[740] Würde es keine Selbstanzeige geben, wäre ein Verwendungsverbot eine Alternative.

ee) Zwischenergebnis

Die Untersuchungen haben gezeigt, dass lediglich die Normierung eines Verwendungsverbots geeignet ist, den Konflikt zwischen dem Selbstbelastungsverbot und den steuerlichen Mitwirkungspflichten befriedigend zu lösen.

---

eines Gesetzes zur Einführung der strafrechtlichen Verantwortlichkeit von Unternehmen und sonstigen Verbänden des Landes Nordrhein-Westfalen vom 18.09.2013, abrufbar unter: https://www.landtag.nrw.de/Dokumentenservice/portal/WWW/dokumentenarchiv/Dokument/MMI16-127.pdf;jsessionid=175FE959396BAAF3D3D9286435C05ABA.ifxworker. Aktuell gibt es einen Regierungsentwurf für ein Verbandssanktionengesetz (VerSanG), das keine Strafbarkeit von Unternehmen, sondern nur Sanktionen vorsieht, wenn im Unternehmen Straftaten begangen wurden, durch die Pflichten, die den Verband treffen, verletzt worden sind oder durch die der Verband bereichert worden ist oder werden sollte (sog. Verbandstaten), s. dazu im Einzelnen: https://www.bmjv.de/SharedDocs/Gesetzgebungsverfahren/Dokumente/RegE_Staerkung_Integritaet_Wirtschaft.pdf?__blob=publicationFile&v=2.

738 S. C. II. 3. d).

739 Vgl. *Schmidt-Aßmann* AöR 2017, 326, 326.

740 BGHSt 55, 180, 188, BGH NZWiSt 2018, 379, 382.

c) Ausweg durch die Selbstanzeige

aa) Rechtspolitische Gebotenheit der Selbstanzeige

Auch wenn anstelle der Selbstanzeige ein Beweisverwendungsverbot in Betracht käme, ist die Selbstanzeige rechtspolitisch geboten, um dem Nemo-tenetur-Grundsatz gerecht zu werden. Denn durch die Selbstanzeige kann der Steuerpflichtige aus der Zwangslage zwischen der Selbstbelastung einerseits und der Erfüllung seiner Mitwirkungspflichten andererseits befreit werden. Die Selbstanzeige ermöglicht es dem Steuerpflichtigen, nachträglich seinen Steuerpflichten nachzukommen, ohne sich der Gefahr der Verfolgung auszusetzen.[741] Sie stellt somit nach teilweiser Ansicht einen verfassungsrechtlich gebotenen Ausweg aus dieser Zwangslage dar.[742] Diese Argumentation würde dazu führen, dass der Gesetzgeber gegen Verfassungsrecht verstoßen würde, wenn er sich für die Abschaffung der Selbstanzeige entschiede. Dem kann nicht gefolgt werden. Denn dem Gesetzgeber steht es grundsätzlich frei, ob er sich für eine Strafmilderung oder für eine Strafbefreiung entscheidet. Hat das Nachtatverhalten die Strafzwecke, die die Gründe für die Strafbarkeit liefern, so wesentlich beseitigt, dass sie nicht mehr ins Gewicht fallen, liegt kein Strafbedürfnis mehr vor.[743] In diesen Fällen kommt eine Strafbefreiung wie bei der Selbstanzeige in Betracht. Durch die Erstattung der Selbstanzeige sowie die Nachzahlung der Steuern zuzüglich Zinsen kommt der Steuerpflichtige seinen steuerlichen Pflichten nach und der Staat kann seinen Steueranspruch gegen diesen durchsetzen. Damit wird auch das Interesse des Staates am rechtzeitigen und vollständigen Steueraufkommen gewahrt. Der Schaden, den der Betroffene dadurch anrichtet, dass er dem Staat Steuern zunächst vorenthalten hat, macht der Betroffene durch seine Nachzahlung wieder gut. Es gibt auch Vorschriften des StGB (§§ 46a, 46b, 266 Abs. 6 StGB), die die Schadenswiedergutmachung als ausreichend ansehen und entweder die Strafe mildern oder zur Strafbefreiung führen. Dass die Schadenswiedergutmachung zu honorieren ist[744], ist also nicht nur ein Aspekt des § 371 AO, sondern des Strafrechts allgemein.

---

741 *Röckl* Das Steuerstrafrecht im Spannungsfeld des Verfassungs- und Europarechts, S. 349.

742 Für eine verfassungsrechtliche Gebotenheit der Selbstanzeige: *Hüls/Reichling* in: Hüls/Reichling Steuerstrafrecht § 371 Rn. 45; *Seipl* in: Beermann/Gosch AO/FGO § 393 AO Rn. 39; *Al Hamwi* Die strafbefreiende Selbsanzeige nach § 371 AO, S. 195 ff.; *Breyer* Der Inhalt der strafbefreienden Selbstanzeige, S. 69; *Burwitz* NZG 2014, 494, 495; *Eidam* Die strafprozessuale Selbstbelastungsfreiheit, S. 207; *Hoffmann* Selbstanzeige, S. 25 f.; *Stahl* in: FS Korn 2005, 757, 766 f., 775; a.A. *Bülte* in: Leitner/Brandl Finanzstrafrecht 2017, 119, 146 ff.; *G. Dannecker* in: GS Joecks 2018, 383, 390; *ders.* in: Leitner/Brandl Finanzstrafrecht 2017, 1, 5; *Kuhlen* Grundfragen der strafbaren Steuerhinterziehung, S. 162 f., 164 f.,177 ff.

743 *Abramowski* DStZ 1992, 460, 461; *Stahl* in: FS Korn 2005, 757,772.

744 *Hoffmann* Selbstanzeige,S. 24.

Allerdings könnte sich der Gesetzgeber genauso gut für ein Beweisverwertungs- oder Beweisverwendungsverbot anstelle der Selbstanzeige entscheiden. Seine Gesetzgebungskompetenz würde er dadurch nicht überschreiten und es läge auch kein Verstoß gegen das Grundgesetz vor. Das Verfassungsrecht fordert zum Schutz von nemo tenetur nur eine Auflösung der Zwangslage, in der sich der Steuerhinterzieher befindet.[745] Wie der Gesetzgeber diesen Konflikt auflöst, bleibt ihm überlassen.

Bei der Steuerhinterziehung ist insbesondere zu berücksichtigen, dass sich der Steuerstraftäter durch seine Eigenschaft als Steuerpflichtiger in einem Dauerschuldverhältnis zum Staat befindet. Im Gegensatz zu anderen Straftätern fällt es ihm schwer mit der Begehung der Tat aufzuhören, weil ein Vergleich zwischen den verschiedenen Veranlagungszeiträumen durch die periodischen Steuern möglich ist. Der Steuerpflichtige muss seine Steuererklärung jedes Jahr aufs Neue einreichen. Hat der Steuerhinterzieher über mehrere Jahre seine Einkünfte nicht oder falsch angegeben und reicht er für den aktuellen Veranlagungszeitraum eine korrekte Steuererklärung ein, gibt er damit der Finanzbehörde Anlass zu weiteren Ermittlungen und setzt sich somit einer strafrechtlichen Verfolgung aus. Bei anderen Straftaten kann der Täter die Ausführung weiterer Taten unterlassen, ohne dass er dadurch die Strafverfolgungsbehörden auf sich aufmerksam machen würde. Dem Steuerstraftäter muss ein Weg aus der Hinterziehungsfalle eröffnet werden, ohne dass er durch die richtigen und vollständigen Angaben zu seiner eigenen Verurteilung beiträgt.

Die Selbstanzeige stellt eine Möglichkeit dar, um dem Steuerdelinquenten den Weg zurück in die Legalität zu ebnen. Dabei ist die Selbstanzeige nicht nur mit Vorteilen für den Täter, sondern auch für den Staat verbunden. Mit Erstattung der Selbstanzeige legt der Steuerpflichtige bisher unbekannte Steuerquellen offen, die ohne die Anzeige angesichts der Aufdeckungsschwierigkeiten bei Steuerhinterziehungen auch in Zukunft nicht sprudeln würden.[746] Der Staat gelangt so an Einnahmen, die er ohne Mithilfe des Steuerstraftäters nicht hätte erschließen können.

Ferner kehrt der Steuerstraftäter durch seine vollständigen und richtigen Angaben in die Steuerehrlichkeit zurück. Mit Nachzahlung der hinterzogenen Steuern zuzüglich Zinsen macht der Steuerdelinquent den eingetretenen Schaden wieder gut. Die Schadenswiedergutmachung führt dazu, dass das Strafbedürfnis für die Bestrafung des Steuerstraftäters entfällt.[747] Denn der den Schaden freiwillig wiedergutmachende Täter bringt durch sein Verhalten zum Ausdruck, dass es einer Verhängung von Strafe aus spezialpräventiven Gesichtspunkten nicht mehr bedarf.[748]

---

745 *Bülte* in: Leitner/Brandl Finanzstrafrecht 2017, 119, 148.

746 *G. Dannecker* in: GS Joecks 2018, 383, 396.

747 *G. Dannecker* in: GS Joecks 2018, 383, 392.

748 *G. Dannecker* in: GS Joecks 2018, 383, 392.

Die Selbstanzeige führt zudem dazu, dass Belastungsgleichheit im Steuerrecht wiederhergestellt und das Steuerstrafrecht, das seiner Effektivität ohne die Möglichkeit der Selbstanzeige beraubt wäre, durch § 371 AO wieder effektiv wird. Die Strafandrohung wegen der bereits begangenen Steuerhinterziehungen steht der Rückkehr des Täters in die Steuerehrlichkeit wegen der in Aussicht gestellten Straffreiheit nicht mehr entgegen. Der Täter kann sich somit aus der Hinterziehungsfalle befreien, ohne sich einer strafrechtlichen Verfolgung auszusetzen.[749]

Die Rückkehr des Täters in die Steuerehrlichkeit, das fehlende Strafbedürfnis aufgrund der freiwilligen Schadenswiedergutmachung und die Wiederherstellung der Effektivität des Steuerstrafrechts rechtfertigen eine Strafbefreiung des Steuerdelinquenten aufgrund der Selbstanzeige. Die Selbstanzeige ist somit rechtspolitisch, nicht jedoch verfassungsrechtlich geboten.[750]

bb) Reichweite und Grenzen des Nemo-tenetur-Grundsatzes

Die Selbstanzeige löst den Konflikt zwischen dem Selbstbelastungsverbot und den steuerlichen Mitwirkungspflichten auf. Dadurch wird der Schutz des Selbstbelastungsverbots gewahrt. Fraglich ist, wie weit der Schutz durch nemo tenetur reicht. Das ist zum einen bedeutsam für die Frage, ob nemo tenetur im Hinblick auf ein besonderes Aufklärungs- und Strafverfolgungsinteresse generell eingeschränkt werden darf und zum anderen, inwieweit eine Eingrenzung von nemo tenetur bei Auskunftspflichten im Vorfeld eines Strafverfahrens erlaubt ist.[751] Die Beantwortung dieser Fragen hat Auswirkungen darauf, ob die gegenwärtige Regelung der Selbstanzeige gemäß § 371 AO den verfassungsrechtlichen Anforderungen entspricht. Das Grundgesetz trifft zu diesen Aspekten keine Aussage. Auch die nationale Rechtsprechung ist bis auf das Urteil des BVerfG zum Gemeinschuldnerbeschluss nicht weiter auf diese Frage eingegangen. Der EGMR hat sich indes in einer Reihe von Entscheidungen zur Einschränkbarkeit des Nemo-tenetur-Grundsatzes bei Vorliegen eines besonderen Strafverfolgungs- und Aufklärungsinteresses sowie im Rahmen von außerstrafrechtlichen Aussagepflichten im Vorfeld eines Strafverfahrens geäußert. Eine nähere Untersuchung der ergangenen Urteile könnte für die Entwicklung einer Lösung auf nationaler Ebene fruchtbar gemacht werden.

---

749 Zu den Gründen der Selbstanzeige s. C. I.

750 *G. Dannecker* in: GS Joecks 2018, 383, 390; *ders.* in: Leitner/Brandl Finanzstrafrecht 2017, 1, 5, 38.

751 S. dazu *C. Dannecker* ZStW 127 (2015), 991, 992 ff. m.w.N.; *G. Dannecker* in: Leitner/Brandl Finanzstrafrecht 2017, 1, 24 ff. m.w.N.

aaa) Einschränkung des Nemo-tenetur-Grundsatzes im Strafverfahren aufgrund eines Aufklärungs- und Strafverfolgungsinteresses

Der EGMR hat sich in mehreren Entscheidungen mit der Frage befasst, ob das Selbstbelastungsverbot in bestimmten komplexen Sachbereichen wie dem Wirtschaftsstrafrecht und dem Kartellrecht eingeschränkt werden darf.[752] Die Einschränkung beruht auf der Überlegung, dass in diesen Fällen die Aufklärung des Sachverhalts und die effektive Strafverfolgung bzw. Sanktionierung bei einem generellen Verzicht auf die Mitwirkungspflichten des Beschuldigten nicht gewährleistet werden können.[753] Gleiches gilt im Steuerstrafrecht. Im Steuerrecht bestehen umfangreiche Mitwirkungspflichten des Steuerpflichtigen, weil der Staat ohne Mitwirkung des Steuerpflichtigen den steuerlichen Sachverhalt nicht ermitteln kann. Kommt der Steuerdelinquent seiner Verpflichtung nach, deckt er dadurch bereits begangene Steuerhinterziehungen sowie gegebenenfalls mitverwirklichte Allgemeindelikte auf und belastet sich somit strafrechtlich selbst. Sollten die getätigten Aussagen Eingang ins (Steuer-)Strafverfahren finden, stellt sich die Frage, ob diese als Beweis verwertet werden können, wenn ein besonderes Strafverfolgungsinteresse besteht.

In der Entscheidung *Saunders* im Jahr 1996 stellte der EGMR fest, dass erzwungene Aussagen eines Beschuldigten nicht als Beweis im Strafverfahren gegen diesen verwertet werden dürfen, da sie dem Grundsatz des fairen Verfahrens widersprechen.[754] Weder die Komplexität der Wirtschaftskriminalität noch das öffentliche Interesse an der Aufklärung sowie Bestrafung könnten eine solche Verwertung rechtfertigen.[755] Der Nemo-tenetur-Grundsatz gelte im Strafverfahren unabhängig von der Komplexität der Straftat.[756] Allerdings gab es damals schon zwei abweichende Sondervoten von vier Richtern, die die Gegenauffassung vertraten.[757] In der Entscheidung *Heany and McGuinness* bestätigte der EGMR im Jahr 2000 seine bisherige Auffassung und verneinte die Relativierung des Nemo-tenetur-Grundsatzes im Hinblick auf ein besonderes Aufklärungs- sowie Strafverfolgungsinteresse bei besonders schwerwiegenden – im vorliegenden Fall terroristischen – Straftaten.[758]

---

752 Dazu *C. Dannecker* ZStW 127 (2015), 991, 992 f.; *G. Dannecker* in: Leitner/Brandl Finanzstrafrecht 2017, 1, 24.

753 *C. Dannecker* ZStW 127 (2015), 991, 993; *G. Dannecker* in: Leitner/Brandl Finanzstrafrecht 2017, 1, 24.

754 EGMR Urt. v. 17.12.1996 – 19187/91 (*Saunders v United Kingdom*) Rn. 74.

755 EGMR Urt. v. 17.12.1996 – 19187/91 (*Saunders v United Kingdom*) Rn. 74.

756 EGMR Urt. v. 17.12.1996 – 19187/91 (*Saunders v United Kingdom*) Rn. 74.

757 EGMR Urt. v. 17.12.1996 – 19187/91 (*Saunders v United Kingdom*) – Sondervoten *Valticos/Gölcüklü* sowie *Martens/Kuris* Rn. 1 f., 17 ff.; *C. Dannecker* ZStW 127 (2015), 991, 993; *G. Dannecker* in: Leitner/Brandl Finanzstrafrecht 2017, 1, 25.

758 EGMR Urt. v. 21.12.2000 – 34720/97 (*Heaney and McGuinness v Ireland*) Rn. 57 f.; *C. Dannecker* ZStW 127 (2015), 991, 993; *G. Dannecker* in: Leitner/Brandl Finanzstrafrecht 2017, 1, 25.

Die Entscheidung *Jalloh* aus dem Jahr 2006 markiert einen Wendepunkt in der Rechtsprechung des EGMR. In dieser Entscheidung öffnete er den Randbereich des Nemo-tenetur-Grundsatzes für eine Abwägung.[759] Der EGMR geht von einer Verletzung des Art. 6 Abs. 1 EMRK aus, wenn das Verfahren insgesamt nicht mehr als fair anzusehen ist.[760] Das ist der Fall, wenn das Verfahren bei Abwägung des öffentlichen Interesses an der Strafverfolgung gegen das Interesse des Beschuldigten an der rechtmäßigen Beweisbeschaffung insgesamt betrachtet nicht fair war.[761]

Dennoch hat der EGMR in der Entscheidung *Marttinen* aus dem Jahr 2009 unter Berufung auf die Urteile *Funke* und *Saunders* nochmals bekräftigt, dass öffentliche Interessen Einschränkungen des Selbstbelastungsverbots nicht rechtfertigen können.[762]

Damit bleiben Grund und Reichweite der Relativierung des Nemo-tenetur-Grundsatzes im Vagen.[763] Insbesondere ist unklar, ob der EGMRK eine sachbereichsspezifische Relativierung des Nemo-tenetur-Grundsatzes für das Wirtschaftsstrafrecht generell zulässt oder ob es auf eine Abwägung im Einzelfall ankommt.[764] Unabhängig davon ist fraglich, ob eine sachbereichsspezifische Relativierung für das nationale Recht infrage kommt, um den Kern- vom Randbereich abzugrenzen.[765] Dagegen spricht, dass es sich bei nemo tenetur um ein Prozessrecht handelt[766], das unabhängig vom konkreten strafrechtlichen Vorwurf gilt und die Stellung des Beschuldigten im Strafverfahen einheitlich ausgestaltet.[767] Eine Abwägung mit dem öffentlichen Interesse an der Strafverfolgung, insbesondere bei schweren Straftaten, findet nur bei materiellen Grundrechten statt[768], bei Verteidigungsrechten, die die Stellung des Beschuldigten im Strafprozess ausgestalten,

759 *C. Dannecker* ZStW 127 (2015), 991, 993; *G. Dannecker* in: Leitner/Brandl Finanzstrafrecht 2017, 1, 25.

760 EGMR Urt. v. 11.07.2006 – 54810/00 (*Jalloh v Deutschland*) Rn. 95 ff.

761 EGMR Urt. v. 11.07.2006 – 54810/00 (*Jalloh v Deutschland*) Rn. 95 ff.; dazu *G. Dannecker* in: Leitner/Brandl Finanzstrafrecht 2017, 1, 25.

762 EGMR Urt. v. 21.04.2009 – 19235/03 (*Marttinen v Finland*) Rn. 74; dazu *C. Dannecker* ZStW 127 (2015), 991, 993; *G. Dannecker* in: Leitner/Brandl Finanzstrafrecht 2017, 1, 25.

763 *C. Dannecker* ZStW 127 (2015), 991, 993; *G. Dannecker* in: Leitner/Brandl Finanzstrafrecht 2017, 1, 25.

764 *C. Dannecker* ZStW 127 (2015), 991, 994; *G. Dannecker* in: Leitner/Brandl Finanzstrafrecht 2017, 1, 25.

765 *G. Dannecker* in: Leitner/Brandl Finanzstrafrecht 2017, 1, 25.

766 S. C. II. 3. c) jj).

767 *C. Dannecker* ZStW 127 (2015), 991, 994; *G. Dannecker* in: Leitner/Brandl Finanzstrafrecht 2017, 1, 26.

768 BVerfGE 124, 43, 62 ff.; 125, 260, 328 f.

hingegen nicht.[769] Die strafverfahrensrechtlichen Verfassungsgarantien benennen die strikt einzuhaltenden Voraussetzungen, unter denen die Strafe verhängt werden darf.[770] So gelten das Schuldprinzip, der Anspruch auf rechtliches Gehör, das Recht auf Verteidigung, der Grundsatz in dubio pro reo und nemo tenetur unabhängig von der Schwere der Tat und sind trotz des öffentlichen Interesses an einer effektiven Strafverfolgung anerkannt.[771] Sie setzen der Strafverfolgung strikte rechtsstaatliche Grenzen, die keiner Abwägung zugänglich sind.[772] Das muss insbesondere auch bei schweren Straftaten gelten. Eine Einschränkung des Nemo-tenetur-Grundsatzes wegen eines besonderen Aufklärungs- und Strafverfolgungsinteresses ist somit im Strafverfahren nicht möglich.

bbb) Einschränkung des Nemo-tenetur-Grundsatzes im Rahmen von Auskunftspflichten im Vorfeld eines Strafverfahrens

Ob der Nemo-tenetur-Grundsatz im Rahmen von Auskunftspflichten im Vorfeld eines Strafverfahrens eingeschränkt werden darf, hat große Bedeutung für das Steuerstrafrecht im Hinblick darauf, ob die Angaben des Steuerpflichtigen im Besteuerungsverfahren für das Strafverfahren verwertet werden dürfen.

In der Entscheidung *Funke* hat der EGMR festgestellt, dass das Selbstbelastungsverbot als Bestandteil des fairen Verfahrens nach Art. 6 EMRK zugunsten desjenigen eingreift, gegen den eine strafrechtliche Anklage erhoben wird.[773] Ob eine strafrechtliche Anklage vorliegt, richtet sich gemäß der Rechtsprechung des EGMR nach den drei Engel-Kriterien: die Einordnung der Strafe im nationalen Recht, die Natur der Zuwiderhandlung sowie Art und Schwere der angedrohten Sanktion.[774]

---

769 *C. Dannecker* ZStW 127 (2015), 991, 994; *G. Dannecker* in: Leitner/Brandl Finanzstrafrecht 2017, 1, 26. Anders jedoch die einfachrechtliche Regelung des § 393 Abs. 2 S. 2 AO, die eine Verwertung von Angaben im Besteuerungsverfahren für das Strafverfahren wegen Allgemeindelikten erlaubt.

770 *G. Dannecker* in: Leitner/Brandl Finanzstrafrecht 2017, 1, 26.

771 Vgl. *C. Dannecker* ZStW 127 (2015), 991, 994; vgl. *G. Dannecker* in: Leitner/Brandl Finanzstrafrecht 2017, 1, 26.

772 *C. Dannecker* ZStW 127 (2015), 991, 995; *G. Dannecker* in: Leitner/Brandl Finanzstrafrecht 2017, 1, 26.

773 EGMR Urt. v. 25.02.1993 – 10828/84 (*Funke v France*) Rn. 41.

774 EGMR Urt. v. 08.06.1976 – 5100/71; 5101/71; 5102/71; 5354/72; 5370/72 (*Engel and others v Netherlands*) Rn. 82; EGMR Urt. v. 21.02.1984 – 8544/79 (*Öztürk v Germany*) Rn. 50; EGMR Urt. v. 10.02.2009 – 14939/03 (*Sergey Zolotukhin v. Russia*) Rn. 53; EGMR Urt. v. 20.05.2014 – 35232/11 (*Pirttimäki v Finnland*) Rn. 46; EGMR Urt. v. 01.03.2016 – 50124/13 (*Milenković v Serbia*) Rn. 33; EGMR Urt. v. 13.09.2017 – 41788/11 (*Šimkus v Lithuania*) Rn. 42.

In den Entscheidungen *Saunders*[775], *Weh*[776] und *O´Halloran and Francis*[777] hat sich der EGMR hingegen mit Sachverhalten befasst, bei denen keine strafrechtliche Anklage erhoben oder zu erwarten war, sondern es um außerstrafrechtliche Aussagepflichten im Vorfeld eines Strafverfahrens ging, die möglicherweise Sanktionsverfahren nach sich ziehen oder nur zu außerstrafrechtlichen Konsequenzen führen konnten, wenn die Person die Mitwirkung verweigerte.[778] Eine ähnliche Problematik stellt sich im Besteuerungsverfahren, bei dem der Steuerpflichtige gemäß § 90 Abs. 1 AO zur Angabe aller erheblichen Tatsachen zur Ermittlung des steuerlichen Sachverhalts verpflichtet ist. Verweigert er die Mitwirkung, ist eine Schätzung der Besteuerungsgrundlagen gemäß § 162 Abs. 1, Abs. 2 S. 1 AO möglich, die für den Steuerpflichtigen mit empfindlichen Nachteilen einhergehen kann, wenn seine Steuerschuld zu hoch angesetzt wird. Kommt er hingegen seiner Verpflichtung nach, deckt er dadurch begangene Steuerhinterziehungen sowie mitverwirklichte Allgemeindelikte auf. Die Statuierung einer Aussagepflicht, wodurch sich der Verpflichtete einer Straftat bezichtigt, stellt nach Meinung des EGMR keinen Verstoß gegen den Nemo-tenetur-Grundsatz dar, selbst wenn diese mit Sanktionen verbunden ist.[779] Andernfalls könne keine effektive Finanz- und Wirtschaftsaufsicht gewährleistet werden.[780] Zwar ist das Selbstbelastungsverbot in diesen Fällen tangiert, aber eine Verletzung liegt nicht vor. Nur in diesem Sinn kann davon gesprochen werden, dass nemo tenetur außerhalb des Strafverfahrens nicht gilt.[781]

Werden die im Vorfeld eines Strafverfahrens unter Zwang erlangten Informationen als Beweise im Strafverfahren verwertet, liegt entsprechend der Entscheidung *Saunders* ein Verstoß gegen nemo tenetur vor.[782] Damit stimmt die Rechtsprechung des EGMR mit der des BVerfG überein, das von einem Beweisverwertungsverbot ausgeht, wenn Angaben aufgrund außerstrafrechtlicher Auskunftspflichten in einem Strafverfahren verwertet werden.[783]

In den Entscheidungen *Weh* (2004) und *O´Halloran and Francis* (2007) hat der EGMR diese Rechtsprechung dahingehend eingeschränkt, das eine Verwertung von unter Zwang erlangten Aussagen bei Vorliegen bestimmter Kriterien doch

775 EGMR Urt. v. 17.12.1996 – 19187/91 (*Saunders v United Kingdom*).
776 EGMR Urt. v. 08.04.2004 – 38544/97 (*Weh v Österreich*).
777 EGMR Urt. v. 29.06.2007 – 15809/02 und 25624/02 (*O´Halloran and Francis v United Kingdom*).
778 *C. Dannecker* ZStW 127 (2015), 991, 995 f.
779 EGMR Urt. v. 08.04.2004 – 38544/97 (*Weh v Österreich*) Rn. 54, 56.
780 EGMR Urt. v. 17.12.1996 – 19187/91 (*Saunders v United Kingdom*) Rn. 67.
781 *C. Dannecker* ZStW 127 (2015), 991, 996.
782 EGMR Urt. v. 17.12.1996 – 19187/91 (*Saunders v United Kingdom*) Rn. 74 ff.
783 BVerfGE 56, 37, 50.

zulässig sein soll.[784] Die Entscheidungen befassten sich mit der Verpflichtung von Kraftfahrzeughaltern bei Verkehrsverstößen, die mit ihrem Fahrzeug begangen wurden, den Fahrer zu benennen. Der EGMR ging nicht von einem Beweisverwertungsverbot aus, sondern führte unter Berufung auf die Entscheidung *Jalloh*[785] aus, dass nicht jeder auf den Beschuldigten ausgeübte Zwang einen Verstoß gegen das Selbstbelastungsverbot darstelle, sondern dass vielmehr eine Beurteilung anhand des Einzelfalls erfolgen müsse.[786] Dabei kommt es für Frage, ob eine Verletzung gegen nemo tenetur vorliegt, auf das Wesen und die Schwere des angewendeten Zwangs zur Beweiserlangung, die Existenz angemessener Verfahrensgarantien und die Verwertung der erlangten Beweismittel an.[787]

Aus den unterschiedlichen Entscheidungen des EGMR lässt sich schließen, dass der Kernbereich des Nemo-tenetur-Grundsatzes betroffen ist, wenn eine strafrechtliche Anklage gegen den Beschuldigten erhoben wurde bzw. zu erwarten ist. Bei Auskunftspflichten im Vorfeld eines Strafverfahrens ist lediglich der Randbereich betroffen, der einer Abwägung zugänglich ist.[788] Eine Verwertung der unter Zwang erlangten Aussagen im Strafverfahren ist im Einzelfall möglich. Diese Rechtsprechung, die zwischen der strafrechtlichen Anklage als Kernbereich des Selbstbelastunsgverbots einerseits und den Voruntersuchungen als Randbereich andererseits unterscheidet, ist aus mehreren Gründen unzutreffend.[789] Entscheidend für eine Verletzung von nemo tenetur ist nicht, ob eine Anklage gegen den Beschuldigten erhoben wurde, sondern ob die unter Zwang erlangte Aussage im Strafverfahren gegen diesen verwertet wird.[790] Zudem lässt der EGMR bei seinen Abwägungskriterien, die eine Verwertung der erzwungenen Aussage im Einzelfall

784 Vgl. EGMR Urt. v. 08.04.2004 – 38544/97 (*Weh v Österreich*) Rn. 44 ff.; EGMR Urt. v. 29.06.2007 – 15809/02 und 25624/02 (*O´Halloran and Francis v United Kingdom*) Rn. 55 ff.; dazu *C. Dannecker* ZStW 127 (2015), 991, 997.

785 EGMR Urt. v. 11.07.2006 – 54810/00 (*Jalloh v Deutschland*).

786 EGMR Urt. v. 29.06.2007 – 15809/02 und 25624/02 (*O´Halloran and Francis v United Kingdom*) Rn. 53; dazu *C. Dannecker* ZStW 127 (2015), 991, 997.

787 EGMR Urt. v. 21.12.2000 – 34720/97 (*Heaney and McGuinness v Ireland*) Rn. 51-55; EGMR Urt v. 05.11.2002 – 48539/99 (*Allan v United Kingdom*) Rn. 44; EGMR Urt. v. 11.07.2006 – 54810/00 (*Jalloh v Deutschland*) Rn. 101; EGMR Urt. v. 29.06.2007 – 15809/02 und 25624/02 (*O´Halloran and Francis v United Kingdom*) Rn. 55; dazu *C. Dannecker* ZStW 127 (2015), 991, 997; *G. Dannecker* in: Leitner/Brandl Finanzstrafrecht 2017, 1, 28.

788 So *C. Dannecker* ZStW 127 (2015), 991, 997

789 Ebenso *C. Dannecker* ZStW 127 (2015), 991, 997 ff. m.w.N.; *G. Dannecker* in: Leitner/Brandl Finanzstrafrecht 2017, 1, 28 f.

790 So auch der EGMR in der Entscheidung *Saunders*, s. EGMR Urt. v. 17.12.1996 – 19187/91 (*Saunders v United Kingdom*) Rn. 74 ff.; *C. Dannecker* ZStW 127 (2015), 991, 997 f.; *G. Dannecker* in: Leitner/Brandl Finanzstrafrecht 2017, 1, 28.

ermöglichen, kohärente Leitlinien und Kriterien vermissen, die eine Verallgemeinerung über den zu entscheidenden Fall hinaus zulassen.[791] Der Grund für die fehlende Systematik bei den Entscheidungen des EGMR liegt darin begründet, dass das Gericht mit Richtern aus verschiedenen Rechtskreisen besetzt ist, sodass zwangsläufig eine Entscheidung anhand des Einzelfalls ähnlich wie im case law erfolgt.[792] Der EGMR sollte damit bei seiner Ausgangsentscheidung *Saunders* bleiben, wonach ein Verstoß gegen nemo tenetur vorliegt, wenn die erzwungene Aussage des Beschuldigten anschließend im Strafverfahren verwertet wird. Diese Wertung stimmt mit der nationalen Rechtslage überein.

ccc) Schlussfolgerungen für die Selbstanzeige

Den Kernbereich des Nemo-tenetur-Grundsatzes bildet die Aussagefreiheit. Niemand darf zu einer Aussage gezwungen werden, die als Beweis im Strafverfahren verwertet wird und zur Verurteilung des Beschuldigten führt. Eine vorporzessuale Auskunftspflicht, wie sie im Steuerrecht besteht, stellt an sich keinen Verstoß gegen das Selbstbelastungsverbot dar, wenn die Angaben nicht als Beweis Eingang in den Strafprozess finden. Nemo tenetur hat nur im Strafverfahren absolute Geltung. In anderen Verfahren kann er bei Vorliegen schutzwürdiger Interessen Dritter eingegrenzt werden, auch wenn der zur Auskunft Verpflichtete sich dadurch wegen einer Straftat bzw. Ordnungswidrigkeit belastet.[793] Das Aufklärungs- und Strafverfolgungsinteresse ist kein solch schutzwürdiges Interesse und kann allein nicht für die bestehenden Auskunftspflichten im Steuerrecht herangezogen werden.[794] Stattdessen ist das schutzwürdige Interesse im Ziel des Besteuerungsverfahrens zur Herstellung von Steuergerechtigkeit und einer gleichmäßigen Besteuerung zu sehen.[795] Diese Ziele können nur bei Bestehen von Mitwirkungspflichten des Steuerpflichtigen erreicht werden. Sollte sich der Steuerhinterzieher bei Erfüllung der Verpflichtung belasten, muss zu seinen Gunsten ein Verwertungsverbot eingreifen, um eine Beweisverwertung im Strafverfahren zu verhindern.[796] Das ist mit den Regelungen des § 393 Abs. 1 S. 2, Abs. 2 S. 1 AO erfolgt. § 393 Abs. 2 S. 2 AO stellt indes eine verfassungswidrige Durchbrechung des Verwendungsverbots dar, weil er die Verwendung von Angaben aus dem Besteuerungsverfahren im

791 *C. Dannecker* ZStW 127 (2015), 991, 998; *G. Dannecker* in: Leitner/Brandl Finanzstrafrecht 2017, 1, 28 f.

792 *C. Dannecker* ZStW 127 (2015), 991, 998; *G. Dannecker* in: Leitner/Brandl Finanzstrafrecht 2017, 1, 29.

793 BVerfGE 56, 37, 49 f.; BVerfG Beschluss v. 09.05.2004 – 2 BvR 480/04 Rn. 2; zu den Auskunftspflichten im Besteuerungsverfahren: BVerfG wistra 1988, 302, 302; BGHSt 47, 8, 13; BGH NJW 2005, 763, 764.

794 Vgl. BVerfGE 56, 37, 50; vgl. BVerfG Beschluss v. 09.05.2004 – 2 BvR 480/04 Rn. 3.

795 Vgl. BVerfG wistra 1988, 302, 302; BGHSt 47, 8, 13; BGH NJW 2005, 763, 764

796 BVerfGE 56, 37, 50.

Strafverfahren wegen besonders schwerer Straftaten erlaubt oder wenn das Vertrauen in die Redlichkeit der Behörden gefährdet ist.[797] Dadurch wird der Kernbereich des Nemo-tenetur-Grundsatzes verletzt. Die Entscheidungen des EGMR machen deutlich, dass kein besonderes Aufklärungs- und Strafverfolgungsinteresse nemo tenetur einschränken kann. Danach sollte sich auch die nationale Rechtsordnung richten und deshalb § 393 Abs. 2 S. 2 AO aufgehoben werden.

Für die Selbstanzeige bedeutet das, dass der Gesetzgeber die Voraussetzungen nicht so hoch ansetzen darf, dass faktisch kein Ausweg aus der Konfliktlage mehr möglich ist. Gleiches gilt hinsichtlich der Rechtsklarheit des § 371 AO. Damit der Bürger weiß, welche Anforderungen an ihn gestellt werden, um Straffreiheit zu erlangen, muss die Regelung der Selbstanzeige klar formuliert sein und es muss eine verlässliche Rechtslage bestehen.[798] Das ist angesichts der erfolgten Gesetzesänderungen im Jahr 2011 und 2014 nicht der Fall. Als Reaktion auf die geänderte Rechtsprechung des BGH vom 20.05.2010[799], der die Selbstanzeige nunmehr restriktiv auslegt, was gleichzeitig mit einer extensiven Auslegung der Sperrgründe gemäß § 371 Abs. 2 AO einhergeht[800], hat der Gesetzgeber die Anforderungen an eine wirksame Selbstanzeige deutlich verschärft. Diese Verschärfungen haben allerdings an vielen Stellen des § 371 AO zu Ungereimtheiten geführt, sodass eine hinreichend sichere Anwendung der Norm, insbesondere in Zusammenschau mit § 398a AO nicht mehr möglich ist.[801] Durch das Schwarzgeldbekämpfungsgesetz hat der Gesetzgeber die Anforderungen an den Umfang der Selbstanzeigeerklärung verschärft. Es genügt hiernach nicht mehr, dass der Täter die Angaben zu einer Tat berichtigt oder nachholt, sondern die Berichtigung bzw. Nachholung muss zu allen „unverjährten Straftaten einer Steuerart in vollem Umfang" erfolgen.[802] Nicht die einzelne Tat im materiellen Sinn, sondern ein Berichtigungsverbund aus mehreren Taten, der über mehrere Veranlagungszeiträume reicht, muss offengelegt werden.[803] Diese Verschärfung des Umfangs der Selbstanzeige ist aber problematisch, weil zum einen der Gesetzgeber nicht definiert hat, was unter dem Begriff der „Steuerart" zu verstehen ist[804], auch wenn naheliegt, dass damit das

---

797 C. III. 2. a) cc) bbb).

798 *G. Dannecker* in: Leitner/Brandl Finanzstrafrecht 2017, 1, 9.

799 BGHSt 55, 180, 180 ff.

800 BGHSt 55, 180, 184; vgl. *Bülte* in: Leitner/Brandl Finanzstrafrecht 2017, 119, 128; *G. Dannecker* in: Leitner/Brandl Finanzstrafrecht 2017, 1, 6 f.

801 *Habetha* in: Leitner/Rosenau Wirtschafts- und Steuerstrafrecht § 371 AO Rn. 14; *Beckemper/Schmitz/Wegner/Wulf* wistra 2011, 281, 282.

802 *Bülte* in: Leitner/Brandl Finanzstrafrecht 2017, 119, 137 f.

803 Beckemper/Schmitz/Wegner/Wulf wistra 2011, 281, 282.

804 Beckemper/Schmitz/Wegner/Wulf wistra 2011, 281, 283.

jeweilige Steuergesetz (z.B. Einkommen-, Umsatzsteuer, usw.) gemeint ist.[805] Zum anderen ist unklar, welche Bedeutung Bagatellabweichungen haben und bis zu welcher Grenze von unwesentlichen Abweichungen auszugehen ist.[806] Der Gesetzeswortlaut trifft hierzu keine Aussage. Der BGH hat festgestellt, dass eine Abweichung von fünf Prozent beim Verkürzungsschaden nicht zur Unwirksamkeit der Selbstanzeige führt. Die Einhaltung der zahlungsmäßigen Geringfügigkeit müsse aber auch wertungsmäßig als geringfügig anzusehen sein. Ausscheiden würde eine Selbstanzeige, wenn es sich um bewusste Abweichungen handele oder die Selbstanzeige aufgrund der Abweichungen nicht mehr als Rückkehr in die Steuerehrlichkeit gewertet werden könnte.[807] Die erst so klar scheinende Geringfügigkeitsgrenze wird durch das Erfordernis einer Gesamtwürdigung wieder unscharf. Ist die erste Einschränkung noch relativ prägnant, lässt die zweite umso mehr Spielraum bei der Beurteilung. Zudem ist von der Rechtsprechung bislang nicht entschieden worden, ob sich die Abweichung auf den gesamten Berichtigungsverbund oder auf die einzelne materiell-rechtliche Tat bezieht.[808] Ob eine undolose Selbstanzeige, d.h. eine Selbstanzeige, die unbeabsichtigt unvollständig ist, zur Strafbefreiung führt, hat der Gesetzgeber ebenfalls nicht geregelt.[809]

Mit dem Gesetz zur Änderung der Abgabenordnung und des Einführungsgesetzes zur Abgabenordnung vom 22.12.2014 wurde der Umfang der zu offenbarenden Steuerstraftaten auf alle Steuerstraftaten der letzten zehn Kalenderjahre erweitert.[810] Ausgangspunkt für die Berechnung der zehnjährigen Frist soll die Abgabe der Selbstanzeige sein.[811] Unklar ist, ob damit eine taggenaue Rückrechnung oder das volle Kalenderjahr gemeint ist und das Kalenderjahr, in dem die

---

805 Vgl. BT-Drs. 17/5067, S. 21: Einkommensteuer als Beispiel für die „einzelne hinterzogene Steuer"; *Habetha* in: Leitner/Rosenau Wirtschafts- und Steuerstrafrecht § 371 AO Rn. 44; *Kohler* in: MK StGB § 371 AO Rn. 56.

806 *Bülte* in: Leitner/Brandl Finanzstrafrecht 2017, 119, 138.

807 BGHSt 56, 298, 317 f.

808 *Hüls/Reichling* in: Hüls/Reichling Steuerstrafrecht § 371 Rn. 64 m.w.N.

809 *Adick* HRRS 2011, 197, 197; *Beckemper/Schmitz/Wegner/Wulf* wistra 2011, 281, 283 f.; *Bülte* in: Leitner/Brandl Finanzstrafrecht 2017, 119, 138. Die Beschränkung auf dolose Selbstanzeigen, wenn der Täter wusste oder "bei verständger Würdigung der Sachlage damit rechnen musste", dass seine Selbstanzeige unvollständig ist, wurde nicht in den Gesetzeswortlaut aufgenommen; *Habetha* in: Leitner/Rosenau Wirtschafts- und Steuerstrafrecht § 371 AO Rn. 48. S. hingegen Entwurf Schwarzgeldbekämpfungsgesetz, BT-Drs. 17/4182, S. 3, 5, der davon ausging, dass eine undolose Selbstanzeige nicht zur Unwirksamkeit der Selbstanzeige führen sollte ("Unbewusste Unrichtigkeiten und Unvollständigkeiten führen nicht zum Ausschluss der Straffreiheit.").

810 *Bülte* in: Leitner/Brandl Finanzstrafrecht 2017, 119, 141 f.

811 BT-Drs. 18/3018, S. 11.

Selbstanzeige erstattet wird, nicht für den Lauf der Frist einzubeziehen ist.[812] Der Gesetzgeber hat diese Frage nicht geklärt. Der Anwendungserlass des Finanzministeriums Nordrhein-Westfalens geht von Letzterem aus.[813] Wird beispielsweise eine Selbstanzeige im Jahr 2018 erstattet, dann müssen alle Steuerstraftaten von 2007 bis 2017 offengelegt werden. Sollten im selben Jahr, in dem die Selbstanzeige abgegeben wird, weitere Steuerstraftaten begangen worden sein, müssen auch für diese Taten wirksame Selbstanzeigeerklärungen abgegeben werden.[814] Neben dem genauen Beginn der Frist hat sich der Gesetzgeber auch nicht dazu geäußert, was der tatsächliche Anknüpfungspunkt ist, um festzulegen, ob eine Steuerstraftat in den letzten zehn Kalenderjahren vorliegt.[815]

Weiterhin problematisch ist die Erstreckung der Sperrwirkung auf alle Tatbeteiligten für die Sperrgründe der Bekantgabe der Prüfungsanordnung gemäß § 371 Abs. 2 S. 1 Nr. 1a AO und die Einleitung eines Straf- oder Bußgeldverfahrens gemäß § 371 Abs. 2 S. 1 Nr. 1b AO, unabhängig davon, ob die anderen Tatbeteiligten von der Bekanntgabe bzw. Einleitung wussten oder nicht.[816] Der Wortlaut dieser Vorschriften müsste dann „von einem an der Tat Beteiligten" lauten[817] und nicht von „dem an der Tat Beteiligten".

Schließlich will der BGH für den Sperrgrund der Tatentdeckung gemäß § 371 Abs. 2 S. 1 Nr. 2 AO maßgeblich auf das objektive Element („Tatentdeckung") abstellen und an die Annahme des subjektiven Merkmals des „Kennenmüssens" keine hohen Anforderungen stellen.[818] Das widerspricht aber dem Ziel der Selbstanzeige, dem Steuerstraftäter einen Weg zurück in die Legalität zu ermöglichen. Denn um in die Steuerehrlichkeit zurückkehren zu können, muss der Täter die rechtlichen Folgen seines Handelns vorhersehen können.[819] Dazu tragen die subjektiven Elemente „Kenntnis" bzw. „Kennenmüssen" bei.[820] Von einer Rückkehr

812 S. dazu *Habetha* in: Leitner/Rosenau Wirtschafts- und Steuerstrafrecht § 371 AO Rn. 41 m.w.N.

813 Anwendungserlass Finanzministerium Nordrhein-Westfalen vom 12.01.2016 – S 0702 – 8 f – V A 1, Ziffer 4. a).

814 So Anwendungserlass Finanzministerium Nordrhein-Westfalen vom 12.01.2016 – S 0702 – 8 f – V A 1, Ziffer 4. a).

815 Möglich scheint hier der Zeitpunkt der Tatbeendigung, der Tatbegehung bzw. Tatvollendung oder der Zeitpunkt, in dem die Steueransprüche entstehen. Dazu *Habetha* in: Leitner/Rosenau Wirtschafts- und Steuerstrafrecht § 371 AO Rn. 40, 42 f. m.w.N.

816 BT-Drs. 18/3018, S. 11.

817 *Wessing/Biesgen* in: Flore/Tsambikakis Steuerstrafrecht § 371 AO Rn. 103; *Joecks* DStR 2014, 2261, 2263 f.

818 BGHSt 55, 180, 189.

819 *Adick* HRRS 2011, 197, 200.

820 *Adick* HRRS 2011, 197, 200.

in die Steuerehrlichkeit kann nur dann nicht mehr gesprochen werden, wenn der Täter wusste, dass seine Tat bereits entdeckt war oder dies hätte wissen müssen. Auf das subjektive Element in § 371 Abs. 2 S. 1 Nr. 2 AO sollte weiterhin Wert gelegt und dieses nicht in ein Stufenverhältnis zur objektiven Voraussetzung gesetzt werden. Das hat der Gesetzgeber ebenso gesehen. Er ist der Meinung des BGH nicht gefolgt, sondern fordert nach wie vor das Vorliegen des objektiven und subjektiven Elements für das Eingreifen des Sperrgrundes. Dadurch wird ebenfalls dem Ziel des Schwarzgeldbekämpfungsgesetzes Rechnung getragen, ein Taktieren des Steuerdelinquenten auszuschließen.[821]

Mit dem Schwarzgeldbekämpfungsgesetz und durch Gesetzesänderung aufgrund des Gesetzes zur Änderung der Abgabenordnung und des Einführungsgesetzes zur Abgabenordnung hat der Gesetzgeber den § 398a AO neu eingefügt. Dieser sieht ab einem Hinterziehungsbetrag von 25.000 EUR je Tat oder einem besonders schweren Fall der Steuerhinterziehung keine Straffreiheit, sondern ein Strafverfolgungshindernis vor. Das Anknüpfen an einen konkreten Grenzbetrag für das Eingreifen des persönlichen Strafaufhebungsgrundes (§ 371 AO) oder eines Strafverfolgungshindernisses (§ 398a AO) ist in mehrfacher Hinsicht problematisch.[822] Zum einen lässt sich der Hinterziehungsbetrag nicht ohne Weiteres leicht berechnen[823], zum anderen scheint die Staffelung der Zuschläge abhängig von der Höhe der hinterzogenen Steuern willkürlich zu sein.[824] Wer von den Tatbeteiligten zur Zahlung des Zuschlags verpflichtet ist, bleibt ebenso offen wie die Möglichkeit von Rechtsschutzbehelfen.[825]

Die Vorschrift des § 398a AO hat wegen ihres Charakters als „Form des modernen Ablasshandels", die es dem Täter erlaubt, doch noch Straffreiheit zu erlangen, wenn er den Zuschlag zahlt, erhebliche Kritik hervorgerufen.[826] Die Intention des Gesetzgebers bei Schaffung des § 398a AO war es, dass nur die leichten Fälle der Steuerhinterziehung ohne Zusatzleistung zur Straffreiheit führen sollten und bei Fällen großen Ausmaßes eine zusätzliche Zahlung geleistet werden sollte, um dem begangenen Unrecht Rechnung zu tragen.[827] Das wird durch die Festlegung eines konkreten Grenzbetrages, ab dem Zuschläge zu zahlen sind, erreicht. Allerdings führt § 398a AO auch dazu, dass sich nur der wirtschaftlich gut gestellte Täter seine Straffreiheit „erkaufen" kann.

Zusammenfassend lässt sich feststellen, dass die aktuelle Regelung des § 371 AO in vielen Bereichen unklar ist und die Sperrgründe zu weit ausgedehnt

---

821 BT-Drs. 17/5067 (neu), S. 11.

822 *Beckemper/Schmitz/Wegner/Wulf* wistra 2011, 281, 284 ff. m.w.N.

823 *Beckemper/Schmitz/Wegner/Wulf* wistra 2011, 281, 284 f.

824 *Bülte* in: Leitner/Brandl Finanzstrafrecht 2017, 119, 140.

825 *Beckemper/Schmitz/Wegner/Wulf* wistra 2011, 281, 286 ff. m.w.N.

826 So die SPD-Fraktion, BT-Drs. 17/5067 (neu), S. 20; *Adick* HRRS 2011, 197, 201.

827 BT-Drs. 17/5067 (neu), S. 20.

werden. Diese vor allem durch den BGH vorgenommene extensive Auslegung der Sperrgründe hat zur Folge, dass es für den Täter an einem Anreiz fehlt, seine begangenen Steuerstraftaten offenzulegen. Dadurch wird das fiskalische Ziel, die Eröffnung unbekannter Steuerquellen, verfehlt. Wenn die Selbstanzeige vor allem mit der Rückkehr in die Steuerehrlichkeit begründet wird, müssen die Sperrgründe restriktiv gehandhabt werden. Bei einer extensiven Anwendung der Sperrgründe werden die Handlungsspielräume für den Steuerdelinquenten, wieder in die Legalität zurückzukehren, immer kleiner. Wenn die Voraussetzungen zusätzlich so undurchsichtig sind, dass niemand einen Ausweg aus dem Labyrinth findet[828], kann von einem Schutz des Selbstbelastungsverbots durch die Selbstanzeige keine Rede mehr sein. Die aktuelle Selbstanzeigeregelung kann dem Grundsatz nemo tenetur nicht hinreichend Rechnung tragen und sollte deshalb vom Gesetzgeber nachgebessert werden.

3. Zwischenergebnis

Der Steuerpflichtige ist durch die periodischen Steuern einer Hinterziehungsfalle ausgesetzt, aus der er wegen der zahlreichen Mitwirkungspflichten im Steuerrecht nicht mehr herauskommen kann, ohne sich dabei selbst zu belasten. Die Doppelfunktion der Finanzbehörde führt dazu, dass strafrechtlich relevante Informationen im Besteuerungsverfahren für das Strafverfahren verwendet werden können. Dabei versagen die Vorschriften der §§ 30, 393 Abs. 2 S. 1 AO, die eigentlich dem Schutz des Steuerpflichtigen dienen sollen, indem sie zahlreiche Durchbrechungen ermöglichen und so dem Informationsfluss zwischen Besteuerungs- und Strafverfahren weitgehend freien Lauf lassen.

Die Selbstanzeige ist ein Rechtsinstitut, das den Nemo-tenetur-Grundsatz ausreichend schützen kann und zur Lösung des Spannungsfelds von steuerlichen Mitwirkungspflichten und möglicher Selbstbelastung rechtspolitisch geboten ist. Eine Alternative zu § 371 AO wäre ein Verwendungsverbot.

Der Nemo-tenetur-Grundsatz kann allein durch ein besonderes Strafverfolgungs- bzw. Aufklärungsinteresse nicht eingeschränkt werden. Im Rahmen von gesetzlichen Auskunftspflichten im Vorfeld eines Strafverfahrens führt die Verpflichtung zur Aussage noch nicht zu einem Verstoß, sondern erst wenn diese Aussage im darauffolgenden (Steuer-)Strafverfahren verwertet wird. Die Selbstanzeige ist grundsätzlich geeignet, dem Täter einen Ausweg aus dem Konflikt zwischen den steuerlichen Mitwirkungspflichten und dem Selbstbelastungsverbot im Strafverfahren zu bieten. Allerdings sind die Anforderungen an eine wirksame Selbstanzeige sehr hoch, in ihrer Formulierung und Auslegung undurchsichtig bzw. zu weitgehend und können ohne rechtliche Beratung durch den Täter allein nicht erfüllt werden. Die Selbstanzeige sollte zur Ermöglichung der Rückkehr in die Steuerehrlichkeit weit und die Sperrgründe sollten eng ausgelegt werden, da

828 Vgl. *Bülte* in: Leitner/Brandl Finanzstrafrecht 2017, 119, 153.

ansonsten der Steuerdelinquent keinen Grund hat, seine begangenen Steuerhinterziehungen offenzulegen, wenn ihm Strafverfolgung droht. Die Selbstanzeige dient wie die Strafandrohung in § 370 AO dazu, dass Steuergerechtigkeit und die Gleichmäßigkeit der Besteuerung gewährleistet werden. Während die Bestrafung wegen Steuerhinterziehung den Täter an einer Offenbarung hindert, bietet die Selbstanzeige einen Ausweg aus der Hinterziehungsfalle und stellt die Effektivität des Steuerstrafrechts wieder her, weil keine neuen Steuerhinterziehungen begangen werden.

D. Selbstanzeige in Deutschland und Großbritannien

Die Selbstanzeige in Deutschland und Großbritannien sind zwei Rechtsinstitute, die vor mehr als 100 Jahren eingeführt wurden, um dem jeweiligen Staat zu den Einnahmen zu verhelfen, die ihm sonst durch Steuerhinterziehungen verborgen geblieben wären. Dennoch handelt es sich bei der Selbstanzeige in Deutschland und Großbritannien um zwei grundlegend verschiedene Rechtsinstitute. Während die deutsche Selbstanzeige dem Steuerstrafrecht zuzuordnen ist, handelt es sich bei der britischen Selbstanzeige um eine nicht gesetzlich verankerte Praxis der Finanzbehörde, die als steuerrechtliches Rechtsinstitut einzuordnen ist. Sowohl bei der deutschen als auch bei der britischen Selbstanzeige sollen ihre geschichtliche Entwicklung (s. dazu D. I. 1., D. II. 3. a)), die Gründe für die Existenz dieses Rechtsinstituts (für die deutsche Selbstanzeige s. dazu bereits C. I., für die britische D. II. 3. c)), die Ausgestaltung der Regelung (dazu D. I. 2., D. II. 3. d)) und die Rechtsfolgen einer wirksamen Selbstanzeige (dazu D. I. 3., D. II. 3. e)) untersucht werden, um sodann in einem Rechtsvergleich (dazu D. III.) die Gemeinsamkeiten und Unterschiede herauszuarbeiten. Dieser Vergleich ist erforderlich, um anschließend auf europäischer Ebene zu beleuchten, ob eine einheitliche europäische Selbstanzeigeregelung notwendig ist.

I. Selbstanzeige in Deutschland

1. Historische Entwicklung

Die Selbstanzeige ist ein Rechtsinstitut, das seit mehr als 100 Jahren existiert und auf eine lange Geschichte zurückblickt. Bereits vor Einführung des § 374 RAO im Jahr 1919 war die Selbstanzeige in zahlreichen Einzelgesetzen der Länder[829] und

829 Z.B. Art. 101 Abs. 3 Württembergisches Gesetz betreffend die Grund-, Gebäude- und Gewerbe-Steuer vom 28.04.1883; Art. 30 Badisches Gesetz die Kapitalsteuer betreffend vom 29.06.1874; § 63 Abs. 2 Sächsiches Einkommensteuergesetz vom 22.12.1874; Art. 66 Abs. 2 Bayerisches Einkommensteuergesetz vom 19.05.1881; § 66 Abs. 3 Königlich Preußisches Einkommensteuergesetz vom 24.06.1891; Art. 73 Württembergisches Einkommensteuergesetz vom 08.08.1903; Art. 67 Abs. 4 Oldenburgisches Einkommensteuergesetz vom 12.05.1906; § 72 Abs. 3 Königlich Preußisches Einkommensteuergesetz vom 19.06.1906; S. dazu *Joecks* in: Joecks/Jäger/Randt Steuerstrafrecht § 371 AO Rn. 1 m.w.N.; *Breyer* Der Inhalt der strafbefreienden Selbstanzeige, S. 88 ff. m.w.N.

Steuergesetzen des Reiches geregelt.[830] Mit § 374 RAO[831], der unverändert in § 410 RAO übernommen wurde, gab es zum ersten Mal eine allgemeine Vorschrift über die strafbefreiende Selbstanzeige, die die Wirksamkeitsvoraussetzungen möglichst eng fassen wollte.[832] Danach war für die Strafbefreiung eine Berichtigungserklärung erforderlich und, soweit Steuerverkürzungen auftraten oder Steuervorteile erlangt wurden, mussten die Steuern innerhalb einer bestimmten Frist zurückgezahlt werden. Als objektive negative Wirksamkeitsvoraussetzungen waren sowohl die Strafanzeige als auch die Einleitung einer Untersuchung normiert. Anders als heute, wo die subjektiven Motive des Täters nicht berücksichtigt werden, durfte der Täter die Anzeige nicht wegen drohender Entdeckungsgefahr erstatten; dies führte zum Ausschluss der Selbstanzeige.

§ 410 RAO hat zahlreiche Änderungen erfahren, bevor er durch § 395 RAO im Jahr 1968 ersetzt wurde.[833] Mit Einführung der Abgabenordnung 1977 wurde § 395 RAO in § 371 AO mit einigen wenigen Änderungen übernommen, zu denen die Einführung der Fremdanzeige in § 371 Abs. 4 AO und die Nachzahlungspflicht auch für denjenigen, der zwar nicht der Steuerpflichtige war, aber die Steuer zu seinen Gunsten hinterzogen hat, zählten.[834]

Ausgelöst durch die Liechtenstein-Affäre kam es im Jahr 2010 zu großen Diskussionen in der Politik über das Institut der Selbstanzeige und ihre Abschaffung[835] oder Einschränkung.[836] Der BGH entschied am 20.05.2010, dass eine Teilselbstanzeige unwirksam sei und gab seine bisherige Rechtsprechung auf. Zur Begründung führte der BGH an, dass nur derjenige in die Steuerehrlichkeit zurückkehren könne, der vollständige und richtige Angaben mache; eine Teilselbstanzeige sei insofern nicht ausreichend.[837] Diese Rechtsprechungsänderung fand Eingang in das Schwarzgeldbekämpfungsgesetz[838] vom 28.04.2011, in dem der Gesetzgeber die Regelungen für die Selbstanzeige deutlich verschärfte, um das planvolle

---

830 Z.B. § 50 Abs. 2 Erbschaft- und Schenkungsteuergesetz vom 03.06.1906; § 25 S. 1 Gesetz gegen die Steuerflucht vom 26.07.1918; § 1 Gesetz über die Steuernachsicht vom 03.01.1920; S. dazu *Joecks* in: Joecks/Jäger/Randt Steuerstrafrecht § 371 AO Rn. 2 m.w.N.; *Breyer* Der Inhalt der strafbefreienden Selbstanzeige, S. 96 f. m.w.N.

831 Zur Fassung des § 374 RAO s. RGBl. I 1919, S. 2079.

832 *Schauf* in: Kohlmann Steuerstrafrecht § 371 AO Rn. 4 f.

833 Zu den Änderungen des § 410 RAO s. *Kohler* in: MK StGB § 371 AO Rn. 4.

834 *Kohler* in: MK StGB § 371 AO Rn. 5.

835 So der Gesetzesentwurf der SPD-Fraktion vom 20.04.2010, BT-Drs. 17/1411, S. 1, 4.

836 *Rolletschke/Roth* Die Selbstanzeige Rn. 4 m.w.N. Siehe zu den Empfehlungen der Ausschüsse des Bundesrats, die bereits im Gesetzgebungsverfahren zum Entwurf eines Jahressteuergesetzes 2010 die Abschaffung der Teilselbstanzeige und eine Verschärfung der Sperrgründe vorschlugen, BR-Drs. 318/1/10, S. 80 ff.

837 BGH NJW 2010, 2146, 2147.

838 BGBl. I 2011, S. 676 f.

Vorgehen von Steuerhinterziehern nicht mehr mit Strafbefreiung zu belohnen.[839] In Übereinstimmung mit dem obigen Beschluss des BGH wurde die Teilselbstanzeige abgeschafft. Für eine Strafbefreiung war nunmehr erforderlich, dass sämtliche unverjährte Steuerstraftaten einer Steuerart in vollem Umfang berichtigt wurden und weitere Ausschlussgründe wie die Bekanntgabe der Prüfungsanordnung sowie eine betragsmäßige Sperre auf 50.000 Euro je Tat wurden eingefügt.[840] Allerdings konnte sich der Steuerpflichtige das Absehen von Strafe nach § 398a AO erkaufen, wenn er zusätzlich fünf Prozent der hinterzogenen Steuer zugunsten der Staatskasse zahlte.[841]

Die Diskussion um die Selbstanzeige riss vor allem auch wegen der prominenten Fälle von Steuerhinterziehungen um Uli Hoeneß und Alice Schwarzer nicht ab. Insbesondere nach Bekanntwerden der Verurteilung von Uli Hoeneß, aber auch durch den mehrfachen Ankauf von Steuerdaten-CDs schossen die Selbstanzeigezahlen in die Höhe.

Zwar entschieden sich die Finanzminister der Länder auf der Finanzministerkonferenz am 27.03.2014 grundsätzlich für die Beibehaltung der Selbstanzeige. Sie sprachen sich aber für eine Verschärfung ihrer Voraussetzungen aus.[842] Diese Ergebnisse wurden im „Referentenentwurf eines Gesetzes zur Änderung der Abgabenordnung und des Einführungsgesetzes zur Abgabenordnung“[843] umgesetzt, dem das Bundesministerium der Finanzen zustimmte.[844]

Im Gegensatz zu diesem Entwurf entschied sich die Bundesregierung, die zehnjährige Verjährungsfrist nicht auf alle Fälle der Steuerhinterziehung auszuweiten, sondern dass diese Frist nach wie vor nur für Fälle der schweren Steuerhinterziehung gemäß § 370 Abs. 3 S. 2 Nr. 1 bis 5 AO Anwendung findet (vgl. § 376 Abs. 1 AO)[845], wohingegen bei den Fällen der einfachen Steuerhinterziehung iSd § 370 Abs. 1 AO nach wie vor die Verjährungsfrist von fünf Jahren gemäß § 78 Abs. 3 Nr. 4 StGB gilt.[846] Der Gesetzesentwurf der Bundesregierung wurde vom

---

839 BT-Drs. 17/4182, S. 1; *Schauf* in: Kohlmann Steuerstrafrecht § 371 AO Rn. 12.

840 *Schauf* in: Kohlmann Steuerstrafrecht § 371 AO Rn. 12.

841 *Kohler* in: MK StGB § 371 AO Rn. 6.

842 *J. R. Müller* Die Selbstanzeige im Steuerstrafverfahren Rn. 371.

843 Referentenentwurf abrufbar unter: http://www.bundesgerichtshof.de/SharedDocs/Downloads/DE/Bibliothek/Gesetzesmaterialien/18_wp/Abgabenordnung/refe.pdf?__blob=publicationFile.

844 *J. R. Müller* Die Selbstanzeige im Steuerstrafverfahren Rn. 372.

845 Durch das Steuerumgehungsbekämpfungsgesetz wurde ein weiterer besonders schwerer Fall hinzugefügt (§ 370 Abs. 3 Nr. 6 AO), s. BT-Drs. 18/11132; BGBl. I 2017, S. 1686.

846 Vgl. *Erb/Erdel* NZWiSt 2014, 327, 327 f.; *J. R. Müller* Die Selbstanzeige im Steuerstrafverfahren Rn. 373.

Bundestag und Bundesrat ohne weitere Änderungen angenommen und trat zum 01.01.2015 in Kraft.[847]

An dieser Entwicklung ist zu erkennen, dass der Gesetzgeber im Laufe der Jahre immer mehr dazu übergegangen ist, die Voraussetzungen der strafbefreienden Selbstanzeige zu verschärfen und damit eine restriktive Anwendung des Instituts vorsieht.

2. Voraussetzungen der Selbstanzeige

Um Straffreiheit zu erlangen, müssen die Voraussetzungen des § 371 Abs. 1 AO erfüllt sein. Der Täter muss seine Angaben berichtigen, die hinterzogenen Steuern zuzüglich Zinsen und Hinterziehungszinsen innerhalb einer bestimmten Frist nachzahlen (sog. positive Wirksamkeitsvoraussetzungen) und es dürfen keine Sperrgründe gemäß § 371 Abs. 2 AO (sog. negative Wirksamkeitsvoraussetzungen) vorliegen. Die nachfolgende Darstellung soll einen Überblick über die Anforderungen an eine vollständige und wirksame Selbstanzeige geben, wobei die Fremdanzeige des § 371 Abs. 4 AO außer Betracht bleibt.

a) Berichtigung gemäß § 371 Abs. 1 AO

Zunächst ist eine Berichtigung gemäß § 371 Abs. 1 AO erforderlich. Der Täter muss zu allen unverjährten Steuerstraftaten einer Steuerart, mindestens aber zu allen Steuerstraftaten einer Steuerart der letzten zehn Kalenderjahre, in vollem Umfang die unrichtigen Angaben berichtigen, die unvollständigen Angaben ergänzen oder die unterlassenen Angaben nachholen. Die Berichtigung setzt ein aktives Tun des Täters dahingehend voraus, dass er einen wesentlichen Beitrag dazu leistet, dass die betreffende Steuer nachträglich richtig festgesetzt wird[848], ohne dass langwierige Nachforschungen der Finanzbehörde vonnöten sind.[849] Die Selbstanzeige muss all diejenigen Angaben enthalten, die erforderlich gewesen wären, wenn der Steuerpflichtige seinen Erklärungs- und Auskunftspflichten von vornherein ordnungsgemäß nachgekommen wäre.[850] Die Angaben müssen wahr und vollständig sein.[851] Vor Schaffung des Schwarzgeldbekämpfungsgesetzes war noch eine Teilselbstanzeige, bei der der Täter nur einige, aber nicht alle seine begangenen Steuerhinterziehungen in Bezug auf eine Steuerart angegeben hat, möglich. Der

---

847 *Schauf* in: Kohlmann Steuerstrafrecht § 371 AO Rn. 13 f.

848 BGHSt 3, 373, 375; BGH NStZ 2006, 45; 46; *Kohler* in: MK StGB § 371 AO Rn. 53.

849 BGHSt 49, 136, 139; 55, 180, 190; *Jäger* in: Klein AO § 371 Rn. 50; *Wittig* Jura 2014, 567, 570.

850 Vgl. BGHSt 12, 100, 101; *Joecks* in: Joecks/Jäger/Randt Steuerstrafrecht § 371 AO Rn. 58; *Kohler* in: MK StGB § 371 AO Rn. 73; *Schauf* in: Kohlmann Steuerstrafrecht § 371 AO Rn. 159.

851 *Beckemper* in: Hübschmann/Hepp/Spitaler AO/FGO § 371 AO Rn. 63.

BGH hat diese jedoch mit Beschluss vom 20.05.2010 abgeschafft, da der Steuerhinterzieher bei der Teilselbstanzeige keinen reinen Tisch mache und zur Steuerehrlichkeit zurückkehre.[852] Hätte der Gesetzgeber eine Teilselbstanzeige gewollt, hätte er § 371 AO anders formuliert („Soweit... berichtigt").[853] Allerdings wurde im Bereich der Umsatzsteuervoranmeldungen und Lohnsteueranmeldungen die Teilselbstanzeige in § 371 Abs. 2a AO wiedereingeführt.

Die gestufte Selbstanzeige, bei der der Täter zwar dem Grunde, aber nicht der Höhe[854] nach steuerlich erhebliche Angaben macht, stellt keine Berichtigung dar.[855] Auch wenn es sich um komplexe oder länger zurückliegende Vorgänge handelt, besteht für den Steuerpflichtigen die Möglichkeit, die Besteuerungsgrundlagen im Wege einer Schätzung anzugeben, die für eine Selbstanzeige genügt, wenn die Finanzbehörde aufgrund dieser Angaben die Besteuerungsgrundlagen bestimmen kann.[856] Abweichungen bis fünf Prozent vom Verkürzungsbetrag sind geringfügig und schaden der Wirksamkeit der Selbstanzeige nach Auffassung des BGH nicht.[857]

Schließlich erfordert die Selbstanzeige eine Berichtigung zu allen unverjährten Steuerstraftaten einer Steuerart, mindestens aber zu allen Steuerstraftaten einer Steuerart der letzten zehn Kalenderjahre. Die strafrechtliche Verjährunsgfrist beträgt bei der einfachen Steuerhinterziehung fünf (§ 78 Abs. 3 Nr. 4 StGB) und bei der schweren 15 Jahre (§ 376 Abs. 1 AO). Die Ausweitung der Berichtigungspflicht auf zehn Kalenderjahre hat zur Folge, dass auch bei der einfachen Steuerhinterziehung die hinterzogenen Steuern für zehn Jahre nacherklärt werden müssen, unabhängig davon, ob bereits Strafverfolgungsverjährung eingetreten ist.[858] Das hat den Vorteil, dass die Finanzbehörde in Fällen der einfachen Steuerhinterziehung für steuerlich noch offene Altjahre nicht mehr wie zuvor[859] schätzen muss[860], weil

852 BGHSt 55, 180, 182f.

853 BGHSt 55, 180, 182.

854 Für eine Selbstanzeige sind Zahlenangaben erforderlich. Bei der gestuften Selbstanzeige erklärt der Täter zunächst nur, welche Vorgänge er berichtigen will und reicht die Zahlen zu hinterzogenen Steuern nach.

855 BGHSt 55, 180, 190; *Beckemper* in: Hübschmann/Hepp/Spitaler AO/FGO § 371 AO Rn. 77; *Schauf* in: Kohlmann Steuerstrafrecht § 371 AO Rn. 150; *Hunsmann* DStZ 2011, 185, 187.

856 Vgl. BGH NJW 1974, 2293, 2293 f.; vgl. BGHSt 55, 180, 190; *Beckemper* in: Hübschmann/Hepp/Spitaler AO/FGO § 371 AO Rn. 77.

857 BGHSt 56, 298, 317.

858 BT-Drs. 18/3018 S. 10f.

859 Die Fassung des § 371 AO in Form des Schwarzgeldbekämpfungsgesetzes sah nur eine Berichtigung für alle strafrechtlich noch nicht verjährten Steuerstraftaten vor.

860 Vgl. BT-Drs. 18/3018, S. 11.

die steuerliche Festsetzungs[861]- und die Strafverfolgungsverjährung einen unterschiedlich langen Zeitraum erfassen. Ausgangspunkt für die Berechnung der fiktiven Frist von zehn Jahren ist die Abgabe der Selbstanzeige.[862]

Der Begriff der Steuerart in § 371 Abs. 1 AO wurde vom Gesetzgeber nicht näher definiert. Allerdings ist bei der Steuerart von dem jeweiligen Steuergesetz auszugehen (z.B. Einkommen- , Umsatz-, Körperschaft-, Gewerbe-, Erbschaftsteuer).[863] Das lässt sich auch mit den Gesetzgebungsmaterialien begründen, in denen die Einkommensteuer als Beispiel für die „einzelne hinterzogene Steuer" genannt wurde.[864]

Eine bestimmte Form erfordert die Selbstanzeige nicht.[865] Die Erstattung kann gegenüber jeder[866] Finanzbehörde iSd § 6 Abs. 2 AO erfolgen, auch wenn diese nicht sachlich und örtlich zuständig ist, weil die Finanzbehörden im Wege der Amtshilfe zur Weiterleitung an die zuständige Behörde verpflichtet sind.[867] Es genügt also, wenn sich aus der Selbstanzeige ergibt, welche Behörde tatsächlich zuständig ist.[868]

Die Selbstanzeige kann sowohl der Täter als auch ein Teilnehmer erstatten. Straffreiheit tritt aber nur für denjenigen ein, der die Angaben berichtigt hat.[869]

b) Kein Vorliegen von Ausschlussgründen iSd § 371 Abs. 2 AO

Für die Wirksamkeit der Selbstanzeige dürfen keine Ausschlussgründe iSd § 371 Abs. 2 AO vorliegen. Die Sperrgründe sind voneinander unabhängig und können nebeneinander vorliegen.[870] Das Vorliegen eines Sperrgrundes hat bereits die Unwirksamkeit der Selbstanzeige zur Folge. Allerdings ist bei der Bekanntgabe der Prüfunganordnung (§ 371 Abs. 2 S. 1 Nr. 1a AO) und dem Erscheinen eines Amtsträgers zur steuerlichen Prüfung (§ 371 Abs. 2 S. 1 Nr. 1c AO) gemäß § 371 Abs. 2

---

861 Die steuerliche Festsetzungsfrist beträgt gemäß § 169 Abs. 2 S. 2 AO sowohl bei besonders schwerer als auch bei einfacher Steuerhinterziehung zehn Jahre.

862 BT-Drs. 18/3018, S. 11.

863 *Kohler* in: MK StGB § 371 AO Rn. 56.

864 BT-Drs. 17/5067, S. 21; *Jäger* in: Klein AO § 371 Rn. 43.

865 *Joecks* in: Joecks/Jäger/Randt Steuerstrafrecht § 371 AO Rn. 90; *Wittig* Jura 2014, 567, 571.

866 Anders früher die h.M., wonach eine Erstattung gegenüber der sachlich und örtlich zuständigen Finanzbehörde erforderlich war: RGSt 61, 10, 10 f.; 61, 115, 119; OLG Frankfurt DStZ/B 1954, 58, 58.

867 *Schauf* in: Kohlmann Steuerstrafrecht § 371 AO Rn. 275.

868 *Joecks* in: Joecks/Jäger/Randt Steuerstrafrecht § 371 AO Rn. 120; *Wittig* Jura 2014, 567, 571.

869 *J. R. Müller* Die Selbstanzeige im Steuerstrafverfahren Rn. 601 f.

870 *Kohler* in: MK StGB § 371 AO Rn. 187.

S. 2 AO eine Selbstanzeige bezüglich der Steuerstraftaten möglich, die nicht von der Außenprüfung umfasst sind.

aa) Bekanntgabe der Prüfungsanordnung

Die Selbstanzeige ist gemäß § 371 Abs. 2 S. 1 Nr. 1a AO ausgeschlossen, wenn dem an der Tat Beteiligten, seinem Vertreter, dem Begünstigten iSd § 370 Abs. 1 AO oder dessen Vertreter eine Prüfungsanordnung nach § 196 AO[871] bekannt gegeben worden ist. Durch die Prüfungsanordnung wird eine Außenprüfung angekündigt, bei der gemäß § 194 Abs. 1 S. 1 AO die steuerlichen Verhältnisse des Steuerpflichtigen ermittelt werden sollen. Aufgrund dieser Prüfung können etwaige Steuerverfehlungen aufgedeckt werden.[872] Zugleich wird durch den Eintritt des Sperrgrundes bereits ab der Bekanntgabe der Prüfungsanordnung ein Taktieren des Steuerhinterziehers verhindert.[873] Vor dem Erlass des Schwarzgeldbekämpfungsgesetzes sah § 371 Abs. 2 Nr. 1a a.F. AO eine Unwirksamkeit der Selbstanzeige erst ab dem Erscheinen des Amtsträgers vor.[874] Dadurch konnte der Täter in dem Zeitraum zwischen der Bekanntgabe und dem Erscheinen Straffreiheit durch Erstattung der Anzeige erlangen.[875] Mit Einführung des neuen § 371 Abs. 2 S. 1 Nr. 1a AO tritt der Sperrgrund des Erscheinen des Amtsträgers gemäß § 371 Abs. 2 S. 1 Nr. 1c AO in den Hintergrund und ist nur noch dann einschlägig, wenn für die Außenprüfung keine Prüfungsanordnung erforderlich ist.[876]

Der Sperrgrund setzt eine Bekanntgabe voraus. Wurde der Verwaltungsakt per Post versandt, kommt dem Steuerhinterzieher die Bekanntgabefiktion des § 122 Abs. 2 Nr. 1 AO[877] zugute. Danach gilt der Verwaltungsakt am dritten Tag nach der Aufgabe als bekannt gegeben. Sollte der Brief aber tatsächlich früher zugegangen sein, verbleibt dem Hinterzieher noch die Möglichkeit der Selbstanzeige.[878] Die Sperrwirkung soll gegenüber allen an der Tat Beteiligten (Täter und Teilnehmer) eintreten, auch wenn nur einer von ihnen die Prüfungsanordnung erhalten hat.[879] Dagegen spricht, dass der Wortlaut dann von „einem an der Tat Beteiligten" sprechen müsste.[880] Zudem ist nicht nachvollziehbar, warum die Selbstanzeige eines

---

871 Die Prüfungsanordnung muss gemäß § 196 AO schriftlich oder elektronisch erfolgen.

872 *Neiseke* Die Selbstanzeige im Steuerrecht Rn. 210.

873 *Beckemper* in: Hübschmann/Hepp/Spitaler AO/FGO § 371 AO Rn. 126.

874 *Beckemper* in: Hübschmann/Hepp/Spitaler AO/FGO § 371 AO Rn. 126.

875 *Neiseke* Die Selbstanzeige im Steuerrecht Rn. 210.

876 *J. R. Müller* Die Selbstanzeige im Steuerstrafverfahren Rn. 683.

877 So die überwiegende Ansicht: *Kohler* in: MK StGB § 371 AO Rn. 192 m.w.N.; *Schauf* in: Kohlmann Steuerstrafrecht § 371 AO Rn. 424 m.w.N.

878 *Beckemper* in: Hübschmann/Hepp/Spitaler AO/FGO § 371 AO Rn. 128.

879 BT-Drs. 18/3018, S. 11; *Schauf* in: Kohlmann Steuerstrafrecht § 371 AO Rn. 435.

880 *Wessing/Biesgen* in: Flore/Tsambikakis Steuerstrafrecht § 371 AO Rn. 103; *Joecks* DStR 2014, 2261, 2263 f.

Beteiligten, dem die Prüfungsanordnung nicht bekannt gegeben wurde, unwirksam sein soll.[881] Ziel des § 371 Abs. 1 Nr. 1a AO ist, ein Taktieren des Steuerhinterziehers zu verhindern. Davon kann aber keine Rede sein, wenn der Sperrgrund vom Steuerpflichtigen unerkannt bei einem anderen an der Tat Beteiligten eintritt.[882]

bb) Einleitung eines Straf- oder Bußgeldverfahrens

Straffreiheit tritt auch dann nicht ein, wenn gemäß § 371 Abs. 2 S. 1 Nr. 1b AO dem an der Tat Beteiligten oder seinem Vertreter die Einleitung des Straf- oder Bußgeldverfahrens bekannt gegeben worden ist. Entsprechend der Legaldefinition in § 397 Abs. 1 AO[883] ist ein Strafverfahren eingeleitet, sobald die Finanzbehörde, die Polizei, die Staatsanwaltschaft, eine ihrer Ermittlungspersonen oder der Strafrichter eine Maßnahme trifft, die erkennbar darauf abzielt, gegen jemanden wegen einer Steuerstraftat strafrechtlich vorzugehen. Die Verfahrenseinleitung setzt somit als tatsächliches Moment eine Willensbetätigung voraus, deren strafrechtliche Zielsetzung äußerlich, d.h. objektiv erkennbar ist.[884] Dazu zählen Durchsuchungen, Beschlagnahmen, vorläufige Festnahmen und Verhaftungen sowie die Vernehmung des Beschuldigten oder die förmliche Einleitungsverfügung der Staatsanwaltschaft.[885] Maßnahmen, die nur der Aufklärung steuerlicher Sachverhalte dienen[886], sind nicht erfasst.[887]

Wie bei § 371 Abs. 2 S. 1 Nr. 1a AO führt erst die Bekanntgabe der Einleitung des Verfahrens zum Ausschluss der Selbstanzeige[888]. Ebenso soll der Sperrgrund nach dem Willen des Gesetzgebers gegenüber allen an der Tat Beteiligten gelten, selbst wenn die Einleitung des Verfahrens nur gegenüber einer Person erfolgte.[889] Diese Ansicht lässt sich aber nicht mit dem Wortlaut vereinbaren[890], sodass sich die Sperrwirkung auf denjenigen reduziert, gegen den das Verfahren eingeleitet wurde.[891] Es werden alle unverjährten Steuerstraftaten einer Steuerart von der

---

881 *Rolletschke/Roth* Die Selbstanzeige Rn. 246.

882 *Beckemper* in: Hübschmann/Hepp/Spitaler AO/FGO § 371 AO Rn. 131.

883 Im Bußgeldverfahren gilt § 397 AO gemäß § 410 Abs. 1 Nr. 6 AO entsprechend.

884 *Kohler* in: MK StGB § 371 AO Rn. 203.

885 *Kohler* in: MK StGB § 371 AO Rn. 204.

886 Z.B. Kontrollmitteilungen, interne Aktenanforderungen sowie die Erklärung des Außenprüfers, die strafrechtliche Beurteilung des Prüfungsergebnisses bleibe in einem besonderen Verfahren vorbehalten.

887 *Schauf* in: Kohlmann Steuerstrafrecht § 371 AO Rn. 565; *Neiseke* Die Selbstanzeige im Steuerrecht Rn. 224.

888 *J. R. Müller* Die Selbstanzeige im Steuerstrafverfahren Rn. 930.

889 BT-Drs. 18/3018, S. 11.

890 S. D. I. 2. b) aa) m.w.N.

891 *Seer* in: Tipke/Kruse AO/FGO § 371 AO Rn. 74.

Sperrwirkung erfasst.[892] Die Möglichkeit zur Selbstanzeige lebt wieder auf, wenn das Verfahren erfolglos gemäß §§ 398 AO, 170 Abs. 2, 153 StPO abgeschlossen wurde.[893] Im Fall eines rechtskräftigen Urteils, Strafbefehls oder einer Einstellung nach § 153a StPO tritt Strafklageverbrauch für die noch nicht entdeckten Teile einer Tat ein, sodass es keiner Selbstanzeige mehr bedarf.[894]

cc) Erscheinen eines Amtsträgers zur steuerlichen Prüfung

Die Selbstanzeige scheidet gemäß § 371 Abs. 2 S. 1 Nr. 1c AO aus, wenn ein Amtsträger der Finanzbehörde zur steuerlichen Prüfung erschienen ist. Auch wenn der Anwendungsbereich dieses Ausschlussgrundes durch die Einführung des § 371 Abs. 2 S. 1 Nr. 1a AO eingeschränkt wurde, verbleibt ein Restanwendungsbereich.[895]

Der Begriff des Amtsträgers verweist auf die Legaldefinition des § 7 Nr. 3 AO und erfasst Beamte und Angestellte.[896] Da es sich jedoch um einen Amtsträger der Finanzbehörde iSd § 6 Abs. 2 AO handeln muss, können nur Angehörige der Finanzverwaltung wie Betriebsprüfer, Steuer- und Zollfahndungsbeamte, Nachschaubeamte, Lohnsteuerprüfer, Umsatzsteuersonderprüfer, Veranlagungssachbearbeiter und Prüfer der Innenrevision Amtsträger gemäß § 371 Abs. 2 S. 1 Nr. 1c AO sein.[897] Der Amtsträger ist erschienen, wenn er das Grundstück mit den Betriebs- oder Wohnräumen in Prüfungsabsicht betritt.[898] Die Ankündigung oder Vereinbarung eines Termins reicht nicht aus.[899] Es kommt für ein Erscheinen nicht darauf an, ob der Amtsträger mit der Prüfung beginnt[900] oder inwieweit er sich tatsächlich Zutritt zur räumlichen Sphäre des Steuerpflichtigen verschaffen konnte.[901] Die Sperrwirkung tritt ein, wenn der zur Prüfung entschlossene Amtsträger am Prüfungsort niemanden antrifft[902], der Steuerpflichtige ihm nicht öffnet oder sich verleugnen lässt.[903] Unter einer steuerlichen Prüfung ist jede rechtmäßige Maßnahme der Finanzbehörde zu verstehen, die der Ermittlung und Erfassung der

---

892 *Kohler* in: MK StGB § 371 AO Rn. 217; *Wessing/Biesgen* in: Flore/Tsambikakis Steuerstrafrecht § 371 AO Rn. 104.

893 *Beckemper* in: Hübschmann/Hepp/Spitaler AO/FGO § 371 AO Rn. 146.

894 *Rolletschke/Roth* Die Selbstanzeige Rn. 249.

895 Zum Anwendungsbereich des § 371 Abs. 1 Nr. 1c AO *Seer* in: Tipke/Kruse AO/FGO § 371 AO Rn. 79.

896 *Beckemper* in: Hübschmann/Hepp/Spitaler AO/FGO § 371 AO Rn. 148.

897 *Kohler* in: MK StGB § 371 AO Rn. 222.

898 *Wessing/Biesgen* in: Flore/Tsambikakis Steuerstrafrecht § 371 AO Rn. 109.

899 *Beckemper* in: Hübschmann/Hepp/Spitaler AO/FGO § 371 AO Rn. 150.

900 *Joecks* in: Joecks/Jäger/Randt Steuerstrafrecht § 371 AO Rn. 226.

901 *Kohler* in: MK StGB § 371 AO Rn. 227.

902 OLG Oldenburg NJW 1958, 1407, 1407.

903 *Joecks* in: Joecks/Jäger/Randt Steuerstrafrecht § 371 AO Rn. 226; *Kohler* in: MK StGB § 371 AO Rn. 227; *Schauf* in: Kohlmann Steuerstrafrecht § 371 AO Rn. 454.

steuerlichen Verhältnisse eines Steuerpflichtigen dient und das Ziel richtiger und vollständiger Steuerfestsetzung verfolgt.[904] Sämtliche Außenprüfungen nach § 193 AO, seien es ordentliche Betriebsprüfungen, die sich auf verschiedene Steuerarten beziehen oder Sonderprüfungen, die sich auf einzelne Steuerarten beziehen (z.B. Umsatzsteuer, Lohnsteuer)[905], eine betriebsnahe Veranlagung[906] und Vorfeldermittlungen der Steuer- und Zollfahndung gemäß § 208 Abs. 1 S. 1 Nr. 3 AO[907] sind erfasst.[908] Die Sperrwirkung tritt nur für den sachlichen und zeitlichen Umfang der Außenprüfung ein, d.h. nach Abschluss der Prüfung ist eine Selbstanzeige hinsichtlich der nicht aufgedeckten Taten wieder möglich[909] und bereits zuvor bezüglich aller Steuerstraftaten, die nicht von der Prüfung erfasst waren. Der Ausschluss der Selbstanzeige gilt nur für den Täter oder Teilnehmer, bei dem der Amtsträger zur steuerlichen Prüfung erschienen ist.[910]

dd) Erscheinen eines Amtsträgers zur Ermittlung

Ist der Amtsträger zur Ermittlung einer Steuerstraftat oder Steuerordnungswidrigkeit gemäß § 371 Abs. 2 S. 1 Nr. 1d AO erschienen, ist die Selbstanzeige ausgeschlossen. Dieser Grund wird nur dann einschlägig sein, wenn nicht bereits eine Bekanntgabe der Einleitung des Verfahrens nach § 371 Abs. 2 S. 1 Nr. 1b AO erfolgte und eine solche auch nicht erforderlich ist. Anders als bei § 371 Abs. 2 S. 1 Nr. 1c AO können Amtsträger auch die Staatsanwaltschaft oder die Polizei sein, weil der Zusatz „Finanzbehörde“ fehlt. Der Amtsträger muss mit der Absicht erscheinen, eine Steuerstraftat gemäß § 369 AO oder Steuerordnungswidrigkeit gemäß § 377 AO zu ermitteln. Ein solches Erscheinen zur Ermittlung wird nur dann erfolgen, wenn der Amtsträger einen konkreten Anfangsverdacht hat.[911] Die Sperrwirkung erstreckt sich auf alle Taten, die Gegenstand der Ermittlungen sind[912] und tritt gegenüber demjenigen Täter oder Teilnehmer ein, bei welchem der Amtsträger zur

---

904 BayObLG wistra 1987, 77,78.

905 *J. R. Müller* Die Selbstanzeige im Steuerstrafverfahren Rn. 1055.

906 BayObLG wistra 1987, 77,78.

907 OLG Celle wistra 2000, 387,387.

908 *Beckemper* in: Hübschmann/Hepp/Spitaler AO/FGO § 371 AO Rn. 161; *Seer* in: Tipke/Kruse AO/FGO § 371 AO Rn. 80.

909 BGHSt 35, 188, 190; BGH wistra 1994, 228, 229; *Jäger* in: Klein AO § 371 Rn. 131; *Schauf* in: Kohlmann Steuerstrafrecht § 371 AO Rn. 520.

910 OLG Düsseldorf wistra 1982, 119; 119; *Joecks* in: Joecks/Jäger/Randt Steuerstrafrecht § 371 AO Rn. 232; *Kohler* in: MK StGB § 371 AO Rn. 246.

911 *J. R. Müller* Die Selbstanzeige im Steuerstrafverfahren Rn. 1070.

912 *Beckemper* in: Hübschmann/Hepp/Spitaler AO/FGO § 371 AO Rn. 169; *Hunsmann* NJW 2015, 113, 115; *Neiseke* Die Selbstanzeige im Steuerrecht Rn. 243.

Ermittlung erschienen ist.[913] Auch hier ist ein Wiederaufleben der Selbstanzeige nach erfolglosem Abschluss der Ermittlungen wie bei § 371 Abs. 2 S. 1 Nr. 1b AO möglich.[914]

ee) Erscheinen eines Amtsträgers zur Nachschau

Schließlich ist auch dann keine Selbstanzeige möglich, wenn ein Amtsträger der Finanzbehörde zur Umsatzsteuer-Nachschau, einer Lohnsteuer-Nachschau oder einer Nachschau nach anderen steuerrechtlichen Vorschriften erschienen ist und sich ausgewiesen hat. Eine Selbstanzeige soll nur während der Dauer der Nachschau suspendiert sein und nach Beendigung der Maßnahme, etwa mit Verlassen des Ladenlokals oder der Geschäftsräume, wieder aufleben, sofern nicht aufgrund im Rahmen der Nachschau gewonnener Erkenntnisse die Tat als entdeckt gilt oder gemäß § 210 Abs. 4 AO zu einer Außenprüfung übergegangen wird, also die Ausschlussgründe des § 371 Abs. 2 S. 1 Nr. 1a und Nr. 2 AO greifen.[915]

ff) Tatentdeckung

War die Tat zum Zeitpunkt der Berichtigung ganz oder zum Teil bereits entdeckt und wusste der Täter dies oder musste er bei verständiger Würdigung der Sachlage damit rechnen, scheidet eine Selbstanzeige gemäß § 371 Abs. 2 S. 1 Nr. 2 AO aus. Es muss objektiv eine Tatentdeckung vorliegen, sodass allein die irrtümliche Annahme durch den Täter nicht zum Ausschluss der Selbstanzeige führt.[916] Der Begriff der Tatentdeckung wurde nicht gesetzlich definiert. Früher ging die herrschende Lehre[917] davon aus, dass ein hinreichender Tatverdacht iSd §§ 170 Abs. 1, 203 StPO erforderlich sei.[918] Nach der älteren Rechtsprechung war ebenfalls ein hinreichender Tatverdacht erforderlich, der vorlag, wenn bei vorläufiger Tatbewertung die Wahrscheinlichkeit eines verurteilenden Erkenntnisses gegeben war.[919]

---

913 *Seer* in: Tipke/Kruse AO/FGO § 371 AO Rn. 88; *Wessing/Biesgen* in: Flore/Tsambikakis Steuerstrafrecht § 371 AO Rn. 123e.

914 *Kohler* in: MK StGB § 371 AO Rn. 264; *Neiseke* Die Selbstanzeige im Steuerrecht Rn. 291.

915 BT-Drs. 18/3018, S. 11 f.; *Hunsmann* NJW 2015, 113, 115.

916 *Beckemper* in: Hübschmann/Hepp/Spitaler AO/FGO § 371 AO Rn. 177; *J. R. Müller* Die Selbstanzeige im Steuerstrafverfahren Rn. 1109.

917 A.A. (Anfangsverdacht ausreichend) OLG Hamburg NJW 1970, 1385, 1387; *Bilsdorfer* wistra 1984, 131, 134; *Dietz* DStR 1981, 372, 373.

918 *Beckemper* in: Hübschmann/Hepp/Spitaler AO/FGO § 371 AO Rn. 179; *Kohler* in: MK StGB § 371 AO Rn. 274; *Brenner* DStZ 1984, 478, 479 f.; *Dörn* wistra 1998, 175, 175 f.; *Streck* DStR 1985, 9, 10 f.

919 BGH NStZ 1983, 415, 415; BGH wistra 1987, 293, 295; 1988, 308, 308; 2000, 219, 225; BGHSt 55, 180, 186; OLG Celle wistra 1984, 116, 116; FG Rheinland-Pfalz EFG 2007, 1312.

Das bedeutete, dass nicht nur das Vorliegen des objektiven, sondern auch des subjektiven Tatbestands hinreichend wahrscheinlich sein musste.[920] Dieser Ansicht erteilte der BGH in seinem Beschluss vom 20.05.2010 eine Absage. Der Begriff der Tatentdeckung sei nicht mit Verdachtsgraden gleichzusetzen, sondern habe eine eigenständige Bedeutung.[921] Anders als bei der Prognose für einen hinreichenden Tatverdacht (Verurteilungswahrscheinlichkeit), könne die Tatentdeckung nicht auf einem ausermittelten Sachverhalt aufbauen, weil die Tatentdeckung erst den Ausgangspunkt der Ermittlungen bilde.[922] Eine Tat sei in der Regel dann entdeckt, wenn unter Berücksichtigung der zur Steuerquelle oder zum Auffinden der Steuerquelle nach allgemeiner kriminalistischer Erfahrung eine Steuerstraftat nahe liege.[923] Das gelte stets, wenn der Abgleich mit den Steuererklärungen des Steuerpflichtigen ergebe, dass die Steuerquelle nicht oder unvollständig angegeben sei.[924] Vor einem Abgleich sei eine Entdeckung durch Aussagen nahestehender Zeugen oder bei verschleierten Steuerquellen durch die Art und Weise der Verschleierung, die ein Indiz für unrichtige und unvollständige Angaben sei, möglich.[925] Da auf die Entdeckung der Tat abgestellt wird, braucht die Person des Täters nicht bekannt zu sein.[926] Es reicht auch die Entdeckung „einer der Steuerstraftaten" aus, um die Sperrwirkung für alle unverjährten Steuerstraftaten einer Steuerart auszulösen, wohingegen früher die genaue Tat entdeckt worden sein musste.[927]

Ist die Tat objektiv entdeckt, ist noch erforderlich, dass der Täter dies subjektiv wusste oder damit hätte rechnen müssen. Kenntnis liegt vor, wenn der Täter aus den ihm bekannten Tatsachen den Schluss gezogen hat, dass die Behörde oder ein sonstiger, zur Anzeige entschlossener Dritter von der Tat und ihren objektiven und subjektiven Merkmalen so hinreichende Kenntnis hat, dass eine Verurteilung wahrscheinlich ist.[928] Gelingt dieser Nachweis nicht, kommt immer noch das „Kennenmüssen" in Betracht, welches dann gegeben ist, wenn der Täter nach seinen persönlichen Fähigkeiten bei verständiger Würdigung der Sachlage mit der Entdeckung rechnen musste.[929]

---

920 BFHE 223, 330, 339; *Blumers* wistra 1985, 85, 87; *Rolletschke/Roth* Die Selbstanzeige Rn. 309.

921 BGHSt 55, 180, 186.

922 BGHSt 55, 180, 187.

923 BGHSt 55, 180, 188.

924 BGHSt 55, 180, 188.

925 BGHSt 55, 180, 188.

926 BGH NStZ 1983, 415, 415; BGHSt 49, 136; 142; 55, 180, 187.

927 *Hüls/Reichling* in: Hüls/Reichling Steuerstrafrecht § 371 Rn. 149.

928 *Simon* in: Simon/Wagner Steuerstrafrecht, S. 235.

929 *Simon* in: Simon/Wagner Steuerstrafrecht, S. 236; *Neiseke* Die Selbstanzeige im Steuerrecht Rn. 262.

gg) Überschreiten des Betrags von 25.000 Euro und besonders schwerer Fall der Steuerhinterziehung

Eine Selbstanzeige ist ferner dann ausgeschlossen, wenn die Tat einen Betrag von 25.000 Euro gemäß § 371 Abs. 2 S. 1 Nr. 3 AO übersteigt oder ein besonders schwerer Fall der Steuerhinterziehung gemäß § 371 Abs. 2 S. 1 Nr. 4 AO vorliegt. Straffreiheit kann der Täter nur noch erlangen, wenn er einen Zuschlag nach § 398a AO zahlt.

c) Nachzahlungspflicht gemäß § 371 Abs. 3 AO

Wurden Steuervorteile erlangt oder sind Steuerverkürzungen eingetreten, erlangt der Täter nur dann Straffreiheit, wenn er die hinterzogenen Steuern und Zinsen nach §§ 233a und 235 AO sowie Verzugszinsen nach Art. 114 des Zollkodex der Union innerhalb einer bestimmten Frist nachzahlt. Das setzt voraus, dass die Tat vollendet ist.[930] Andernfalls besteht kein Grund, eine Nachzahlung zu verlangen.[931] Der an der Tat Beteiligte muss die „zu seinen Gunsten" hinterzogenen Steuern und Zinsen nachzahlen. Damit ist unzweifelhaft der Täter erfasst, der zugleich Steuerschuldner ist, also eigene Steuern hinterzogen hat.[932] Allerdings sind auch Täter oder Tatbeteiligte, die nicht selbst Steuerschuldner sind, aber den vollen finanziellen Vorteil aus ihrer Tat ziehen, zur Nachzahlung verpflichtet [933], wenn es sich um einen unmittelbaren wirtschaftlichen Vorteil handelt.[934] Die Nachzahlungspflicht beschränkt sich auf den Betrag, der erlangt wurde[935] zuzüglich Zinsen.

3. Rechtsfolgen der Selbstanzeige

Wurde eine wirksame Selbstanzeige erstattet, erlangt der Täter oder Teilnehmer Straffreiheit wegen der begangenen (versuchten oder vollendeten) vorsätzlichen Steuerhinterziehungen. Es handelt sich bei § 371 AO um einen persönlichen Strafaufhebungsgrund, sodass nur der Erstatter, der alle Voraussetzungen erfüllt, straffrei wird. Erfasst wird von der strafbefreienden Wirkung der Selbstanzeige nur die

930 *J. R. Müller* Die Selbstanzeige im Steuerstrafverfahren Rn. 633.

931 So ist keine Nachzahlung erforderlich, wenn keine Vorteile erlangt wurden, z.B. bei einer versuchten Steuerhinterziehung oder wenn die Selbstanzeige vor der Veranlagung erfolgte s. D. I. 3. b) ddd) (5).

932 *Joecks* in: Joecks/Jäger/Randt Steuerstrafrecht § 371 AO Rn. 142; *Schauf* in: Kohlmann Steuerstrafrecht § 371 AO Rn. 299.

933 BT-Drs. VI/1982, S. 195; *Schauf* in: Kohlmann Steuerstrafrecht § 371 AO Rn. 298.

934 BGHSt 29, 37, 37; *Joecks* in: Joecks/Jäger/Randt Steuerstrafrecht § 371 AO Rn. 143; *Schauf* in: Kohlmann Steuerstrafrecht § 371 AO Rn. 302; *J. R. Müller* Die Selbstanzeige im Steuerstrafverfahren Rn. 644; *Rolletschke/Roth* Die Selbstanzeige Rn. 398.

935 *Schauf* in: Kohlmann Steuerstrafrecht § 371 AO Rn. 321.

begangene Steuerhinterziehung, sodass durch die Anzeige gegebenenfalls mitverwirklichte Delikte des allgemeinen Strafrechts oder des Steuerstrafrechts iSd § 369 AO offenbart werden können.[936] Diesbezüglich bleibt der Täter strafbar.

Die Verschärfungen bei § 371 AO finden keine Anwendung auf Altfälle.[937] Gleiches gilt für § 398a AO.[938] Da die Änderungen zum 01.01.2015 auch zu Milderungen geführt haben (Wiedereinführung der Teilselbstanzeige in § 371 Abs. 2a AO, Beschränkung der Sperrwirkung auf den Umfang der Außenprüfung in § 371 Abs. 2 S. 1 Nr 1a, c AO), gilt gemäß § 2 Abs. 3 StGB für Altfälle die Neuregelung.[939]

II. Selbstanzeige in Großbritannien

Ebenso wie Deutschland kennt auch Großbritannien die Selbstanzeige bei begangener Steuerhinterziehung. Zur besseren Übersicht sollen zunächst das Steuersystem, die Pflichten des Steuerzahlers und die Befugnisse der Finanzbehörde bei steuerrechtlichen und strafrechtlichen Ermittlungen beleuchtet werden (1.), um sodann das Steuerstrafrecht (2.) und die Regelung der Selbstanzeige näher zu untersuchen (3.).

1. Das Steuersystem in Großbritannien

a) Rechtsquellen des Steuerrechts

Anders als die kontinentaleuropäischen Rechtsordnungen, die auf geschriebenen Gesetzen beruhen, ist Großbritannien durch das common law geprägt, das aus dem Fallrecht (case law) und dem Gesetzesrecht (statutes) besteht. Mit dem Begriff kann auch nur das durch den Richter geschaffene Fallrecht gemeint sein. Das common law entwickelte sich im 12. und 13. Jahrhundert aus der Rechtsprechung der königlichen Gerichte, die nicht das lokale Recht anwandten, sondern ein einheitliches Recht schufen, das im gesamten Land galt.[940] Zur Gewährleistung einer einheitlichen Rechtsprechung gibt es die stare decisis, die sowohl das Gericht, das über den Präzedenzfall entschieden hat, als auch alle untergeordneten Gerichte desselben Rechtszugs an die tragenden Entscheidungsgründe (ratio decidendi) für alle weiteren ähnlichen Fälle bindet.[941] Eine Abweichung ist möglich, wenn sich der Präzedenz- und der zu entscheidende Fall materiell wesentlich voneinander unterscheiden.[942]

---

936 *Hüls/Reichling* in: Hüls/Reichling Steuerstrafrecht § 371 Rn. 19.

937 BT-Drs. 18/3439, S. 7.

938 BT-Drs. 18/3439, S. 7.

939 BT-Drs. 18/3439, S. 7.

940 *Kischel* Rechtsvergleichung § 5 Rn. 57.

941 *Kischel* Rechtsvergleichung § 5 Rn. 21 ff.

942 *Kischel* Rechtsvergleichung § 5 Rn. 29.

Neben dem Fallrecht gibt es auch das Gesetzesrecht, das trotz seines Vorrangs vor dem common law als zweitrangige Rechtsquelle angesehen wird und dessen Aufgabe die Präzisierung sowie Änderung unerwünschter Ergebnisse des Fallrechts ist.[943]

aa) Primäre Gesetzgebung

Im Bereich des Steuerrechts ist zwischen der primären und sekundären Gesetzgebung zu unterscheiden: Die primäre Gesetzgebung umfasst das vom Parlament erlassene Recht. Allerdings obliegt es nur dem House of Commons (Unterhaus) über die nationale Besteuerung, öffentliche Gelder und Löhne zu entscheiden (vgl. § 1 Parliament Act 1911, Parliament Act 1945).[944] Die Aufgabe des House of Lords (Oberhaus) besteht in der bloßen Mitwirkung. Es kann weder einen Gesetzesentwurf für ein Steuergesetz initiieren noch Änderungen vornehmen.[945] Nach Durchführung der drei Lesungen und Abstimmung im House of Commons sowie Weiterleitung an das House of Lords erhält das Gesetz den Royal Assent (königliche Zustimmung) durch die Königin[946] und tritt damit, falls nicht ein anderes Datum im Gesetz angegeben sein sollte, in Kraft.

Im Steuerrecht sind die Gesetze (Acts) nicht nach Steuerarten, sondern nach Steuerthemen (z.B. Taxes Management Act (TMA) 1970, Value Added Tax Act (VATA) 1994, Corporation Tax Act 2010) gegliedert.[947] Die Steuergesetze werden jährlich nach Verabschiedung des Steuerhaushalts erweitert, Normen werden aufgehoben oder es kommen neue hinzu.[948] Die neuen Vorschriften werden meist in einem separaten Änderungsgesetz (Finance Act) festgehalten und finden in der Regel keinen Einzug in das abzuändernde ursprüngliche Gesetz, es sei denn, dass dieses komplett überholt wird und sowohl die alten als auch die neuen Regelungen vereint (Konsolidierung).

Zu beachten ist, dass das Parlament den Ländern Schottland, Wales und Nordirland Gesetzgebungskompetenzen zur Einführung und Erhebung von Steuern übertragen hat, die aber jederzeit vom Parlament wieder zurückgenommen werden können.[949] Alle nicht delegierten Steuerarten, zu denen die direkten Steuern (Einkommensteuer, Kapitalertragsteuer, Kapitalverkehrsteuer[950], Körperschaftsteuer),

---

943 *Kischel* Rechtsvergleichung § 5 Rn. 33.

944 *Williams/Morse/Eden* Davies Principles of Tax Law Rn. 2.03.

945 *Pearce-Crump* in: Simon´s Taxes Bd. 2 A1.103.

946 Zum Gesetzgebungsverfahren s. *Kania* Steuerstandort Großbritannien S. 20 f.

947 *Kania* Steuerstandort Großbritannien S. 20.

948 *Kania* Steuerstandort Großbritannien S. 20.

949 *Loutzenhiser* Tiley´s Revenue Law Kap. 2.5.

950 Die inheritance tax, früher auch als capital transfer tax bezeichnet, ist keine Erbschaftsteuer im klassischen Sinn, wie man zunächst vermuten mag. Es ist eine Steuer, die auf alle nicht kommerziellen Kapitaltransfers (z.B. Schenkungen), beim Tod des Verstorbenen auf dessen gesamtes Vermögen ähnlich einer Erbschaftsteuer

die Umsatzsteuer und Verbrauchsteuern zählen, werden nach wie vor für ganz Großbritannien erhoben und von der britischen Finanzbehörde Her Majesty's Revenue and Customs (HMRC) verwaltet.[951] Die Gemeindesteuer wird von den lokalen Behörden gemäß dem Local Government Finance Act 1992 erhoben.[952]

bb) Sekundäre Gesetzgebung

Neben der primären gibt es die sekundäre Gesetzgebung. Hierunter fallen insbesondere Rechtsverordnungen (Statutory Instruments), aber auch die für das Steuerrecht besonders relevanten verschiedenen Veröffentlichungen von Handlungsanleitungen der HMRC, von denen viele auf der Website der Behörde eingesehen werden können.

Die HMRC kann gemäß § 1 TMA 1970 extra-statutory concessions erlassen.[953] Das sind Sonderregeln zum Vorteil des Steuerpflichtigen, wenn es eine gesetzliche Regelungslücke oder einen Härtefall gibt.[954] Der Erlass steht im Ermessen der Behörde.[955]

Trotz der vielen gesetzlichen Regelungen und Gerichtsentscheidungen gibt es auch Bereiche, die unklar bleiben.[956] In den sog. Statements of Practice legt die Finanzbehörde ihre Interpretation der Gesetzgebung sowie die Art und Weise, wie sie die Gesetze in der Praxis anwendet, dar. Diese Praxiserklärungen haben keine Gesetzeskraft, sondern dienen der einheitlichen Anwendung des Steuerrechts durch die Finanzbehörden[957] und sind mit Steuerrichtlinien vergleichbar.[958] Die HMRC ist an ihre Statements of Practice nicht gebunden und kann von diesen abweichen, was aber seit Einführung der Steuerzahlercharter[959] eher unwahrscheinlich ist.[960]

Die Statements of Practice werden durch die Revenue Interpretations (RI) ergänzt, die die Meinung der Finanzbehörde zu einem bestimmten steuerrechtlichen

---

sowie bei bestimmten Steuervermeidungsmöglichkeiten Anwendung findet, s. *Williams/Morse/Eden* Davies Principles of Tax Law Rn. 19.01 ff. m.w.N.

951 *Williams/Morse/Eden* Davies Principles of Tax Law Rn. 2.04.

952 *Loutzenhiser* Tiley's Revenue Law Kap. 2.5.

953 Lord Hoffmann in: *R v IRC, ex p Wilkinson* [2005] UKHL 30, Rn. 20.

954 Lord Hoffmann in: *R v IRC, ex p Wilkinson* [2005] UKHL 30, Rn. 21.

955 Lord Hoffmann in: *R v IRC, ex p Wilkinson* [2005] UKHL 30, Rn. 21.

956 *James* The UK Tax System: an introduction Kap. 1.8.3.

957 *James* The UK Tax System: an introduction Kap. 1.8.3.

958 *Kania* Steuerstandort Großbritannien S. 23.

959 Die Steuerzahlercharter "Your Charter" wurde von der HMRC 2009 gemäß § 92 FA 2009 eingeführt, der die HMRC zum Erlass einer Satzung verpflichtet, in der Verhaltensregeln und Werte, die die Behörde im Umgang mit dem Steuerzahler und anderen anstrebt, festgelegt werden.

960 *James* The UK Tax System: an introduction Kap. 1.8.3.

Thema wiedergeben. Die RI erzeugen keine Bindung und können jederzeit geändert werden.

Interessant sind auch die internal manuals, die für das Personal eine Handlungsanleitung zur Anwendung des Steuerrechts darstellen.[961] Durch die manuals sollen eine einheitliche Gesetzesanwendung und einheitliche Untersuchungen gewährleistet werden.[962] Bei Überprüfungen der Steuererklärungen sind das Compliance Handbook (CH), das einen Überblick über die neuen Befugnisse der HMRC sowie mögliche Geldbußen gibt, das Fraud Civil Investigation Manual (FCIM), das sich mit dem Selbstanzeigeverfahren in seinen unterschiedlichen Entwicklungsphasen beschäftigt, das Technical Teams Operational Guidance Manual (TTOG), welches die Untersuchungen bei Steuerhinterziehung und Steuervermeidung näher beschreibt sowie die Specialist Investigations Operational Guidance (SIOG), die die Arbeit der Special Investigations erklärt, von Bedeutung.[963]

Die HMRC veröffentlicht auch sog. Codes of Practice (COP), die die Arbeits- und Vorgehensweise der HMRC in gewissen Bereichen beschreiben, sodass der Steuerpflichtige sich auf den Ablauf des Verfahrens einstellen kann.[964] Das gibt dem Bürger zugleich die Sicherheit, dass die Behörde dauerhaft entsprechend dieser Handlungsanleitung arbeitet und ein Abweichen nicht möglich ist.[965] Es ist zwischen zwei COPs zu unterscheiden: dem COP9, der für die steuerlichen Ermittlungen bei Steuerhinterziehungen eingreift, und dem COP8, der vor allem auf die Steuervermeidung und alle anderen Fälle, in denen der COP9 nicht einschlägig ist, angewendet wird.

Ferner veröffentlicht die Finanzbehörde Informationsblätter (factsheets), die dem Steuerpflichtigen einen Überblick über die Arbeit der HMRC geben sowie darüber, was diese von dem Steuerpflichtigen in der konkreten Situation erwarten kann. Für den Bereich der Steuerhinterziehung sind insbesondere compliance checks factsheets relevant. Diese erläutern die Befugnisse der HMRC bei Untersuchungen, die Auswirkungen des Human Rights Act auf Geldbußen und deren Verhängung, Möglichkeiten zur Lösung von Streitigkeiten mit der HMRC sowie Beschwerde- und Rechtsbehelfsmöglichkeiten.

Das zweimal im Monat erscheinende Tax Bulletin war für Praktiker im Bereich des Steuerrechts eine gute Möglichkeit, um sich über die Sicht der HMRC zu bestimmten Steuerthemen zu informieren.[966] Die letzte Ausgabe erschien im Dezember 2006 und wurde 2007 durch die online verfügbaren HMRC Briefs

---

961 *Smailes* Tolley's Income Tax 2016-17 Rn. 36.2.

962 *James* The UK Tax System: an introduction Kap. 1.8.5.

963 *Ashford/Pinfold* in: Simon's Taxes Bd. 2 A6.1002.

964 *Ashford/Pinfold* in: Simon's Taxes Bd. 2 A6.1002.

965 *Ashford/Pinfold* in: Simon's Taxes Bd. 2 A6.1002.

966 *Smailes* Tolley's Income Tax 2016-17 Rn. 36.3.

abgelöst.[967] Darüber hinaus informiert die HMRC in Presseerklärungen über Änderungen der Gesetzgebung oder ihrer Praxis.

b) Pflichten des Steuerzahlers

Den Steuerzahler treffen zahlreiche Pflichten, die ihm das Steuerrecht auferlegt. So muss jeder, der der Einkommen- oder Kapitalertragsteuer unterfällt, das Finanzamt von seiner Steuerpflicht für den vergangenen Veranlagungszeitraum gemäß § 7 Abs. 1 bis 1C TMA 1970, Anh. 14 § 2 FA 2017 unterrichten, wenn er keine Mitteilung der Finanzbehörde zur Einreichung einer Steuererklärung bekommen hat oder diese zurückgenommen wurde. Die gleiche Verpflichtung trifft Unternehmen gemäß Anh. 18 § 2 FA 1998, die der Körperschaftsteuer unterliegen.

Bei der Einkommen-, Kapitalertrag- und Körperschaftsteuer gilt die Selbstveranlagung. Der Steuerpflichtige muss eine Steuererklärung gemäß §§ 8, 8A, 12 AA TMA 1970, Anh. 18 § 3 FA 1998 einreichen und die individuelle Steuerlast gemäß § 9 Abs. 1 TMA 1970, Anh. 18 § 7 FA 1998 berechnen.[968] Gleiches trifft auf die Umsatzsteuer gemäß Abschnitt 20.1 VAT Notice 700 zu[969], bei der die steuerpflichtigen Personen iSd § 3 Abs. 1 VATA 1994 nach erfolgter Registrierung gemäß Anh. 1 § 1 Abs. 1 VATA 1994 eine Steuererklärung einreichen und die zu zahlenden Steuern berechnen müssen.

Mit dieser Form der Selbstveranlagung wurde das vorherige System abgelöst, bei dem das Finanzamt die Steuerschuld berechnete. Bei allen anderen Steuern, die nicht der Selbstveranlagung unterliegen, bleibt das vorherige System erhalten.[970] Sollte der Steuerzahler keine Steuererklärung eingereicht haben, kann die Finanzbehörde gemäß § 28C Abs. 1 TMA 1970, Anh. 18 § 36 Abs. 1 FA 1998 den individuellen Steueranspruch festlegen. Diese Festsetzung wird nach § 28C Abs. 3 TMA 1970, Anh. 18 § 39 Abs. 1 FA 1998 so behandelt, als ob sie vom Steuerzahler stammen würde, es sei denn, dieser reicht doch noch eine Steuererklärung ein.[971] Dann wird die vorherige Berechnung des Finanzamts durch die Erklärung des Steuerpflichtigen gemäß § 28C Abs. 3 TMA 1970, Anh. 18 § 36 Abs. 6 lit. b FA 1998 ersetzt.[972] Bei der Umsatzsteuer müssen die Steuerpflichtigen, abhängig vom Umsatz, entweder eine Steuererklärung für jeden Monat, jedes Quartal oder nur einmal im Jahr einreichen.[973] Sollte der Steuerpflichtige das unterlassen, kann auch hier die Finanzbehörde den Steueranspruch gemäß § 73 Abs. 1 VATA 1994 festsetzen.

---

967 *Smailes* Tolley´s Income Tax 2016-17 Rn. 36.3.

968 *Deeks* in: Simon´s Taxes Bd. 2 A4.301; vgl. *Maas* Guide to Taxpayers´ Rights and HMRC Powers Rn. 2.1.

969 *Foster/Houghton* in: Lee Revenue Law: Principles and Practice Rn. 38.52.

970 *Loutzenhiser* Tiley´s Revenue Law Kap. 4.3.

971 *Deeks* in: Simon´s Taxes Bd. 2 A4.301, *Scott* in: Simon´s Taxes Bd. 2 A.4.607.

972 *Deeks* in: Simon´s Taxes Bd. 2 A4.301

973 *Foster/Houghton* in: Lee Revenue Law: Principles and Practice Rn. 38.52, 38.56 f.

Auch wenn die Werte in der Steuererklärung dem Steueranspruch zugrunde gelegt werden, behält sich die HMRC vor, die Steuererklärungen nachträglich zu überprüfen und die Steuerforderungen anzupassen, was ihrer Vorgehensweise „process now, check later“ entspricht.[974]

Allerdings unterliegt nicht jeder der Pflicht, eine Steuererklärung anzufertigen. So wird die Steuer auf Löhne (PAYE), Renten und Ersparnisse automatisch abgezogen und einbehalten. Folgende Personen sind zur Anfertigung einer Steuererklärung verpflichtet: Selbständige, Personen mit Kapitalerträgen, Personen mit steuerpflichtigem Einkommen aus dem Ausland oder im Ausland lebende Personen, die Einkommen aus Großbritannien beziehen, Personen mit unversteuertem Einkommen von 2.500 Pfund oder mehr, Personen mit Einkommen über 100.000 Pfund, Personen, die Leiter eines Unternehmens bzw. Geschäftsführer sind (Ausnahme: gemeinnützige Einrichtung, z.B. Stiftung), Personen mit einem Einkommen von über 50.000 Pfund, die Kindergeld beziehen, Personen, deren Vermögen oder Kapitalerträge 10.000 Pfund oder mehr betragen sowie eine Person, die Treuhänder einer Treuhand oder einer Altersversorgung ist.[975]

Die Steuererklärung muss richtig und vollständig sein. Es müssen alle erforderlichen Informationen, Rechnungen, Schriftstücke und sonstige Aufzeichnungen, die die individuelle Steuerschuld belegen, vorliegen.[976] Darüber hinaus ist eine Erklärung erforderlich, in der der Steuerpflichtige die Richtig- und Vollständigkeit der Steuererklärung bestätigt.[977] Ferner ist er zur Aufbewahrung der Unterlagen gemäß §§ 12B Abs. 1 TMA 1970, Anh. 19 § 3 FA 1994, Anh. 18 § 21 Abs. 1 FA 1998 verpflichtet. Die Zahlung der Steuern muss pünktlich erfolgen. Sollte der Steuerpflichtige gegen eine dieser Verpflichtungen verstoßen, kann die HMRC Geldbußen verhängen. Sowohl die Abgabe einer vollständigen und richtigen Steuererklärung als auch die pünktliche Zahlung sind somit erzwingbar.

Der Steuerpflicht unterfallen ebenfalls illegale Handlungen, wenn es sich bei der Tätigkeit um Handel iSd §§ 989 ITA 2007, 1119 CTA 2010 handelt.[978] Zwar fehlt ein ausdrücklicher Verweis im britischen Steuerrrecht, aber die Rechtsprechung hat eine Reihe von Urteilen erlassen, die diese Ansicht bestätigen.[979]

---

974 *Pinfold* in: Simon´s Taxes A6.203; *Harris* European Taxation 1996, 239, 241.

975 Vgl. *Gov.uk* Self Assessment tax returns, abrufbar unter: https://www.gov.uk/self-assessment-tax-returns/who-must-send-a-tax-return; s. auch *Williams/Morse/Eden* Davies Principles of Tax Law Rn. 4.09.

976 *Smailes* Tolley´s Income Tax 2016-17 Rn. 63.3.

977 *Smailes* Tolley´s Income Tax 2016-17 Rn. 63.3.

978 Simon´s Taxes Bd. 3 B1.420; *Smailes* Tolley´s Income Tax 2016-17 Rn. 75.30.

979 Allerdings unterliegen nur bestimmte Arten von illegalen Aktivitäten der Steuerpflicht, z.B. Alkoholschmuggel (*Canadian Minister of Finance v Smith* PC [1926] 5 ATC 621; *Lindsay Woodward & Hiscox v CIR* CS [1932] 18 TC 43), Betrieb illegaler Spielautomaten (*Mann v Nash* [1932] 16 TC 523), Drogenhandel (Lord Sands in: *Lindsay Woodward & Hiscox v CIR* [1932] 18 TC 43, 56), Erhalt von gestohlenen Waren

c) *Befugnisse der HMRC*

Die HMRC ist die britische Steuerbehörde, die gemäß § 1 TMA 1970, Anh. 4 § 12 CRCA 2005 für das Sammeln und die Verwaltung der Steuern zuständig ist.[980]

Vor der Zeit der HMRC gab es noch zwei Steuerbehörden: die Inland Revenue für die direkten und die Her Majesty´s Customs and Excise (HM Customs & Excise) für die indirekten Steuern. Mit dem CRCA 2005 wurden die Inland Revenue und die HM Customs & Excise zu einer Behörde zusammengefügt, der HMRC. Die HMRC hat gemäß § 5 Abs. 1, Abs. 2 CRCA 2005 dieselben Kompetenzen wie die anderen beiden Behörden zuvor. Sinn der Zusammenlegung war es, einen verständlichen Überblick über die Zuständigkeiten der Finanzbehörde zu schaffen und die Befugnisse in einer Behörde zu bündeln.[981]

Die Commissioners sind für die Leitung der HMRC verantwortlich und können gemäß § 2 Abs. 1 CRCA 2005 zur Erfüllung ihrer Aufgaben Officers of Revenue and Customs einstellen.

Um ihrer Aufgabe, die Steuern gemäß § 1 TMA 1970 einzuziehen und zu verwalten, gerecht zu werden, hat die HMRC zahlreiche Befugnisse, sowohl für steuerliche als auch strafrechtliche Ermittlungen.

aa) *Befugnisse im Steuerverfahren*

aaa) *Korrektur von Steuererklärungen und Einleitung von Untersuchungen*

Da der Steuerpflichtige die individuelle Steuerschuld selbst berechnet, kann die HMRC Untersuchungen zur Überprüfung der Steuererklärung (enquiry) einleiten. Offensichtliche Rechenfehler und falsche Eintragungen können von der Finanzbehörde gemäß § 9ZB Abs. 1, Abs. 3 TMA 1970 innerhalb von neun Monaten nach Erhalt der Erklärung korrigiert werden.[982] Zwar kontrolliert die HMRC nur wenige

(Denman J in: *Partridge v Mallandine* [1886] 2 TC 179, 180 f.), Prostitution, obwohl diese an sich schon nicht illegal ist (*CIR v Aken* CA 1990, 63 TC 395; s. auch HMRC Business Income Manual BIM65001). Nicht erfasst sind Einbruchdiebstahl oder Einbruch (Lord Denning in: *J P Harrison (Watford) Ltd v Griffiths* [1962] 40 TC 281, 299; Lord Sands in: *Lindsay, Woodward & Hiscox v CIR* [1932] 18 TC 43, 56; Finlay J in: *Southern v AB* [1933] 18 TC 59, 73), was auch damit begründet wird, dass die reinen Verbrechen (wie Einbruchdiebstahl, Erpressung usw.) keinen gewerblichen Erwerb oder die Bereitstellung von Gütern oder Dienstleistungen umfassen würden, s. dazu HMRC Business Income Manual BIM22010.

980 *Gordon/Pinfold* in: Simon´s Taxes Bd. 2 A3.101.; vgl. *Maas* Guide to Taxpayers´ Rights and HMRC Powers Rn. 1.18.

981 Vgl. *Maas* Guide to Taxpayers´ Rights and HMRC Powers Rn. 1.4.

982 *Pinfold* in: Simon´s Taxes Bd. 2 A6.401; *Williams/Morse/Eden* Davies Principles of Tax Law Rn. 4.15.

Steuererklärungen.[983] Aber der Großteil der untersuchten Fälle sind solche, bei der die Behörde Grund zur Annahme hat, dass mit ihnen die Gefahr eines Steuerausfalls verbunden ist.[984]

Für die Einleitung einer Untersuchung ist eine Mitteilung an den Steuerpflichtigen gemäß §§ 9A Abs. 1, 12AC Abs. 1 TMA 1970, Anh. 18 § 24 Abs. 1 FA 1998 erforderlich, die keine Begründung enthalten muss.[985] Mit Einleitung der Untersuchung gehen zahlreiche Befugnisse der Behörde zum Erhalt von Informationen und dem Betreten von Geschäftsräumen einher (vgl. Anh. 36 FA 2008). Das Zeitfenster für solche Untersuchungen beträgt gemäß §§ 9A Abs. 2 lit. a, 12AC Abs. 2 TMA 1970 nur ein Jahr nach Erhalt der Steuererklärung bzw. für große Unternehmen gemäß Anh. 18 § 24 Abs. 2, Abs. 6 FA 1998 ein Jahr nach Ablauf des Abgabedatums. Ist die Frist abgelaufen, wird die Steuererklärung bestandskräftig, es sei denn, dass die Behörde die Unrichtigkeit der Erklärung erkennt. Dann kann sie eine Untersuchung bezüglich zurückliegender Veranlagungszeiträume (discovery) einleiten. Das ist auch dann möglich, wenn zuvor noch keine Untersuchung (enquiry) eingeleitet worden war.[986]

Hat der Steuerpflichtige entweder keine oder nicht alle Einnahmen bzw. Kapitalerträge angegeben oder wurden überhöhte Steuererleichterungen gewährt, kann die HMRC ein *discovery assessment* durchführen. Die Steuer wird gemäß § 29 Abs. 1 TMA 1970, Anh. 18 § 41 Abs. 1, Abs. 2 FA 1998 in der Höhe festgesetzt, die der Beamte für erforderlich hält, um den Steuerausfall wiedergutzumachen. Dabei kann die Behörde im Fall von Steuerausfällen bei der Einkommen- oder Kapitalertragsteuer gemäß § 34 Abs. 1 TMA 1970, Anh. 39 § 7 FA 2008 bis auf vier Jahre seit dem Ende des relevanten Steuerjahres, bei fahrlässigem Handeln bis zu sechs und bei vorsätzlichem Handeln bis zu zwanzig Jahre gemäß § 36 Abs. 1, Abs. 1A lit. a TMA 1970, Anh. 39 § 9 FA 2008 zurückgehen. Gleiches gilt für die Körperschaftsteuer gemäß Anh. 18 § 46 Abs. 1 bis 2A lit. a FA 1998, Anh. 39 § 42 FA 2008.

Je nach Umfang der Untersuchung werden die komplette Steuererklärung (full enquiry) oder nur einzelne Eintragungen (aspect enquiry) überprüft.[987] Das Ende der Untersuchung erfolgt gemäß §§ 28A Abs. 1, Abs. 2, 28B Abs. 1, Abs. 2 TMA 1970, Anh. 18 § 32 FA 1998 durch eine Mitteilung an den Steuerpflichtigen (notice of closure), in der festgestellt wird, dass der Steuerpflichtige gegebenenfalls Steuern nachzahlen muss sowie mit Zinsen und Geldbußen belegt wird oder dass keine Änderungen erfolgen.

---

983 Die Auswahl erfolgt anhand bestimmter Risikofaktoren, s. *Pinfold* in: Simon´s Taxes Bd. 2 A6.404 m.w.N.

984 *Pinfold* in: Simon´s Taxes Bd. 2 A6.302A.

985 HMRC Enquiry Manual EM 1503; *Pinfold* in: Simon´s Taxes Bd. 2 A6.402.

986 Kennerley v Revenue and Customs Cmrs [2007] STC (SCD) 188, 193.

987 *McLaughlin* in: McLaughlin HMRC Investigations Handbook 2015/16 Rn. 1.7.f.

bbb) Verpflichtung zur Herausgabe von Informationen

Im Hinblick darauf, dass sich beim Steuerpflichtigen alle erforderlichen Informationen befinden, hat die Finanzbehörde das Recht, sowohl gegenüber dem Steuerpflichtigen gemäß Anh. 36 § 1 Abs. 1 FA 2008 als auch gegenüber Dritten gemäß Anh. 36 §§ 2 Abs. 1, 5 Abs. 1, Abs. 2 FA 2008 die Herausgabe von Informationen und Schriftstücken zu verlangen. Grundsätzlich bittet die Finanzbehörde den Steuerpflichtigen zunächst informell um die gewünschten Informationen. Allerdings wird die HMRC sofort von ihrer gesetzlichen Befugnis Gebrauch machen, wenn der Steuerpflichtige sich weigert, an der Herausgabe mitzuwirken, den Zutritt zu seinen Räumen verweigert, er bereits zuvor durch mangelnde Kooperationsbereitschaft aufgefallen ist oder eine Steuerhinterziehung vorliegt.[988]

Die Befugnisse gemäß Anh. 36 FA 2008 gelten seit dem 1. April 2009 und lösen die vorherigen Befugnisse der Finanzbehörde ab, die nur im Fall einer Untersuchung gemäß § 19A TMA 1970 oder allgemein gemäß § 20 TMA 1970 Anwendung fanden.[989] Die neuen Informationsbefugnisse sind demnach nicht auf die Einleitung einer Untersuchung beschränkt, sondern können auch bei einem bestehenden Risiko eingesetzt werden.[990] Einzige Voraussetzung ist, dass die Herausgabe zur Überprüfung der Steuerposition begründeterweise erforderlich ist. Gegen die Anordnung kann der Steuerpflichtige nur begrenzt Einspruch einlegen, weil gemäß Anh. 36 §§ 29 Abs. 1, Abs. 2, 62 Abs. 1 FA 2008, Anh. 48 § 15 FA 2009 nicht solche Schriftstücke erfasst sind, zu deren Herstellung er gesetzlich verpflichtet ist und die er aufbewahren muss.[991]

Neben dem Steuerpflichtigen kann auch ein Dritter zur Offenlegung von Informationen und Schriftstücken gemäß Anh. 36 §§ 2 Abs. 1, 5 Abs. 1, Abs. 2 FA 2008 verpflichtet werden. Von dieser Befugnis wird vor allem dann Gebrauch gemacht, wenn der Dritte sich weigert, Informationen an den Steuerpflichtigen herauszugeben oder aber wenn der Steuerpflichtige die Wahrheit vor der HMRC verbirgt.[992]

In Bezug auf Rechtsanwälte greift die Vertraulichkeit der Rechtsberatung, die in Anh. 36 § 23 Abs. 1, Abs. 2 FA 2008 verankert ist. Die Beratung zwischen Berufsträger und Mandant hat vertraulich zu bleiben, es sei denn, der Mandant stimmt der

---

988 HMRC Compliance Handbook CH21150.

989 *Maas* Guide to Taxpayers' Rights and HMRC Powers Rn. 3.17 f.

990 *Pinfold* in: Simon´s Taxes Bd. 2 A6.316.

991 Gleiches gilt gemäß Anh. 36 §§ 30 Abs. 1, Abs. 2, 62 Abs. 1 FA 2008, wenn die HMRC von einem Dritten die Herausgabe von Informationen oder Schriftstücken zur Überprüfung der Steuererklärung von einer der Finanzbehörde bekannten Person iSd Anh. 36 § 2 Abs. 1 FA 2008 verlangt. Diese Einschränkung gilt nicht beim Einspruch eines Dritten bezüglich Informationen und Schriftstücken zu einer unbekannten Person iSd Anh. 36 § 5 Abs. 2 FA 2008.

992 HC Deb Finance Bill Committee 17th sitting, 10 June 2008, col. 581.

Offenlegung zu.[993] Steuerberater und Wirtschaftsprüfer können gemäß Anh. 36 §§ 24 Abs. 1, 25 Abs. 1 FA 2008 die Herausgabe von Dokumenten oder Informationen verweigern, wenn sie sich auf Aufgaben des Berufsträgers bzw. wichtige Gespräche über die Steuerangelegenheiten des Mandanten beziehen oder wenn es sich um Schriftstücke handelt, die in deren Eigentum stehen, z.B. Arbeitspapiere. Diese Ausnahme gilt nach Anh. 36 § 26 Abs. 1, Abs. 2 FA 2008 nicht bezüglich solcher Dokumente, die dem Steuerpflichtigen ausgehändigt und bereits bei der HMRC eingereicht wurden oder wenn es sich um Informationen über die Identität und Adresse einer unbekannten Person handelt.[994]

Ferner können keine persönlichen Daten, Informationen, die Teil eines Einspruchs sind oder Dokumente eines Journalisten, die dieser in Ausübung seiner Tätigkeit angefertigt hat, gemäß Anh. 36 § 19 FA 2008 herausverlangt werden.[995] Bei Verweigerung der Herausgabe, Zerstörung, Geheimhaltung oder Unrichtigkeit der Informationen können Geldbußen gegen den Betroffenen gemäß Anh. 36 §§ 39 Abs. 1 lit. a, 42, 43 FA 2008 verhängt werden.

ccc) Betreten von Geschäftsräumen

Nach Anh. 36 § 10 Abs. 1 FA 2008 kann die Finanzbehörde Geschäftsräume betreten und die Räume, das Betriebsvermögen und Geschäftsunterlagen untersuchen, wenn dies zur Überprüfung der Steuerposition begründeterweise erforderlich ist. Unter Geschäftsräumen sind gemäß Anh. 36 § 58 FA 2008 Gebäude, Bauwerke, Grundstücke und Transportmittel zu verstehen.

Allerdings dürfen gemäß Anh. 36 § 10 Abs. 2 FA 2008 nicht solche Räume betreten werden, die ausschließlich dem Wohnen dienen.[996] Ähnliche Regeln gelten für das Betreten der Geschäftsräume eines Dritten (vgl. Anh. 36 § 10A FA 2008, § 95, Anh. 47 § 3 FA 2009). Rechtsanwälte, Wirtschaftsprüfer, Steuerberater, Journalisten, der Steuerpflichtige und Dritte können die Überprüfung bestimmter Dokumente gemäß Anh. 36 § 28 FA 2008 verweigern. Es gelten die gleichen Einschränkungen wie bei der Herausgabe von Informationen und Schriftstücken.[997]

Das Betreten kann nicht erzwungen werden und es ist keine Durchsuchung möglich.[998] Bei Verweigerung des Zutritts kann der Beamte die Zustimmung des First-tier Tribunal beantragen. Es können nur dann ohne vorherige Mitteilung Räume betreten und überprüft werden, wenn der Steuerpflichtige wiederholt

993 Lord Taylor of Gosforth C. J. in: *R v Derby Magistrates' Court, ex p B* [1996] AC 487, 507.

994 *Pinfold* in: Simon´s Taxes Bd. 2 A6.604.

995 Zu den Ausschlussgründen s. HMRC Compliance checks: third party information notices CC/FS23.

996 Ausnahmen sind gemäß Anh. 36 § 12A FA 2008, § 96, Anh. 48 § 5 FA 2009 zugelassen.

997 S. D. II. 1. c) aa) bbb).

998 HMRC Compliance Handbook CH25140, CH25650.

Termine nicht eingehalten hat, die Behörde nach Beweisen für eine vorsätzliche Steuerhinterziehung sucht und diese Beweise nur bei einem unangekündigten Besuch gefunden werden können oder wenn die Gefahr besteht, dass ein Unternehmen gegründet wurde, um auf betrügerische Weise Steuerrückzahlungen zu erhalten.[999]

ddd) Sammeln von Daten

Anh. 23 § 1 Abs. 1 FA 2011 ermöglicht es den Behörden, Daten von Dateninhabern (data-holders) anzufordern. Wer Dateninhaber ist, bestimmt sich anhand Anh. 23 §§ 8 ff. FA 2011. Darunter fallen sämtliche Personen, wie z.B. Arbeitgeber oder Banken, die Zahlungen an den Steuerzahler leisten, aufgrund deren dieser möglicherweise zur Steuerzahlung verpflichtet ist.

Zweck der Datenerhebung ist gemäß Anh. 23 § 2 Abs. 1 FA 2011, die effektive Aufgabenerfüllung der HMRC zu unterstützen. Die Datensammlung kann sich nach Anh. 23 § 2 Abs. 1 lit. b FA 2011 auf einen bestimmten Steuerpflichtigen oder auf alle Steuerpflichtige beziehen. Die Finanzbehörde bedient sich vor allem deshalb dieses Instruments, um Informationen über bestimmte Gruppen für die Risikoanalyse zu sammeln, da nicht jede Steuererklärung einzeln, sondern nur stichprobenartig kontrolliert werden kann.[1000] Im Gegensatz zu den Informationsbefugnissen in Anh. 36 FA 2008 braucht die Behörde hier keinen Verdacht zu haben, dass eine bestimmte Steuererklärung unrichtig sein könnte, sondern kann die Daten allgemein sammeln. Leistet der Dateninhaber der Aufforderung nicht Folge, sind nach Anh. 23 §§ 30 ff. FA 2011 ebenfalls Geldbußen möglich. Soll eine Steuerposition des Dateninhabers überprüft werden, können gemäß Anh. 23 § 2 Abs. 3 FA 2011 darüber keine Daten angefordert werden. In einem solchen Fall greifen die Befugnisse des Anh. 36 § 1 FA 2008.

eee) Weitergabe von Informationen an andere Behörden

Grundsätzlich unterliegen Angaben, die der Steuerpflichtige gegenüber der Finanzbehörde macht, dem Steuergeheimnis gemäß §§ 3 Abs. 1, 18 Abs. 1 CRCA 2005. Ein Beamter der HMRC darf keine Informationen an andere Behörden ohne rechtliche Befugnis weitergeben und muss eine Vertraulichkeitserklärung unterzeichnen.

Es können aber Informationen gemäß § 18 Abs. 2 und 3 CRCA 2005 offengelegt werden. Diese Ausnahmen sind sehr weit gefasst und ermöglichen eine Offenlegung in nahezu allen Fällen. So ist eine Weitergabe von Informationen nach § 18 Abs. 2 lit. a CRCA 2005 gestattet, wenn kein Verstoß gegen die von den Commissioners auferlegten Beschränkungen vorliegt und die Offenlegung der Erfüllung einer Aufgabe der HMRC dient. Eine Offenbarung ist ebenfalls gemäß § 18 Abs. 2 lit. b

999 HMRC Compliance Handbook CH254010.
1000 HMRC Compliance Handbook CH28160.

CRCA 2005 zulässig, wenn sie in Einklang mit § 20 CRCA 2005[1001] oder § 21 CRCA 2005[1002] steht. Dient die Offenbarung der Durchführung eines Zivilverfahrens, strafrechtlicher Ermittlungen oder eines Strafverfahrens, welches Aufgabengebiete der HMRC betrifft, so ist eine Weitergabe gemäß § 18 Abs. 2 lit. c, d CRCA 2005 möglich. Eine Offenbarung ist auch dann zulässig, wenn sie gemäß § 18 Abs. 2 lit. e CRCA 2005 auf Anordnung eines Gerichts oder gegenüber einer in § 18 Abs. 2 CRCA 2005 genannten Behörde erfolgt. § 18 Abs. 3 CRCA 2005 erlaubt darüber hinaus jede Weitergabe, die in Einklang mit anderen gesetzlichen Vorschriften, die eine Offenbarung vorsehen, steht.

Sollten die Ausnahmen gemäß § 18 Abs. 2, Abs. 3 CRCA 2005 nicht vorliegen, macht sich der Finanzbeamte nach § 182 Abs. 1 FA 1989 strafbar, wenn er dennoch Informationen weiterleitet. Das gilt nicht, wenn § 182 Abs. 5 FA 1989 einschlägig ist. So ist eine Weitergabe zulässig, wenn der Beamte zur Offenbarung iSd § 182 Abs. 6 FA 1989 befugt war, wenn die betroffene Person zugestimmt hat oder wenn die Information vor der Offenlegung rechtmäßig der Öffentlichkeit bekannt gegeben wurde. Eine Bestrafung scheidet ebenfalls im Fall des § 182 Abs. 7 FA 1989 aus. Dieser sieht einen Rechtfertigungs- oder Entschuldigungsgrund (defence)[1003] vor, wenn der Beamte davon ausging, dass er die gesetzliche Befugnis zur Offenbarung hatte oder die Information bereits zuvor rechtmäßig veröffentlicht worden war und er nicht Grund zur Annahme hatte, etwas anderes zu glauben.

Neben § 182 Abs. 1 FA 1989 ist eine Strafbarkeit gemäß § 19 Abs. 1 CRCA 2005 bei einem Verstoß gegen §§ 18 Abs. 1 oder 20 Abs. 9 CRCA 2005 möglich. Das ist der Fall, wenn Informationen offenbart wurden, die die Identität einer Person offenlegen oder Rückschlüsse auf diese zulassen. Der Beamte ist aber gemäß § 182 Abs. 7 FA 1989 gerechtfertigt bzw. entschuldigt.

1001 § 20 CRCA 2005 sieht eine Offenbarung im öffentlichen Interesse, z.B. zur Verhinderung oder Aufklärung von Straftaten, vor.

1002 § 21 CRCA 2005 erlaubt die Offenbarung gegenüber einer Strafverfolgungsbehörde, insbesondere zur Einleitung eines Strafverfahrens im Hinblick auf eine Angelegenheit, bei der die HMRC eine Untersuchung durchführt.

1003 Die Strafbarkeit folgt in Großbritannien einem dreistufigen Aufbau, bestehend aus *actus reus*, *mens rea* (positive Voraussetzungen) und dem Fehlen von *defences* (negative Voraussetzungen). Der actus reus beschreibt, ähnlich dem objektiven Tatbestand, alle äußeren Verbrechensbestandteile. Die mens rea umfasst alle inneren Verbrechensbestandteile, also die Einstellung des Täters zur Tat wie Vorsatz, Wissentlichkeit, Willentlichkeit und Rücksichtslosigkeit. Sie ist mit dem subjektiven Tatbestand vergleichbar. Für die Strafbarkeit des Täters dürfen keine *defences* vorliegen. Unter *defences* sind Verteidigungseinreden zu verstehen, die den Entschuldigungs- und Rechtfertigungsründen ähneln. Das britische Recht kennt aber keine Unterscheidung von Rechtswidrigkeit und Schuld, s. dazu *Helmert* Der Straftatbegriff in Europa, S. 92 ff m.w.N.

Allerdings können Informationen innerhalb der Finanzbehörde gemäß § 17 CRCA 2005 jederzeit weitergegeben und zur Erfüllung ihrer Aufgaben genutzt werden. Es findet somit ein Informationsfluss zwischen den Abteilungen, die für das Steuer- und Strafverfahren zuständig sind, statt. Dadurch können selbstbelastende Angaben des Steuerpflichtigen im Steuerverfahren für die Strafverfolgung verwendet werden.

fff) Verhängung von Geldbußen (penalties)

Bis zum 1. April 2008 konnten unterschiedliche Geldbußen (penalties) für direkte und indirekte Steuern verhängt werden. Das resultierte daraus, dass vor Entstehung der HMRC im Jahr 2005 die Steuern von zwei verschiedenen Behörden verwaltet wurden: der Inland Revenue für die direkten und HM Customs & Excise für die indirekten Steuern. Diese unterschiedlichen Bußgeldsysteme wurden aber als zu komplex und fragmentarisch angesehen.[1004] Sie hatten keinen ausreichend abschreckenden Effekt in Bezug auf das Fehlverhalten des Steuerzahlers und auch die Minderungen der Geldbußen waren uneinheitlich, sodass der Wunsch nach einem einheitlichen System, das sich auf alle Steuerarten erstrecken sollte, immer mehr in den Vordergrund rückte.[1005] Das führte zur Veröffentlichung mehrerer Diskussionspapiere aufgrund des 2006 beginnenden Projekts „Modernising Powers, Deterrents and Safeguards“, das wesentlich zur Gesetzgebung in den nachfolgenden Finance Acts beitrug.[1006] Mit den neuen Geldbußen wurde ein einheitliches System geschaffen, das für alle Steuerarten Geltung beansprucht. Die Berechnung und Minderung der Geldbußen richtet sich nach dem Verhalten des Steuerzahlers. Dadurch, dass die Geldbuße individuell auf den Steuerpflichtigen zurechtgeschnitten ist, entfaltet sie auch den nötigen abschreckenden Effekt. Es gibt vier bußgeldbewehrte Verstöße: die Unrichtigkeit der Steuererklärung oder anderer Dokumente (Anh. 24 FA 2007, Anh. 40 FA 2008), die unterlassene Mitteilung über die Steuerpflicht (Anh. 41 FA 2008), die nicht rechtzeitige Abgabe der Steuererklärung (Anh. 55 FA 2009) und die nicht rechtzeitige Zahlung der Steuer (Anh. 56 FA 2009).

Wenn die Tat 25.000 Pfund überschreitet, kann die HMRC gemäß § 94 Abs. 1 FA 2009 Informationen über den Steuerpflichtigen veröffentlichen. Dazu zählen gemäß § 94 Abs. 4 FA 2009 der Name, die Adresse, der Beruf, die verhängten Geldbußen, der Steuerverlust, der Zeitpunkt, auf den sich die Geldbußen beziehen, sowie jede andere Art von Information, die der Beamte für erforderlich hält, um die Identität des Steuerzahlers zu verdeutlichen. Eine solche Veröffentlichung ist gemäß § 94 Abs. 10 FA 2009 nicht möglich, wenn die Offenlegung durch den Steuerpflichtigen zur maximal möglichen Reduzierung der Geldbuße geführt hat.

1004 *Rowell/Flood* in: Simon´s Taxes Bd. 2 A4.501.

1005 *Rowell/Flood* in: Simon´s Taxes Bd. 2 A4.501.

1006 *Williams/Morse/Eden* Davies Principles of Tax Law Rn. 4.18.

Die Finanzbehörde kann auch mithilfe des *Managing Serious Defaulters Programme*[1007] den Steuerpflichtigen, der vorsätzlich Steuern hinterzogen hat, über mehrere Jahre verstärkt kontrollieren, um sicherzustellen, dass dieser die Steuergesetze einhält und seinen steuerlichen Verpflichtungen nachkommt.

Die Höhe der Geldbuße richtet sich nach dem Verhalten des Steuerpflichtigen. Es ist zwischen fahrlässigem, vorsätzlichem sowie vorsätzlichem und verdeckendem Verhalten zu unterscheiden. Verdecken bedeutet, dass der Täter aktiv etwas unternimmt, um den Verstoß gegen die Steuergesetze zu verheimlichen, indem er z.B. Rechnungen fälscht, damit er falsche Beträge belegen kann.[1008] Die verhaltensabhängige Berechnung der Geldbuße findet nur Anwendung auf die Unrichtigkeit der Steuererklärung, die unterlassene Mitteilung über die Steuerpflicht und die zu späte Einreichung der Steuererklärung.[1009] Bei der Steuerhinterziehung wird der Steuerpflichtige in der Regel mit einer Geldbuße wegen Unrichtigkeit der Steuererklärung belegt.[1010] Sollte der Steuerhinterzieher Einkommen oder Gewinne im Ausland gelagert haben, werden höhere Geldbußen verhängt. Die Höhe der Geldbuße richtet sich danach, inwiefern das betreffende Land mit der HMRC Informationen austauscht.[1011]

Die Finanzbehörde kann die Geldbuße reduzieren, wenn der Steuerpflichtige sein Fehlverhalten offenlegt (dislcosure). Das gilt nur für die Unrichtigkeit und die nicht rechtzeitige Abgabe der Steuererklärung sowie die unterlassene Mitteilung über die Steuerpflicht. Die zu späte Zahlung der Steuer ist nicht von der Minderung erfasst.[1012]

Eine Offenlegung liegt nach Anh. 24 § 9 Abs. 1 FA 2007, Anh. 41 § 12 Abs. 2 FA 2008, sAnh. 55 § 14 Abs. 2 FA 2009 vor, wenn die Person der HMRC vom Fehlverhalten berichtet (telling)[1013], der Finanzbehörde angemessen hilft, das Ausmaß der Unrichtigkeit oder des Unterlassens zu bestimmen (helping)[1014] sowie Zugang zu

---

1007 HMRC Compliance checks series CC/FS14.

1008 Vgl. HMRC Compliance checks series CC/FS7a; vgl. *Loutzenhiser* Tiley´s Revenue Law Kap. 4.5.3.1.

1009 *Rowell/Flood* in: Simon´s Taxes Bd. 2 A4.510.

1010 Vgl. COP9 Abschnitt 6.4; HMRC Compliance checks series CC/FS7a.

1011 *Rowell/Flood* in: Simon´s Taxes Bd. 2 A4.510.

1012 Vgl. Anh. 24 §§ 9 Abs. A1, 10 Abs. 1 FA 2007, Anh. 41 §§ 12 Abs. 1, 13 Abs. 1 FA 2008, Anh. 55 §§ 14 Abs. 1, 15 Abs. 1 FA 2009; *Rowell/Flood* in: Simon´s Taxes Bd. 2 A4.521.

1013 Für die Berichtigung ist erforderlich, dass der Steuerpflichtige den Verstoß zugibt, ihn vollständig offenlegt und erklärt wie und warum der Verstoß aufgetreten ist, HMRC Compliance Handbook CH63260, 73300, 82440.

1014 Er muss insbesondere die Behörde bei der Berechnung der Höhe der unbezahlten Steuern aktiv unterstützen und alle Informationen anbieten, die für die Offenlegung relevant sind, HMRC Compliance Handbook CH63280, 73320, 82450.

Aufzeichnungen gewährt, um die Unrichtigkeit oder das Unterlassen vollständig zu berichtigen (giving access to records).[1015]

Die Höhe der Reduktion bemisst sich danach, ob die Offenlegung unaufgefordert (unprompted) oder aufgefordert (prompted) erfolgte. Von einer unaufgeforderten Offenlegung ist gemäß Anh. 24 § 9 Abs. 2 FA 2007, Anh. 41 § 12 Abs. 3 FA 2008, Anh. 55 § 14 Abs. 3 FA 2009 auszugehen, wenn es zum Zeitpunkt der Offenbarung keine Anhaltspunkte für den Steuerpflichtigen gab zu glauben, dass die HMRC sein Fehlverhalten entdeckt hat oder kurz bevorsteht, dieses zu entdecken. Andernfalls handelt es sich um eine aufgeforderte Offenlegung.[1016] Sollte das Fehlverhalten einen Auslandsbezug aufweisen, ist die Minderung im Fall der Offenlegung geringer.[1017] Die höchste Reduzierung ist also bei einer unaufgeforderten Selbstanzeige möglich. Die Geldbuße fällt aber niemals unter das gesetzliche Minimum.[1018] Einzige Ausnahme stellt die Reduzierung der Geldbuße in außergewöhnlichen Fällen dar. Dieses Ermessen kann nur im Einzelfall ausgeübt werden und darf keine allgemeine Anwendung auf alle Steuerzahler finden.[1019]

bb) Befugnisse im Strafverfahren

Die HMRC ist für das Sammeln und die Verwaltung der Steuern zuständig. Das erlaubt ihr nicht nur die Einleitung von steuerlichen, sondern auch das Führen von strafrechtlichen Ermittlungen. Bei den strafrechtlichen Ermittlungen hat die Steuerbehörde weitergehende Befugnisse als im Steuerverfahren. Die Ermächtigungsgrundlagen für ihr Handeln finden sich im Police and Criminal Evidence Act (PACE) 1984.[1020] Allerdings sind die Befugnisse der HMRC teilweise modifiziert. Ihr obliegen nicht sämtliche Befugnisse der Polizei, z.B. kann sie keine Fingerabdrücke nehmen, den Beschuldigten anklagen[1021] oder auf Kaution

1015 HMRC Compliance Handbook CH 63300, 73340, 82460; zum Ganzen s. HMRC Compliance Handbook CH 63100, 73000, 82400.

1016 *Rowell/Flood* in: Simon´s Taxes Bd. 2 A4.521.

1017 *Rowell/Flood* in: Simon´s Taxes Bd. 2 A4.575A m.w.N.

1018 *Rowell/Flood* in: Simon´s Taxes Bd. 2 A4.521.

1019 *Foster/Gilham* in: Lee Revenue Law: Principles and Practice Rn. 4.25. Diese Befugnis findet auf alle Arten von Fehlverhalten Anwendung, vgl. Anh. 24 § 11 FA 2007, Anh. 41 § 14 FA 2008, Anh. 55 § 16 FA 2009, Anh. 56 § 9 FA 2009.

1020 Die Anwendbarkeit der Vorschriften auf die HMRC wurde durch die Police and Criminal Evidence Act (Application to Revenue and Customs) Order 2007 SI 2007/3175 eingeführt, die durch die Police and Criminal Evidence Act 1984 (Application to Revenue and Customs) Order SI 2015/1783 ersetzt wurde.

1021 In bestimmten Fällen kann auch die Polizei Anklage erheben, s. dazu The Director´s Guidance on Charging – sixth edition, December 2020, Annex 1, abrufbar unter: https://www.cps.gov.uk/sites/default/files/documents/legal_guidance/Directors-Guidance-on-Charging-6th-Edition.pdf.

freilassen.[1022] Sie kann aber sowohl Durchsuchungsbeschlüsse gemäß § 8 PACE 1984, Anh. 1 SI 2015/1783 als auch Herstellungsanordnungen gemäß § 9 PACE 1984, Anh. 1 beantragen. Herstellungsanordnungen beziehen sich auf solche Materialien, die nicht Teil des Durchsuchungsbeschlusses sein können wie vertrauliche Aufzeichnungen und journalistisches Material, aber nicht auf solche Schriftstücke, die der Vertraulichkeit der Rechtsberatung unterliegen.[1023]

Bei Durchführung einer Durchsuchung kann die HMRC gemäß § 8 Abs. 2 PACE 1984, Anh. 1 SI 2015/1783 Gegenstände sicherstellen und beschlagnahmen sowie Personen durchsuchen, wenn ein Beamter gemäß Art. 18 lit. a SI 2015/1783 Grund zu der Annahme hat, dass die Person im Besitz von Unterlagen ist, die wahrscheinlich für die Ermittlungen der Straftat von wesentlicher Bedeutung sind. Es können auch von der HMRC nach § 24 Abs. 2 PACE 1984, Anh. 1 SI 2015/1783 solche Personen festgenommen werden, bei denen der begründete Verdacht besteht, dass diese eine Straftat begangen haben und anschließend gemäß § 54 PACE 1984, Anh. 1 SI 2015/1783 durchsucht werden. Auch die Räume des Festgenommenen können gemäß § 18 PACE 1984, Art. 8 SI 2015/1783 betreten und durchsucht werden. In Fällen schwerer Kriminalität ist die Anordnung einer Überwachung gemäß dem Regulation of Investigatory Powers Act 2000 (RIPA), Police Act 1967 und Wireless Telegraphy Act 2006 zulässig, wenn es keine andere Möglichkeit gibt, an Informationen zu gelangen und diese für die Durchführung der Untersuchung erforderlich sind.[1024]

d) Zwischenergebnis

Das Steuersystem in Großbritannien wird maßgeblich durch das Fallrecht, die vom Parlament erlassenen Steuergesetze und durch die Veröffentlichungen der HMRC geprägt. Der Steuerpflichtige muss zahlreiche Pflichten erfüllen. Er muss die Behörde von seiner Steuerpflicht unterrichten, eine vollständige und richtige Steuererklärung einreichen, die Steuern pünktlich bezahlen und die für die Berechnung der Steuerlast erforderlichen Unterlagen aufbewahren. Sollte die Finanzbehörde Zweifel an der Richtigkeit der Steuererklärung haben, kann sie steuerliche oder strafrechtliche Ermittlungen einleiten. Sowohl im Steuer- als auch im Strafverfahren stehen ihr zahlreiche Befugnisse zu, an deren Ende die Verhängung einer Geldbuße oder Kriminalstrafe steht.

1022 *Foster/Gilham* in: Lee Revenue Law: Principles and Practices Rn. 4.59-4.139; *Alldridge* Criminal Justice and Taxation, S. 89.

1023 *Djanogly* HMRC criminal investigations and dawn raids, abrufbar unter: https://www.lexisnexis.co.uk/legal/guidance/hmrc-criminal-investigations-and-dawn-raids.

1024 *Fisher* in: Simon´s Taxes Bd. 2 A6.1104.

2. Das Steuerstrafrecht in Großbritannien

Wenn der Steuerpflichtige die Steuergesetze verletzt und sich dadurch zu Unrecht seiner Steuerlast entzieht, indem er diese reduziert oder Steuerrückzahlungen erhält, auf die er keinen Anspruch hat, begeht er eine Steuerhinterziehung.[1025] Fraglich ist, welche Behörden für die Ermittlungen bei Steuerhinterziehung zuständig (dazu D. II. 2. a)) sind und wie sich der Steuerhinterzieher strafbar machen kann (dazu D. II. 2. b)).

a) Zuständige Behörden

Die HMRC kann aufgrund ihrer Zuständigkeit für das Sammeln und die Verwaltung der Steuern sowohl steuerliche als auch strafrechtliche Ermittlungen führen. Für die strafrechtlichen Ermittlungen ist das Criminal Investigation Directorate zuständig, dessen Befugnisse sich nach dem PACE 1984 richten. Sollten keine strafrechtlichen Ermittlungen für erforderlich gehalten werden, sind für die steuerlichen Ermittlungen bei dem Verdacht der Steuerhinterziehung zwei verschiedene Behörden innerhalb der HMRC zuständig. Das Special Investigations (SI) Office bearbeitet alle Fälle der schweren Steuerhinterziehung sowie komplexe Fälle, bei denen ihr besonderes Fachwissen gefragt ist, wohingegen die lokalen Civil Investigation of Fraud Teams Fälle ermitteln, bei denen geringere Summen an Steuern hinterzogen worden.[1026]

Seit Herbst 2015 wurden die beiden Einheiten Special Investigations und Criminal Investigation zum Fraud Investigation Service zusammengelegt, um vorhandene Erfahrungen und Fachwissen besser zu teilen und die schwersten Fälle der Steuerstraftaten besser zu bekämpfen.[1027]

Allerdings ist die HMRC nur das zuständige Ermittlungsorgan[1028], wohingegen dem Crown Prosecution Service (CPS) die Rolle der Staatsanwaltschaft zukommt.[1029] Der CPS leitet das Strafverfahren und entscheidet, ob Anklage erhoben oder das Verfahren eingestellt wird. Die Entscheidung über die Anklageerhebung richtet sich

1025 *Pearce-Crump* in: Simon´s Taxes Bd. 2 A1.117.

1026 *Gordon* in: Simon´s Taxes Bd. 2 A3.310.

1027 National Audit Office Report HM Revenue & Customs Tackling tax fraud: how HMRC responds to tax evasion, the hidden economy and criminal attacks, 17 Dezember 2015, HC 610, Session 2015-16, S. 18, abrufbar unter: https://www.nao.org.uk/wp-content/uploads/2015/12/Tackling-tax-fraud-how-HMRC-responds-to-tax-evasion-the-hidden-economy-and-criminal-attacks.pdf; *Gordon* in: Simon´s Taxes Bd. 2 A3.310.

1028 *Fisher* in: Simon´s Taxes Bd. 2 A6.1120.

1029 Der CPS ist für die Strafverfolgung in England und Wales zuständig. In Schottland ist es der Crown Office and Procurator Fiscal Service und für Nordirland der Public Prosecution Service for Northern Ireland.

nach dem Code for Crown Prosecutors. Danach ist für die Erhebung der Anklage entscheidend, ob es genug Beweise gibt, die eine Verurteilung des Beschuldigten realistisch erscheinen lassen und ob das öffentliche Interesse an einer Verfolgung die Gründe, die gegen eine Verfolgung sprechen, überwiegt.[1030]

Innerhalb des CPS gibt es die Specialist Fraud Division (SFD), die bei den schwersten und komplexesten Fällen der Steuerhinterziehung zum Einsatz kommt und die ihre Arbeit ebenfalls in steuerliche und nicht-steuerliche Kategorien unterteilt.[1031] Dazu gehören auch Fälle, die den strafrechtlichen Ermittlungen der HMRC unterliegen. Im Bereich der Steuerhinterziehung stellt damit die SFD innerhalb des CPS das zuständige Strafverfolgungsorgan dar.[1032]

b) Straftaten bei Steuerhinterziehung

Wenn der Steuerhinterzieher eine Steuerhinterziehung begeht, macht er sich wegen dieses Delikts strafbar. Allerdings existiert eine Vielzahl möglicher Straftatbeständen, die einschlägig sein können. Welche Straftatbestände es gibt und in welchem Verhältnis sie zueinanderstehen, soll näher beleuchtet werden. In Großbritannien erfolgt keine Einteilung der Delikte in Verbrechen und Vergehen[1033], sondern anhand des Strafverfahrens vor dem jeweiligen Strafgericht. Es sind gemäß Anh. 1 Interpretation Act 1978 drei verschiedene Arten von Straftaten zu unterscheiden: die *summary offences*, die *indictable offences* und die *offences triable either way*.

Die *summary offences* stellen die leichten Straftaten wie Verkehrsdelikte ohne größeren Schaden bei Personen oder leichte Körperverletzungen dar, die vor dem Magistrates´ Court als unterstes Gericht verhandelt werden.[1034] Der Magistrates´ Court kann gemäß § 32 Magistrates´ Court Act 1980 nur eine Geldstrafe[1035] oder

1030 Code for Crown Prosecutors October 2018, S. 7 ff., abrufbar unter: https://www.cps.gov.uk/sites/default/files/documents/publications/Code-for-Crown-Prosecutors-October-2018.pdf.

1031 *Fisher* in: Simon´s Taxes Bd. 2 A6.1101.

1032 *Fisher* in: Simon´s Taxes Bd. 2 A6.1120.

1033 Früher bestand auch in Großbritannien eine Einteilung in Verbrechen (felonies) und Vergehen (misdemeanour), wobei die Einteilung durch die Gesetzgebung immer mehr aufgeweicht wurde, sodass diese schließlich durch den Criminal Justice Act 1967 abgeschafft wurde, s. dazu *Allen* Textbook on Criminal Law Kap. 1.4.

1034 Vgl. *gov.uk* Criminal Courts, Magistrates´ Courts, abrufbar unter: https://www.gov.uk/courts/magistrates-courts.

1035 Früher betrug gemäß § 37 Abs. 2 Criminal Justice Act 1982 die Geldstrafe bei *summary offences* maximal 5.000 Pfund. Durch § 85 Abs. 1 und 2 Legal Aid, Sentencing and Punishment of Offenders Act 2012 und the Legal Aid, Sentencing and Punishment of Offenders Act 2012 (Fines on Summary Conviction) Regulations 2015, SI 2015/664 wurde diese Höchstgrenze aufgehoben. Nunmehr kann eine Geldstrafe in unbegrenzter Höhe verhängt werden. Bei bestimmten Straftaten wurde hingegen

eine Freiheitsstrafe bis zu sechs Monaten verhängen. Die *indictable offences* sind die schweren Straftaten wie Mord, Vergewaltigung und Raub, die ausschließlich vor der nächsthöheren Instanz, dem Crown Court, verhandelt werden.[1036] Bei den *offences triable either way* handelt es sich um Straftaten, die sowohl vor dem Magistrates´ als auch vor dem Crown Court verhandelt werden können.

Um welche Art von Straftat es sich handelt, lässt sich anhand des Anh. 1 Magistrates´ Courts Act 1980 oder dem Wortlaut der Norm ablesen. Tauchen im Gesetz nur die Begriffe *summary conviction*[1037] oder *conviction on indictment*[1038] auf, dann handelt es sich um eine *summary* oder *indictable offence.* Werden beide Begriffe verwendet, kann die Straftat vor beiden Gerichten verhandelt werden und es ist eine *offence triable either way* gegeben. [1039] In Bezug auf die möglichen Straftatbestände der Steuerhinterziehung wird meist eine *offence triable either way* vorliegen.

aa) Fraudulent evasion of income tax

Der Straftatbestand der Einkommensteuerhinterziehung wurde geschaffen, um Fälle von Steuerhinterziehung im Bereich der Schattenwirtschaft ahnden zu können.[1040] Gemäß § 106A Abs. 1 TMA 1970 begeht eine Straftat, wer wissentlich an der betrügerischen Hinterziehung der Einkommensteuer für sich oder eine andere Person beteiligt ist. Für eine wissentliche Beteiligung ist Kenntnis von der Straftat erforderlich. Das ist bei einem bloßen Verdacht nicht der Fall.[1041] Es genügt jedoch, wenn jemand willentlich die Augen vor der Wahrheit verschließt.[1042] Zudem muss der Täter an der Tat beteiligt sein. Das setzt einen Tatbeitrag voraus. Ein solcher liegt z.B. vor, wenn der Täter einer anderen Person hilft, gefälschte

---

nur die Höchstgrenze angehoben, s. dazu Anh. 1 und 2 the Legal Aid, Sentencing and Punishment of Offenders Act 2012 (Fines on Summary Conviction) Regulations 2015, SI 2015/664.

1036 *Gov.uk* aaO. (Fn. 1034).

1037 Verurteilung ohne eine Jury, sondern nur mit zwei bis drei Laienrichtern (magistrates) oder einem Berufsrichter, s. *gov.uk* aaO. (Fn. 1034).

1038 Verurteilung aufgrund einer formellen Anklageschrift inklusive Jury und Richter, s. *gov.uk* Criminal Courts, Crown Court, abrufbar unter: https://www.gov.uk/courts/crown-court.

1039 *Hungerford-Welch* Criminal Procedure and Sentencing Rn. 3.2.

1040 Paymaster General (Dawn Primarolo) in: HC Deb Standing Committee H 25th sitting, 29 June 2000, cols. 1001-1002; *Maas* Guide to Taxpayers´ Rights and HMRC Powers Rn. 12.4; *Fisher* Tax Journal 2006, 19, 21.

1041 *R v Forsyth* [1997] 2 Cr. App. R. 299, 318.

1042 Warner v Metropolitan Police Comr [1968] 2 All ER 356, 367.

Geschäftsunterlagen herzustellen.[1043] Ferner muss ein betrügerisches Verhalten vorliegen. Darunter ist ein vorsätzliches und unredliches Verhalten[1044] zu verstehen, welches vorliegt, wenn das Verhalten nach der Ansicht eines vernünftigen und anständigen Menschen als unredlich anzusehen ist und wenn der Täter diese Unredlichkeit erkannt hat.[1045] Es ist keine Täuschung im Sinne eines positiven Tuns (z.B. das Ausfüllen einer falschen Steuerklärung) erforderlich, sondern es reicht aus, wenn der Steuerpflichtige es unterlässt, den Steueranspruch zu melden oder eine Steuererklärung einzureichen.[1046]

Bei der Einkommensteuerhinterziehung handelt es sich um eine Straftat *triable either way*. Das Strafmaß richtet sich nach § 106A Abs. 2 TMA 1970. Im summarischen Verfahren ist eine Freiheitsstrafe bis zu 12 Monaten oder eine Geldstrafe möglich. Bei einer förmlichen Anklage kann gegen den Täter eine Freiheitsstrafe bis zu sieben Jahren, eine Geldstrafe oder beides verhängt werden.

bb) Fraudulent evasion of VAT

Nach § 72 Abs. 1 VATA 1994 macht sich wegen Umsatzsteuerhinterziehung strafbar, wer sich an einer solchen beteiligt oder in Vorbereitung auf eine solche Schritte unternimmt. Diese Vorschrift zeigt, dass im Gegensatz zur Einkommensteuerhinterziehung die Steuer nicht tatsächlich hinterzogen sein muss, sondern auch Vorbereitungshandlungen für eine Strafbarkeit ausreichen. Allerdings handelt es sich wie bei § 106A TMA 1970 um eine Straftat *triable either way* und die Höhe des Strafmaßes im Verfahren mit einer formellen Anklageschrift ist ebenfalls gleich. Der Straftatbestand der Umsatzsteuerhinterziehung findet Anwendung auf alle Waren und Dienstleistungen, die der Umsatzsteuer unterliegen (vgl. § 1 Abs. 1 VATA 1994). Für Vorbereitungshandlungen genügt es, wenn der Steuerpflichtige es versäumt, sich für die Umsatzsteuer anzumelden, obwohl er den Freibetrag überschreitet und keine ordentlichen Geschäftsbücher führt.[1047]

Es muss nicht zu einer dauerhaften Entziehung kommen, sondern es reicht aus, wenn die Steuer nicht zum Zeitpunkt der Fälligkeit gezahlt wurde, auch wenn später eine Zahlung erfolgt.[1048]

Ebenso wie bei der Einkommensteuerhinterziehung kann die Umsatzsteuerhinterziehung durch aktives Tun oder Unterlassen begangen werden. Der Täter muss

---

1043 Paymaster General (Dawn Primarolo) in: HC Deb Standing Committee H 25th Sitting, 29 June 2000, col. 1010; *Fisher* in: Simon´s Taxes A.6.1112; *Salter* B.T.R. 2002, 489, 491.

1044 Attorney General's Reference (No. 1 of 1981) [1982] QB 848, 848.

1045 *R v Ghosh* [1982] QB 1053, 1053.

1046 Vgl. Attorney General's Reference (No. 1 of 1981) [1982] QB 848, 848; *Salter* B.T.R. 2000, 489, 500.

1047 *R v McCarthy* [1981] STC 298, 298.

1048 *R v Dealy (John Clarke)* [1995] STC 217, 217.

zum Zeitpunkt der Tat gewusst haben, dass er durch sein Handeln oder Unterlassen seine Steuerlast verringert.[1049]

Zur Umsatzsteuerhinterziehung zählen gemäß § 72 Abs. 2 VATA 1994 auch solche Fälle, in denen der Täter ungerechtfertigt die Vorsteuer oder andere in § 72 Abs. 2 VATA 1994 genannte Rückerstattungen erhält. § 72 Abs. 3 VATA 1994 stellt zudem die Herstellung, Abgabe, Lieferung, den Gebrauch eines Dokuments sowie die Abgabe einer Erklärung, die hinsichtlich einer rechtserheblichen Tatsache falsch sind (z.B. falsche Rechnungen oder falsche Angaben bei einer Untersuchung[1050]) unter Strafe.

Sollten hingegen die genauen Umstände der Tat nicht bekannt sein, aber die Behörde wissen, dass eine Straftat begangen wurde, ist eine Strafbarkeit desjenigen gemäß § 72 Abs. 8 VATA 1994 möglich, dessen Ausführung bei Ausführung dieser Tat erforderlich war. Ferner macht sich nach § 72 Abs. 10 VATA 1994 strafbar, wer den Besitz von Waren erhält, mit Waren handelt oder das Angebot von Dienstleistungen akzeptiert, wenn er Grund zu der Annahme hat, dass die Umsatzsteuer hinterzogen wurde oder hinterzogen werden wird. Das wird zum Beispiel der Fall sein, wenn der Händler eine Barzahlung akzeptiert und dem Kunden sagt, dass er die Mehrwertsteuer nicht erklären werde.[1051]

cc) Providing false documents or information to HMRC

Wer falsche Dokumente oder Informationen bei der Finanzbehröde einreicht bzw. abgibt, kann sich wegen mehrerer Straftaten strafbar machen. Nach § 167 Abs. 1 Customs and Excise Management Act 1979 (CEMA 1979) macht sich strafbar, wer wissentlich oder rücksichtslos falsche Erklärungen, Mitteilungen, Zeugnisse oder Schriftstücke gegenüber einem Commissioner oder Officer abgibt. Der Täter handelt rücksichtslos hinsichtlich eines Umstands oder eines Erfolgs, wenn er sich entweder des bestehenden Risikos oder dessen Eintritt bewusst ist und es nach den ihm bekannten Umständen unvernünftig ist, dieses Risiko einzugehen.[1052] Die Straftat kann sowohl vor dem Magistrates´ als auch vor dem Crown Court verhandelt werden. Bei der Anklage vor dem Crown Court ist gemäß § 167 Abs. 2 lit. b

---

1049 *O´Donnell* VAT Dig. 2007, 1, 15.

1050 *O´Donnell* VAT Dig. 2007, 1, 16.

1051 *O´Donnell* VAT Dig. 2007, 1, 16.

1052 Lord Bingham of Cornhill in: *R v G* [2003] UKHL 50 Rn. 41. Der Begriff Rücksichtslosigkeit (recklessness) lässt sich wohl am besten mit bewusster Fahrlässigkeit vergleichen. Der Täter ist sich zwar des bestehenden Risikos oder seines Eintritts bewusst, lässt aber die Folgen seines Handelns vorsätzlich oder fahrlässig außer Acht und rechnet nicht mit deren Eintritt. Aus diesem Grund ist *recklessness* mehr als *negligence* (Fahrlässigkeit) und wird deshalb manchmal als „bewusste Fahrlässigkeit“ (advertent negligence) bezeichnet. S. dazu *Penner* The Law Student´s Dictionary Begriff „recklessness“, S. 244.

CEMA 1979 eine Freiheitsstrafe bis zu zwei Jahren, eine Geldstrafe oder beides möglich.

Gemäß § 167 Abs. 3 CEMA 1979 macht sich der Täter wegen derselben Tathandlung wie in Absatz 1 strafbar, ohne dass eine bestimmte Absicht erforderlich ist. Diese Straftat ist nur eine *summary offence* mit einer Geldstrafe von nicht mehr als 2.500 Pfund (vgl. § 37 Abs. 2 Criminal Justice Act 1982).

Ferner stellt § 168 Abs. 1 CEMA 1979 die Fälschung von Dokumenten unter Strafe, wenn der Täter sie entweder selbst fälscht, verfälscht oder wissentlich solche gefälschten Dokumente akzeptiert, erhält, gebraucht oder nach ihrer offiziellen Ausstellung verändert oder ein Siegel, eine Unterschrift, Initialen oder ein anderes Zeichen, welches von einem Beamten für die Überprüfung eines solchen Dokuments oder die Sicherheit von Waren oder einen anderen Zweck in Bezug auf die zugewiesene Angelegenheit verwendet wird. Die Höhe der Strafe bei einer Anklage beträgt ebenso wie bei § 167 Abs. 1 CEMA 1979 Freiheitsstrafe bis zu zwei Jahren, eine Geldstrafe oder beides.

Ein Täter macht sich auch gemäß § 20BB TMA 1970 strafbar, wenn er absichtlich ein Dokument, zu dessen Herstellung er verpflichtet ist oder welches er für eine Prüfung zugänglich machen muss, fälscht, geheim hält, zerstört oder anderweitig die Fälschung, Geheimhaltung, Zerstörung oder Beseitigung veranlasst, verursacht oder erlaubt. Die Strafe vor dem Crown Court ist die gleiche wie bei §§ 167 Abs. 1, 168 Abs. 1 CEMA 1979.

dd) Fraudulent evasion of duty

§ 170 CEMA 1979 erfasst in den Absätzen 1 und 2 die Steuerhinterziehung bezüglich Zöllen bei importierten Waren oder Schmuggelwaren. In § 170 Abs. 1 lit. a, b CEMA 1979 werden verschiedene Tathandlungen aufgeführt. § 170 Abs. 1 lit. a CEMA 1979 ist auf den wissentlichen Erwerb des Besitzes von Waren beschränkt, die entweder aus einem Warenhaus rechtswidrig entfernt wurden, der Verbrauchsteuer unterliegen (z.B. Alkohol und Tabak), die nicht gezahlt wurde, oder wenn es sich um solche importierten oder exportierten Waren handelt, die verboten oder beschränkt sind (z.B. Drogen, Waffen). § 170 Abs. 1 lit. b CEMA 1970 erfasst die wissentliche Beteiligung an der Lieferung, Wegnahme, Deponierung, Verbergung oder Geheimhaltung solcher in § 170 Abs. 1 lit. a CEMA 1970 genannten Waren. Bei beiden Tathandlungen muss die Absicht vorliegen, seine Majestät um den zu zahlenden Zoll auf diese Waren zu betrügen oder das Verbot bzw. die Beschränkung zu umgehen.

§ 170 Abs. 2 CEMA 1979 ist wesentlich weiter gefasst und stellt sowohl die wissentliche Beteiligung als auch den Versuch der Hinterziehung von Waren, auf die Zölle gezahlt werden müssen oder wenn es sich um verbotene bzw. beschränkte Waren handelt, unter Strafe. Eine besondere Tathandlung wie in § 170 Abs. 1 CEMA 1979 ist nicht erforderlich. § 170B CEMA 1979 erfasst die Strafbarkeit bei der Vornahme von Handlungen in Vorbereitung auf eine Hinterziehung von Zöllen. Bei allen diesen Straftaten handelt es sich um solche *triable either way*, die bei der förmlichen Anklage mit sieben Jahre Freiheitsstrafe, Geldstrafe oder beidem bedroht sind.

ee) Cheating the public revenue

Beim Straftatbestand *cheating the public revenue* handelt es sich um einen ungeschriebenen, durch Richterrecht entwickelten[1053] common law-Verstoß, der jegliches betrügerische Verhalten einschließt, welches zu einer Vorenthaltung des Geldes, auf das die HMRC einen Anspruch hat, führt.[1054] Erfasst sind somit sämtliche Steuern, die von der HMRC erhoben werden, aber nicht solche der Gemeinden oder der EU.[1055] Bei dem Delikt ist kein Nachweis erforderlich, dass es auch wirklich zu einem Schaden gekommen ist, weil es sich um ein Handlungs- und kein Erfolgsdelikt handelt.[1056] Die Straftat kann nicht nur durch positives Tun[1057], sondern auch durch Unterlassen[1058] begangen werden.[1059] Weiterhin ist auf der subjektiven Seite erforderlich, dass es sich um betrügerisches Verhalten handelt.[1060]

Die tatbestandliche Weite von *cheating the public revenue* führt dazu, dass dieses Delikt auf nahezu alle Fälle der Steuerhinterziehung angewendet werden kann[1061], angefangen von der Umsatzsteuerhinterziehung[1062] mit den besonders schwerwiegenden Fällen des Karussellbetrugs bis hin zur Einkommensteuerhinterziehung.[1063] Aufgrund dessen kann es zu Überschneidungen mit den gesetzlichen Vorschriften kommen, wobei *cheating the public revenue* den schwersten Fälle der Steuerhinterziehung vorbehalten ist.[1064] Der common law-Verstoß ermöglicht die Verhängung einer unbegrenzten Freiheitsstrafe oder Geldstrafe, wohingegen die gesetzlichen Vorschriften in vielen Fällen nur eine maximale Freiheitsstrafe

---

1053 S. Lord Mansfield in: *R v Bembridge* [1783] 3 Doug KB 327, 332: "[...] where there is a breach of trust, a fraud or an imposition in a subject concerning the public [...], it is indictable."

1054 Vgl. Mr. J. Mantell in: *R v Less* Times 30 March 1993 CA.

1055 *Fisher* Tax Journal 2006, 19, 21.

1056 *R v Hunt* [1994] STC 819, 819.

1057 Abgabe einer unrichtigen Steuererklärung.

1058 Keine Abgabe der Steuererklärung.

1059 *R v Mavji* [1986] STC 508, 511; *R v Less* 30. März 1993 CA.

1060 Zur Definition des betrügerischen Verhaltens s. D. II. 2. b) aa).

1061 *Ormerod* Crim. L.R. 1998, 627, 627.

1062 Darunter fallen Fälle der fehlenden Erklärung der Umsatzsteuer (*R v Ryan* [1994] STC 446) und Registrierung (*R v Redford* [1988] STC 845).

1063 Zur Einkommensteuerhinterziehung s. Lord Goddard C.J. in: *R v Hudson* [1956] 2 QB 252, 261 f.; vgl. *Fisher* Tax Journal 2006, 19, 21; vgl. *Ormerod* Crim. L.R. 1998, 627, 629.

1064 Vgl. The Lord Chief Justice in: *R v Dolan and Cormack* (1981) 3 Cr. App. R. (S.) 139, 141; *R v Mavji* [1986] STC 508, 512; *Ormerod* Crim. L.R. 1998, 627, 644.

von sieben Jahren oder eine Geldstrafe vorsehen.[1065] Zwischen dem common law-Straftatbestand und den gesetzlichen Straftatbeständen herrscht kein Exklusivitätsverhältnis.[1066] *Cheating the public revenue* ist demnach neben den kodifizierten Delikten anwendbar[1067], sodass die Wahl, wegen welcher Straftaten der Steuerhinterzieher verfolgt werden soll, im Ermessen der HMRC und dem CPS, der die Letztentscheidung trifft, steht.

Haben sich zwei oder mehr Steuerzahler dazu entschieden, Steuern zu hinterziehen, auf die der Staat einen Anspruch hat, kommt für diese eine Strafbarkeit wegen *conspiracy to cheat the public revenue* (Verabredung zum gemeinschaftlichen Betrug der Staatseinnahmen)[1068] in Betracht. Diese stellt die Vereinbarung, jemandem etwas zu entziehen, auf das er einen Anspruch hat, unter Strafe. Entscheidend ist die getroffene Vereinbarung, die durch gemeinsames Handeln[1069] bewiesen werden kann.[1070] Hierunter fällt auch der Karussellbetrug.

ff) Spezielle Straftaten und Geldbußen für Unternehmen und Auslandssteuerhinterzieher

Schließlich werden Unternehmen, die die Erleichterung der Steuerhinterziehung von Kunden in ihrem Unternehmen nicht verhindert haben, und Steuerhinterzieher, die ihr Geld im Ausland gelagert haben, härter bestraft.

1065 Vgl. *Ormerod* Crim. L.R. 1998, 627, 643.

1066 So aber die Entscheidung *R. v. Ayres* [1984] AC 447, 447, die mittlerweile von den Gerichten verworfen wurde.

1067 *R v Mavji* [1986] STC 508, 510; *R v Redford* [1988] STC 845, 850; *R v Mulligan* [1990] Crim. L.R. 427, 428; *Ormerod* Crim. L.R. 1998, 627, 641 f.

1068 Diese common law-Vorschrift wird angewendet, wenn Steuereinnahmen des Staates entzogen werden sollen. Die common law-Straftat *conspiracy to defraud*, die ähnliche Voraussetzungen wie *conspiracy to cheat the public revenue* hat, findet eher bei nichtstaatlichen Personen und Körperschaften Anwendung. S. dazu *Lennon/Rahman* Inside Time 16th December 2014, abrufbar unter: http://www.insidetime.org/conspiracy-to-defraud-conspiracy-to-cheat-2/. Diese stellt die Absprache mehrerer Personen, eine Straftat zu begehen, um einer Person etwas zu entziehen, das ihr gehört oder auf das sie einen Anspruch hat, unter Strafe, s. dazu *Scott v Metropolitan Police Comr* [1975] AC 819, 840. Bei beiden Delikten kommt es auf die Vereinbarung an. Eine Täuschung und ein Schaden sind nicht erforderlich, vgl. *Wai Yu-tsang v R* [1992] 1 AC 269; *Lennon/Rahman* ebd. Damit sind diese Vorschriften entfernt mit § 30 Abs. 2 3. Var. StGB vergleichbar, *Menzel* Die Steuerhinterziehung im deutschen und englischen Recht, S. 144.

1069 Z.B. Fälschung von Rechnungen oder Büchern, Eintragungen von fiktiven Käufen oder Ausgaben bzw. das Unterlassen jeglicher Eintragungen oder Führen unbekannter Konten.

1070 *Fisher* in: Simon´s Taxes A6.1111.

aaa) Unterlassen, die Erleichterung der Steuerhinterziehung zu verhindern

Durch §§ 45, 46 Criminal Finances Act 2017 können Unternehmen[1071], die vorsätzlich und unredlich die Steuerhinterziehung für einen Steuerzahler erleichtert und keine Maßnahmen getroffen haben, um eine solche zu verhindern, strafrechtlich geahndet werden.

Es gibt zwei verschiedene Straftatbestände: § 45 Abs. 1 Criminal Finances Act 2017 für britische und § 46 Abs. 1 Criminal Finances Act 2017 für ausländische Steuern. In Bezug auf ausländische Steuern ist eine Strafbarkeit gemäß § 46 Abs. 2 Criminal Finances Act 2017 nur dann möglich, wenn das Unternehmen eine Verbindung zu Großbritannien aufweist. Es muss im Vereinigten Königreich gegründet worden sein (§ 46 Abs. 2 lit. a Criminal Finances Act 2017), dort Geschäfte führen (§ 46 Abs. 2 lit. b Criminal Finances Act 2017) oder das fragliche Verhalten, das zu einer Erleichterung der Steuerhinterziehung geführt hat, muss in Großbritannien stattgefunden haben (§ 46 Abs. 2 lit. c Criminal Finances Act 2017). Ferner müssen die Straftaten des Steuerpflichtigen und des Unternehmens sowohl im Vereinigten Königreich als auch in der ausländischen Rechtsordnung gemäß § 46 Abs. 5, Abs. 6 Criminal Finances Act 2017 unter Strafe stehen.

bbb) Spezielle Straftaten und Geldbußen für Auslandssteuerhinterzieher

Diejenigen, die eine Steuerhinterziehung im Ausland begangen haben, erwarten höhere Geldbußen als bei einer solchen im Inland. Seit 2011 kann die HMRC im Bereich der Einkommen- und Kapitalertragsteuer gemäß Anh. 10 §§ 2, 8, 12 FA 2010 öhere Geldbußen festsetzen, wenn es um Geldbußen bezüglich Unrichtigkeiten in der Steuererklärung nach Anh. 24 FA 2007, unterlassene Mitteilungen über die Steuerpflicht an die HMRC nach Anh. 41 FA 2008 oder um die Nichtabgabe der Steuererklärung nach Anh. 55 FA 2009 geht. Zusätzlich muss das Einkommen oder der Gewinn außerhalb Großbritanniens liegen und das fragliche Land darf nicht dem höchsten Level für Vereinbarungen zum Informationsaustausch genügen. Die Höhe der Geldbuße richtet sich nach dem Verhalten[1072] des Steuerhinterziehers und inwieweit das ausländische Rechtssystem Informationen mit Großbritannien austauscht.[1073] Für verstecktes Kapital, das bewegt wird, um Steuerabkommen

---

1071 Unter Unternehmen sind gemäß § 44 Abs. 2 Criminal Finances Act 2017 sowohl juristische Personen als auch Personengesellschaften zu verstehen.

1072 Fahrlässig, vorsätzlich oder vorsätzliches und verdeckendes Verhalten, s. dazu D. II. 1. c) aa) fff).

1073 Dabei werden die Länder in vier verschiedene Kategorien eingeteilt (0 bis 3), s. Anh. 10 §§ 5, 12 FA 2010, Anh. 20 § 7 FA 2015. Die erhöhten Geldbußen werden nur bei Steuerhinterziehungen in Ländern der Kategorie 1 bis 3 verhängt. Die Einteilung erfolgt durch das Finanzministerium, s. die aktuelle Liste, *gov.uk* Guidance Territory categorisation for offshore penalties: from 24 July 2013, 26 July 2013, abrufbar unter: https://www.gov.uk/government/publications/territory-

von Großbritannien mit Ländern hinsichtlich eines automatischen Informationsaustausches zu umgehen, wurden verschärfte Gelbußen gemäß Anh. 21 FA 2015 eingeführt. Die zu ahndenden Handlungen entsprechen den oben genannten Geldbußen. In diesen Fällen wird die Hälfte der einschlägigen Geldbuße zusätzlich auf diese angerechnet, sodass sich die verhängte Geldbuße nochmals erhöht.

Ferner findet für Überweisungen nach dem 1. April 2016 das verschärfte Geldbußensystem gemäß § 120, Anh. 20 FA 2015, SI 2016/456 auch auf die Kapitalverkehrsteuer (IHT) Anwendung. Darüber hinaus wurde im Finance Act 2016 festgelegt, dass Steuerhinterziehung im Ausland härter bestraft werden soll als bisher. Steuerhinterzieher, die Einkommen oder Gewinne im Ausland haben und nicht versteuern, sollen neue Straftaten[1074] gemäß §§ 106B bis 106D TMA 1970, § 166 Abs. 1 FA 2016[1075] sowie höhere Geldbußen gemäß § 163, Anh. 21 FA 2016 erwarten. Die neuen Straftaten finden aber nur dann gemäß §§ 106F Abs. 2, Abs. 3 TMA 1970, § 166 FA 2016 Anwendung, wenn die Tat 25.000 Pfund überschreitet.

Wurden gegen den Steuerhinterzieher eine oder mehrere Geldbußen für die Unrichtigkeit der Steuererklärung, die unterlassene Mitteilung an die Finanzbehörde oder die Nichtabgabe der Steuererklärung verhängt und überschreitet die Tat die Grenze des potentiellen Einnahmeverlusts in Höhe von 25.000 Pfund, kann gemäß § 165, Anh. 22 § 7 Abs. 1 FA 2016 eine Geldbuße, die sich am Vermögenwert orientiert, verhängt werden. Ebenso können die Namen der Steuerhinterzieher veröffentlicht werden, wobei auch hier wie bei § 94 Abs. 10 FA 2009 eine unaufgeforderte Selbstanzeige gemäß § 164 FA 2016 zum Ausschluss der Veröffentlichung führt. Personen, die die Steuerhinterziehung im Ausland erleichtert haben, sollen durch höhere Geldbußen gemäß Anh. 20 § 3 Abs. 1, Abs. 2 FA 2016 stärker bestraft werden und die Veröffentlichung der Namen ist ebenfalls gemäß § 162, Anh. 20 §§ 1 Abs. 1, 22 Abs. 1 FA 2016 möglich.

c) Zwischenergebnis

Während die HMRC das zuständige Ermittlungsorgan bei Steuerhinterziehungen ist, nimmt der CPS die Rolle der Staatsanwaltschaft ein. Abhängig von der Art der hinterzogenen Steuern kann sich der Täter sowohl wegen gesetzlich normierter Straftaten als auch wegen des ungeschriebenen Delikts *cheating the public revenue*

---

categorisation-for-offshore-penalties/territory-categorisation-for-offshore-penalties-from-24-july-2013.

1074 Die Straftaten beziehen sich auf solches Fehlverhalten, bezüglich dessen bereits Geldbußen verhängt werden, also die fehlende Benachrichtigung der HMRC von der Steuerpflicht, die Nichtabgabe sowie die Unrichtigkeit einer Steuererklärung.

1075 Diese neuen Straftaten wurden zum Steuerjahr 2017-2018 eingeführt, *gov.uk* Guidance Offshore tax evasion: offences relating to offshore income, abrufbar unter: https://www.gov.uk/guidance/offshore-tax-evasion-offences-relating-to-offshore-income.

strafbar machen. Die common law-Vorschrift stellt mit einer unbegrenzten Freiheits- und Geldstrafe das schärfste Schwert der Finanzbehörde im Kampf gegen die Steuerhinterziehung dar. In den meisten Fällen ist für eine Strafbarkeit der Steuerhinterziehung eine wissentliche Beteiligung an der betrügerischen Hinterziehung bzw. ein vorsätzliches oder rücksichtsloses Verhalten erforderlich. Die fahrlässige Steuerhinterziehung stellt keine Steuerstraftat dar.

Insbesondere im Fall von Steuerhinterziehung mit Auslandsbezug geht die HMRC hart vor. Steuerhinterzieher können mithilfe der neuen Regeln im Finance Act 2016 strafrechtlich verfolgt werden und müssen höhere Geldbußen bezahlen. Geldbußen sind auch gegen natürliche Personen, die die Steuerhinterziehung erleichtert haben, möglich. Unternehmen, die diesbezüglich unterstützend tätig sind und keine Maßnahmen zur Verhinderung der Erleichterung der Steuerhinterziehung getroffen haben, können bestraft werden.

3. Die Selbstanzeige in Großbritannien

a) Historische Entwicklung

aa) Entwicklung nach dem ersten Weltkrieg

Bei der Selbstanzeige handelt es sich um eine Praxis der Finanzbehörde, die nach dem ersten Weltkrieg eingeführt wurde. Um der steigenden Anzahl von Steuerhinterziehungen Herr zu werden, verfolgte man zwei Wege. Zum einen wurde die Abgabe falscher Steuererklärungen durch § 5 Perjury Act 1911 unter Strafe gestellt. Zum anderen hatte sich bis 1922 die Praxis etabliert, dass eine Selbstanzeige bezüglich der begangenen Steuerhinterziehungen Immunität vor Strafverfolgung garantierte[1076], wenn der Steuerhinterzieher seine begangenen Taten offenlegte sowie Zugang zu allen geschäftlichen und privaten Aufzeichnungen gewährte.[1077]

Es war die offizielle Ansicht, dass die normalerweise ehrlichen Steuerzahler, die während des Kriegs der Versuchung nachgegeben hätten, ohne Zweifel wünschten, sich reinzuwaschen und ihre hinterzogenen Steuern zu bezahlen, wenn ihnen die Möglichkeit gegeben würde, dies ohne Furcht vor Strafverfolgung zu tun.[1078] Aus diesem Grund und um dem Staat zu den unbezahlten Steuern in Millionenhöhe zu verhelfen, wurde entschieden, dass die bestehende Praxis, Immunität

---

1076 So der Vorschlag der Royal Commission on the Income Tax, s. Report of the Royal Commission on the Income Tax, Cmd. 615, 1920, col. 641.

1077 *Lord Keith of Kinkel* Keith Committee Report 1983 Vol. 1, S. 736; vgl. auch Royal Commission on the Income Tax First Instalment of the Minutes of Evidence with Appendices Cmd. 288-1, 1919, cols. 12,516, 12,620, 12,718.

1078 Vgl. IR 40/6472, s. Income Tax Frauds – Judicial criticism of leniency allowed under the "Hansard" procedure – No action by the Board und Circular to H.M. Inspector of Taxes (United Kingdom) No. 17/1922; *Bingham* Tax evasion Rn. I.14.

vor Strafverfolgung bei einer Selbstanzeige zu gewähren, veröffentlicht werden sollte.[1079] Dies geschah durch die Erklärung des Staatssekretärs des Finanzministeriums im Parlament am 19. Juli 1923, wonach die Finanzbehörde bei einer vollständigen Selbstanzeige eine monetäre Einigung akzeptieren und keine strafrechtlichen Ermittlungen einleiten werde, wobei als Selbstanzeige nicht nur die unaufgeforderte, sondern auch ein solche, durch die der Steuerpflichtige infolge der Aufforderung zur Herausgabe von Schriftstücken seine Steuerhinterziehungen offenlegte, erfasst wurde.[1080]

Gegen diese Praxis wurden jedoch Bedenken angemeldet: zum einen, dass dieses Vorgehen nicht genauso abschreckend wie eine Strafverfolgung sei, und zum anderen der kritikwürdige Gesichtspunkt, dass selbst ein schwerer und vorsätzlicher Fall von Steuerhinterziehung zur Immunität vor Strafverfolgung führte, wenn die Selbstanzeige vollständig war.[1081] Allerdings war eine Strafverfolgung mangels ausreichender rechtlicher Befugnisse zur Einsichtnahme in persönliche und geschäftliche Aufzeichnungen nahezu unmöglich[1082] und der Umstand, dass die Steuerzahler ihre Taten offenbaren konnten, ohne eine strafrechtliche Verfolgung befürchten zu müssen, überwog die Kritik.[1083] Schließlich verhalf dieses Institut dem Staat auch zu bisher nicht bezahlten Steuereinnahmen. Die vollständige Selbstanzeige, aufgefordert oder unaufgefordert, führte zur Reduzierung der Geldbuße und gewährte also demjenigen Immunität vor Strafverfolgung, der kooperierte und die erforderlichen Dokumente bereitstellte.

Jedoch war es möglich, dass der Steuerpflichtige auch falsche oder unvollständige Angaben im Selbstanzeigeverfahren machte, was aber nicht dazu führte, dass diese Angaben in einem Strafverfahren gegen ihn verwendet werden konnten, weil diese durch das Hansard-Verfahren veranlasst wurden.[1084] Vorgelegte Bücher und Dokumente konnten zur Unterstützung der angeblichen Selbstanzeige bis 1941 verwertet werden.[1085]

Die Entscheidung des Criminal Court of Appeal in *R v Barker* führte dazu, dass auch sämtliche Bücher und Dokumente einem Beweisverbot unterlagen, da auch

---

1079 *Bingham* Tax evasion Rn. I.15.

1080 Financial Secretary to the Treasury (Sir W. Joynson-Hicks) in: HC Deb 19 July 1923 Vol. 166 cols. 2515-16W. Die Veröffentlichung dieser Praxis der Finanzbehörde führte dazu, dass die Selbstanzeige (voluntary disclosure) auch Hansard genannt wurde, da dieses Institut auf die Aufzeichnungen der Parlamentsdebatten, die ebenfalls den Namen Hansard tragen, zurückgeht.

1081 IR 40/13208, s. Note on criminal prosecution for Income Tax offences Abschnitt 3.

1082 IR 40/13208, s. Note on criminal prosecution for Income Tax offences Abschnitt 3.

1083 Vgl. IR 40/6472, s. Income Tax Frauds - Judicial criticism of leniency allowed under the "Hansard" procedure - No action by the Board.

1084 *Lord Keith of Kinkel* aaO. (Fn. 1077), S. 736.

1085 *Lord Keith of Kinkel* aaO. (Fn. 1077), S. 736.

sie, ebenso wie die Angaben des Steuerpflichtigen, nur aufgrund des Versprechens von Hansard vorgelegt wurden.[1086] Das führte dazu, dass eine strafrechtliche Verfolgung praktisch unmöglich war, wenn der Täter unrichtige Angaben in der Selbstanzeige gemacht hatte.

bb) Versagung der Immunität vor Strafverfolgung

Dieses Beweisverwertungsverbot und die Verzögerungstaktiken der Steuerberater der jeweiligen Steuerhinterzieher machten die Untersuchungen der Finanzbehörde ineffektiv, sodass 1942 eine Wende in der bisherigen Handhabung der Selbstanzeige vollzogen wurde.[1087] Zwar stand es der Behörde auch weiterhin frei, eine monetäre Einigung anstatt eines Strafverfahrens zu akzeptieren. Aber es wurde keine Immunität vor Strafverfolgung mehr gewährt, sondern die Finanzbehörde behielt sich vor, selbst bei einer vollständigen Selbstanzeige strafrechtliche Ermittlungen einzuleiten. Allerdings berücksichtigte sie die vollständige Selbstanzeige und Kooperation bei ihrer Entscheidung. Ferner konnten alle Angaben und Dokumente des Steuerpflichtigen im anschließenden Strafverfahren gegen ihn verwendet werden.[1088] Diese Praxis wurde durch § 34 FA 1942 eingeführt, der sodann durch § 105 TMA 1970 ersetzt wurde.[1089]

cc) Die Entscheidungen R v Allen und R v Gill and anor

Eine weitere Änderung der Selbstanzeigepraxis brachte die Entscheidung *R v Allen* mit sich, in der festgestellt wurde, dass die damalige Regelung des Hansard-Verfahrens nicht mit Art. 6 Abs. 1 EMRK in Einklang stünde, wenn wahrheitsgemäße und vollständige Angaben, die der Steuerpflichtige in der Selbstanzeige gemacht habe, gegen ihn im Strafverfahren verwendet würden.[1090] Zum damaligen Zeitpunkt des Urteils konnte die Finanzbehörde selbst bei einer vollständigen Selbstanzeige strafrechtliche Ermittlungen einleiten und gewährte keine Immunität vor Strafverfolgung mehr (s.o.). Auch wenn eine ausdrückliche Garantie der Immunität zum damaligen Zeitpunkt fehlte, war es Praxis der HMRC, dass der Steuerpflichtige bei einer vollständigen und richtigen Selbstanzeige keine Strafverfolgung zu befürchten hatte.[1091]

1086 *R v Barker* [1941] 2 KB 381, 384 f.

1087 *Lord Keith of Kinkel* aaO. (Fn. 1077), S. 737.

1088 Zur Änderung der Praxis s. Aussage Chancellor of the Exchequer (Sir J. Anderson) in: HC Deb 5 October 1944 Vol. 403 cols. 1149-50W; ohne Änderungen aktualisiert durch Chancellor of the Exchequer (Mr. Major) in: HC Deb 18 October 1990 col. 882.

1089 *Lord Keith of Kinkel* aaO. (Fn. 1077), S. 737.

1090 *R v Allen* [2001] STC 1537, 1556 f.

1091 *Bullock/McCann* Tax Journal 4 July 2014, 12, 12.

Als Reaktion auf die Entscheidung *R v Allen* änderte die HMRC das Hansard-Verfahren ab und führte eine überarbeitete Fassung von Hansard ein, die beinhaltete, dass bei einer vollständigen Selbstanzeige keine strafrechtlichen Ermittlungen eingeleitet würden.[1092] Ebenso wurde ein Informationsblatt[1093] veröffentlicht, das eine Beschreibung der Rechte der EMRK für den Steuerzahler bei der möglichen Verhängung von Strafen enthielt.[1094] Ferner wurde § 105 TMA 1970 durch § 206 FA 2003 dahingehend geändert, dass zum einen die vollständige Selbstanzeige und die damit einhergehende monetäre Einigung zum Ausschluss strafrechtlicher Ermittlungen führte, und zum anderen, dass das Kooperationsverhalten des Steuerzahlers bei der Festsetzung der Höhe der Geldbuße berücksichtigt wurde.

In *R v Gill and anor* stellte das Gericht fest, dass die Steuerhinterziehung die Begehung einer Straftat darstelle, sodass das Special Compliance Office (heute: Special Investigations) bei den steuerlichen Ermittlungen von Hansard zugleich eine Straftat ermittle und damit der PACE 1984 Code C Anwendung auf die Hansard-Befragung finden müsse.[1095] Aus diesem Grund sollte der Beschwerdeführer belehrt und die Befragung aufgenommen werden.[1096]

dd) Code of Practice 9

aaa) Civil Investigation of Fraud

Daraufhin änderte die Finanzbehörde die Praxis entsprechend ab und behielt diese bis zum 31. August 2005 bei, bis dann der neue Code of Practice (COP) 9 eingeführt wurde.[1097]

Mit dem Zusammenschluss der Inland Revenue und der HM Customs & Excise zur HMRC ersetzte der COP9 sowohl das Hansard- als auch die von HM Customs & Excise durchgeführten steuerlichen Steuerhinterziehungsverfahren.[1098] Hansard findet dementsprechend nur noch Anwendung auf Fälle vor dem 31. August 2005.

Es gab zwei entscheidende Änderungen im Vergleich zum Hansard-Verfahren. Zum einen garantierte die HMRC bezüglich der begangenen Steuerhinterziehungen, dass sie keine strafrechtlichen Ermittlungen einleiten werde, und zum anderen, dass die Untersuchungen nicht mehr gemäß PACE 1984 Code E aufgezeichnet wurden und eine Belehrung gemäß PACE 1984 Code C stattfand.[1099] Das ist nur bei

---

1092 Chancellor of the Exchequer (Gordon Brown) in: HC Deb 7 November 2002 col. 784W.

1093 HMRC Compliance checks: The Human Rights Act and penalties CC/FS9.

1094 *Pinfold* in: Simon´s Taxes Bd. 2 A6.106.

1095 *R v Gill and anor* [2003] STC 1229, 1229.

1096 *R v Gill and anor* [2003] STC 1229, 1229.

1097 *Pinfold* in: Simon´s Taxes Bd. 2 A6.106.

1098 *Foster/Gilham* in: Lee Revenue Law: Principles and Practice Rn. 4.52.

1099 *Foster/Gilham* in: Lee Revenue Law: Principles and Practice Rn. 4.52.

einer strafrechtlichen Untersuchung durch das Criminal Investigation Directorate der HMRC erforderlich.

Da es sich bei den steuerlichen Ermittlungen in Fällen der Steuerhinterziehung nicht mehr zugleich um ein Strafverfahren handelte, führte diese Änderung dazu, dass Angaben im Civil Investigations of Fraud (CIF)-Verfahren für strafrechtliche Ermittlungen verwertet werden konnten, wenn der Steuerpflichtige z.B. unvollständige und unrichtige Angaben in der Untersuchung gemacht hatte.[1100] Hingegen führte die vollständige Mitwirkung im Steuerverfahren nicht nur zur Reduzierung der Geldbuße, sondern konnte auch eine Veröffentlichung des eigenen Namens verhindern.[1101]

bbb) Contractual Disclosure Facility

Eine neue Fassung des COP9 trat zum 31. Januar 2012 in Kraft, die als Contractual Disclosure Facility (CDF) bezeichnet wird. Anders als bei der CIF wird nicht zum Beginn der Ermittlungen die Immunität vor Strafverfolgung garantiert, sondern eine solche Garantie wird nur noch erteilt, wenn der Steuerhinterzieher die vertraglichen Vereinbarungen zur Offenlegung seiner Steuerstraftaten mit der HMRC akzeptiert und eine *Outline Disclosure* ausgefüllt hat.[1102] Die Immunität bezieht sich auch nur auf die offenbarten Steuerhinterziehungen.[1103] Diese Änderung war notwendig geworden, weil die HMRC der Ansicht war, dass die CIF durch die Garantie der Immunität für die begangene Steuerhinterziehung gleich zu Beginn des COP9-Verfahrens an Abschreckung verloren hatte, insbesondere für diejenigen, die nicht zur Kooperation bereit waren und bezüglich ihrer Falschaussagen nur für dieses Verhalten aber nicht für die der Untersuchung zugrundeliegenden Steuerhinterziehungen verfolgt werden konnten.[1104] Mit der CDF kann der Steuerstraftäter bei

---

1100 HMRC internal manual Technical Teams Operational Guidance TTOG11120; *Foster* in: Simon´s Taxes Bd. 2 A2.312.

1101 *Foster/Gilham* in: Lee Revenue Law: Principles and Practice Rn. 4.52.

1102 *Foster/Gilham* in: Lee Revenue Law: Principles and Practice Rn. 4.53; *Loutzenhiser* Tiley´s Revenue Law Kap. 4.5.3.1.

1103 HMRC Fraud Civil Investigation Manual FCIM201010, 204090; *Ashford/Pinfold* in: Simon´s Taxes Bd. 2 A6.1009.

1104 HMRC Civil Investigation of Fraud - Contractual Disclosure Facility, Discussion document, 20th July 2011, S. 9, abrufbar unter: https://www.taxation.co.uk/docs/default-source/file/ContractualDisclosureFacility.pdf; *Ashford* in: McLaughlin HMRC Investigations Handbook 2015/16 Rn. 2.32, 2.36, 2.43; vgl. *Berwick* Tax Journal 17 February 2012, 14, 14; *Herald* Vat Dig. 2013, 4, 11. Die HMRC war zu dieser Ansicht gekommen, weil das National Audit Office die HMRC für die hohe Zahl an Fällen, in denen die Steuerpflichtigen nicht zur Kooperation bereit waren, kritisierte. S. dazu National Audit Office Report HM Revenue & Customs Managing civil tax investigations, 17 December 2010, HC 677, Session 2010-2011, S. 7, 26, abrufbar unter: https://www.nao.org.uk/wp-content/uploads/2010/12/1011677.pdf.

einer unvollständigen Selbstanzeige sowohl wegen der begangenen Steuerhinterziehungen als auch bei Angabe falscher Aussagen oder Vorlage falscher Dokumente für dieses Verhalten strafrechtlich verfolgt werden.[1105]

Zu Beginn der Untersuchungen werden dem Steuerpflichtigen das *Outline Disclosure*-Formular und die Vertragsbedingungen zugeschickt. Innerhalb von 60 Tagen muss der Steuerhinterzieher sich entscheiden, wie er handeln will. Der COP9 bot vom 31. Januar 2012 bis zum 30. Juni 2014 drei Möglichkeiten: Der Steuerpflichtige konnte die Steuerhinterziehungen zugeben und in Vertragsverhandlungen mit der HMRC eintreten, an deren Ende ihm die Immunität vor Strafverfolgung gewährt wurde. Als weitere Möglichkeit konnte er die begangene Steuerhinterziehung bestreiten, aber dennoch seine Mitwirkung anbieten und als letztes sowohl die Straftat bestreiten als auch die Mitwirkung verweigern.[1106] Die Möglichkeit, die Straftat zu bestreiten und dennoch seine Mitwirkung anzubieten, besteht mit dem zum 1. September 2014 in Kraft getretenen neuen COP9 nicht mehr. Zum einen war den Betroffenen nicht klar, was sie bestritten, ob es sich um das Angebot der HMRC, die Steuerhinterziehung oder Unregelmäßigkeiten handelte.[1107] Zum anderen wurde diese Option von Steuerzahlern genutzt, um herauszufinden, weswegen die HMRC ermittelte, und beteiligten sich damit nicht vollständig am CDF-Verfahren.[1108] Das Verfahren sollte jedoch nicht dazu missbraucht werden, dass sich der Steuerhinterzieher immer noch eine Hintertür offenließ.

Die Möglichkeit, die Steuerhinterziehung nicht zugeben zu müssen, aber dennoch seine Mitwirkung anzubieten, war vor allem für Angehörige der Steuerberufe besonders wichtig. Denn das Geständnis, dass eine Steuerhinterziehung begangen wurde, konnte für diese sowohl rufschädigend und existenzvernichtend sein als auch das Ende ihrer beruflichen Karriere bedeuten.[1109] Die HMRC erwartete aber ein klares Bekenntnis für oder gegen die Steuerhinterziehung. Deshalb wurde diese Möglichkeit in der Neufassung des COP9 gestrichen. Die neue Regelung des COP9 erlaubt eine klare Ja-Nein-Antwort und vereinfacht dadurch das Verfahren. Entweder gibt der Steuerpflichtige die begangenen Steuerhinterziehungen zu und erhält nach Akzeptanz der vertraglichen Bedingungen Immunität vor Strafverfolgung oder er bestreitet sie.

Neben dieser allgemeinen Selbstanzeigemöglichkeit gab es auch noch spezielle Selbstanzeigeprogramme, die sich an eine bestimmte Gruppe von Steuerpflichtigen richteten, die Steuern hinterzogen hatten.[1110] Den Tätern wurden ähnlich wie

---

1105 COP9 HM Revenue & Customs (HMRC) investigation of fraud statement, S. 2; HMRC Fraud Civil Investigation Manual FCIM220010; *Smailes* Tolley´s Income Tax 2015-16 Rn. 38.12.

1106 *Foster/Gilham* in: Lee Revenue Law: Principles and Practice Rn. 4.53.

1107 *Wickstead* Taxation 17 July 2014, 19, 19.

1108 *Wickstead* Taxation 17 July 2014, 19, 19.

1109 Vgl. *Ashford* in: McLaughlin HMRC Investigations Handbook 2015/16 Rn. 2.56.

1110 *Loutzenhiser* Tiley´s Revenue Law Kap. 4.5.3.1.

beim COP9 bei einer vollständigen Selbstanzeige und Zahlung der fälligen Steuer reduzierte Geldbußen und die Immunität vor Strafverfolgung gewährt.[1111] Diese Selbstanzeigeprogramme haben in den letzten Jahren vor allem Anwendung auf Steuerhinterzieher gefunden, die ihr Einkommen im Ausland versteckt haben. Zu nennen sind die Offshore Disclosure Facility, die New Disclosure Opportunity, die Liechtenstein Disclosure Facility, das UK-Swiss Agreement, die Selbstanzeigeprogramme in den britischen Kolonien Guernsey, Jersey und der Isle of Man sowie die Worldwide Disclosure Facility.[1112]

b) Strafverfolgungspolitik der HMRC

aa) Maßgebliche Kriterien

Die Strafverfolgungspolitik der HMRC hängt wesentlich vom vorherrschenden Opportunitätsprinzip in Großbritannien ab. Bezüglich der Strafverfolgung besteht nicht wie in Deutschland gemäß dem Legalitätsprinzip die Pflicht, bei Anfangs- bzw. hinreichendem Tatverdacht ein Ermittlungsverfahren einzuleiten bzw. Anklage zu erheben, sondern die Entscheidung liegt im Ermessen der Behörde. Diese Erkenntnis eignet sich als Ansatzpunkt zur Erklärung, warum die Verfolgung bei der HMRC eher auf dem kostengünstigen steuerrechtlichen als auf dem teureren und aufwendigeren strafrechtlichen Weg erfolgt. Die HMRC verfolgt eine restriktive Strafverfolgungspolitik.[1113] Die strafrechtlichen Ermittlungen sind danach eher auf die schweren Fälle der Steuerhinterziehung begrenzt und sollen nur dann erfolgen, wenn dies zur Abschreckung der Allgemeinheit sowie zur Statuierung eines Exempels erforderlich erscheint und nur noch eine strafrechtliche Sanktion eine angemessene Bestrafung zur Schwere der Tat darstellt.

Es gibt gewisse Indizien, bei der die HMRC eher die Einleitung von strafrechtlichen anstatt von steuerlichen Ermittlungen in Betracht ziehen wird. Darunter fallen Fälle der organisierten Kriminalität durch Banden, die das Steuersystem angreifen bzw. systematisch Steuerhinterziehungen begehen, wenn die Untersuchungen sich gegen Personen richten, die eine Vertrauens- oder Führungsposition inne haben, oder wenn es sich um Berufsangehörige der Steuerberufe (Anwälte, Steuerberater und Wirtschaftsprüfer) handelt, die insbesondere im Fall von Geldwäsche Mittel zur Verfügung stellen, um das Geld aus der Reichweite der Strafverfolgung zu schaffen. Macht der Steuerzahler falsche Angaben oder legt er falsche Schriftstücke im Rahmen einer steuerlichen Ermittlung vor, kann auch dies zu strafrechtlichen Ermittlungen führen. Darüber hinaus werden die Verfolgung eines

1111 *Loutzenhiser* Tiley´s Revenue Law Kap. 4.5.3.1.

1112 S. zu den einzelnen Selbstanzeigeprogrammen D. II. 3. d) bb).

1113 Die Einzelheiten der Verfolgungspolitik können auf der Website der HMRC unter: https://www.gov.uk/government/publications/criminal-investigation/hmrc-criminal-investigation-policy abgerufen werden.

Steuervermeidungssystems auf der Grundlage falscher oder geänderter Schriftstücke, Fälle von Urkundenfälschung, Diebstahl oder Zerstörung von Schriftstücken der Finanzbehörde, Im- oder Export unter Verstoß gegen Verbote oder Beschränkungen, bereits zuvor aufgetretene Straffälligkeit und weiteres rechtswidriges Verhalten, Fälle von Verheimlichung, Täuschung, Verabredung oder Korruption sowie Fälle, die mit einer Körperverletzung, der Bedrohung eines Beamten oder dem Ausgeben als ein solcher einhergehen, erfasst.[1114]

Es gibt jedoch auch Fälle, in denen die HMRC normalerweise keine steuerlichen Ermittlungen einleiten wird, sondern stattdessen Strafverfolgung betreibt. Das betrifft Fälle der Umsatzsteuerhinterziehung, bei der die Umsatzsteuer vom Finanzamt unberechtigterweise zurückverlangt wird und Fälle der organisierten Hinterziehung von Steuergutschriften.[1115]

bb) Vorteile steuerlicher gegenüber strafrechtlichen Ermittlungen

Die HMRC bevorzugt steuerliche Ermittlungen, weil das Strafverfahren nur für die besonders schweren Fälle reserviert bleiben soll und es auch praktische Schwierigkeiten bei der strafrechtlichen Aufbereitung dieser Fälle gibt.[1116] Ein Grund, warum die HMRC nicht jede Steuerstraftat strafrechtlich verfolgen wird, liegt zum einen am mangelnden Personal und zum anderen daran, dass der Beweismaßstab (standard of proof) bei den steuerlichen Ermittlungen niedriger ist als im Strafverfahren.[1117] Während im Strafrecht für eine Verurteilung erforderlich ist, dass die Schuld zweifelsfrei (beyond reasonable doubt) bewiesen ist, bedarf es bei der steuerlichen Untersuchung nur einer Wahrscheinlichkeit (balance of probabilities), dass die Steuerhinterziehung begangen wurde.[1118] Zudem ist die Straftat der Steuerhinterziehung in ihrer Natur äußerst komplex. Die Anforderungen an die Strafbarkeit sind für den juristischen Laien nur schwer zu verstehen. Selbst wenn es zu einem Strafverfahren kommt, ist der Ausgang ungewiss.[1119] Einerseits ist es für die Jury nicht leicht, den Sachverhalt nachzuvollziehen. Andererseits ist die Verurteilung durch eine Jury immer mit einer Unsicherheit belastet. Es ist nie gewährleistet, dass es zu einer solchen kommt. Das zeigen auch die Fälle des

---

1114 Die zehn größten Fälle von Steuerhinterziehung und organisierter Kriminalität aus dem Jahr 2016 wurden von der HMRC in einer Pressemitteilung vom 07.01.2017 veröffentlicht, die die bisherige Strafverfolgungspolitik gut veranschaulicht, s. dazu HMRC Pressemitteilung vom 07.01.2017, abrufbar unter: https://www.gov.uk/government/news/beating-the-tax-cheats-hmrcs-criminal-case-highlights-of-2016.

1115 *Ashford* in: McLaughlin HMRC Investigations Handbook 2015/16 Rn. 2.14.

1116 *Loutzenhiser* Tiley´s Revenue Law Kap. 4.5.3.1.

1117 *Maas* Guide to Taxpayers' Rights and HMRC Powers Rn. 12.1.

1118 Vgl. *Maas* Guide to Taxpayers' Rights and HMRC Powers Rn. 12.1.

1119 Vgl. IR 40/13208, s. Note on Criminal Prosecution of Income Tax Offences Abschnitt 9.

berühmten Jockeys Lester Piggott, der der Steuerhinterziehung für schuldig befunden, wohingegen der Komiker Ken Dodd trotz scheinbar unwiderlegbarer Beweise freigesprochen wurde.[1120]

Ferner sind die steuerlichen Ermittlungen nicht nur kostengünstiger, in den meisten Fällen wird sich der Steuerzahler auch kooperationsbereit zeigen.[1121] Das entspricht auch der Zuckerbrot-und-Peitsche-Strategie (carrot and stick strategy) der Finanzbehörde. Das Zuckerbrot steht dafür, den Steuerpflichtigen zur Einhaltung der Steuergesetze und zur Mitwirkung zu ermutigen, die Peitsche stellt die Bestrafung des Steuerpflichtigen dar. Wird dem Steuerpflichtigen die Möglichkeit gegeben, seine Taten durch eine Selbstanzeige offenzulegen und im Gegenzug Immunität vor Strafverfolgung sowie eine Minderung der zu zahlenden Geldbuße zu erlangen, wird der Großteil der Täter auf diesen Handel eingehen. Vorteil der Selbstanzeige ist, dass der Steuerstraftäter der Finanzbehörde alle erforderlichen Informationen auf eigene Kosten vorlegen muss und die Behörde mit weniger Aufwand und niedrigeren Kosten als bei strafrechtlichen Ermittlungen an die gewünschten Informationen gelangt. Im Strafverfahren wäre der Beschuldigte berechtigt, jegliche Aussage zu verweigern und müsste nicht aktiv an der Aufklärung mitwirken. Damit obläge der Behörde die komplette Ermittlungsarbeit.

Allerdings ist zu beachten, dass die HMRC nicht immer steuerliche Ermittlungen einschlagen wird. Welches Verfahren sie wählt, hängt vom individuellen Verhalten und der Einstellung des Steuerhinterziehers ab. Handelt es sich um einen besonders schweren Fall der Steuerhinterziehung, bei dem der Steuerhinterzieher vorsätzlich und verschleiernd gehandelt hat, um seine Steuerhinterziehung zu verdecken, ist es wahrscheinlicher, dass strafrechtliche Ermittlungen in Erwägung gezogen werden als bei Hinterziehungen, bei denen Steuern nur in einem geringen Maß oder fahrlässig hinterzogen wurden. Die HMRC wird diejenige Methode wählen, von der sie glaubt, dass sie am besten geeignet ist, dass der Steuerhinterzieher zukünftig seine Steuern zahlen und die Steuergesetze einhalten wird.

Schließlich erlaubt es das Steuerverfahren der Finanzbehörde, flexibler zu agieren als es ihr im Strafverfahren möglich wäre und die Untersuchung an das jeweilige Verhalten den Steuerpflichtigen anzupassen. So können die Informationsbefugnisse auf informellen Weg, durch schriftliche Mitteilung oder bei Verweigerung auch zwangsweise durch Festsetzung einer Geldbuße durchgesetzt werden. Ob der Täter sich kooperationsbereit zeigt, wird auch bei der Minderung der Geldbuße berücksichtigt. Dagegen läuft das Strafverfahren nach festen Vorgaben ab.

Ferner ist es Hauptaufgabe der HMRC, Steuern einzuziehen und nicht Straftäter zu bestrafen.[1122] Aus diesem Grund liegen ebenfalls steuerliche Ermittlungen näher.

1120 *Alldridge* Criminal Justice and Taxation, S. 51; Artikel *The Herald* vom 22.07.1989, abrufbar unter: https://www.heraldscotland.com/news/11926587.court-breaks-out-in-cheers-as-tax-case-jury-frees-ken-dodd/.

1121 *Maas* Guide to Taxpayers' Rights and HMRC Powers Rn. 12.1.

1122 R v IRC, ex p Mead and Cook [1992] STC 482, 492.

Diese selektive Verfolgungspolitik, dass in einigen Fällen eine Strafverfolgung erfolgt und in anderen nicht, wurde gerichtlich nicht beanstandet. Es besteht somit keine Verpflichtung der Finanzbehörde, alle Fälle zu verfolgen, solange der individuelle Fall anhand seiner Umstände angemessen und unvoreingenommen daraufhin untersucht wurde, ob die Voraussetzungen für eine strafrechtliche Verfolgung vorliegen und die Entscheidung für oder gegen eine Strafverfolgung zum Zweck der Einziehung von Steuern und nicht für einen verdeckten, unerheblichen oder sittenwidrigen Zweck getroffen wurde.[1123]

cc) Aktuelle Zahlen zur Strafverfolgung

Da im Jahr 2010 die Anzahl der Mitarbeiter in der Finanzbehörde stark reduziert wurde, verblieben der HMRC nicht genügend personelle Ressourcen, um Fälle von Steuerhinterziehung ausreichend strafrechtlich verfolgen zu können, sodass sich diese zunächst auf die Hinterziehungen krimineller Banden beschränkte.[1124] Mit dem Spending Review von 2010 wurden der Steuerbehörde aber zusätzlich 900 Millionen Pfund bereitgestellt, um die Steuerverluste im Bereich von Steuervermeidung und Steuerhinterziehung zu verringern und zusätzliche Steuereinnahmen in Höhe von sieben Milliarden Pfund pro Jahr bis zum Steuerjahr 2014-15 zu generieren.[1125] Das beinhaltete eine angestrebte Steigerung der Anzahl von Strafverfolgungen um das Fünffache, um ein abschreckendes Zeichen gegenüber der Bevölkerung und den Tätern zu setzen.[1126] Deshalb hatte es sich die Behörde zum Ziel gesetzt, nunmehr auch Steuerhinterziehungen von Tätern, die nicht der organisierten Kriminalität zuzurechnen sind, stärker zu verfolgen, um die Anzahl von 165 Fällen im Jahr 2010 um 1.000 auf 1.165 im Jahr 2014-15 zu steigern.[1127] Dieses Ziel hat sie mit 1.183 Fällen erreicht.[1128] Schließlich sollen die Strafverfolgungen von wohlhabenden Individuen und Unternehmen auf 100 Fälle bis 2020

1123 *R v IRC, ex p Mead and Cook* [1992] STC 482, 483; s. auch die Entscheidung *R v CIR, ex p Allen* QB 1997, [1997] STC 1141, 1142 zu einer erfolglosen Beschwerde hinsichtlich einer gerichtlichen Überprüfung der Entscheidung der Finanzbehörde ein Strafverfahren einzuleiten.

1124 National Audit Office Report aaO. (Fn. 1027), S. 32.

1125 HM Treasury Spending Review 2010, Cm. 7942, October 2010, S. 71 f., abrufbar unter: https://www.gov.uk/government/uploads/system/uploads/attachment_data/file/203826/Spending_review_2010.pdf.

1126 HM Treasury aaO. (Fn. 1125), S. 71.

1127 National Audit Office Report aaO. (Fn. 1027), S. 32; s. auch *gov.uk* Policy Paper 2010 to 2015 Government Policy: Tax Evasion and Avoidance, 8 May 2015, Appendix 5, abrufbar unter: https://www.gov.uk/government/publications/2010-to-2015-government-policy-tax-evasion-and-avoidance/2010-to-2015-government-policy-tax-evasion-and-avoidance#appendix-5-preventing-tax-evasion.

1128 National Audit Office Report aaO. (Fn. 1027), S. 33 Abbildung 14.

gesteigert werden.[1129] Auch die Veröffentlichung von rund 20 Prozent aller erfolgreich geahndeten Fälle im Jahr 2014-15 hat zu einer gesteigerten Wahrnehmung der Strafverfolgung im Fall von Steuerhinterziehung geführt, obwohl eine entsprechende Änderung des Verhaltens der Steuerpflichtigen nicht nachgewiesen werden konnte.[1130]

Wenn die HMRC Strafverfolgung betreibt, wählt sie diejenigen Fälle aus, bei denen eine Verurteilung sehr wahrscheinlich ist.[1131] Die Behörde verfügt meist über genug Beweise, um erfolgreich die Schuld des Täters zu beweisen. So beträgt die Verurteilungsrate über 90 Prozent.[1132]

dd) Ablauf der Auswahl der Fälle für steuerliche oder strafrechtliche Ermittlungen

Oftmals entsteht der Verdacht einer Steuerhinterziehung, wenn dem Finanzamt bei der Überprüfung der Steuererklärung Unregelmäßigkeiten auffallen oder wenn es einen Hinweis von einem Dritten erhält. Sollte es sich um einen schweren Fall der Steuerhinterziehung handeln, wird das lokale Finanzamt das Verfahren an den Fraud Investigation Service weiterleiten. Dieser hat die Möglichkeit, sowohl steuerliche als auch strafrechtliche Ermittlungen einzuleiten. Ob Fälle einer steuerlichen oder strafrechtlichen Ermittlung unterliegen, richtet sich nach der Beweislage, welche Straftaten möglicherweise begangen worden und ob eine vollständige unaufgeforderte Selbstanzeige erfolgt ist.[1133] Im Fall einer unaufgeforderten vollständigen Selbstanzeige wird das COP9-Verfahren eingeleitet. Bei den anderen Fällen ist zu differenzieren. Zunächst wird der Fall vom Special Investigations Office bearbeitet. Dieses untersucht, ob der Sachverhalt für eine COP9-Untersuchung geeignet ist. Der Beamte muss berücksichtigen, ob die mutmaßliche Tat die Kriterien der Verfolgungspolitik erfüllt.[1134] Sollte das der Fall sein, wird der Fall an

---

1129 National Audit Office Report aaO. (Fn. 1027), S. 32.

1130 National Audit Office Report aaO. (Fn. 1027), S. 36.

1131 IR 40/13208, s. Board´s reply to the Commissioner of Inland Revenue for New Zealand on the policy, practice and historical background which govern the institution of criminal proceedings for tax frauds in this country, Criminal Proceedings.

1132 HMRC Pressemitteilung aaO. (Fn. 1114); s. auch National Audit Office Report aaO. (Fn. 1027), S. 35 Abbildung 17. Zu den Fällen im Jahr 2014-15, die zu einer Verurteilung führten, abhängig vom Wert des Steuerverlusts, s. auch National Audit Office Report aaO. (Fn. 1027), S. 35 Abbildung 16. Die Fälle mit einem Schaden von 10.000 bis 49.999 Pfund machten 31 Prozent, Fälle von 100.000 bis 499.999 Pfund 18 Prozent und Fälle mit einem Betrag von über einer Million Pfund nur zehn Prozent aller Strafverfolgungen aus. Allerdings stellten die Taten über eine Million Pfund mit 95,14 Prozent den größten Wertposten dar.

1133 *Hickey/J. Levy* in: McLaughlin HMRC Investigations Handbook 2015/16 Rn. 3.38.

1134 HMRC Fraud Civil Investigation Manual FCIM201050.

das Criminal Investigation Directorate zur Begutachtung weitergeleitet.[1135] Liegen genügend Beweise für eine Verurteilung vor, wird ein Strafverfahren durch das Criminal Investigation Directorate eingeleitet. Andernfalls wird sich das Special Investigations Office mit dem Fall beschäftigen und entscheiden, ob dem Steuerpflichtigen die CDF angeboten werden soll.[1136]

Ein Beamter des Special Investigations Office wird die vorhandenen Beweise auf ihre Eignung, den Verdacht der Steuerhinterziehung zu bestätigen, untersuchen.[1137] In diesem Stadium der Untersuchung spricht man von einem *review case*.[1138] Nach Abschluss seiner Untersuchung verfasst der Beamte einen Bericht, der dem zuständigen Anweisungsbefugten vorgelegt wird. Nur dieser kann entscheiden, ob in einem Fall das COP9-Verfahren gegen den Steuerpflichtigen eröffnet werden soll.[1139] Der Bericht enthält einen kurzen Abriss über die betroffene Person, die mutmaßlichen Straftaten, den Umfang des Beweismaterials bezüglich der vermuteten Steuerhinterziehung und den geschätzten Steuerverlust, Anmerkungen über die Fähigkeit und Liquidität des Steuerzahlers, die Steuern zu zahlen, sowie eine Empfehlung, welche Untersuchungen einzuleiten sind, wenn der Betroffene unzureichend am COP9-Verfahren mitwirkt oder die Tat bestreitet.[1140] Entscheidet sich der Anweisungsbefugte für eine Registrierung, handelt es sich um einen *registered investigation case*, der weder auf den Status eines *review case* zurückgestuft noch einer anderen Untersuchung der HMRC unterzogen werden kann.[1141] Eine Ausnahme bildet die Einleitung eines Strafverfahrens, die jederzeit erfolgen kann, wenn die Finanzbehörde erfährt, dass die Angaben des Steuerpflichtigen unvollständig oder falsch waren.

ee) Zwischenergebnis

Es liegt im Ermessen der HMRC, ob sie Steuerhinterzieher steuerrechtlich oder strafrechtlich verfolgt. Die Behörde hat sich dafür entschieden, dass der Großteil über die steuerlichen Ermittlungen erfolgt und nur besonders schwere Fälle von Steuerhinterziehung der Strafverfolgung unterliegen. Die Beweislast ist im Steuerverfahren niedriger und das Verfahren kostengünstiger. Dennoch wurde in den letzten Jahren die Anzahl der Strafverfolgungen erhöht, was auf ein aggressiveres Vorgehen der Steuerbehörde gegen Steuerhinterzieher schließen lässt, um ihnen und der Bevölkerung zu zeigen, dass die Steuerhinterziehung kein Kavaliersdelikt und mit ernsthaften Konsequenzen verbunden ist. Ob steuerliche oder

---

1135 HMRC Fraud Civil Investigation Manual FCIM201050.

1136 Vgl. HMRC Fraud Civil Investigation Manual FCIM201050.

1137 HMRC Fraud Civil Investigation Manual FCIM202010.

1138 *Ashford/Pinfold* in: Simon´s Taxes A6.1008.

1139 HMRC Fraud Civil Investigation Manual FCIM202030.

1140 HMRC Fraud Civil Investigation Manual FCIM202070.

1141 *Ashford/Pinfold* in: Simon´s Taxes A6.1001, A6.1008.

strafrechtliche Ermittlungen eingeleitet werden, richtet sich nach den vorhandenen Beweisen, der Schwere der begangenen Tat und ob eine Selbstanzeige erstattet wurde oder nicht.

c) *Notwendigkeit der Selbstanzeige*

Um zu verstehen, warum die Selbstanzeige in Großbritannien als steuerrechtliches Instrument ausgestaltet ist, müssen die Gründe, die für die Existenz dieses Instituts sprechen, näher untersucht werden.

aa) Erhöhung der Einnahmen des Staates

Zur Zeit des ersten Weltkriegs und auch danach erreichte die Steuerhinterziehung einen neuen Höhepunkt.[1142] Das war vor allem mit der Erhöhung der Steuersätze verbunden. So stieg der Steuersatz in der Einkommensteuer von sechs Prozent im Jahr 1914 bis auf 30 Prozent im Jahr 1918, was dazu führte, dass nunmehr drei Millionen Bürger steuerpflichtig waren und die Einkommensteuer 60 Prozent der Staatseinnahmen ausmachte.[1143] Aber auch vor Beginn des ersten Weltkriegs gingen dem Staat zahlreiche Einnahmen verloren, weil die Steuerpflichtigen entweder vorsätzlich geringere Einnahmen angaben oder gar keine Steuererklärung einreichten.[1144] Die Inland Revenue verfügte damals nicht über die erforderlichen Befugnisse, um die Nichteinhaltung der Steuergesetze ausreichend zu sanktionieren. Die Geldbuße von 20 Pfund für die Nichteinreichung oder Unrichtigkeit der Steuererklärung war verschwindend gering und die Beweise, die die Behörde erbringen musste, um entweder die Steuererklärung einzufordern oder die Unrichtigkeit der Steuererklärung festzustellen, konnten von ihr kaum geführt werden.[1145]

Durch die begangenen Steuerhinterziehungen werden dem Staat Einnahmen entzogen, auf die er einen Anspruch hat. Dieser hat ein Interesse am rechtzeitigen und vollständigen Steueraufkommen. Um unentdeckte Steuerquellen aufzudecken und die bisher unbezahlten Steuern einzuziehen, wurde die Selbstanzeige nach dem Ende des ersten Weltkriegs eingeführt.[1146] Sie erwies sich als das geeignete Instrument, um diesen Zweck zu erfüllen und dem Staat zu seinen Einnahmen zu verhelfen, weil durch die Inaussichtstellung von Immunität vor Strafverfolgung dem Täter der notwendige Anreiz gegeben wird, damit dieser seine Straftaten offenlegt.

1142 S. dazu Royal Commission on the Income Tax First Instalment of the Minutes of Evidence with Appendices Cmd. 288-1, 1919, col. 12387.

1143 *James* The UK Tax System: an introduction Kap. 1.1.

1144 Report of the Departmental Committee on Income Tax Cd. 2575, 1905, Rn. 20.

1145 Report of the Departmental Committee on Income Tax Cd. 2575, 1905, Rn. 22 f.

1146 IR 40/13208, s. Note on criminal prosecution for Income Tax offences Abschnitt 3.

Der Hinterzieher wird bei seiner Entscheidung für oder gegen eine Selbstanzeige eine Kosten-Nutzen-Rechnung aufstellen. Er wird das Risiko der Entdeckung und strafrechtlichen Verfolgung gegen den Nutzen, den ihm die Selbstanzeige bringt, abwägen. Gäbe es keine Selbstanzeige und würde der Täter bei Offenlegung seiner Taten eine strafrechtliche Verfolgung befürchten müssen, würde er sich dafür entscheiden, seine Taten weiterhin geheim zu halten. Hat er jedoch die Möglichkeit, Immunität vor Strafverfolgung im Gegenzug für die Abgabe einer Selbstanzeige inklusive Zahlung der Steuern, Zinsen und Geldbußen zu erlangen, wird er zu einer Offenbarung gegenüber der Finanzbehörde bereit sein. Das hatte auch bereits die Inland Revenue nach dem ersten Weltkrieg erkannt und entschloss sich deshalb eine Praxis einzuführen, die dem Steuerhinterzieher Immunität vor Strafverfolgung gewährte, wenn er im Gegenzug Zugang zu seinen privaten und geschäftlichen Aufzeichnungen gewährte sowie die begangenen Steuerhinterziehungen offenbarte.[1147]

Schließlich ist es gemäß § 1 TMA 1970 Aufgabe der HMRC, die Steuern einzuziehen und zu verwalten. Wie sie diese Aufgabe erfüllt, steht in ihrem Ermessen. Dabei ist es ihr Ziel, diese auf dem kostengünstigsten und effektivsten Weg zu generieren. Da ein Strafverfahren im Vergleich zum Steuerverfahren mit einem höheren zeitlichen Aufwand und höheren Kosten verbunden ist, bietet es sich an, das Selbstanzeigeverfahren steuerrechtlich auszugestalten. So kostete eine Strafverfolgung im Bereich der Schattenwirtschaft im Jahr 2006-07 im Durchschnitt 30.000 Pfund im Vergleich zur entdeckten Steuer von nur 11.260 Pfund.[1148] Hingegen führte die Offshore Disclosure Facility als spezielles Selbstanzeigeprogramm zu Einnahmen in Höhe von 400 Millionen Pfund bei Kosten der Behörde von nur 6 Millionen Pfund (Verhältnis 67 zu eins).[1149]

Dass die Selbstanzeige zur Offenlegung unentdeckter Steuerquellen und damit zur Erhöhung der Einnahmen des Staates führt, lässt sich an Folgendem festmachen. Nach Schätzungen der HMRC machte im Jahr 2016-17 der Verlust durch Steuerhinterziehung[1150] mit 13,9 Milliarden Pfund 42 Prozent und somit fast

---

1147 S. D. II. 3 a) aa).

1148 National Audit Office Report HM Revenue & Customs, Tackling the hidden economy, 3 April 2008, HC 341, Session 2007-2008, S. 6, abrufbar unter: https://www.nao.org.uk/wp-content/uploads/2008/04/0708341.pdf.

1149 National Audit Office Report aaO. (Fn. 1148), S. 5.

1150 Zwischen dem Begriff Steuerbetrug (tax fraud), der auch mit Steuerhinterziehung übersetzt werden kann, und dem Ausdruck Steuerhinterziehung (tax evasion) gibt es keinen Unterschied, sodass die Begriffe austauschbar sind. Denn beide Taten setzen ein unehrliches, vorsätzliches Verhalten in Bezug auf Steuern voraus, um dem Staat diese zu entziehen. Das kann durch das Unterlassen, die Geheimhaltung oder die Falschdarstellung von steuerlich erheblichen Tatsachen gegenüber der HMRC erfolgen. Dass die HMRC diese Termini synonym verwendet, zeigt sich an der nahezu identischen, in minimalen Teilen abweichenden Definition von

die Hälfte der gesamten Steuerlücke in Höhe von 33 Milliarden Pfund aus.[1151] Die Steuerlücke beschreibt die Differenz zwischen dem Betrag, den der Staat an Steuern einnehmen könnte und dem, was er tatsächlich einnimmt.[1152] Durch das COP9-Verfahren sowie die speziellen Selbstanzeigeprogramme konnten aber hohe Einnahmen erzielt werden. So führte die Offshore Disclosure Facility zu rund 400 Millionen Pfund plus 100 Millionen Pfund aus der Nachbereitung, die New Disclosure Opportunity zu 85 Millionen Pfund und noch weiteren 40 Millionen Pfund aus der Nachbereitung[1153] und die Liechtenstein Disclosure Facility zu 760 Millionen Pfund an zusätzlichen Einnahmen.[1154] Zudem hat der Fraud Investigation Service allein im Jahr 2015 Einnahmen von fast fünf Milliarden Pfund, davon 2,2 Milliarden durch Strafverfolgungen und 2,7 Milliarden durch das Steuerverfahren, zu dem die Selbstanzeige gehört, generiert.[1155]

bb) Ermittlungsnotstand

Bei der Steuerhinterziehung handelt es sich um eine Straftat, die sehr schwer zu ermitteln ist, weil sie kaum Spuren hinterlässt. Es sind aufwendige Ermittlungen erforderlich, um solche Taten aufzudecken. Allerdings verfügt die HMRC nicht über genügend Personal und Ressourcen, um dies leisten zu können. Ferner war es zu dem Zeitpunkt, als die Selbstanzeige eingeführt wurde, unmöglich Strafverfolgung ohne die Hilfe des Steuerzahlers zu betreiben, weil die Finanzbehörde damals über keine rechtlichen Befugnisse verfügte, geschäftliche und private Aufzeichnungen einzusehen.[1156]

Steuerhinterziehung und Steuerbetrug; s. dazu Definition tax evasion in: National Audit Office Report aaO. (Fn. 1027), S. 14 Abbildung 4 und tax fraud in: COP9 Abschnitt 8.1.

1151 Zu den Werten s. HMRC Measuring tax gaps 2018 edition, Tax gap estimates for 2016-17, 14 June 2018, S. 4 f., abrufbar unter: https://webarchive.nationalarchives.gov.uk/20190509073425/https://www.gov.uk/government/statistics/measuring-tax-gaps. Zur Steuerhinterziehung/Steuerbetrug (tax fraud) zählen die Steuerhinterziehung (tax evasion) durch Verheimlichung, Unterlassen oder Falschdarstellung steuerlich erheblicher Tatsachen, um die Steuerlast zu reduzieren, die Schattenwirtschaft (hidden economy) und kriminelle Angriffe (criminal attacks) auf das Steuersystem, z.B. durch den Schmuggel von Waren, Alkohol und Tabak zur Hinterziehung von Zöllen oder Karussellbetrug, s. dazu National Audit Office Report aaO. (Fn. 1027), S. 14 Abbildung 4.

1152 HMRC Measuring tax gaps 2018 edition aaO. (Fn. 1151), S. 5.

1153 *Ashford* in: McLaughlin HMRC Investigations Handbook 2015/16 Rn. 5.41 f.

1154 *Hickey/J. Levy* in: McLaughlin HMRC Investigations Handbook 2015/16 Rn. 3.15.

1155 Artikel *Financial Times* vom 06.02.2017, abrufbar unter: https://www.ft.com/content/a93cc706-ea33-11e6-967b-c88452263daf.

1156 IR 40/13208, s. Note on criminal prosecution of Income Tax offences Abschnitt 3.

Die Entdeckung dieser Straftaten ist auch deshalb besonders schwer, da sich einige Steuerpflichtige gar nicht im Steuersystem erfasst sind, entweder weil sie sich nicht registriert und/oder keine Steuererklärung eingereicht haben. Die Finanzbehörde befindet sich also in einem Ermittlungsnotstand. Darum verfolgt sie auch eine selektive Strafverfolgungspolitik, wonach die schwersten Fälle der Steuerhinterziehung nur dann strafrechtlich verfolgt werden sollen, wenn dies zur Abschreckung der Täter sowie der Allgemeinheit erforderlich erscheint und keine andere Bestrafung des Täters als durch eine Kriminalstrafe angemessen wäre.

Insbesondere im Fall von Steuerhinterziehungen mit Auslandsbezug ist es für die Behörde schwer, an ausreichend Informationen zu gelangen, um ein Strafverfahren gegen die Täter einleiten und ihre Schuld zweifelsfrei beweisen zu können. In vielen Fällen hat die HMRC eine Vermutung, in welchen Ländern die Steuerhinterzieher ihr unversteuertes Geld versteckt haben, sodass sie deshalb verschiedene Selbstanzeigeprogramme, zum Teil abgestimmt auf bestimmte Länder (Schweiz, Liechtenstein, britische Kolonien Guernsey, Jersey, Isle of Man), eingeführt hat.

Allerdings hat Großbritannien durch den vermehrten internationalen Informationsaustausch sowohl auf EU-Ebene[1157] als auch international[1158] mittlerweile bessere Ermittlungsmöglichkeiten. Dadurch erhält die Finanzbehörde Informationen über britische Steuerpflichtige, die unversteuertes Geld im Ausland haben, und verfügt somit über die erforderlichen Beweise, um gegebenenfalls auch ein Strafverfahren gegen diese Täter einzuleiten. Der Ermittlungsnotstand wird also durch den Informationsaustausch zwischen den Ländern abgeschwächt und spielt eine nicht mehr ganz so tragende Rolle wie zum Beginn der Einführung der Selbstanzeige.

cc) Rückkehr zur Steuerehrlichkeit

Als sich die Inland Revenue nach dem Ende des ersten Weltkriegs dafür entschied, dem Täter bei einer Selbstanzeige Immunität vor Strafverfolgung zu gewähren, ging sie davon aus, dass die Steuerzahler an sich ehrlich sind und ihre Steuern bezahlen wollen. Aufgrund der steigenden Steuersätze vor und während des ersten Weltkriegs seien sie aber der Versuchung erlegen, Steuern zu hinterziehen. Jedoch war die Behörde davon überzeugt, dass die Steuerpflichtigen den Wunsch hatten, sich reinzuwaschen und ihre Taten offenzulegen, wenn ihnen keine Strafverfolgung drohe.[1159] Die Behörde wollte den Bürger zur Offenlegung ermutigen und ihm damit die Möglichkeit geben, wieder steuerehrlich zu werden. Durch die Gewährung von Immunität vor Strafverfolgung kann der Steuerpflichtige seine steuerlichen Pflichten nachträglich erfüllen und steuerehrlich werden, ohne eine

1157 Zinsbesteuerungsrichtlinie 2003/48/EG, EU-Amtshilferichtlinie 2014/107/EU.

1158 FATCA-Abkommen mit den USA, Common Reporting Standard der OECD.

1159 S. D. II. 3. a) aa).

strafrechtliche Verfolgung befürchten zu müssen. Dieser Ansatz entspricht auch der Zuckerbrot-und-Peitsche-Strategie der Finanzbehörde.[1160]

Die Selbstanzeige bietet dem Täter damit einen Ausweg aus der Illegalität zurück in die Legalität. Durch die jährliche Veranlagung ist es möglich, dass Vergleiche zwischen den verschiedenen Steuerjahren gezogen werden. Sollte der Steuerhinterzieher über mehrere Jahre seine Einkünfte falsch angegeben haben und sich für den aktuellen Veranlagungszeitraum zu einer ehrlichen Angabe entscheiden, gibt er damit der Finanzbehörde Anlass zu Ermittlungen. Unterdessen könnte er durch die Abgabe einer richtigen Steuererklärung nicht nur seine Steuerhinterziehung, sondern auch gegebenenfalls andere illegale Taten offenbaren. Denn auch illegale Einkünfte unterliegen der Steuerpflicht.[1161] Je nach vorhandener Beweislage besteht für den Täter das Risiko einer strafrechtlichen Verfolgung und Verurteilung. Um dieses zu minimieren, kann er eine Selbstanzeige gegenüber der Behörde erstatten, bei dessen erfolgreichem Verlauf nur die Verhängung einer Geldbuße und keine Strafverfolgung droht. Sollte der Täter nicht von sich aus eine Selbstanzeige abgeben, kann sich auch die Behörde dafür entscheiden, ihm die CDF anzubieten. Ohne die Selbstanzeige würde der Hinterzieher seine Taten weiterhin geheim halten, da die Entdeckungsgefahr trotz besserer Ermittlungsmöglichkeiten immer noch gering ist.

dd) Herstellung von Belastungsgleichheit im Steuerrecht und Wiederherstellung der Effektivität des Steuerstrafrechts

Schließlich dient die Selbstanzeige auch der Herstellung von Belastungsgleichheit im britischen Steuerrecht. Steuern soll derjenige zahlen, der leistungsfähig ist. Das bedeutet, dass derjenige, der über ein höheres Einkommen als andere verfügt, mehr Steuern (vertikale Steuergerechtigkeit) und diejenigen, die gleich leistungsfähig sind, denselben Steuerbetrag zahlen (horizontale Steuergerechtigkeit).[1162]

Durch die Steuerhinterziehung fehlen dem Staat Einnahmen, die dieser benötigt, um seine öffentlichen Aufgaben erfüllen zu können. Die Steuerhinterziehung eines einzelnen Täters führt zwar nicht zum Zusammenbruch des staatlichen Systems, aber wenn man alle Beträge hinterzogener Steuern kumuliert, können diese der ausschlaggebende Punkt sein, dass der Staat nicht mehr in dem Maß Daseinsvorsorge betreiben kann, wie er möchte und nicht genügend Mittel zur Sanierung der Infrastruktur, für Bildung oder Kultur bereitstehen.[1163] Damit schädigen die Steuerhinterzieher langfristig das staatliche System und die Bürger, die diese Leistungen in Anspruch nehmen.

1160 S. D. II. 3. b) bb).

1161 S. D. II. 1. b).

1162 *Loutzenhiser* Tiley´s Revenue Law Kap. 1.3.2; *Williams/Morse/Eden* Davies Principles of Tax Law Rn. 1.08.

1163 S. C. I. 4.

Wenn der Steuerhinterzieher aber seine begangenen Taten offenlegt, die fälligen Steuern inklusive Zinsen und Geldbuße bezahlt, erfüllt er nachträglich seine steuerlichen Pflichten und trägt entsprechend seiner Leistungsfähigkeit zum Funktionieren des Steuersystems und des Staates bei. Durch seinen Beitrag wird ebenfalls die Belastungsgleichheit im Steuerrecht hergestellt. Jeder Steuerzahler zahlt dann das, wozu er im Rahmen seiner Leistungsfähigkeit in der Lage ist. Die Steuergerechtigkeit ist hergestellt.

Ferner trägt die Selbstanzeige zur Wiederherstellung der Effektivität des Steuerstrafrechts bei. Das (Steuer-)Strafrecht soll rechtswidriges Verhalten sanktionieren und die Begehung zukünftiger (Steuer-)Straftaten verhindern. Ziel des Steuerstrafrechts ist es, das Steueraufkommen des Staates zu sichern. Dieses Ziel wird verfehlt, weil der Steuerdelinquent wegen der bestehenden Strafandrohung auf eine Offenlegung seiner Taten verzichtet. Das Steuerstrafrecht steht einer Rückkehr in die Steuerehrlichkeit und der Erfüllung der steuerlichen Pflichten entgegen. Dieses Problem kann durch die Inaussichtstellung von Immunität für alle offengelegten Steuerhinterziehungen mittels der CDF beseitigt werden. Der Steuerstraftäter ist nicht mehr zur Begehung weiterer Straftaten gezwungen und kommt seinen steuerlichen Mitwirkungspflichten nach. Durch die Selbstanzeige wird das Steuerstrafrecht wieder effektiv.

ee) Zwischenergebnis

Die Selbstanzeige wurde geschaffen, um unbekannte Steuerquellen aufzudecken und die Einnahmen des Staates zu erhöhen. Bei der Steuerhinterziehung handelt es sich um eine Straftat, die schwer zu ermitteln und zu beweisen ist. Die Ermittlungen sind mit einem hohen Kosten- und Zeitfaktor verbunden, wobei die HMRC jedoch nicht über genügend personelle und sachliche Mittel verfügt, um jede Straftat verfolgen zu können. Die Selbstanzeige kann diesem Ermittlungsnotstand entgegenwirken, weil der Täter alle erforderlichen Informationen an die Finanzbehörde liefert. Allerdings wird die Ermittlungsarbeit inzwischen durch den zunehmenden Informationsaustausch zwischen den Staaten erleichtert.

Schließlich gibt die Selbstanzeige dem Täter die Möglichkeit, steuerehrlich zu werden, ohne eine strafrechtliche Verfolgung befürchten zu müssen. Mit der Erstattung erfüllt er nachträglich seine steuerlichen Pflichten, sodass Belastungsgleichheit und Steuergerechtigkeit im Steuerrecht hergestellt sind. Zudem wird die Effektivität des Steuerstrafrechts wiederhergestellt.

d) Ausgestaltung der Selbstanzeige

aa) Contractual Disclosure Facility (CDF)

Die Selbstanzeige (CDF) stellt einen Vertrag dar, der zwischen der HMRC und dem Steuerhinterzieher geschlossen wird. Das Selbstanzeigeverfahren richtet sich nach dem COP9, der Teil der steuerrechtlichen Ermittlungen der britischen Finanzbehörde ist. Die Selbstanzeige kann auf zwei verschiedenen Wegen erfolgen.

Entweder hat die Behörde einen Verdacht, dass eine Steuerhinterziehung vorliegt und bietet dem Steuerpflichtigen die CDF an, wenn sie sich gegen die Einleitung eines Strafverfahrens entschieden hat oder der Täter erstattet eine Selbstanzeige, ohne dass er Grund zu der Annahme hat, dass seine Tat bereits entdeckt wurde. Für die Abgabe der Selbstanzeige muss der Betroffene das CDF1-Formular ausfüllen, in dem er seine Steuerhinterziehungen offenlegt und die Behörde um die Einleitung der CDF ersucht. Das COP9 Centre wird dann über seinen Antrag entscheiden.[1164] Ein Vertrag kann allerdings nicht abgeschlossen werden, wenn bereits strafrechtliche Ermittlungen gegen den Steuerhinterzieher eingeleitet worden, sei es durch den Fraud Investigation Service oder eine andere Strafverfolgungsbehörde.[1165]

Der COP9 findet Anwendung auf direkte Steuern (Einkommensteuer, Körperschaftsteuer, Kapitalertragsteuer, Sozialversicherungsbeiträge, PAYE, Kapitalverkehrsteuer) und indirekte Steuern (Umsatzsteuer, Verbrauchsteuern und Zölle)[1166], aber nicht auf Steuergutschriften.[1167] Das COP9-Verfahren ist nur für Personen geeignet, die eine vorsätzliche Steuerhinterziehung[1168] offenlegen wollen. Fahrlässige Steuerhinterziehungen oder Steuervermeidungssysteme sind nicht erfasst.[1169]

1164 HMRC Fraud Civil Investigation Manual FCIM202020.

1165 HMRC Fraud Civil Investigation Manual FCIM202020.

1166 HMRC Fraud Civil Investigation Manual FCIM201020; *White* Journal of European Criminal Law 2007, 31, 34.

1167 *Ashford/Pinfold* in: Simon´s Taxes Bd. 2 A6.1007.

1168 Die HMRC hat im COP9 den Begriff der vorsätzlichen Steuerhinterziehung (tax fraud) definiert. Ein vorsätzliches Verhalten liegt vor, wenn der Empfänger wusste, dass ein oder mehrere Einträge in der Steuererklärung und/oder Rechnung falsch waren, aber der Empfänger sie trotzdem einreichte, oder wenn der Empfänger wusste, dass eine Steuerpflicht existierte, er sich aber entschied, dies der HMRC nicht rechtzeitig mitzuteilen. Eine Steuerhinterziehung setzt das unredliche Verhalten, das zu einem Steuerverlust geführt hat oder zu einem solchen führen sollte, voraus. Eine Person begeht eine Straftat, wenn sie wissentlich an der betrügerischen Steuerhinterziehung für sich oder eine andere Person beteiligt ist. Das umfasst die vorsätzliche Geheimhaltung oder das Zurückhalten relevanter Tatsachen, das vorsätzliche Unterlassen, die Steuer- oder Zollpflicht offenzulegen sowie die vorsätzlich falsche Darstellung der eigenen Steuerangelegenheiten; s. dazu COP9 HM Revenue & Customs (HMRC) investigation of fraud statement, S. 2 und Abschnitt 8.1.

1169 HMRC Admit tax fraud to HMRC using the Contractual Disclosure Facility, 6 October 2022, abrufbar unter: https://www.gov.uk/guidance/admitting-tax-fraud-the-contractual-disclosure-facility-cdf; *Ashford* in: McLaughlin HMRC Investigations Handbook 2015/16 Rn. 2.45.

aaa) Übersendung des Eröffnungsbriefs (opening letter)

Zu Beginn der CDF wird die HMRC dem Steuerhinterzieher einen Brief (opening letter) übersenden, in dem sie ihm das Angebot unterbreitet, an der CDF teilzunehmen. Daneben enthält der *opening letter* eine Kopie des COP9 sowie alle relevanten Formulare.[1170]

Sind Steuerhinterziehungen in einem Unternehmen begangen worden, muss das Special Investigations Office den Brief zur Eröffnung des COP9-Verfahrens an denjenigen bzw. diejenigen Geschäftsführer senden, die die Straftat begangen haben.[1171] In manchen Fällen kann es sein, dass die Täter nicht mehr dem Unternehmen angehören, sodass der Brief dann an die neuen zuständigen Personen (Vorstand, Geschäftsführer) geschickt wird.[1172] Im Brief werden in der Überschrift das Unternehmen und der Geschäftsführer genannt, um klar zu machen, dass sowohl der Geschäftsführer als Individuum als auch das Unternehmen selbst angesprochen sind.[1173] Gleiches trifft im Fall von Personengesellschaften zu. Hier ist ebenfalls der Brief an die verdächtigen Gesellschafter zu richten, wobei auch die Personengesellschaft in der Überschrift aufgeführt wird.[1174] Die für das Unternehmen handelnden natürlichen Personen können dann die begangenen Steuerhinterziehungen im Namen des Unternehmens offenlegen.

Nach Erhalt des Briefs hat der Steuerpflichtige bzw. das Unternehmen 60 Tage Zeit, das Angebot anzunehmen. Sollte er sich gegen eine Annahme entscheiden, wird die HMRC eigene und gegebenenfalls sogar strafrechtliche Ermittlungen einleiten. Genauso wird verfahren, wenn der Steuerpflichtige sich innerhalb der 60 Tage nicht bei der Behörde meldet. Wird anschließend ein Steuerverfahren durchgeführt, stehen der Behörde alle gesetzlichen Informationsbefugnisse zu, um vom Steuerpflichtigen oder Dritten Informationen zu erhalten, Geldbußen zu verhängen, eine Veranlagung durchzuführen oder die unbezahlten Steuern zuzüglich Zinsen einzutreiben.[1175] Bei fehlender Kooperation hat der Täter auch keine Chance, die maximal mögliche Reduzierung der Geldbuße zu erhalten.[1176] Zudem ist der ablehnende Brief (rejection letter) im Gericht oder vor einem Tribunal als Beweis verwertbar.[1177]

Möchte der Steuerhinterzieher das Angebot annehmen, muss er den *acceptance letter* unterschreiben und das *Outline Disclosure*-Formular ausfüllen.[1178] Mit

1170 *Ashford/Pinfold* in: Simon´s Taxes Bd. 2 A6.1008.

1171 Fraud Civil Investigation Manual FCIM203030.

1172 Fraud Civil Investigation Manual FCIM202050.

1173 *Ashford/Pinfold* in: Simon´s Taxes Bd. 2 A6.1008.

1174 Vgl. Fraud Civil Investigation Manual FCIM203040; *Ashford/Pinfold* in: Simon´s Taxes Bd. 2 A6.1008.

1175 COP9 Abschnitt 7.5; *Adams/Jones* Taxation 19 March 2015, 18, 20.

1176 COP9 Abschnitt 7.5.

1177 COP9 Abschnitt 2.7; *Ashford/Pinfold* in: Simon´s Taxes Bd. 2 A6.1009.

1178 *Ashford* in: McLaughlin HMRC Investigations Handbook 2015/16 Rn. 2.49.

Annahme der vertraglichen Bedingungen der CDF und der Übersendung der *Outline Disclosure* erhält der Steuerpflichtige die Garantie von der HMRC, dass sie keine strafrechtlichen Ermittlungen gegen ihn einleiten wird.[1179] Dafür muss er im Gegenzug seine begangenen Steuerhinterziehungen offenlegen.

bbb) Outline Disclosure

In der *Outline Disclosure* muss der Steuerhinterzieher unter Zuhilfenahme der bereits verfügbaren Dokumente das vorsätzliche Verhalten anführen, das zu einem Steuerverlust geführt hat. Dabei genügt nicht der pauschale Hinweis, dass ein Steuerverlust herbeigeführt wurde, sondern er muss für jeden separaten Steuerverlust erklären, was er getan hat, auf welche Weise, ob andere Personen oder Rechtsträger beteiligt waren und wie er vom vorsätzlichen Verhalten profitiert hat.[1180] Falls bekannt, sollten die Namen, Adressen und Steueridentifikationsnummern der jeweiligen Personen sowie Rechtsträger genannt werden.[1181] In Bezug auf die beteiligten Rechtsträger wie Unternehmen, Treuhandgesellschaften, Strohmänner und Personengesellschaften muss der Steuerpflichtige angeben, wie er diese benutzt hat und in welcher Beziehung er zu dem Rechtsträger steht.[1182] Ferner müssen auch Ausführungen zu etwaigen nicht vorsätzlichen Verstößen erfolgen, falls solche bestehen.[1183]

Das *Outline Disclosure*-Formular muss ebenfalls wie der *acceptance letter* innerhalb von 60 Tagen bei der Behörde eingegangen sein. Sollte die *Outline Disclosure* nicht eingereicht worden, ungültig oder unvollständig sein, wird der zuständige Ermittler des Special Investigations Office den Fall an das Criminal Investigation Directorate weiterleiten, damit überprüft wird, ob strafrechtliche Ermittlungen gegen den Steuerpflichtigen eingeleitet werden sollen.[1184] Bei einer unvollständigen

---

1179 COP9 Abschnitte 2.4, 2.6; *Foster/Gilham* in: Lee Revenue Law: Principles and Practice Rn. 4.53; *Loutzenhiser* Tiley´s Revenue Law Kap. 4.5.3.1. Wurden Steuerhinterziehungen im Unternehmen begangen, dann wird den handelnden Geschäftsführern Immunität vor Strafverfolgung in Aussicht gestellt. Eine strafrechtliche Verfolgung der Unternehmen findet nicht statt.

1180 COP9 Abschnitt 4.1.

1181 COP9 Abschnitt 4.2.

1182 Der Steuerdelinquent muss angeben, ob er die Leitung des Rechtsträgers inne hat oder zum Zeitpunkt der Steuerhinterziehung inne hatte und in welcher Eigenschaft er handelte, als er die Steuerhinterziehung beging (z.B. als Geschäftsführer, faktischer Geschäftsführer, der als solcher handelt, ohne förmlich bestellt worden zu sein, Anteilseigner, Begünstigter oder Treuhänder); s. COP9 Abschnitt 4.2 m.w.N.

1183 COP9 Abschnitt 4.4.

1184 COP9 Abschnitt 3.2 f.; vgl. HMRC Fraud Civil Investigation Manual FCIM204030, 204050.

Outline Disclosure werden Ermittlungen aber nur bezüglich der Taten eingeleitet, die der Täter nicht im Formular offenbart hat.[1185]

Soweit die Frist von 60 Tagen noch nicht abgelaufen ist, wird der Beamte den Steuerhinterzieher auf die Ungültigkeit der Erklärung hinweisen und ihm die Möglichkeit zur erneuten Einreichung geben.[1186] Ist die Frist jedoch abgelaufen, muss das Criminal Investigation Directorate über eine Strafverfolgung entscheiden. Lehnt es eine solche ab, führt das Special Investigations Office eigene steuerliche Ermittlungen durch.[1187] Sobald neue Beweise auftauchen, wird der Fall wieder zurück an das Criminal Investigation Directorate verwiesen.[1188] Gleiches trifft auf eine unvollständige *Outline Disclosure* zu.[1189]

Es muss beachtet werden, dass der Steuerhinterzieher nur dann die Immunität vor Strafverfolgung bezüglich der offenbarten Steuerhinterziehungen bekommt, wenn die *Outline Disclosure* richtig und vollständig ist und innerhalb der 60 Tage eingereicht wurde. Sollte das nicht der Fall sein (keine Abgabe, Ungültigkeit oder Unvollständigkeit der *Outline Disclosure*), hat der Täter seine Chance auf Immunität vor Strafverfolgung verspielt.[1190] Es können jederzeit strafrechtliche Ermittlungen eingeleitet und die steuerlichen abgebrochen werden.

ccc) Formal Disclosure

Ferner muss der Steuerpflichtige eine *Formal Disclosure* einreichen. Welche Anforderungen an diese gestellt werden, richtet sich nach der jeweiligen Komplexität des Falls.

Das Formular muss immer eine Bescheinigung des Steuerhinterziehers enthalten, dass er alle seine steuerlichen Verstöße vollständig offengelegt hat.[1191] Dafür ist eine beglaubigte Angabe aller weltweiten Vermögenswerte und Verbindlichkeiten, eine Bescheinigung aller Bankkonten und Kreditkarten, die der Täter benutzt hat, sowie ein beglaubigtes *Certificate of Full Disclosure*, in dem der Steuerhinterzieher bestätigt, dass er seine steuerlichen Verstöße vollständig und richtig nach bestem Wissen und Gewissen offenbart hat, erforderlich.[1192]

Bei einfach gelagerten Fällen sind nur die soeben genannten Angaben für die *Formal Disclosure* notwendig.[1193] In komplexeren Fällen muss zusätzlich noch ein

1185 COP9 Abschnitt 3.3.

1186 HMRC Fraud Civil Investigation Manual FCIM204030.

1187 HMRC Fraud Civil Investigation Manual FCIM204030.

1188 HMRC Fraud Civil Investigation Manual FCIM204030.

1189 HMRC Fraud Civil Investigation Manual FCIM204050.

1190 HMRC Fraud Civil Investigation Manual FCIM204020, 204030; *Ashford/Pinfold* in: Simon´s Taxes Bd. 2 A6.1009.

1191 COP9 Abschnitt 5.2.

1192 COP9 Abschnitte 5.2, 6.5; HMRC Fraud Civil Investigation Manual FCIM204090.

1193 COP9 Abschnitt 5.2.

Disclosure Report eingereicht werden, in dem detailliert das vorsätzliche Verhalten, sei es als Individuum (z.B. Einzelunternehmer, Testamentsvollstrecker, Verwalter oder Treuhänder) oder durch andere Rechtsträger beschrieben wird.[1194]

Um den Umfang und den Zeitplan, in dem der Bericht erstellt werden soll, festzulegen, kann entweder ein Treffen des Steuerpflichtigen mit der HMRC oder ein Gespräch zwischen Berater und Finanzbehörde vonnöten sein.[1195] Die Behörde wird das Treffen dazu nutzen, um detaillierte Erklärungen zu den begangenen Steuerhinterziehungen zu erhalten, Fragen zu den privaten und geschäftlichen Angelegenheiten zu stellen, damit sie den Zusammenhang, in dem die Selbstanzeige erstattet wurde, besser verstehen kann oder um gegebenenfalls noch weitere unbekannte Steuerstraftaten aufzudecken.[1196] Der Täter wird in der Regel nicht länger als sechs Monate Zeit haben, um den Bericht zu erstellen.[1197]

Die Finanzbehörde schreibt dem Steuerpflichtigen weder vor, was im *Disclosure Report* enthalten sein muss, noch gibt sie einen bestimmten Zeitraum, den der Bericht abdecken soll, vor.[1198] Es ist Sache des Steuerhinterziehers, wen er mit der Erstellung des Berichts beauftragt und welche Informationen zusammengestellt werden.[1199] Zwar beträgt der maximale Untersuchungszeitraum theoretisch 20 Jahre, aber praktisch ist der Zeitraum relevant, in dem die Steuerhinterziehung begangen wurde.[1200] Nur dieser Zeitraum muss im Bericht abgedeckt werden und wurde bereits durch die *Outline Disclosure* vorgezeichnet.

Auch wenn sich der Inhalt des *Disclosure Reports* nach dem Wesen des individuellen Falls bestimmt, gibt es doch einige Informationen, die in jedem Bericht enthalten sein sollten: ein kurzer Überblick über das Geschäft, Art und Ausmaß der Verstöße und wie sie zustande kamen, Schritte, die unternommen wurden, um die Beträge mit Unterlagen zu belegen, sowie alle gemachten Annahmen, eine detaillierte Tabelle, in der jeder Verstoß für jeden Zeitraum und jede Steuer aufgelistet ist, sowie die übrigen vier Bescheinigungen, die jede *Formal Disclosure* enthalten muss (Beglaubigung der Vermögenswerte und Verbindlichkeiten, bediente Bankkonten, Kreditkarten und das *Certificate of Full Disclosure*).[1201]

Das Special Investigations Office wird dann den Bericht auf seine Richtig- und Vollständigkeit überprüfen. Sollte die Behörde keine Einwände haben, geht

---

1194 COP9 Abschnitt 6.1.

1195 COP9 Abschnitt 5.2; vgl. *Herald* Vat Dig. 2013, 4, 12.

1196 HMRC Fraud Civil Investigation Manual FCIM206020; *Ashford/Pinfold* in: Simon´s Taxes Bd. 2 A6.1012.

1197 HMRC Fraud Civil Investigation Manual FCIM206070.

1198 HMRC Fraud Civil Investigation Manual FCIM206040.

1199 *Ashford/Pinfold* in: Simon´s Taxes Bd. 2 A6.1013.

1200 HMRC Fraud Civil Investigation Manual FCIM206040.

1201 Vgl. COP9 Abschnitt 6.1; HMRC Fraud Civil Investigation Manual FCIM206040; *Ashford/Pinfold* in: Simon´s Taxes Bd. 2 A6.1013.

sie zur Einigung über.[1202] Ansonsten kann der unvollständige Bericht mit Blick auf eine Strafverfolgung an das Criminal Investigation Directorate weitergeleitet werden.[1203]

ddd) Erreichen einer Einigung

Im Regelfall wird der Steuerpflichtige dazu aufgefordert, ein Angebot über die zu zahlenden Steuern, Zinsen und die Geldbuße abzugeben.[1204] Dem Angebot des Steuerdelinquenten sind vorher Gespräche mit der HMRC über die zu zahlenden Steuern, Zinsen und die Geldbuße vorausgegangen. Nach Abgabe des Angebots kann die Finanzbehörde entscheiden, ob sie dieses Angebot annimmt. In der Regel kommt eine Einigung zustande, da der Steuerpflichtige durch die zahlreichen Treffen mit der HMRC abschätzen kann, welchen Betrag sich die Finanzbehörde vorstellt. Bei diesen Treffen kann die Einschaltung eines Steuerexperten auf Seiten des Steuerdelinquenten sehr nützlich sein, insbesondere wenn der Experte über langjährige Erfahrung bei Selbstanzeigen verfügt[1205], da er die Rahmenbedingungen für die Reduzierung der Geldbußen kennt und vorteilhafte Argumente vorbringen kann, damit der Steuerhinerzieher bzw. das Unternehmen eine größtmögliche Minderung erhält. Sollte keine Einigung durch Vertrag möglich sein, z.B., weil der Steuerdelinquent den insgesamt zu zahlenden Betrag zu niedrig ansetzt, wird die HMRC den Betrag festsetzen.[1206] Die Wahlmöglichkeit besteht nur bei direkten Steuern. Bei indirekten Steuern erfolgt die Einigung durch Veranlagung der Behörde.[1207] Sollte der Steuerhinterzieher mit der Festsetzung des Betrages nicht einverstanden sein, kann er Beschwerde bei dem First-tier Tribunal einlegen, wobei bei den direkten Steuern zunächst eine Beschwerde an die HMRC erfolgen muss.[1208] Ist der Vertrag aufgrund eines Unterlassens oder einer Fehldarstellung

---

1202 Vgl. HMRC Fraud Civil Investigation Manual FCIM207020; *Ashford/Pinfold* in: Simon´s Taxes Bd. 2 A6.1013.

1203 *Ashford* in: McLaughlin HMRC Investigations Handbook 2015/16 Rn. 2.78.

1204 *Ashford/Pinfold* in: Simon´s Taxes Bd. 2 A6.1013. Bei Steuerhinterziehungen im Unternehmen muss das Unternehmen die Steuern, Zinsen und die Geldbuße bezahlen.

1205 Viele Steuerexperten waren mehrere Jahre bei der HMRC als Beamte im Rahmen von COP9-Untersuchungen tätig, bevor sie sich selbständig gemacht haben, und wissen deshalb über das Vorgehen und die Denkweise der HMRC Bescheid.

1206 Vgl. HMRC Fraud Civil Investigation Manual FCIM209010, 209040; *Ashford/Pinfold* in: Simon´s Taxes Bd. 2 A6.1013.

1207 HMRC Fraud Civil Investigation Manual FCIM209040.

1208 *Gov.uk* Appeal to the tax tribunal, abrufbar unter: https://www.gov.uk/tax-tribu nal/overview.

durch den Steuerpflichtigen unzureichend, werden strafrechtliche Ermittlungen in Betracht gezogen.[1209]

eee) Zwischenergebnis

Die Contractual Disclosure Facility ist eine vertragliche Vereinbarung zwischen der HMRC und dem Steuerpflichtigen. Indem der Täter sich zur Offenlegung seiner begangenen Steuerhinterziehungen bereit erklärt oder von sich aus Selbstanzeige erstattet, wird ihm die Immunität vor Strafverfolgung für die offenbarten Taten in Aussicht gestellt. Dafür muss er jedoch innerhalb von 60 Tagen das Angebot der Finanzbehörde unter Billigung der vertraglichen Bedingungen annehmen und zusammen mit der *Outline Disclosure* an die Behörde senden. Erst wenn beides fristgerecht eingegangen und das *Outline Disclosure*-Formular vollständig ist, wird dem Steuerhinterzieher die Immunität garantiert. Weiter ist das Ausfüllen einer *Formal Disclosure* erforderlich, an die jedoch unterschiedlich hohe Anforderungen, abhängig von der Komplexität des jeweiligen Falls, gestellt werden. Mit Abgabe des richtigen und vollständigen Formulars gehen die Verhandlungen zur Einigung über. Durch die vertragliche Einigung finden die Ermittlungen ihren Abschluss und der Steuerpflichtige muss die hinterzogenen Steuern zuzüglich Zinsen und Geldbuße bezahlen.

bb) Spezielle Selbstanzeigeprogramme (offshore disclosure facilities)

Die HMRC hat seit 2007 verschiedene Selbstanzeigeprogramme eingeführt, die darauf abzielten, Auslandssteuerhinterziehungen zu bekämpfen. Um an die Millionen von hinterzogenen Steuern im Ausland zu gelangen, bot die Finanzbehörde den Steuerhinterziehern im Gegenzug für eine Selbstanzeige an, dass sie nur eine reduzierte Geldbuße zusätzlich zu den hinterzogenen Steuern und Zinsen zahlen mussten. Die HMRC erwartete sowohl eine richtige und vollständige Selbstanzeige als auch die Unterzeichnung eines *Certificate of Full Disclosure*, um dies zu belegen.[1210] In einigen Fällen wurde den Tätern, ebenso wie bei der Contractual Disclosure Facility, Immunität vor Strafverfolgung gewährt. Seit dem 30. September 2018 ist das letzte spezielle Selbstanzeigeprogramm, die Worldwide Disclosure Facility, ausgelaufen. Das lässt sich darauf zurückführen, weil seit dem 1. Oktober 2018 über 100 Länder am automatischen Informationsaustausch im Rahmen des Common Reporting Standard teilnehmen und Großbritannien somit zahlreiche Informationen über die Einkünfte und das Vermögen britischer Steuerpflichtiger im Ausland erhält. Im Folgenden soll ein kurzer Überblick über die bisherigen speziellen Selbstanzeigeprogramme gegeben werden.

1209 *Ashford/Pinfold* in: Simon´s Taxes Bd. 2 A6.1013.

1210 *Ashford* in: Funnel HMRC Investigations and Enquiries 2011-12 Rn. 2.89.

aaa) Offshore Disclosure Facility

Den Anfang machte die HMRC mit der der Offshore Disclosure Facility, die am 1. April 2007 eingeführt wurde. Vom 1. April bis 22. Juni 2007 war eine Registrierung möglich, mit der der Steuerhinterzieher zum Ausdruck brachte, dass er eine Selbstanzeige beabsichtigte, die bis zum 26. November 2007 erfolgt sein musste. In der Selbstanzeige war eine Offenlegung aller Steuerschulden ohne Beschränkung auf solche im Ausland[1211] inklusive Zinsen und Geldbuße erforderlich, wobei die Geldbuße in jedem Fall nur zehn Prozent betrug.[1212] Sollte die Steuerhinterziehung einen Betrag von 2.500 Pfund nicht überschreiten, war keine Geldbuße fällig.[1213] Auch wenn die Offshore Disclosure Facility keine Garantie der Immunität vor Strafverfolgung gab, war die richtige und vollständige Selbstanzeige doch der beste Schutz vor einer solchen.[1214] Die HMRC erklärte, dass der Großteil der Selbstanzeigen angenommen werde und nur bei bestimmten Fällen, insbesondere bei unvollständigen Selbstanzeigen, in Fällen organisierter Kriminalität (Karussellbetrug, Hinterziehung von Steuergutschriften) oder solchen, die der Strafverfolgungspolitik unterlägen, Untersuchungen möglich seien.[1215]

bbb) The New Disclosure Opportunity

Da die Offshore Disclosure Facility so erfolgreich war und die HMRC insbesondere über große Datensätze von britischen Steuerpflichtigen, die sie von Banken erhalten hatte, verfügte, entschied sie sich dazu, ein weiteres ähnliches Selbstanzeigeprogramm einzuführen, die New Disclosure Opportunity, die eine Registrierung vom 1. September 2009 bis 4. Januar 2010 und eine Selbstanzeige entweder in Papierform bis zum 31. Januar 2010 oder elektronisch bis zum 12. März 2010 vorsah.[1216] Dabei nahm sie die Offshore Disclosure Facility zum Vorbild. Derjenige, der nicht die Offshore Disclosure Facility in Anspruch genommen hatte, weil die Bank seine Daten noch nicht an die HMRC zu dem Zeitpunkt weitergeleitet hatte, als die Offshore Disclosure Facility eingeführt wurde, erwartete eine Geldbuße in Höhe von zehn Prozent.[1217] Personen, die bereits eine Selbstanzeige unter der Offshore Disclosure Facility hätten erstatten können, dies aber nicht getan haben, wurden mit einer Geldbuße von 20 Prozent belegt.[1218] Entschied sich ein

---

1211 HMRC Booklet DS101, S. 7.

1212 *Ashford* in: Funnel HMRC Investigations and Enquiries 2011-12 Rn. 2.94 f.

1213 HMRC Booklet DS101, S. 3.

1214 *Ashford* in: Funnel HMRC Investigations and Enquiries 2011-12 Rn. 2.95; vgl. *Hubbard* Tax Adviser August 2007, 38, 39.

1215 HMRC Booklet DS101, S. 4, 10.

1216 *Ashford* in: Funnel HMRC Investigations and Enquiries 2011-12 Rn. 2.98 ff.

1217 *Parillo* Tax Notes Int'l 15 June 2009, 939, 939.

1218 *Grocott* Int'l Tax Rev. 2009, 18, 18 f.

Steuerhinterzieher gar keine Selbstanzeige zu erstatten, war eine Geldbuße von 30 Prozent oder mehr, die Veröffentlichung seines Namens sowie die Einleitung strafrechtlicher Ermittlungen möglich.[1219]

ccc) Liechtenstein Disclosure Facility

Die Liechtenstein Disclosure Facility (Beginn 1. September 2009, Ende 31. Dezember 2015[1220]) nimmt eine Sonderstellung unter den Selbstanzeigeprogrammen ein, weil sie als einzige dem Steuerhinterzieher, wie die *Contractual Disclosure Facility*, Immunität vor Strafverfolgung bei einer richtigen und vollständigen Selbstanzeige gewährte.[1221] Der Steuerpflichtige, der am 1. September 2009 oder danach Vermögenswerte in Liechtenstein hatte, musste sich ebenfalls registrieren und seine hinterzogenen Steuern, die sich sowohl in Großbritannien als auch im Ausland befanden, offenlegen.[1222] Es wurden nur Steuerschulden für Veranlagungsperioden bei natürlichen Personen seit dem 6. April 1999 und bei juristischen Personen seit dem 1. April 1999 erfasst.[1223] Wenn der Steuerhinterzieher zum Beginn der Liechtenstein Disclosure Facility am 1. September 2009 unversteuertes Einkommen oder Gewinne in Liechtenstein hatte, musste er nur für maximal zehn Jahre seine Steuerhinterziehungen offenlegen. Wie bei den anderen Selbstanzeigeprogrammen auch war eine Zahlung der hinterzogenen Steuern inklusive Zinsen und Geldbuße erforderlich. Dabei betrug die Geldbuße bis zum Veranlagungszeitraum 5. April 2009 zehn Prozent. Danach fanden die normalen Sätze der gesetzlichen Bußgeldregelungen Anwendung.[1224]

ddd) UK-Swiss Agreement

Das UK-Swiss Agreement wurde zwischen der Schweiz und Großbritannien geschlossen, um unversteuertes Vermögen britischer Steuerzahler in der Schweiz aufzudecken und den Einnahmen des Staates zuzuführen. Dieses Abkommen trat zum 1. Januar 2013 in Kraft und endete am 31. Dezember 2016. Ziel war es, die in der Schweiz gelagerten Vermögenswerte zu regulieren, die effektive Besteuerung von Einkommen und Gewinnen in der Schweiz zu gewährleisten und einen automatischen Informationsaustausch herzustellen.[1225] Anders als die

---

1219 *Grocott* Int´l Tax Rev. 2009, 18, 18.

1220 *Ashford* in: McLaughlin HMRC Investigations Handbook 2015/16 Rn. 5.55.

1221 *Ashford* in: McLaughlin HMRC Investigations Handbook 2015/16 Rn. 5.73; *Grocott* Int´l Tax Rev. 2009, 18, 18.

1222 HMRC booklet LDF1 Notes, S. 3 f.

1223 HMRC booklet LDF1 Notes, S. 4.

1224 HMRC booklet LDF1 Notes, S. 6; *Ashford* in: McLaughlin HMRC Investigations Handbook 2015/16 Rn. 5.72.

1225 *Wan* Int´l Tax Rev. 2012, 12, 12.

Selbstanzeigeprogramme musste hier der Steuerpflichtige jedoch keine Selbstanzeige erstatten und seine begangenen Steuerhinterziehungen offenlegen. Ein Steuerpflichtiger, der ein Konto in der Schweiz hatte, konnte sich entweder zu einer anonymen Einmalzahlung für die bisher unversteuerten Vermögenswerte und eine Quellensteuer für zukünftiges Einkommen und Gewinne[1226] entscheiden oder seine Bank in der Schweiz anweisen, Informationen über ihn an die HMRC weiterzuleiten.[1227] Die Einmalzahlung reichte von 21 bis maximal 41 Prozent des Bilanzsaldos des Kontos.[1228]

eee) Kronbesitzungen der britischen Krone (Guernsey, Isle of Man, Jersey)

Ferner bestand vom 6. April 2013 bis 31. Dezember 2015 ebenfalls ein spezielles Selbstanzeigeprogramm für die Kronbesitzungen der britischen Krone (Kanalinseln bestehend aus Guernsey und Jersey sowie die Isle of Man). Steuerpflichtige, die Steuerschulden hatten, mussten sich zunächst registrieren und dann eine Selbstanzeige abgeben. Es wurden alle Veranlagungszeiträume seit dem 6. April 1999 für natürliche Personen und seit dem 1. April 1999 für juristische Personen erfasst. Der Steuerhinterzieher musste dann alle hinterzogenen Steuern, Zinsen und eine Geldbuße bezahlen. Die Geldbußen waren abhängig vom begangenen Fehlverhalten sowie davon, ob es sich um eine Steuerhinterziehung mit Auslandsbezug handelte, sodass die Höhe von zehn bis 40 Prozent reichte.[1229]

fff) Worldwide Disclosure Facility

Die Worldwide Disclosure Facility wurde am 5. September 2016 eingeführt. Sie wurde von der HMRC als letzte Chance bezeichnet, Steuerhinterziehungen offenzulegen, bevor die Finanzbehörde die Informationen, die sie über britische Steuerpflichtige durch den Common Reporting Standard von über 100 Ländern erhält, gegen die Täter verwendet und neue härtere Sanktionen ab dem 1. Oktober 2018 eingeführt werden.[1230]

1226 48 Prozent auf Zinsen und anderes Einkommen, 40 Prozent auf Dividenden und 27 Prozent auf Kapitalerträge, *Wan* Int'l Tax Rev. 2012, 12, 13.

1227 HMRC The Swiss/UK Tax Cooperation Agreement and HM Revenue & Customs (HMRC) factsheet, S. 1.

1228 *Ashford* in: McLaughlin HMRC Investigations 2015/16 Rn. 5.92.

1229 HMRC Guernsey Disclosure Facility Pack A: disclosure DF05; Jersey Disclosure Facility Pack A: disclosure DF05; Isle of Man Disclosure Facility Pack A: disclosure DF05 m.w.N.

1230 HMRC Guidance Make a disclosure using the Worldwide Disclosure Facility, 6 April 2022, abrufbar unter: https://www.gov.uk/guidance/worldwide-disclosure-facility-make-a-disclosure.

Gemäß § 67, Anh. 18 § 1 Finance (No. 2) Act 2017 ist jeder Täter verpflichtet, bis zum 30. September 2018 sämtliche Steuerschulden im Ausland, die vor dem 6. April 2017 nicht erklärt oder unrichtig erklärt wurden, zu berichtigen (sog. *Requirement to Correct*). Durch diese Verpflichtung sollten die Täter dazu veranlasst werden, die Worldwide Disclosure Facility zu nutzen.[1231] Sollte eine solche Berichtigung bis dahin nicht erfolgt sein, drohen hohe Geldbußen seit dem 1. Oktober 2018 (sog. *Failure to Correct penalty*). So ist gemäß § 67, Anh. 18 § 14 Abs. 1 Finance (No. 2) Act 2017 eine (Standard-)Geldbuße in Höhe von 200 Prozent des potentiellen Steuerverlusts vorgesehen. Dieser Betrag kann auf bis zu 100 Prozent gemäß § 67, Anh. 18 § 16 Abs. 1, Abs. 5 Finance (No. 2) Act 2017 reduziert werden, wenn der Steuerpflichtige seine Steuerhinterziehungen offenlegt. Jedoch findet ein weiterer Zuschag von 50 Prozent auf die Standardgeldbuße gemäß Anh. 21 FA 2015 statt, wenn der Steuerstraftäter sein Vermögen ins Ausland transferiert hat, um den automatischen Informationsaustausch von Großbritannien mit anderen Ländern zu umgehen. Es können also Geldbußen bis zu 300 Prozent des potentiellen Steuerverlusts verhängt werden. Zudem können der Name und weitere Informationen des Steuerpflichtigen ab Überschreiten eines Betrages von 25.000 Pfund je Tat gemäß § 67, Anh. 18 § 30 Abs. 1, Abs. 2 Finance (No. 2) Act 2017 veröffentlicht werden [1232] und es kann zusätzlich eine am Vermögenswert orientiere Geldbuße in Höhe von zehn Prozent oder des Zehnfachen des Steuerverlusts gemäß § 165, Anh. 22 § 7 Abs. 1 FA 2016 verhängt werden.

Für eine Selbstanzeige muss sich der Steuerhinterzieher zunächst registrieren und hat nach seiner Registrierung 90 Tage Zeit, die Selbstanzeige einzureichen.[1233] Anders als die anderen Selbstanzeigeprogramme zuvor wird gegen den Täter keine von vornherein festgelegte Geldbuße verhängt, die auf den gesamten Betrag der hinterzogenen Steuern Anwendung findet, sondern er muss für jedes Steuerjahr

---

1231 *Register/Adams* Taxation 29 September 2016, 10, 10.

1232 Keine Veröffentlichung von Informationen des Steuerpflichtigen gemäß § 67, Anh. 18 § 30 Abs. 12 Finance (No. 2) Act 2017 bei maximaler Reduzierung der Geldbuße auf 100 Prozent nach § 67, Anh. 18 § 16 Finance (No. 2) Act 2017 im Fall einer freiwilligen Selbstanzeige oder bei Reduzierung der Geldbuße nach § 67, Anh. 18 § 17 Finance (No. 2) Act 2017 bei Vorliegen besonderer Umstände. Bei der Selbstanzeige im Rahmen von Auslandssteuerhinterziehungen wird zwischen der freiwilligen (*voluntary disclosure*) und der unfreiwilligen Selbstanzeige (*non-voluntary disclosure*), ähnlich wie bei der aufgeforderten und unaufgeforderten Selbstanzeige (s. dazu D. II. 1. c) aa) fff)), unterschieden, s. HMRC Compliance Handbook CH123406. Eine unfreiwillige Selbstanzeige kann allerdings nur zu einer Reduzierung der Geldbuße in Höhe von 150 % führen, s. HMRC Compliance Handbook CH123405.

1233 HMRC Guidance Make a disclosure using the Worldwide Disclosure Facility aaO. (Fn. 1230).

entsprechend der damals geltenden gesetzlichen Vorschriften die geschuldete Steuer, Zinsen und die Geldbuße berechnen.[1234] Das bedeutet aber auch, dass je nach vorliegendem Verhalten (Fahrlässigkeit, Vorsätzlichkeit) unterschiedlich viele Veranlagungsperioden erfasst sind, die von sechs bis 20 Jahren reichen.[1235]

Ein weiterer Nachteil ist, dass auch die Worldwide Disclosure Facility keine Immunität vor Strafverfolgung gewährt. Die einzige Möglichkeit, diese zu bekommen, ist die Contractual Disclosure Facility, die ebenfalls in Bezug auf Steuerhinterziehungen im Ausland Anwendung findet.[1236] Da die Worldwide Disclosure Facility nur auf Steuerhinterziehungen für die Stuerjahre bis einschließlich 2019 Anwendung findet[1237], besteht für alle folgenden Steuerjahre nur noch die Möglichkeit der CDF, die aber auch die meisten Vorteile mit sich bringt.

cc) Zwischenergebnis

Die Selbstanzeige existiert in Großbritannien seit dem Ende des ersten Weltkriegs und stellt in ihrer aktuellen Fassung die Contractual Disclosure Facility dar, die Immunität vor Strafverfolgung gewährt, sobald eine richtige und vollständige Selbstanzeige erstattet wurde.

Auch im Kampf gegen Steuerhinterziehungen im Ausland hat die HMRC seit 2007 verschiedene Selbstanzeigeprogramme eingeführt, von denen nur die Liechtenstein Disclosure Facility ebenfalls Immunität gewährte. Bis zum Steuerjahr 2019 konnte der Steuerpflichtige seine nicht erklärten Steuern im Ausland durch die Worldwide Disclosure Facility offenlegen, wobei dieses Programm im Vergleich zu seinen Vorgängern weniger vorteilhafte Optionen in Bezug auf die Höhe der Geldbuße bot, da sich diese nach den normalen gesetzlichen Vorschriften richtete. Dadurch, dass die Worldwide Disclosure Facility keine Immunität vor Strafverfolgung gewährte, war es vorteilhafter, die Contractual Disclosure Facility in Anspruch zu nehmen, um ganz sicher strafrechtliche Ermittlungen auszuschließen.

e) Rechtsfolgen der Selbstanzeige

Fraglich ist, welche Rechtsfolgen mit der Erstattung einer richtigen und vollständigen Selbstanzeige verbunden sind. Insbesondere ist interessant, inwieweit die Garantie der HMRC, keine strafrechtlichen Ermittlungen einzuleiten, auch Geltung für strafrechtliche Ermittlungen des CPS beansprucht und ob Angaben, die im Selbstanzeigeverfahren gemacht wurden, gegen den Steuerpflichtigen verwendet werden können oder nicht.

1234 *Register/Adams* Taxation 29 September 2016, 10, 10.

1235 *Register/Adams* Taxation 29 September 2016, 10, 10. S. D. II. 1. c) aa) aaa).

1236 *Register/Adams* Taxation 29 September 2016, 10, 11.

1237 HMRC Guidance Make a disclosure using the Worldwide Disclosure Facility aaO. (Fn. 1230).

aa) Reduzierung der Geldbuße

Die Selbstanzeige gegenüber der HMRC hat zur Folge, dass die zu zahlende Geldbuße durch eine richtige und vollständige Selbstanzeige reduziert wird. Bei einer begangenen Steuerhinterziehung muss der Steuerpflichtige eine Geldbuße wegen Unrichtigkeit der Steuererklärung zahlen[1238], wenn die Unrichtigkeit zu einer zu niedrigen Festsetzung der Steuerschuld oder einer falschen oder überhöhten Steuerrückzahlung geführt hat.[1239] Ausgangspunkt der Berechnung der Geldbuße ist der potentielle Einnahmeverlust (potential lost revenue). Das ist der Betrag an Steuereinnahmen, der dem Staat verloren gegangen wäre, wenn das Fehlverhalten nicht entdeckt worden wäre.[1240]

Das Geldbußensystem richtet sich nach dem jeweiligen Verhalten des Steuerzahlers, das Einfluss auf die Höhe der Geldbuße hat. Bei der Unrichtigkeit der Steuererklärung gibt es vier verschiedene Kategorien: Fehler trotz Anwendung der erforderlichen Sorgfalt, fahrlässiges, vorsätzliches sowie vorsätzliches und verdeckendes Verhalten.

Es muss auch unterschieden werden, ob es sich um eine unaufgeforderte (unprompted) oder eine aufgeforderte (prompted) Selbstanzeige handelt.[1241] Wenn die HMRC an den Steuerhinterzieher den *opening letter* zur Übersendung des Angebots der CDF schickt und er dieses annimmt, handelt es sich um eine aufgeforderte Selbstanzeige. Gleiches gilt, wenn die HMRC Informationen über den Steuerpflichtigen durch den Common Reporting Standard erhalten hat und die Bank eine Mitteilung an den Täter über diesen Austausch geschickt hat, sodass diesem klar sein muss, dass seine Tat bevorsteht, entdeckt zu werden.[1242] Erstattet er jedoch Selbstanzeige, ohne davon auszugehen, dass seine Tat bereits entdeckt wurde oder kurz bevorsteht, entdeckt zu werden, liegt eine unaufgeforderte Selbstanzeige vor, die mit der maximal möglichen Reduzierung der Geldbuße einhergehen kann.

Hat der Täter einen Fehler in seiner Steuererklärung gemacht, der zur Unrichtigkeit geführt hat, obwohl er die erforderliche Sorgfalt an den Tag gelegt hat[1243], wird keine Geldbuße verhängt.[1244] Liegt fahrlässiges Verhalten vor, kann bei einer aufgeforderten Selbstanzeige eine Geldbuße von 15 bis 30 Prozent, bei einer unaufgeforderten Selbstanzeige von Null bis 30 Prozent des potentiellen Steuerverlusts

1238 S. D. II. 1. c) aa) fff).

1239 *Smailes* Tolley´s Income Tax 2016-17 Rn. 54.6.

1240 *Rowell/Flood* in: Simon´s Taxes Bd. 2 A4.510.

1241 Zur genauen Definition s. D. II. 1. c) aa) fff).

1242 HMRC internal manual Compliance Handbook CH82422 Example 8.

1243 Z.B. sichere Aufbewahrung der Unterlagen zur Einreichung richtiger Steuererklärungen, Nachfrage bei der HMRC oder einem Steuerberater bei Unsicherheiten und Befolgen dieser Hinweise, HMRC Compliance checks series CC/FS7a.

1244 Zur genauen Höhe der Geldbuße nach Art des jeweiligen Verhaltens s. HMRC Compliance checks series CC/FS7a.

verhängt werden. Ein vorsätzliches Verhalten, bei dem der Täter weiß, dass seine Steuererklärung unrichtig ist, führt zu einer Geldbuße von maximal 70, bei einer aufgeforderten Selbstanzeige zu minimal 35 und bei einer unaufgeforderten zu minimal 20 Prozent. Noch höher fallen die Beträge beim vorsätzlichen und verdeckenden Verhalten aus, wenn der Steuerhinterzieher aktiv Schritte unternimmt, um die Unrichtigkeit seiner Steuererklärung zu verschleiern.[1245] Hier kann eine Geldbuße von maximal 100 Prozent des potentiellen Steuerverlusts und mindestens 50 Prozent bei einer aufgeforderten bzw. 30 Prozent bei einer unaufgeforderten Selbstanzeige verhängt werden. Sollte es sich jedoch um eine Steuerhinterziehung im Ausland handeln, sind zum Teil Geldbußen bis maximal 200 Prozent des potentiellen Steuerverlusts möglich, wobei sich die Höhe auch danach richtet, inwieweit das betroffene Land Informationen mit Großbritannien austauscht (von Kategorie 0 für Länder mit dem Common Reporting Standard bis Kategorie 3 mit den höchsten Geldbußen).[1246]

Eine Steuerhinterziehung, die dem COP9 unterfällt, wird zumindest ein vorsätzliches, wenn nicht sogar ein vorsätzliches und verdeckendes Verhalten beinhalten, sodass diesbezüglich Geldbußen je nach Art der Selbstanzeige von maximal 100 Prozent bis minimal 20 Prozent möglich sind.

Trotz der feststehenden Prozentsätze, die das Maximum oder Minimum der Geldbuße festlegen, hat der Beamte der HMRC bei der Festlegung des genauen Betrags einen Spielraum. Die Höhe der Reduktion wird sich zum einen nach der Qualität der Selbstanzeige richten, d.h. inwieweit der Täter den Verstoß offengelegt (telling) sowie geholfen hat, das Ausmaß der Unrichtigkeit zu bestimmen (helping), Zugang zu Aufzeichnungen gewährt (giving access to records)[1247] und um welche Art der Selbstanzeige es sich gehandelt hat (aufgefordert, unaufgefordert).[1248] Die HMRC verteilt für die einzelnen Bestandteile der Offenlegung folgende Prozente: bis zu 30 Prozent jeweils für *telling* und *giving access to records* und maximal 40 Prozent für *helping*.[1249] Sollte der Steuerpflichtige alle drei soeben genannten Kriterien zur vollen Zufriedenheit der Behörde erfüllen, wird er die maximal mögliche Reduzierung in Form des gesetzlichen Minimums erhalten. Kam es jedoch zu Verspätungen oder mussten weitere Dokumente nachgereicht werden, kann es sogar sein, dass keine oder nur eine geringe Minderung erfolgt. Die Festlegung der Geldbuße durch die Behörde hängt damit zu einem wesentlichen Teil vom Verhalten des Steuerpflichtigen ab. Allerdings besteht auch Spielraum für Diskussionen mit der Behörde, sodass der Steuerberater durch geschicktes Verhandeln Einfluss auf die Höhe nehmen kann.

1245 S. D. II. 1. c) aa) fff).

1246 *Smailes* Tolley´s Income Tax 2016-17 Rn. 54.8. m.w.N.

1247 S. D. II. 1. c) aa) fff).

1248 *Smailes* Tolley´s Income Tax 2016-17 Rn. 54.7.

1249 HMRC Compliance checks series CC/FS7a.

bb) Publishing details of deliberate defaulters und Managing Serious Defaulters Programme

Die HMRC kann verschiedene Informationen über den Steuerpflichtigen veröffentlichen, sobald die Tat 25.000 Pfund überschreitet (Publishing details of deliberate defaulters).[1250] Die Finanzbehörde macht vor allem von dieser Möglichkeit Gebrauch, um einerseits andere Steuerzahler abzuschrecken, vorsätzlich Steuern zu hinterziehen, und andererseits diejenigen, die bereits Steuern hinterzogen haben, zu einer Selbstanzeige zu bewegen.[1251] Eine Veröffentlichung ist aber nicht möglich, wenn die Offenlegung durch den Steuerpflichtigen gemäß § 94 Abs. 10 FA 2009 zur maximal möglichen Reduzierung der Geldbuße geführt hat, was bei einer richtigen und vollständigen Selbstanzeige der Fall sein kann.[1252]

Die Finanzbehörde kann auch mithilfe des *Managing Serious Defaulters Programme*[1253] den Steuerhinterzieher über mehrere Jahre verstärkt kontrollieren, damit dieser keine weiteren Steuerhinterziehungen begeht. Dem kann sich der Steuerstraftäter nicht durch eine Selbstanzeige entziehen. Für die Aufnahme in das Programm ist entscheidend, ob er in den Augen der HMRC ein hohes Risiko darstellt, dass er weitere Steuerhinterziehungen verübt oder nicht zahlt, was er schuldet.[1254]

cc) Immunität vor Strafverfolgung

Als wohl wichtigste Rechtsfolge führt eine Selbstanzeige dazu, dass die HMRC dem Betroffenen Immunität vor Strafverfolgung gewährt, d.h. wegen der offenbarten Steuerhinterziehungen keine strafrechtlichen Ermittlungen einzuleiten.[1255] Ähnlich ist die Lage in den USA ausgestaltet, wo von einem prozessualen Verfahrenshindernis die Rede ist.[1256] Diese Einordnung lässt sich auch für England fruchtbar machen.

1250 Vgl. COP9 Abschnitt 7.7; s. auch D. II. 1. c) aa) fff).

1251 HMRC Compliance checks series CC/FS13.

1252 S. D. II. 1. c) aa) fff).

1253 COP9 Abschnitt 7.8; HMRC Compliance checks series CC/FS14.

1254 HMRC Compliance checks series CC/FS14.

1255 COP9 Abschnitt 2.3.

1256 *Abramowski* DStZ 1991, 744, 745; *D. J. Fischer* Die Normierung der Strafzwecke nach Vorbild der U.S. Sentencing guidelines, S. 233. Allerdings ist zu beachten, dass die richtige und vollständige Selbstanzeige im Gegensatz zu früher nicht mehr allein zur Immunität vor Strafverfolgung führen kann, sondern nur, wenn andere Umstände der Untersuchung vorliegen, die nahelegen, keine strafrechtlichen Ermittlungen einzuleiten. s. dazu Internal Revenue Manual § 9.5.11.9.1. f.; *Brager* J. Tax Prac. & Proc. 2007-2008, 33, 33.

aaa) Immunität bezüglich Steuerstraftaten

Wie bereits erwähnt, wird die HMRC keine strafrechtlichen Ermittlungen einleiten, wenn die Selbstanzeige richtig und vollständig war. Die Frage ist aber, ob der CPS an die Entscheidung der britischen Finanzbehörde gebunden ist oder trotz dieser Selbstanzeige Strafverfolgung betreiben kann.

In der Entscheidung *R v W and another* hat der Court of Appeal entschieden, dass es dem CPS offensteht, ein Strafverfahren einzuleiten, auch wenn die Finanzbehörde eine monetäre Einigung akzeptiert hat.[1257] Das wurde mit den unterschiedlichen Aufgaben der beiden Behörden begründet. Während die HMRC für das Sammeln von Steuern zuständig ist und ihre Befugnisse durch diese Pflicht beschränkt werden, kann der CPS jederzeit Ermittlungen aufnehmen.[1258] Die Pflicht zur Strafverfolgung besteht uneingeschränkt und spiegelt zugleich einen viel größeren Bereich an öffentlichen Interessen, Anliegen und Zielen wider.[1259] Die Entscheidung der einen Behörde führt nicht zur Bindung der anderen.[1260]

Eine Strafverfolgung erfolgt aber nur hinsichtlich solcher nicht-steuerlichen Delikte, bei denen die Steuerhinterziehung im Vergleich zu den anderen Straftaten nebensächlich ist.[1261] Wenn es sich bei dem kriminellen Verhalten nur um Steuerhinterziehung handelt, ist es sehr unwahrscheinlich, dass der CPS ein Strafverfahren einleitet.[1262] Folglich wird der CPS im Fall einer vollständigen Selbstanzeige keine strafrechtlichen Ermittlungen bezüglich der offenbarten Steuerhinterziehungen anstrengen.

Ist die Selbstanzeige aber unrichtig und unvollständig, steht es der HMRC offen, den Täter strafrechtlich zu verfolgen. Die Letztentscheidung obliegt dem CPS. Dabei ist sowohl eine Verfolgung wegen der begangenen Steuerhinterziehungen als auch bezüglich des Verhaltens, das zur Unvollständigkeit der Selbstanzeige geführt hat, möglich.[1263]

Sollte sich die HMRC für die Einleitung eines Strafverfahrens entscheiden, können die Angaben, die der Steuerpflichtige im Selbstanzeigeverfahren gemacht hat, gegen ihn verwendet werden. Das lässt sich aus § 105 TMA 1970 herleiten[1264], der eine Verwertung aller Angaben im Strafverfahren hinsichtlich des betrügerischen Verhaltens in Verbindung mit oder in Bezug auf Steuern zulässt. Das stellt bei

1257 *R v W and another* CA [1998] STC 550, 551; *Loutzenhiser* Tiley´s Revenue Law Kap. 4.5.3.1; *Smailes* Tolley´s Income Tax 2016-17 Rn. 38.12.

1258 *R v W and another* CA [1998] STC 550, 551.

1259 *R v W and another* CA [1998] STC 550, 551.

1260 *Hickey/J. Levy* in: McLaughlin HMRC Investigations Handbook 2015/16 Rn. 3.26.

1261 Inland Revenue Tax Bulletin June 1998, 544, 545; *Smailes* Tolley´s Income Tax 2016-17 Rn. 38.12.

1262 Inland Revenue Tax Bulletin June 1998, 544, 545.

1263 S. D. II. 3. a) dd) bbb).

1264 *Smailes* Tolley´s Income Tax 2016-17 Rn. 38.12.

der Unvollständigkeit der Selbstanzeige auch keinen Verstoß gegen Art. 6 EMRK dar, denn das in Art. 6 EMRK enthaltene Selbstbelastungsverbot will denjenigen schützen, der aufgrund staatlichen Zwangs zu einer inkriminierenden Aussage gezwungen würde. Das erlaubt aber nicht, dass neues Unrecht zur Verhinderung einer solchen Selbstbelastung begangen wird, indem z.B. falsche Angaben gemacht werden. Genauso hat es das House of Lords gesehen, das davon ausging, dass nur dann eine Verletzung von Art. 6 EMRK vorläge, wenn die Angaben im Selbstanzeigeverfahren trotz Vollständigkeit und Richtigkeit der Anzeige anschließend in einem Strafverfahren gegen ihn verwendet würden.[1265] Das gilt nicht, wenn der Betroffene im Selbstanzeigeverfahren unvollständige Angaben macht.[1266]

bbb) Immunität bezüglich anderer Straftaten

Die Selbstanzeige gewährt nur Immunität bezüglich der offenbarten Steuerhinterziehungen und nicht hinsichtlich anderer nicht-steuerlicher Delikte, die im Zusammenhang mit der Steuerhinterziehung stehen. Eine Verfolgung wegen Urkundenfälschung (forgery) gemäß § 1 Forgery and Counterfeiting Act 1981, falscher Buchführung (false accounting) gemäß § 17 Theft Act 1968[1267], Meineid (perjury) gemäß §§ 1, 5 Perjury Act 1911[1268], *conspiracy to cheat the public revenue* sowie Geldwäsche gemäß § 327 POCA 2002 ist nach wie vor möglich.[1269]

1265 *R v Allen* [2001] STC 1537, 1556f.

1266 *R v Allen* [2001] STC 1537, 1557.

1267 Bei dieser Straftat werden entweder Rechnungen, Belege oder Schriftstücke, die für die Buchführung erforderlich sind, zerstört, unkenntlich gemacht, verheimlicht, verfälscht oder diese Dokumente werden zur Abgabe von Informationen benutzt bzw. hergestellt, um unredlich sich oder eine andere Person zu bereichern oder einen Verlust bei einer anderen Person herbeizuführen.

1268 § 1 Perjury Act 1911 erfasst die Falschaussage unter Eid in einem Gerichtsverfahren als Zeuge. Gemäß § 1 Abs. 2 Perjury Act 1911 wird unter Gerichtsverfahren jedes Verfahren vor einem Gericht, einem Tribunal oder einer Person, die rechtlich für die Abnahme eines Eids zuständig ist, verstanden. Die First-tier Tribunals (früher: General and Special Commissioners) können den Eid abnehmen, sodass jede falsche Aussage vor dem Tribunal einen Meineid darstellt. Vgl. dazu *Salter/Ullah* in: Dannecker/Jansen Steuerstrafrecht in Europa und den Vereinigten Staaten 2007, 223, 242; *Menzel* Die Steuerhinterziehung im deutschen und englischen Recht, S. 129. § 5 lit. b Perjury Act 1911 erfasst jede wissentlich und willentlich falsche Aussage in einem Schriftstück, unter anderem einer Rechnung oder Steuererklärung, zu dessen Herstellung eine gesetzliche Verpflichtung besteht. Damit stellt die Abgabe einer falschen Steuererklärung eine Straftat gemäß § 5 Perjury Act 1911 dar.

1269 Vgl. *Hickey/J. Levy* in: McLaughlin HMRC Investigations Handbook 2015/16 Rn. 3.27.

Wenn die HMRC dazu befugt ist, Informationen aus dem Selbstanzeigeverfahren an den CPS weiterzuleiten[1270], könnte der Steuerstraftäter sich durch die Offenlegung seiner Straftaten selbst belasten. Das würde mit einer Verletzung des Selbstbelastungsverbots gemäß Art. 6 EMRK einhergehen, wenn dieses auf das Selbstanzeigeverfahren anwendbar wäre.

Mit § 1 Human Rights Act (HRA) 1998 wurden die Art. 2 bis 12 und Art. 14 EMRK sowie Art. 1 und 3 des ersten Zusatzprotokolls eingeführt. Gemäß § 3 Abs. 1 HRA 1998 sind formelle und materielle Gesetze (primary and subordinate legislation) nach Möglichkeit konventionskonform zu interpretieren. Sollte aber keine unionskonforme Auslegung möglich sein, wird das Gericht iSd § 4 Abs. 5 HRA 1998 (Supreme Court, High Court, Court of Appeal usw.) das nationale Recht anwenden, aber gleichzeitig einen Verstoß gegen die EMRK gemäß § 4 Abs. 2, Abs. 4 HRA 1998 feststellen, um dem Parlament so die Möglichkeit zu geben, die Rechtslage zu korrigieren.[1271] Das liegt daran, dass die Souveränität bezüglich des Erlasses von Gesetzen allein beim Parlament liegt und der Richter kein formelles Gesetz aufheben darf.[1272]

Die Pflicht zur Beachtung der EMRK trifft nach § 6 Abs. 1, Abs. 3 HRA 1998 alle staatlichen Behörden, zu denen Gerichte und Tribunals sowie solche Personen, deren Aufgaben öffentlich-rechtlicher Natur sind, zu der die HMRC zählt[1273], gehören. Das Parlament ist jedoch von dieser Regel gemäß § 6 Abs. 3 HRA 1998 ausdrücklich ausgenommen. Die staatlichen Behörden müssen gemäß § 6 Abs. 2 HRA 1998 dann nicht im Einklang mit der EMRK handeln, wenn ein formelles Gesetz eine konventionskonforme Handlungsweise verhindert.

Das Recht auf ein faires Verfahren in Art. 6 Abs. 1 EMRK spielt insbesondere bei den Untersuchungen der HMRC eine Rolle und viele Steuerhinterzieher haben sich auf dieses Recht berufen, um Verfolgungen im Zusammenhang mit Steuern sowie Geldbußen anzufechten.[1274]

Grundsätzlich findet Art. 6 EMRK keine Anwendung auf das Steuerverfahren, wenn es um die Festsetzung des Betrags der Steuerschuld geht, weil es sich um

---

1270 S. D. II. 1. c) aa) eee). Eine Weitergabe der erlangten Informationen ist insbesondere bei Vorliegen eines öffentlichen Interesses, z.B. zur Verhinderung oder Aufklärung von Straftaten, bei der Einleitung eines Strafverfahrens hinsichtlich einer Angelegenheit, bei der die HMRC eine Untersuchung durchführt oder bei einer Zweckdienlichkeit für ein Steuer- oder Strafverfahren, das Aufgabengebiete der HMRC betrifft, möglich. Das Steuergeheimnis wird somit durch zahlreiche Regelungen durchbrochen.

1271 *Loutzenhiser* Tiley´s Revenue Law Kap. 2.4.1.; vgl. *Parpworth* Constitutional and Administrative Law Rn. 5.68, 5.85.

1272 *Parpworth* Constitutional and Administrative Law Rn 5.85.

1273 *Loutzenhiser* Tiley´s Revenue Law Kap. 2.4.1.

1274 *Pinfold* in: Simon´s Taxes Bd. 2 A.6.106.

öffentliches Recht zwischen Staat und Bürger und nicht um ein Privatrechtsverhältnis handelt.[1275] Dient das Verfahren jedoch der Erhebung einer strafrechtlichen Anklage (criminal charge), kann auch im Besteuerungsverfahren bei der Verhängung einer Geldbuße Art. 6 EMRK angewendet werden.[1276] Ob es sich bei der Geldbuße um eine strafrechtliche Anklage handelt, richtet sich nach den Engel-Kriterien: Einordnung der Strafe im nationalen Recht, die Natur der Zuwiderhandlung sowie Art und Schwere der angedrohten Sanktion.[1277] Das erste Kriterium bietet nur einen Anhaltspunkt[1278], sodass es maßgeblich auf das zweite und dritte Kriterium ankommt, die alternativ, aber nicht kumulativ vorliegen müssen. Entweder ist bereits die Zuwiderhandlung oder die angedrohte Sanktion als strafrechtlich anzusehen.[1279] Nur falls Unklarheit über die Existenz einer strafrechtlichen Anklage infolge einer getrennten Betrachtung bestehen sollte, können auch beide Kriterien zusammen untersucht werden.[1280] In Bezug auf das zweite Kriterium ist dann in der Regel von einer strafrechtlichen Anklage auszugehen, wenn das nationale Gericht eine Freiheitsstrafe anordnen kann.[1281] Sollte das nicht möglich sein, kann die Zuwiderhandlung immer noch strafrechtlich sein, wenn sie der Abschreckung und Bestrafung dient.[1282] In Anlehnung an die Rechtsprechung des EGMR haben auch die englischen Gerichte anerkannt, dass die im Steuerrecht verhängten Geldbußen strafrechtlicher Natur sind, weil sie abschreckenden und zugleich bestrafenden Charakter haben.[1283]

Als Reaktion auf diese Entscheidung gab die HMRC die Erklärung ab, dass der Steuerzahler bei allen Geldbußen, die als strafrechtlich einzustufen sind, das Recht auf ein faires Verfahren habe und sich nicht selbst belasten müsse.[1284] Die Beamten

---

1275 EGMR Urt. v. 12.07.2001 – 44759/98 (*Ferrazzini v Italy*) Rn. 26, 29; *Baker* B.T.R. 2000, 211, 213, 229 ff. m.w.N.; *J. Levy/Watters* Tax Journal 10 November 2003, 5, 5.

1276 EGMR Urt. v. 24.02.1994 – 12547/86 (*Bendenoun v France*) Rn. 45 ff.

1277 EGMR Urt. v. 08.06.1976 – 5100/71; 5101/71; 5102/71; 5354/72; 5370/72 (*Engel and others v Netherlands*) Rn. 82; EGMR Urt. v. 21.02.1984 – 8544/79 (*Öztürk v Germany*) Rn. 50; EGMR Urt. v. 10.02.2009 – 14939/03 (*Sergey Zolotukhin v. Russia*) Rn. 53; EGMR Urt. v. 20.05.2014 – 35232/11 (*Pirttimäki v Finnland*) Rn. 46; EGMR Urt. v. 01.03.2016 – 50124/13 (*Milenković v Serbia*) Rn. 33; EGMR Urt. v. 13.09.2017 – 41788/11 (*Šimkus v Lithuania*) Rn. 42.

1278 EGMR Urt. v. 22.05.1991 – 11034/84 (*Weber v Switzerland*) Rn. 31.

1279 EGMR Urt. v. 25.08.1987 – 9912/82 (*Lutz v* Germany) Rn. 55.

1280 EGMR Zulässigkeitsentscheidung v. 15.06.1999 – 37607/97 (*WS v Poland*).

1281 EGMR Zulässigkeitsentscheidung v. 15.06.1999 – 37607/97 (*WS v Poland*).

1282 EGMR Urt. v. 24.02.1994 – 12547/86 (*Bendenoun v France*) Rn. 47.

1283 Commissioners of the Customs & Excise v Han [2001] STC 1188, 1190; King v Walden [2001] STC 822, 825; vgl. Gold Nuts Ltd and Others v Commissioners for HMRC [2016] UKFTT 0082 (TC) Rn. 101.

1284 HMRC Interpretation RI 245; *Pinfold* in: Simon´s Taxes Bd. 2 A6.106.

würden jedoch darauf hinweisen, dass sich eine Offenlegung durch den Steuerzahler positiv auf die Minderung der Geldbuße auswirken könne.[1285] Die britische Finanzbehörde geht davon aus, dass alle Geldbußen, die mit maximal 70 Prozent oder höher angesetzt werden können, Art. 6 EMRK unterliegen.[1286] Da die Contractual Disclosure Facility auch auf die Festsetzung einer Geldbuße abzielt und im Fall eines mindestens vorsätzlichen, wenn nicht sogar vorsätzlichen und verdeckenden Handelns Geldbußen von maximal 70 bis 100 Prozent des potentiellen Einnahmeverlusts möglich sind, findet Art. 6 EMRK somit auch Anwendung auf die COP9-Untersuchungen.[1287] Zudem enthält die CDF die Warnung, dass bei Ablehnung dieses Vertrags Strafverfolgung oder die gegebenenfalls höhere Festsetzung von Geldbußen für die Steuerhinterziehung droht.[1288] Dadurch hat der Steuerpflichtige den klaren Hinweis erhalten, dass er eines kriminellen Verhaltens verdächtigt wird und von ernsthaften Konsequenzen bedroht ist[1289], sodass die CDF den Täter einer Straftat iSd Art. 6 EMRK beschuldigt.[1290] Artikel 6 EMRK findet also grundsätzlich Anwendung auf die Selbstanzeige.

Entscheidet sich der Steuerpflichtige, das Angebot der CDF anzunehmen und seine begangenen Steuerhinterziehungen inklusive anderer Straftaten offenzulegen, handelt er freiwillig.[1291] Ihm ist bewusst, dass er bei einer richtigen und vollständigen Selbstanzeige nur Immunität vor Strafverfolgung bezüglich der offenbarten Steuerhinterziehungen, nicht jedoch wegen der anderen begangenen Taten erlangt. Sobald er sich dafür entscheidet, eine Selbstanzeige zu erstatten und die Steuerhinterziehungen offenzulegen, hat er auf sein Recht aus Art. 6 EMRK verzichtet. Damit können die Angaben des Steuerpflichtigen im Selbstanzeigeverfahren für die Strafverfolgung anderer Delikte gegen ihn verwendet werden. Nicht anders wäre zu entscheiden, wenn es sich um einen Straftäter handelt, der bei der Vernehmung durch die Polizei auf sein Recht, die Aussage zu verweigern, hingewiesen wurde und sich dennoch für eine Aussage entscheidet. Auch hier könnten die gemachten Angaben gegen ihn verwendet werden.

Dass dieses Ergebnis richtig ist, lässt sich auch damit begründen, dass der Steuerstraftäter nicht zu einer Selbstanzeige verpflichtet ist, sondern diese freiwillig

1285 HMRC Interpretation RI 245.

1286 HMRC Compliance Handbook CH300200.

1287 Vgl. HMRC Fraud Civil Investigation Manual FCIM201040.

1288 COP9 Abschnitt 2.7; *Gold Nuts Ltd and Others v Commissioners for HMRC* [2016] UKFTT 0082 (TC) Rn. 116.

1289 So zu Hansard schon EGMR Zulässigkeitsentscheidung v. 17.2.2004 – 13881/02 (*King v United Kingdom*); *Gold Nuts Ltd and Others v Commissioners for HMRC* [2016] UKFTT 0082 (TC) Rn. 117.

1290 Gold Nuts Ltd and Others v Commissioners for HMRC [2016] UKFTT 0082 (TC) Rn. 116.

1291 Vgl. HMRC Fraud Civil Investigation Manual FCIM201040.

erstattet. Er könnte auch auf solch eine Anzeige verzichten und stattdessen das Risiko einer möglichen Strafverfolgung oder normale steuerliche Ermittlungen in Kauf nehmen. Hat die HMRC sich für das COP9-Verfahren entschieden, kann das mehrere Gründe haben. Es liegen nicht genügend Beweise vor, um dem Täter strafrechtlich verfolgen zu können, es besteht kein öffentliches Interesse oder es sind schlicht nicht genügend Ressourcen vorhanden, um ein Strafverfahren einzuleiten. Egal welcher der Gründe einschlägig ist, das Risiko einer Strafverfolgung ist gering.

Inwieweit der Steuerpflichtige jedoch wirklich freiwillig handelt und nicht doch wegen der Gefahr einer möglichen Strafverfolgung staatlichem Zwang ausgesetzt ist, ist fraglich. Die Ansicht der HMRC, dass die Contractual Disclosure Facility mit Art. 6 HRA1998[1292] und damit der EMRK übereinstimmt, wurde bisher noch von keinem Steuerzahler vor einem Gericht infrage gestellt.

Allerdings ist zu beachten, dass die HMRC nicht von sich aus Informationen an den CPS weitergeben wird, sondern nur, wenn dieser die Weiterleitung verlangt. Das liegt daran, dass die HMRC die Daten der Steuerpflichtigen vertraulich behandelt und auch als vertraulich belassen will. Sollten dennoch Angaben aus dem Selbstanzeigeverfahren weitergeleitet und verwendet werden, muss das nicht zwangsläufig bedeuten, dass ein Strafverfahren eingeleitet und Anklage erhoben wird. In Großbritannien gilt im Strafrecht nicht das Legalitäts-, sondern das Opportunitätsprinzip. Es steht im Ermessen des CPS, ob er strafrechtliche Ermittlungen einleitet. Dabei muss er untersuchen, ob es genügend Beweise gibt, die eine Verurteilung des Beschuldigten realistisch erscheinen lassen, und ob das öffentliches Interesse an einer Strafverfolgung die Gründe, die gegen eine Verfolgung sprechen, überwiegt.[1293] Ein solch öffentliches Interesse wird insbesondere bei besonders schweren Straftaten und in Fällen weitreichender Kriminalität wie Terrorismus, Menschen-, Drogen- oder Waffenhandel, internationaler Geldwäsche und schweren Fällen von Sozialbetrug oder Betrug gegenüber einer großen Anzahl von Menschen vorliegen. Dieses Vorgehen stimmt auch mit der Sichtweise des CPS überein, der nur dann Strafverfolgung wegen nicht-steuerlicher Delikte betreiben wird, wenn die Steuerhinterziehung nebensächlich ist.[1294] Das ist bei den soeben genannten kriminellen Handlungen der Fall. Handelt es sich um eine Steuerhinterziehung einer Person, die z.B. mit der Fälschung von Unterlagen, falscher Buchführung oder Meineid einhergeht, wird in der Regel von der Strafverfolgung abgesehen. In diesen Fällen ist die Steuerhinterziehung die primäre, wesentliche Straftat und die anderen Delikte spielen nur eine untergeordnete Rolle.

1292 HMRC Fraud Civil Investigation Manual FCIM201040.

1293 S. D. II 2. a).

1294 S. D. II. 3. e) cc) aaa).

ccc) Zwischenergebnis

Die richtige und vollständige Selbstanzeige führt dazu, dass der Täter wegen der offenbarten Steuerhinterziehungen weder von der HMRC noch vom CPS strafrechtlich verfolgt wird. Bei einer unvollständigen Selbstanzeige können die gemachten Angaben in einem anschließenden Strafverfahren sowohl wegen der begangenen Steuerhinterziehung als auch wegen der Handlung, die zur Unvollständigkeit der Anzeige geführt hat, verwendet werden. Da die Selbstanzeige nur eine Immunität bezüglich der offengelegten Steuerstraftaten gewährt, ist somit immer noch eine Strafverfolgung wegen der gegebenenfalls im Zusammenhang mit der Steuerhinterziehung stehenden Straftaten möglich. Die im Selbstanzeigeverfahren gemachten Angaben können gegen den Täter verwendet werden, weil die Selbstanzeige freiwillig erfolgt und der Steuerhinterzieher somit auf seinen Schutz durch Art. 6 EMRK verzichtet hat. Allerdings wird der CPS eine Strafverfolgung nur bei schweren Delikten in Betracht ziehen.

III. Rechtsvergleich

Sowohl in Deutschland als auch in Großbritannien existiert das Institut der Selbstanzeige. Beide Rechtsinstitute sind in den jeweiligen Ländern fest im System zur Bekämpfung der Steuerhinterziehung verankert. Welche Gemeinsamkeiten und Unterschiede zwischen diesen Regeln bestehen, soll im anschließenden Rechtsvergleich näher untersucht werden. Der Vergleich erfolgt anhand der geschichtlichen Entwicklung, den Gründen für die Existenz der Selbstanzeige sowie anhand der Ausgestaltung und den Rechtsfolgen der jeweiligen Selbstanzeigeregelung in Deutschland und Großbritannien.

1. Historische Entwicklung der Selbstanzeige

Beide Institute blicken auf eine hundertjährige Geschichte zurück. Zwar gab es in Deutschland bereits vor Einführung des § 374 RAO im Jahr 1919 Vorschriften, die die Selbstanzeige in Einzelgesetzen der Länder und Steuergesetzen des Reiches normierten. Aber mit § 374 RAO bestand zum ersten Mal eine einheitliche Selbstanzeigeregelung.[1295] Nur wenige Jahre später, am 19. Juli 1923, wurde die Selbstanzeige in Großbritannien offiziell eingeführt. Allerdings hatte sich die Praxis, dem Steuerhinterzieher bei Offenlegung aller Steuerstraftaten Immunität vor Strafverfolgung zu gewähren, in Großbritannien bereits seit dem Ende des ersten Weltkriegs entwickelt.[1296]

Beide Institute unterlagen immer wieder Veränderungen durch den Gesetzgeber (Deutschland) oder die Finanzbehörde (Großbritannien): In Deutschland führte

1295 S. D. I. 1.

1296 S. D. II. 3. a) aa).

zum Beginn der Einführung des § 374 RAO die mangelnde Freiwilligkeit des Täters zum Ausschluss der Selbstanzeige. Heutzutage findet in § 371 AO keine Bewertung der Motive des Täters mehr statt.[1297] Das heißt, auch wenn die Tat entdeckt zu werden droht und der Steuerhinterzieher nur aus diesem Grund eine Selbstanzeige erstattet, ist sie dennoch wirksam, sofern alle positiven und negativen Wirksamkeitsvoraussetzungen erfüllt sind. Gleiches trifft auf die Selbstanzeigeregelung in Großbritannien zu. In der Regel wird der Steuerhinterzieher erst nach Übersendung des *opening letters* durch die britische Finanzbehörde eine Selbstanzeige abgeben und in Verhandlungen mit der Finanzbehörde treten.

Die Selbstanzeigeregelung hatte in Deutschland seit ihrer Einführung im Jahr 1919 zur Voraussetzung, dass der Steuerpflichtige seine Angaben berichtigte, bei Erlangen von Steuerverkürzungen oder Steuervorteilen die Steuern innerhalb einer gewissen Frist zurückzahlte (positive Wirksamkeitsvoraussetzungen) und dass keine Ausschlussgründe (negative Wirksamkeitsvoraussetzungen) vorlagen (zum damaligen Zeitpunkt Strafanzeige, Einleitung einer Untersuchung). Durch die zahlreichen Gesetzesänderungen wurden weitere Ausschlussgründe hinzugefügt.[1298]

In Großbritannien führte sowohl die vollständige unaufgeforderte als auch die aufgeforderte Selbstanzeige zur Immunität vor Strafverfolgung. Daran hat sich auch bis heute nichts geändert. Wie in Deutschland muss der Steuerhinterzieher alle Taten offenlegen und die Steuern zurückzahlen. Die Selbstanzeigeregelung hat, verbunden mit den Änderungen der jeweiligen Praxis, mehrfach ihren Namen gewechselt, angefangen von Hansard über Civil Investigation of Fraud bis hin zur aktuellen Contractual Disclosure Facility.[1299]

Aus diesen Darstellungen ergibt sich, dass beide Selbstanzeigeregelungen nahezu zur gleichen Zeit entstanden sind und zahlreichen Änderungen unterlagen. Die Grundstruktur blieb bei beiden Rechtsinstituten erhalten.

2. Gründe für die Existenz der Selbstanzeige

Die Gründe, warum die Selbstanzeige eingeführt wurde bzw. heute noch existiert, unterscheiden sich in Deutschland und Großbritannien kaum voneinander.

1297 S. D. I. 1.

1298 Z.B. Prüfungsanordnung, Erscheinen eines Amtsträgers zur Außenprüfung, Erscheinen eines Amtsträgers zur Ermittlung einer Steuerstraftat oder Ordnungswidrigkeit, ganz oder teilweise Entdeckung der Tat, Überschreiten des Betrags von 25.000 Euro je Tat oder Vorliegen eines besonders schweren Falls gemäß § 370 Abs. 3 S. 2 Nr. 2 bis 6 AO.

1299 Zu den Einzelheiten s. D. II. 3. a).

a) Fiskalischer Aspekt

Sowohl der deutsche als auch der britische Staat sind auf Steuereinnahmen angewiesen, um ihre öffentlichen Aufgaben erfüllen zu können. Sie haben ein Interesse an einer vollständigen und rechtzeitigen Zahlung der Steuern und an der Aufdeckung unbekannter Steuerquellen. Damit der Steuerstraftäter diese offenbart, muss ihm ein Anreiz zur Offenlegung seiner begangenen Taten gegeben werden. Einen solchen Anreiz stellt die Selbstanzeige dar, indem sie zur Strafaufhebung oder Immunität vor Strafverfolgung führt. Mit Erstattung der Selbstanzeige zahlt der Steuerstraftäter die fällige Steuer nach und trägt dadurch zur Erhöhung der Staatseinnahmen bei.[1300]

b) Ermittlungsnotstand

Die Steuerhinterziehung ist eine Straftat, die durch die Finanzbehörden sehr schwer zu entdecken und zu ermitteln ist. Das liegt vor allem daran, dass den Behörden in Deutschland und Großbritannien die personellen und sachlichen Ressourcen zur Überprüfung jeder einzelnen Steuererklärung fehlen. Steuerverwaltung ist Massenverwaltung. Während in Deutschland der genaue Steuerbetrag von der Finanzbehörde bei vielen Steuern[1301] berechnet wird und im Rahmen dieser Berechnung gegebenenfalls Prüfungen stattfinden, werden in Großbritannien die Steuererklärungen inklusive des durch den Steuerzahler berechneten Steuerbetrags zunächst dem Steueranspruch zugrunde gelegt und erst später einer Untersuchung zugeführt (process now check later).[1302] Dabei erfolgt in beiden Ländern die Auswahl der zu überprüfenden Steuererklärungen nach gewissen Risikofaktoren.[1303] Das impliziert, dass die Entdeckungswahrscheinlichkeit einer Steuerhinterziehung relativ gering ist. In beiden Ländern befindet sich die Finanzverwaltung aufgrund des Personalmangels und der Masse an zu überprüfenden Steuererklärungen in einem Ermittlungsnotstand. Dieser Ermittlungsnotstand wird jedoch durch die zahlreichen Programme zum Austausch von Informationen über Steuerpflichtige auf europäischer und internationaler Ebene abgeschwächt.[1304]

c) Rückkehr in die Steuerehrlichkeit

Sowohl die Selbstanzeige in Deutschland als auch in Großbritannien hat zum Ziel, dem Täter die Rückkehr in die Steuerehrlichkeit zu ermöglichen. In Deutschland

---

1300 S. C. I. 1.; D. II. 3. c) aa) m.w.N.

1301 Mit Ausnahme der Lohnsteuer, der Kapitalertragsteuer und der Umsatzsteuer. Hier muss der Steuerpflichtige die zu zahlenden Steuern selbst berechnen und abführen.

1302 S. D. II. 1. b).

1303 S. B. III. 3. a) bb) Fn. 146; D. II. 1. c) aa) aaa) Fn. 983.

1304 Zum Ermittlungsnotstand s. C. I. 2.; D. II. 3. c) bb).

resultiert dieser Gedanke aus den ungünstigen Bedingungen des Steuerrechts, wonach der Steuerpflichtige jährlich eine Steuererklärung einreichen und an der Feststellung des steuerlich erheblichen Sachverhalts gemäß § 90 Abs. 1 S. 1 AO mitwirken muss. Gemäß § 40 AO trifft ihn auch die Verpflichtung zur Offenlegung von Einkünften aus illegalem Verhalten. Hat der Steuerpflichtige in den Jahren zuvor keine richtige Steuererklärung eingereicht und tut er dies für den aktuellen Veranlagungszeitraum, gibt er der Finanzbehörde Anlass zu strafrechtlichen Ermittlungen. Dadurch offenbart er nicht nur die begangenen Steuerhinterziehungen, sondern gegebenenfalls auch andere Straftaten. Gäbe es keine Selbstanzeige, würde der Täter dadurch zu seiner eigenen strafrechtlichen Überführung sowie Verurteilung beitragen. Dieses Risiko würde kein Steuerhinterzieher eingehen, sodass er stattdessen weiterhin Steuerhinterziehungen begehen würde. Die Selbstanzeige bietet ihm aber die Möglichkeit, in die Steuerehrlichkeit zurückzukehren, ohne eine strafrechtliche Verfolgung befürchten zu müssen.[1305]

In Großbritannien sind nur bestimmte Personen zu einer Steuererklärung verpflichtet.[1306] Die Einkommen-, Körperschaft-, Kapitalertrag- und Umsatzsteuer unterliegen der Selbstveranlagung, bei der der Steuerpflichtige in einer Steuererklärung die individuelle Steuerlast selbst berechnet.

Die Steuererklärung muss ebenfalls richtig und vollständig sein. Andernfalls kann der Betroffene mit Geldbußen belegt werden.[1307] Auch wenn gesetzlich nicht geregelt, besteht eine Verpflichtung zur Erklärung illegaler Einkünfte, die aus einem Handel resultieren.[1308] Damit sind die sich daraus ergebenden Folgen ähnlich wie in Deutschland. Es ist ebenfalls ein Vergleich zwischen den verschiedenen Veranlagungszeiträumen möglich und der Steuerhinterzieher muss sowohl sein steuerstraf- als auch jedes andere strafrechtliche Verhalten offenbaren. Das bedeutet, dass er bei Abgabe einer richtigen Erklärung zur Einleitung von Ermittlungen gegen sich selbst beiträgt, die auch zu einer Strafverfolgung führen können. Die Selbstanzeige in Großbritannien bietet dem Steuerhinterzieher wie in Deutschland einen Weg aus der Illegalität zurück in die Legalität. Er kann durch die Erstattung der Selbstanzeige steuerehrlich werden, ohne eine Strafverfolgung befürchten zu müssen.

d) Herstellung von Belastungsgleichheit im Steuerrecht

Sowohl in Deutschland als auch in Großbritannien dient die Selbstanzeige der Herstellung der Belastungsgleichheit im Steuerrecht. Die Steuerhinterziehung führt dazu, dass die Täter sich ihrer Steuerpflicht entziehen. Dadurch tritt eine Steuerungerechtigkeit im Vergleich zu den ehrlichen Steuerzahlern ein. Zugleich verfügt

---

1305 S. C. I. 3. b).

1306 S. D. II. 1. b).

1307 S. D. II. 1. b); zu den Geldbußen s. D. II. 1. c) aa) fff).

1308 S. D. II. 1. b).

der Staat auch nicht über das volle Aufkommen an Staatseinnahmen, wodurch dieser seine öffentlichen Aufgaben nicht in dem Maß erfüllen kann, wie er es eigentlich mit den ihm zustehenden Steuern könnte. Diese Probleme werden durch die Selbstanzeige behoben, weil der Steuerhinterzieher seinen steuerlichen Pflichten nachträglich nachkommt. Damit wird der Schaden gegenüber dem Staat wiedergutgemacht und die Belastungsgleichheit zwischen den einzelnen Steuerzahlern hergestellt. Jeder zahlt somit Steuern entsprechend seiner Leistungsfähigkeit.[1309]

e) Wiederherstellung der Effektivität des Steuerstrafrechts

Ein weiterer wichtiger Punkt ist, dass das Steuerstrafrecht durch die Selbstanzeige wieder effektiv wird.[1310] Wegen nach wie vor bestehender Ermittlungsschwierigkeiten bei Steuerhinterziehungen fällt es dem Staat schwer, diese Taten aufzudecken, sodass die Entdeckungswahrscheinlichkeit immer noch gering ist. Würde durch die Selbstanzeige dem Täter nicht Straffreiheit bzw. Immunität vor Strafverfolgung in Aussicht gestellt, gäbe es für diesen auch keinen ausreichenden Anreiz, seine Taten zu offenbaren. Dann könnte das Steuerstrafrecht seine Aufgabe, die Durchsetzung des Steueranspruchs durch die Sanktionierung rechtswidrigen Verhalten sicherzustellen, nicht mehr erfüllen.

Ferner befindet sich der Steuerstraftäter in einem inneren Konflikt, weil er einerseits zur Offenlegung aller Einkünfte im Steuerrecht verpflichtet ist, im Strafrecht aber nicht zu seiner Überführung beitragen muss. Die Selbstanzeige kann dieses Spannungsfeld auflösen und trägt so zur Effektitvität des Steuerstrafrechts bei.

f) Rechtspolitische Gebotenheit

Darüber hinaus ist sowohl in Deutschland als auch in Großbritannien die rechtspolitische Gebotenheit für die Existenz der Selbstanzeige anerkannt. Das lässt sich mit einer Vielzahl von Faktoren begründen.

Zum einen besteht in Deutschland die Pflicht zur jährlichen Einreichung einer Steuererklärung und der Offenlegung illegaler Einkünfte.[1311] Dadurch sind Vergleiche zwischen den verschiedenen Veranlagungszeiträumen möglich. Wenn es keine Selbstanzeige gäbe, würde der Steuerpflichtige durch das Einreichen einer richtigen Steuererklärung die zuvor begangenen Steuerhinterziehungen sowie Allgemeindelikte offenlegen und sich dadurch strafrechtlich selbst belasten. Die einzige Möglichkeit, einer Strafverfolgung zu entgehen, wäre weiterhin Steuerhinterziehungen zu begehen. Dadurch befindet sich der Steuerstraftäter aber in

1309 S. C. I. 4.; D. II. 3. c) dd).
1310 S. C. I. 4; D. II. 3. c) dd).
1311 S. C. III. 1. a).

einer Hinterziehungsfalle, aus der er nicht mehr herauskommt, ohne sich selbst zu überführen.[1312]

Zum anderen resultiert die Gefahr einer strafrechtlichen Selbstbelastung aus der Doppelfunktion der Finanzbehörde für das Besteuerungs- und Strafverfahren sowie den Mitwirkungspflichten des Steuerpflichtigen. Durch die Doppelfunktion kann es zum Austausch von Informationen innerhalb der Behörde kommen, sodass Erkenntnisse im Besteuerungs- für das Strafverfahren verwendet werden. Die Mitwirkungspflichten des Steuerzahlers führen dazu, dass er seine Taten offenlegen muss.[1313]

Die bestehenden Regelungen zum Steuergeheimnis (§ 30 AO) und das Verwendungsverbot in § 393 Abs. 2 S. 1 AO für Angaben im Besteuerungsverfahren zur Verfolgung von Allgemeinstraftaten sind wegen ihrer zahlreichen Durchbrechungen, wonach Angaben im Besteuerungsverfahren für das Steuerstrafverfahren gemäß § 30 Abs. 4 Nr. 1, Abs. 2 Nr. 1b AO oder das Strafverfahren gemäß §§ 30 Abs. 4 Nr. 5, 393 Abs. 2 S. 2 AO verwendet werden können, unzureichend.[1314] Auch die Ansätze der Literatur zur Lösung des Spannungsverhältnisses zwischen steuerlichen Mitwirkungspflichten und der Geltung von nemo tenetur im Strafverfahren (Aussetzen des Besteuerungs- bei Einleitung eines Steuerstrafverfahrens, Einführung eines Verwertungsverbots bezüglich selbstbelastender Angaben bei Steuerstraftaten oder die Etablierung eines Aussageverweigerungsrechts für das Steuerverfahren) konnten bis auf die Normierung eines Verwendungsverbots nicht überzeugen.[1315] Deshalb bietet die Selbstanzeige einen sinnvollen Ausweg aus diesem Konflikt. Es besteht also eine rechtspolitische Gebotenheit der Selbstanzeige zum Schutz des Selbstbelastungsverbots.[1316] Würde es keine Selbstanzeige geben, würde von Verfassungs wegen, abgeleitet aus dem Rechtsstaatsprinzip und dem Recht auf ein faires Verfahren[1317], entsprechend dem Gemeinschuldner-Beschluss des BVerfG ein Beweisverwertungsverbot in Betracht kommen, sollte der Gesetzgeber kein Beweisverwertungs- oder Beweisverwendungsverbot statuieren.[1318]

In Großbritannien ist die Situation ähnlich. Auch hier besteht für den Steuerpflichtigen die Pflicht, jährlich eine Steuererklärung einzureichen und illegale Einkünfte zu offenbaren.[1319] Dadurch muss der Täter seine Steuerhinterziehungen und Allgemeinstraftaten offenlegen, wenn er sich im Vergleich zu den Vorjahren

---

1312 S. C. III. 1. a).

1313 S. C. III. 1. b).

1314 S. C. III. 2 a).

1315 S. C. III. 2. b).

1316 S. C. III. 2. c) aa).

1317 Zur hier vertretenen Einordnung von nemo tenetur als Verfahrensrecht, s. C. II. 3. c) gg), ii).

1318 S. C. III. 2. b) dd).

1319 S. D. II. 1. b).

für das Einreichen einer richtigen Steuererklärung entscheidet. Damit geht die Gefahr einer strafrechtlichen Selbstbelastung einher.

Allerding ist zu beachten, dass die HMRC nur in sehr wenigen Fällen strafrechtliche Ermittlungen wegen Steuerhinterziehungen einleiten wird. Ihr Schwerpunkt liegt auf steuerlichen Ermittlungen. Ein Strafverfahren wird nur dann eingeleitet, wenn die Behörde es als notwendig erachtet, ein Exempel zu statuieren und die Verhängung einer Kriminalstrafe das einzig angemessene Mittel im Vergleich zur Schwere der Tat darstellt.[1320] Es werden auch nur solche Fälle zur Strafverfolgung ausgewählt, bei denen ausreichend Beweise vorliegen, die höchstwahrscheinlich zu einer Verurteilung des Täters führen. Das erklärt die Verurteilungsrate von über 90 Prozent.[1321]

Das Strafverfahren wird bewusst eingesetzt, um sowohl die Täter als auch die Bevölkerung abzuschrecken. Solange dieser Effekt aufrechterhalten bleibt, braucht die HMRC ihre Vorgehensweise in Bezug auf strafrechtliche Ermittlungen nicht zu ändern. In den letzten Jahren hat die Anzahl von Strafverfahren jedoch drastisch zugenommen. Das liegt zum einen daran, dass der britischen Finanzbehörde mehr Gelder für die Verfolgung von Steuerhinterziehungen zur Verfügung gestellt wurden und sie dadurch mehr Personal einstellen konnte. Zum anderen wollte sie die Abschreckung gegenüber den Tätern und der Bevölkerung weiter erhöhen. Während sich die HMRC früher auf Fälle der organisierten Kriminalität konzentrierte, hat sie ihren Tätigkeitsbereich erweitert und ermittelt jetzt auch gegen wohlhabende Steuerzahler und Unternehmen.[1322]

Dass der Schwerpunkt primär auf steuerlichen und nur sekundär auf strafrechtlichen Ermittlungen liegt, lässt sich mit den hohen Kosten, nicht genügend Personal, den hohen Anforderungen an das Beweismaß sowie der Unsicherheit in Bezug auf den Ausgang des Strafverfahrens begründen. Es ist ferner Aufgabe der HMRC, Steuern einzuziehen und zu verwalten, nicht Strafverfolgung zu betreiben.[1323]

Dementsprechend ist in Großbritannien die Konfliktlage zwischen den steuerlichen Mitwirkungspflichten und dem Selbstbelastungsverbot nicht ganz so groß wie in Deutschland, weil die Erfüllung der steuerlichen Mitwirkungspflichten und die damit einhergehende Offenlegung der (Steuer-)Straftaten nicht automatisch zur Einleitung eines Strafverfahrens führt.

Die Angaben des Steuerpflichtigen, die dieser im Selbstanzeigeverfahren gemacht hat, können von der britischen Finanzbehörde an den CPS weitergeleitet und im (Steuer-[1324])Strafverfahren verwendet werden (vgl. §§ 18 Abs. 2, Abs. 3, 20,

1320 S. D. II. 3. b) aa).

1321 S. D. II. 3. b) cc).

1322 S. D. II. 3. b) cc).

1323 S. D. II. 3. b) bb).

1324 Eine Strafverfolgung wegen der begangenen Steuerhinterziehungen erfolgt durch die HMRC nur, wenn die Selbstanzeige unrichtig und unvollständig war.

21 CRCA 2005, 105 TMA 1970). Die Angaben erfolgen freiwillig, sodass kein Verstoß gegen Art. 6 EMRK vorliegt.[1325] Das könnte dazu führen, dass die Angaben des Steuerhinterziehers zur Strafverfolgung wegen der mitverwirklichten Allgemeindelikte verwendet werden, weil die Selbstanzeige an sich nur eine Strafverfolgung wegen der offenbarten Steuerhinterziehungen ausschließt. Aber auch hinsichtlich der Allgemeinstraftaten wird nicht immer ein Strafverfahren eingeleitet werden. Das liegt daran, dass für das Strafverfahren anders als in Deutschland nicht das Legalitäts-, sondern das Opportunitätsprinzip gilt. Es steht im Ermessen des CPS, ob dieser Anklage erhebt. Bei dieser Entscheidung kommt es auf die Beweislage und das Vorliegen eines öffentlichen Interesses an. Nur wenn eine Verurteilung hinreichend wahrscheinlich ist und das öffentliche Interesse an einer Strafverfolgung die Gründe, die gegen eine solche sprechen, überwiegt, wird eine Anklage erfolgen.[1326]

g) Zwischenergebnis

Die Gründe, die für die Existenz der Selbstanzeige sprechen, sind in Deutschland und Großbritannien gleich. Insbesondere besteht in beiden Ländern eine rechtspolitische Gebotenheit für die Selbstanzeige.

3. Ausgestaltung der Selbstanzeige

An eine richtige und vollständige Selbstanzeige werden in beiden Ländern unterschiedliche Anforderungen gestellt, und auch strukturell unterscheiden sich die Rechtsinstitute voneinander.

a) Rechtliche Einordnung

Die Selbstanzeige ist in Deutschland in § 371 AO gesetzlich geregelt, wohingegen es sich in Großbritannien um eine Praxis der Finanzbehörde handelt, die auf keinem Gesetz beruht. Das liegt an den unterschiedlichen Rechtssystemen.

Die Selbstanzeige stellt in Deutschland einen persönlichen Strafaufhebungsgrund dar und ist damit dem Strafrecht zuzuordnen. Als persönlicher Strafaufhebungsgrund, der die Voraussetzungen der Strafbarkeit regelt, unterliegt § 371 AO dem Gesetzlichkeitsprinzip[1327], sodass die Selbstanzeige gesetzlich geregelt sein muss.

Die Rechtsordnung Großbritanniens gehört hingegen zum common law, das sich aus dem Richterrecht entwickelt hat und damit über verschiedene ungeschriebene

---

1325 S. D. II. 3. e) cc) bbb).

1326 S. D. II. 2. a).

1327 Vgl. *Habetha* in: NK-WSS § 371 AO Rn. 17; vgl. *Hüls/Reichling* in: Hüls/Reichling Steuerstrafrecht § 371 Rn. 23; *Kohler* in: MK StGB § 371 AO Rn. 14.

Rechtssätze verfügt. Selbst die Verfassung ist nicht gesetzlich kodifiziert. Zudem handelt es sich bei der Selbstanzeige um ein steuerrechtliches Institut, das aus dem Auftrag der HMRC, die Steuern einzuziehen und zu verwalten (§ 1 TMA 1970, Anh. 4 § 12 CRCA 2005), entstanden ist. Da es der Finanzbehörde freisteht, wie sie diese Aufgabe bewältigt, und sie rechtlich befugt ist, die Verfahren durchzuführen, die für die Erfüllung ihrer Pflicht erforderlich sind[1328], konnte sie sich für die Einführung einer Selbstanzeige entscheiden. Die Selbstanzeige ermöglicht der HMRC, an bisher unentdeckte Steuerquellen auf dem kostengünstigsten Weg zu gelangen.

b) Wirksamkeitsvoraussetzungen

Für die Richtig- und Vollständigkeit der Selbstanzeige müssen die Wirksamkeitsvoraussetzungen erfüllt sein.

aa) Deutschland

In Deutschland muss der Täter gemäß § 371 Abs. 1 AO die unrichtigen Angaben berichtigen, die unvollständigen Angaben ergänzen oder die unterlassenen Angaben nachholen. Wurden Steuerverkürzungen oder Steuervorteile erlangt, muss er die hinterzogenen Steuern zuzüglich Hinterziehungszinsen und Zinsen gemäß § 371 Abs. 3 AO innerhalb einer bestimmten Frist zurückzahlen (sog. positive Wirksamkeitsvoraussetzungen). Allerdings ist eine Selbstanzeige dann ausgeschlossen, wenn einer der Ausschlussgründe des § 371 Abs. 2 AO vorliegt (negative Wirksamkeitsvoraussetzungen). Im Fall des Überschreitens von 25.000 Euro je Tat oder eines besonders schweren Falls der Steuerhinterziehung kann der Täter nur dann Straffreiheit erlangen, wenn er zusätzlich einen Zuschlag gemäß § 398a AO zahlt. Dogmatisch handelt es sich hier um ein Absehen von Strafverfolgung, also um ein Verfahrenshindernis.[1329]

bb) Großbritannien

In Großbritannien schließt der Steuerhinterzieher mit der britischen Finanzbehörde einen Vertrag ab (Contractual Disclosure Facility). Das Verfahren richtet sich nach dem COP9.[1330] Anders als in Deutschland kann der Täter nicht nur selbst eine Anzeige durch Ausfüllen des CDF1-Formulars erstatten und um die Einleitung der CDF bitten, sondern in vielen Fällen wird die HMRC einen *opening letter* an den Steuerpflichtigen schicken, in dem sie ihm die CDF anbietet. In Deutschland wäre in einem solchen Fall die Tat bereits entdeckt und eine Selbstanzeige demnach ausgeschlossen.

1328 Vgl. *Williams/Morse/Eden* Davies Principles of Tax Law Rn. 2.15.

1329 Vgl. *Habetha* in: NK-WSS § 398a AO Rn. 5; *Hüls/Reichling* in: Hüls/Reichling Steuerstrafrecht § 398a Rn. 30; *Wittig* Jura 2014, 567, 575.

1330 Zur Ausgestaltung der Selbstanzeige (CDF) in Großbritannien s. D. II. 3. d) aa).

Sobald dem Steuerpflichtigen der *opening letter* übersandt wurde, hat dieser 60 Tage Zeit, um das Angebot anzunehmen oder abzulehnen. Sollte er sich für die CDF entscheiden, muss er einen *acceptance letter*, in dem er die vertraglichen Bedingungen der HMRC akzeptiert und eine *Outline Disclosure*, in der er seine begangenen Steuerhinterziehungen offenbart, an die Finanzbehörde schicken. Ist alles fristgerecht eingegangen und vollständig, muss er eine *Formal Disclosure* ausfüllen, an die unterschiedlich hohe Anforderungen je nach Komplexität des Falls gestellt werden. In einem einfach gelagerten Fall muss er alle weltweiten Vermögenswerte und Verbindlichkeiten, alle Bankkonten und Kreditkarten, die er benutzt hat, angeben sowie ein beglaubigtes *Certificate of Full Disclosure* unterzeichnen. Ist der Fall jedoch komplexer, ist zusätzlich noch ein *Disclosure Report* erforderlich. Sollten alle Unterlagen richtig und vollständig sein, einigen sich die HMRC und der Steuerhinterzieher auf die zu zahlenden Steuern, Zinsen und die Geldbuße. Mit Erreichen der Einigung findet das COP9-Verfahren seinen Abschluss.

cc) Gemeinsamkeiten und Unterschiede

Sowohl die Selbstanzeigeregelung in Deutschland als auch in Großbritannien setzt voraus, dass der Täter sämtliche Steuerhinterziehungen offenlegt. Er muss seine Angaben berichtigen und die hinterzogenen Steuern, zuzüglich Zinsen sowie gegebenenfalls einen Zuschlag (Deutschland)[1331] oder eine Geldbuße (Großbritannien) zahlen. Der Zuschlag richtet sich prozentual nach dem Betrag der hinterzogenen Steuern, die Höhe der Geldbuße hingegen nach dem Verhalten des Steuerpflichtigen bei der Steuerhinterziehung sowie nach Art und Ausmaß seiner Kooperation. Dennoch haben beide Sanktionen bestrafenden und abschreckenden Charakter. Diese Maßnahmen sind deshalb miteinander vergleichbar.

Allerdings sind die Anforderungen an die Wirksamkeit der Selbstanzeige in Großbritannien niedriger als in Deutschland. Im Gegensatz zu Deutschland kennt Großbritannien keine negativen Wirksamkeitsvoraussetzungen. Während bei Entdeckung der Tat eine Selbstanzeige in Deutschland ausscheidet, wird in Großbritannien das Selbstanzeigeverfahren im Großteil der Fälle erst durch eine Übersendung des Briefs von der Finanzbehörde an den Steuerpflichtigen eingeleitet.

4. Rechtsfolgen der Selbstanzeige

Die Rechtsfolgen ähneln sich, obwohl dogmatisch ein Unterschied besteht. So haben beide Institute zur Folge, dass der Steuerhinterzieher wegen der Steuerhinterziehungen nicht bestraft wird. In Deutschland handelt es sich jedoch um einen persönlichen Strafaufhebungsgrund, d.h. die Strafbarkeit entfällt nachträglich. In Großbritannien wird hingegen Immunität vor Strafverfolgung bezüglich der

1331 Bei Vorliegen eines besonders schweren Falls der Steuerhinterziehung gemäß § 370 Abs. 3 S. 2 Nr. 2 bis 6 AO oder wenn die Tat 25.000 Euro übersteigt.

offenbarten Steuerhinterziehungen gewährt. Es handelt sich um ein prozessuales Verfahrenshindernis, das es der HMRC verbietet, ein Strafverfahren einzuleiten. Nur in dem Fall, in dem die Tat in Deutschland den Betrag von 25.000 Euro überschreitet oder ein besonders schwerer Fall der Steuerhinterziehung gegeben ist, liegt ebenfalls ein Verfahrenshindernis vor.

Beide Institute gewähren nur Straflosigkeit hinsichtlich der begangenen Steuerhinterziehungen. Alle anderen Straftaten werden von der Straffreiheit/Immunität nicht erfasst. Das bedeutet, dass ein Strafverfahren wegen der mitverwirklichten Allgemeindelikte möglich ist. In Deutschland sind die Ermittlungsbehörden und die Staatsanwaltschaft gemäß dem Legalitätsprinzip nach §§ 152 Abs. 2, 170 Abs. 1 StPO verpflichtet, wegen dieser Taten ein Ermittlungsverfahren einzuleiten und Anklage zu erheben, sobald ein Anfangs- bzw. ein hinreichender Tatverdacht besteht. In Großbritannien herrscht das Opportunitätsprinzip. Es steht im Ermessen des CPS, ob dieser strafrechtliche Ermittlungen einleitet und Anklage erhebt. Eine Strafverfolgung wegen anderer Taten als der Steuerhinterziehung wird nur erfolgen, wenn die Steuerhinterziehung nebensächlich ist und es sich um besonders schwere Fälle von weitreichender Kriminalität handelt.[1332] Anders als in Deutschland wird also nicht wegen aller nicht-steuerlichen Delikte ein Strafverfahren eingeleitet.

5. Zwischenergebnis

Die Selbstanzeigeregelungen in Deutschland und Großbritannien blicken auf eine lange Tradition zurück. Die Existenz dieses Rechtsinstituts lässt sich mit der Erhöhung der Einnahmen des Staates durch die Aufdeckung unbekannter Steuerquellen, dem Ermittlungsnotstand der Finanzbehörden, der Ermöglichung der Rückkehr in die Steuerehrlichkeit und der Herstellung der Belastungsgleichheit im Steuerrecht rechtfertigen. Die Selbstanzeige führt ebenfalls zur Wiederherstellung der Effektivität des Steuerstrafrechts. Zusätzlich besteht eine rechtspolitische Gebotenheit, um einen ausreichenden Schutz des Selbstbelastungsverbots zu gewährleisten. Die Verpflichtung zur Aussage im Steuerrecht kann zur Selbstbelastung und damit zur Einleitung eines Steuerstrafverfahrens führen.

Die Voraussetzungen an eine richtige und vollständige Selbstanzeige sind bis auf das Vorliegen von Ausschlussgründen gleich. Die Selbstanzeige muss richtig und vollständig sein, der Täter muss die hinterzogenen Steuern zuzüglich Zinsen nachzahlen und der Täter muss entweder einen Zuschlag (Deutschland) oder eine Geldbuße (Großbritannien) bezahlen. Die Rechtsfolgen sind in Bezug auf die Steuerhinterziehung und andere Delikte ähnlich, auch wenn dogmatische Unterschiede bestehen. In der Praxis unterscheidet sich aber das Vorgehen in Bezug auf eine Strafverfolgung wegen Allgemeinstraftaten.

1332 S. D. II. 3. e) cc) bbb).

Der Rechtsvergleich hat gezeigt, dass beide Institute ähnlich ausgestaltet sind, was die Voraussetzungen anbetrifft, wobei die Selbstanzeige in Deutschland dem Strafrecht, in Großbritannien dem Steuerrecht zuzuordnen ist. Beide führen zur Straffreiheit. Dennoch ist es wegen dieser dogmatischen Unterschiede nicht möglich, dass die Regelung in dem einen zur Verbesserung oder Veränderung der Regelung im anderen Land herangezogen werden könnte.

Man könnte den britischen Behörden empfehlen, Straftäter, die sowohl eine Steuerhinterziehung als auch andere Straftaten begangen haben, stärker strafrechtlich zu verfolgen. Allerdings herrscht in Großbritannien die Ansicht, dass das Rechtsinstitut der Selbstanzeige nur dann funktioniert, wenn dem Täter ein ausreichender Anreiz zur Offenlegung geboten wird. Würde in jedem Fall eine Strafverfolgung wegen anderer nicht-steuerlicher Delikte erfolgen, würde die Selbstanzeige für den Hinterzieher nicht mehr einen so großen Anreiz bieten und er würde eine solche womöglich unterlassen. Aus diesem Grund spielt auch die Vertraulichkeit der Informationen über den Steuerpflichtigen bei der HMRC eine große Rolle. Nur dadurch, dass sie die Vertraulichkeit gewährleistet und von sich aus keine Informationen preisgibt, es sei denn, sie wird dazu von einer anderen Behörde aufgefordert, sind die Steuerhinterzieher bereit, mit der Finanzbehörde zu kooperieren. Die Selbstanzeige wurde geschaffen, damit der Steuerhinterzieher seine begangenen Taten offenlegen kann, ohne eine strafrechtliche Verfolgung befürchten zu müssen. Dieser Ansatz würde aber durch eine nach Erstattung der Selbstanzeige erfolgende Strafverfolgung grundlegend infrage gestellt. Tatsache ist, dass selbst bei den schweren Allgemeinstraftaten eine Strafverfolgung nicht immer erfolgen wird. Dennoch ist sich auch die HMRC bewusst, dass sie den Druck auf die Steuerhinterzieher erhöhen muss, um diese zu einer Selbstanzeige zu bewegen, weswegen sie die Zahlen der Strafverfolgungen wegen begangener Steuerhinterziehungen im Lauf der Jahre ständig erhöht hat. Wenn dem Täter aber Immunität vor Strafverfolgung wegen der offenbarten Steuerhinterziehungen in Aussicht gestellt wird und in der Regel auch keine Strafverfolgung wegen anderer Straftaten erfolgt, wird der Steuerstraf-täter diese Chance nutzen und eine Selbstanzeige erstatten.

Trotz dieser unterschiedlichen Handhabung der Strafverfolgung wegen Allgemeinstraftaten bestehen zwischen der Selbstanzeige in Deutschland und Großbritannien hinreichend Gemeinsamkeiten für eine einheitliche europäische Selbstanzeigeregelung. Das ergibt sich aus den Voraussetzungen und den Rechtsfolgen einer wirksamen Selbstanzeige. Die positiven Wirksamkeitsvoraussetzungen sind nahezu gleich: Die Selbstanzeige muss richtig und vollständig sein, der Täter muss die hinterzogenen Steuern zuzüglich Zinsen nachzahlen und der Täter muss entweder einen Zuschlag (Deutschland) oder eine Geldbuße (Großbritannien) bezahlen. Beide Regelungen führen ebenfalls zur Straffreiheit, auch wenn die dogmatische Einordnung als persönlicher Strafaufhebungsgrund oder Verfahrenshindernis unterschiedlich ist. Aufbauend auf diesen Gemeinsamkeiten könnte eine europäische Selbstanzeige geschaffen werden.

E. Schaffung einer europäischen Selbstanzeigeregelung

Die Darstellung und der Vergleich der Selbstanzeigeregelungen in Deutschland und Großbritannien haben die Ausgestaltung und die Handhabung der Selbstanzeige in diesen europäischen Ländern näher beleuchtet. Es gibt noch weitere EU-Mitgliedstaaten, die ebenfalls die Selbstanzeige bei begangener Steuerhinterziehung kennen. Es handelt sich um dauerhafte und/oder vorübergehende Programme. Dazu zählen Dänemark, Finnland, Griechenland, Irland, Italien, Lettland, Litauen, Malta, die Niederlande, Österreich, Polen, Portugal, Schweden, die Slowakei, Slowenien, Spanien und die Tschechische Republik.[1333] Zwar existiert in Frankreich eine Selbstanzeigeregelung. Diese findet aber keine Anwendung auf vorsätzliche oder besonders komplexe Fälle der Steuerhinterziehung.[1334] Belgien und Ungarn, die eine Selbstanzeige kannten, haben sie inzwischen abgeschafft.[1335]

1333 Vgl. BT-Drs. 17/1352, S. 2; OECD Update on Voluntary Disclosure Programmes: A pathway to tax compliance, 7 August 2015, S. 33, abrufbar unter: http://www.oecd.org/ctp/exchange-of-tax-information/update-on-voluntary-disclosure-programmes-a-pathwaypto-tax-compliance.htm; Italien und Griechenland haben vorübergehende Selbstanzeigeprogramme. Das Programm in Italien lief vom 24.10.2016 bis zum 31.07.2017 und in Griechenland bis zum 25.11.2017. Zum Programm in Italien und Griechenland s. *KPMG* Voluntary disclosure in Italy, November 2016, abrufbar unter: https://assets.kpmg.com/content/dam/kpmg/ch/pdf/voluntary-disclosure-italy-en.pdf; *dies.* Greece – New Voluntary Disclosure Program in Effect through 31 May, GMS Flash Alert, 20 April 2017, abrufbar unter: https://assets.kpmg.com/content/dam/kpmg/xx/pdf/2017/04/fa17-072.pdf. Das Programm, das ursprünglich nur bis zum 31.05.2017 laufen sollte, wurde in Griechenland durch das Gesetz 4446/2016 eingeführt, s. ABl. A΄ 240/22.12.2016. Zur Verlängerung bis zum 25.11.2017 s. Gesetz 4474/2017, Abl. A΄ 80/7.6.2017, Art. 30. In Finnland gibt es keine Normen, die die Selbstanzeige vorsehen, aber es gibt eine Verwaltungspraxis, bei der die Finanzbehörden niedrigere Geldbußen ansetzen oder sogar von einer Bestrafung absehen, wenn eine Selbstanzeige erstattet wurde. S. dazu OECD ebd., S. 58.

1334 OECD aaO. (Fn. 1333), S. 59.

1335 Belgien hat seine Selbstanzeigeregelung nach dem 31.12.2013 abgeschafft, s. dazu OECD aaO. (Fn. 1333), S. 42 f. Früher bestand mit § 310 Abs. 6 uStGB 1978 eine Selbstanzeigeregelung in Ungarn. Heute existiert eine solche nicht mehr. Stattdessen gibt es eine unbeschränkte Strafmilderungsregel beim Haushaltsbetrug, zu dem auch die Steuerhinterziehung zählt, wenn der Täter den Vermögensvorteil bis zum Zeitpunkt der Anklageerhebung wiedergutmacht (vgl. § 396 Abs. 8 uStGB

Auch wenn es eine generelle Tendenz zur Einschränkung oder Abschaffung der Selbstanzeige gibt[1336], stellen dennoch über die Hälfte der europäischen Mitgliedstaaten dem Täter immer noch Straffreiheit oder Strafmilderung in Aussicht und sehen eine Reduzierung oder den Entfall der Geldbuße, der Zinsen und der Strafzuschläge vor[1337], sodass die Frage aufkommt, ob nicht trotz der aktuellen Entwicklung eine Notwendigkeit zur Schaffung einer europäischen Selbstanzeigeregelung besteht.

Dafür soll zunächst ein Überblick über die Maßnahmen auf europäischer und internationaler Ebene zur Bekämpfung der Steuerhinterziehung gegeben werden, bevor die Notwendigkeit einer solchen Regelung und deren Ausgestaltung untersucht werden.

I. Maßnahmen auf europäischer und internationaler Ebene zur Bekämpfung der Steuerhinterziehung

Sowohl die Europäische Union als auch die OECD haben im Kampf gegen Steuerhinterziehung zahlreiche Maßnahmen ergriffen.

Nennenswert ist das Übereinkommen über den Schutz der finanziellen Interessen der Europäischen Gemeinschaften vom 26. Juli 1995 (PIF-Konvention), welches ein einheitliches Strafrecht gegen betrügerische Handlungen zum Nachteil der Europäischen Gemeinschaften zum Inhalt hatte.[1338] Das Übereinkommen trat am 17. Oktober 2002 in Kraft.[1339]

Weitere Maßnahmen sind das „Gesamtkonzept zum Schutz von Steuergeldern“[1340] sowie die Entschließung des Parlaments vom 19.04.2012 zur Forderung nach konkreten Maßnahmen zur Bekämpfung von Steuerbetrug und Steuerhinterziehung. Der Aktionsplan der Kommission zur Bekämpfung von Steuerbetrug und Steuerhinterziehung[1341] enthält 34 Maßnahmen, die kurz-, mittel- oder langfristig ergriffen werden sollen.

Aktuell ist die Richtlinie (EU) 2017/1371 des Europäischen Parlaments und des Rates über die strafrechtliche Bekämpfung von gegen die finanziellen

2012). S. dazu *Jascó* Publicationes Universitatis Miskolcinensis, Sectio Juridica et Politica, Tomus XXXII. (2014), 273, 274.

1336 S. die Abschaffung der Selbstanzeige in Belgien und Ungarn, das Auslaufen der Selbstanzeigeprogramme in Italien und Griechenland sowie die verschiedenen Gesetzesänderungen bei der deutschen Selbstanzeige, die zu erheblichen Einschränkungen geführt haben.

1337 Vgl. BT-Drs. 17/1352, S. 2; OECD aaO. (Fn. 1333), S. 33 ff.

1338 ABl. C 316 vom 27.11.1995, S. 48 ff.

1339 *G. Dannecker* ZStrR 121 (2003), 280, 292.

1340 KOM(2011) 293 endg.

1341 COM(2012) 722 final.

Interessen der Europäischen Union gerichtetem Betrug vom 05.07.2017[1342], die die PIF-Konvention ersetzt.[1343] Ziel der Richtlinie ist, eine einheitliche Definition des Betrugs zu schaffen. Zudem sollen die gegen die finanziellen Interessen der EU gerichteten Straftatbestände und Verjährungsfristen angeglichen sowie strafrechtliche Sanktionen und Mindeststrafen beim Höchstmaß eingeführt werden.[1344] Regelungen in Bezug auf die Selbstanzeige fehlen hingegen völlig.[1345]

Ferner hat die Europäische Union von der Kompetenz in Art. 86 Abs. 1 AEUV zur Errichtung einer Europäischen Staatsanwaltschaft zum Schutz der finanziellen Interessen der EU Gebrauch gemacht. Seit dem 20.11.2017 ist die Verordnung (EU) 2017/1939 des Rates vom 12.10.2017 zur Durchführung einer verstärkten Zusammenarbeit zur Errichtung der europäischen Staatsanwaltschaft (EUStA) in Kraft.[1346] Gemäß Art. 86 Abs. 2 AEUV ist die EUStA zuständig für die strafrechtliche Untersuchung und Verfolgung sowie die Anklageerhebung in Bezug auf Personen, die als Täter oder Teilnehmer Straftaten zum Nachteil der finanziellen Interessen der Union begangen haben. Dabei nimmt die Europäische Staatsanwaltschaft hinsichtlich dieser Straftaten vor den zuständigen Gerichten der Mitgliedstaaten die Aufgaben der Staatsanwaltschaft wahr. Die Europäische Staatsanwaltschaft kann gemäß Art. 25 der Verordnung ein Ermittlungsverfahren gemäß Art. 26 einleiten oder von ihrem Evokationsrecht gemäß Art. 27 Gebrauch machen.[1347]

Die Straftaten zum Nachteil der finanziellen Interessen der EU ergeben sich gemäß Art. 22 Abs. 1 der Verordnung aus der Richtlinie (EU) 2017/1371 des Europäischen Parlaments und des Rates über die strafrechtliche Bekämpfung von gegen die finanziellen Interessen der Europäischen Union gerichtetem Betrug, die in Art. 3 und 4 der Richtlinie festgelegt sind. Unter anderem sind Subventionsbetrug, die missbräuchliche Verwendung von Leistungen der Europäischen Union, die rechtswidrige Verminderung von Einnahmen der Europäischen Union, Geldwäsche und Korruption erfasst.[1348] Für Umsatzsteuerhinterziehungen, die in Art. 3 Abs. 2 lit. d der Richtlinie (EU) 2017/1371 geregelt sind, ist die EUStA nur zuständig, wenn die vorsätzlichen Handlungen oder Unterlassungen nach dieser Bestimmung mit dem Hoheitsgebiet von zwei oder mehr Mitgliedstaaten verbunden sind und

---

1342 ABl. L 198 vom 28.07.2017, S. 29 ff.

1343 *G. Dannecker* in: Leitner/Brandl Finanzstrafrecht 2017, 1, 41.

1344 S. Erwägungsgründe, ABl. L 198 vom 28.07.2017, S. 29 ff. m.w.N.; vgl. *G. Dannecker* DStJG 83 (2015), 373, 412.

1345 *G. Dannecker* DStJG 83 (2015), 373, 425.

1346 ABl. 2017 L 283 vom 31.10.2017, S. 1 ff.

1347 Zur Europäischen Staatsanwaltschaft im Einzelnen s. *G. Dannecker/Bülte* in: Wabnitz/Janovsky HdB Wirtschafts- und Steuerstrafrecht, 2. Kap. Rn. 119a ff.

1348 Zur Umsetzung der Richtlinie in nationales Recht s. BGBl. I 2019, S. 844 f.

einen Gesamtschaden von mindestens zehn Millionen Euro umfassen.[1349] Erforderlich ist also, dass es sich um grenzüberschreitende Umsatzsteuerhinterziehungen handelt.

Die EUStA ist gemäß Art. 22 Abs. 2 der Verordnung ferner zuständig für Straftaten bezüglich der Beteiligung an einer kriminellen Vereinigung iSd Rahmenbeschlusses 2008/841/JI, wenn der Schwerpunkt der strafbaren Aktivitäten der kriminellen Vereinigung auf der Begehung von Straftaten nach Absatz 1 liegt.

Die EUStA ist gemäß Art. 22 Abs. 3 der Verordnung außerdem für alle anderen Straftaten zuständig, die mit Straftaten nach Art. 22 Abs. 1 untrennbar verbunden sind. Die Zuständigkeit für diese Straftaten darf nur im Einklang mit Artikel 25 Abs. 3 ausgeübt werden.

Allerdings ist die Europäische Staatsanwaltschaft gemäß Art. 22 Abs. 4 der Verordnung nicht zuständig für Straftaten in Bezug auf nationale direkte Steuern. Diese werden nur von den Mitgliedstaaten entsprechend dem jeweiligen nationalen Recht verfolgt.

Bei den internationalen Maßnahmen sind vor allem diejenigen der OECD bedeutend, die sich besonders bei der Bekämpfung der Steuerhinterziehung engagiert. Der OECD-Standard für Transparenz und effektiven Informationsaustausch für Besteuerungszwecke ist in Art. 26 OECD-MA festgelegt. Er verpflichtet die Mitgliedstaaten der OECD gemäß Absatz 1, alle für ein Besteuerungsverfahren oder Steuerstrafverfahren im ersuchenden Staat „voraussichtlich erheblichen" Informationen zu erteilen. Diese Regelung sah nur den Informationsaustausch bei Anfrage eines Mitgliedstaats vor und war nicht effektiv genug im Kampf gegen Steuerhinterziehung. Deshalb wurde der an das FATCA-Gesetz der USA angelehnte Common Reporting Standard[1350] eingeführt, der mit dem Multilateral Competent Authority Agreement on Automatic Exchange of Financial Account Information (MCAA)[1351] einen automatischen Informationsaustausch über ausländische Konten vorsieht. Bestimmte Finanzinstitute wie Banken, Verwahrstellen, Makler und bestimmte Versicherungsgesellschaften sind beim Common Reporting Standard nunmehr verpflichtet, Daten ausländischer Steuerpflichtiger über Konten im Inland an das jeweilige inländische Finanzamt zu übermitteln, welches die Daten dann an das ausländische Finanzamt des Steuerpflichtigen weiterleitet.[1352] Dieser automatische Informationsaustausch führt dazu, dass die Finanzbehörden regelmäßig Informationen über Steuerpflichtige, die ihr Vermögen im Ausland angelegt

1349 *G. Dannecker/Bülte* in: Wabnitz/Janovsky HdB Wirtschafts- und Steuerstrafrecht, 2. Kap. Rn. 119f.

1350 Deutsch: globaler Standard für den automatischen Informationsaustausch über Finanzkonten.

1351 Diese Vereinbarung beschreibt, wann und welche Informationen ausgetauscht werden.

1352 S. dazu Monatsbericht BMF 8/2014, S. 73f.

haben, erhalten, die die Behörden andernfalls nur mit erheblichem Aufwand durch Stellen von einzelnen Auskunftsersuchen erlangt hätten.

In Bezug auf den Informationsaustausch ist auch das Tax Information Exchange Agreement (TIEA)[1353] von Bedeutung. Das TIEA kommt insbesondere bei Staaten in Betracht, die nicht bereits am automatischen Informationsaustausch (CRS) teilnehmen. Hierbei handelt es sich um ein Abkommen, in denen zwischen zwei Staaten ein Informationsaustausch vereinbart wird, der sich nach dem OECD-MA richtet.[1354]

II. Notwendigkeit einer europäischen Selbstanzeigeregelung

Auch wenn die Europäische Union zahlreiche Maßnahmen zur Bekämpfung der Steuerhinterziehung unternommen hat, stellen insbesondere grenzüberschreitende Fälle eine Herausforderung für die Strafverfolgungsbehörden der jeweiligen Mitgliedstaaten dar, weil sie nur schwer aufzudecken sind und eine Zusammenarbeit der einzelnen Staaten vonnöten ist. Begünstigt werden diese Straftaten durch den Binnenmarkt, der es ermöglicht, Waren, Dienstleistungen und Vermögen in der Europäischen Union ohne Kontrollen von einem Mitgliedstaat in einen anderen zu befördern.

Fraglich ist, welche Fälle grenzüberschreitender Steuerhinterziehung existieren, ob eine einheitliche Selbstanzeigeregelung geeignet ist, die finanziellen Interessen der EU zu schützen und in welchen Vorschriften der europäischen Verträge die Selbstanzeige ihre rechtliche Verankerung finden kann.

1. Fälle grenzüberschreitender Steuerhinterziehung

§ 370 Abs. 6 AO sieht eine Strafbarkeit von Steuerhinterziehungen vor, die sich auf Ein- oder Ausfuhrabgaben, die Umsatzsteuer oder die harmonisierten Verbrauchsteuern, die von einem Mitgliedstaat der Europäischen Union verwaltet werden, beziehen. Ebenso sind Taten, die in anderen Mitgliedstaaten begangen wurden, in § 370 Abs. 7 AO mit Strafe bedroht. Diese Regelungen haben den Schutz der finanziellen Interessen der EU sowie der Mitgliedstaaten zum Ziel. Insbesondere grenzüberschreitende Steuerhinterziehungen führen zu hohen Steuerausfällen und schmälern damit auch die Einnahmen der EU.[1355] Schätzungsweise 825

1353 Deutsch: Abkommen über den steuerlichen Informationsaustausch.

1354 BMF-Schreiben vom 10.11.2015, abrufbar unter: https://www. bundesfinanzministerium.de/Content/DE/Downloads/BMF_Schreiben/Internationales_Steuerrecht/Allgemeine_Informationen/2015-11-10-Informationstausch-Anwendungsschreiben-TIEAs.pdf?__blob=publicationFile&v=3.

1355 Die Einnahmen bestehen aus den Eigenmitteln der EU, die sich in drei Kategorien einteilen lassen: die traditionellen Eigenmittel (Zölle, Agrarabgaben), die

Milliarden Euro gehen der Europäischen Union jährlich durch Steuerhinterziehung verloren.[1356]

a) Umsatzsteuerhinterziehung

Umsatzsteuerhinterziehungen verursachen in der EU jährlich Steuerausfälle in Milliardenhöhe. Im Jahr 2018 sind den Mitgliedstaaten der Europäischen Union 140 Milliarden Euro verloren gegangen. Dies entspricht einem Verlust von elf Prozent der insgesamt erwarteten Mehrwertsteuereinnahmen.[1357] Die Umsatzsteuer kann insbesondere durch Umsatzsteuerkarusselle und über Lieferketten hinterzogen werden.

Beim Umsatzsteuerkarussell werden entweder Waren (z.B. hochpreisige Güter wie Luxusfahrzeuge und Elektronik) und CO_2-Emissionszertifikate als sonstige Leistung iSd § 3 Abs. 9 UStG[1358] im Kreis geliefert oder es werden nur Scheinrechnungen erstellt.[1359] Ziel eines Umsatzsteuerkarussells ist es, durch die Einschaltung von Unternehmen, die keine Umsatzsteuer abführen, Steuern zu sparen.[1360] Die durch die Nichtentrichtung ersparte Umsatzsteuer wird dabei in die Kalkulation der Warenpreise einbezogen und ermöglicht eine Verbilligung der Waren.[1361] Das führt zu Wettbewerbsverzerrungen, weil der Händler, der die Umsatzsteuer nicht abführt, die Ware billiger anbieten kann als seine Konkurrenten.[1362]

Mehrwertsteuer-Eigenmittel und die Bruttonationaleinkommen (BNE)-Eigenmittel, s. dazu Monatsbericht BMF 9/2014, S. 38. Im Jahr 2018 machten die traditionellen Eigenmittel 12,8 Prozent, die Mehrwertsteuer-Eigenmittel 11,1 Prozent und die BNE-Eigenmittel 65,9 Prozent aus. Zehn Prozent waren andere Einkünfte (Geldbußen wegen Wettbewerbsverstößen und Überschuss aus dem Vorjahr); s. EU Finanzbericht 2018, S. 35 ff. Die Mehrwertsteuer-Eigenmittel und die BNE-Eigenmittel stellen Beiträge der Mitgliedstaaten dar, d.h. nur die traditionellen Eigenmittel sind unmittelbare Einnahmen der EU, s. *Reiß* in: FS List 2015, 149, 153 Fn. 11.

1356 *Murphy* The European Tax Gap, January 2019, S. 1 ff., abrufbar unter: https://www.taxresearch.org.uk/Documents/EUTaxGapJan19.pdf.

1357 S. dazu *Europäische Kommission Generaldirektion Steuern und Zollunion* Study and Report on the VAT Gap in the EU-28 Member States, 2020 Final Report, 10 September 2020, S. 9, abrufbar unter: https://op.europa.eu/de/publication-detail/-/publication/48f32ee9-f3dd-11ea-991b-01aa75ed71a1/language-en.

1358 *Gehm* StraFo 2015, 441, 441.

1359 *Adick* in: Adick/Bülte Fiskalstrafrecht 17. Kap. Rn. 90.

1360 *Jäger* in: Klein AO § 370 Rn. 373; *Adick* in: Adick/Bülte Fiskalstrafrecht 17. Kap. Rn. 89.

1361 *Jäger* in: Klein AO § 370 Rn. 373; *Adick* in: Adick/Bülte Fiskalstrafrecht 17. Kap. Rn. 89.

1362 *Bülte* in: Graf/Jäger/Wittig Wirtschafts- und Steuerstrafrecht § 370 AO Rn. 311.

Die Umsatzsteuer ist deshalb besonders anfällig für Steuerhinterziehungen, weil die Veranlagung (Berechnung der Umsätze und Vorsteuer) durch den Steuerpflichtigen selbst erfolgt und der Vorsteueranspruch des Empfängers unabhängig davon entsteht, ob der Leistungserbringer die vereinnahmte Umsatzsteuer an das Finanzamt abgeführt hat.[1363]

Das Umsatzsteuerkarussell, das in der Regel grenzüberschreitend ausgestaltet ist, funktioniert folgendermaßen: Ein im EU-Ausland ansässiger Händler (Initiator) verkauft Waren an einen Händler in einem anderen EU-Mitgliedstaat, den sog. Missing Trader. Die innergemeinschaftliche Lieferung ist für den Initiator steuerfrei. Das liegt daran, dass die Umsatzsteuer erst im Land des tatsächlichen Verbrauchs anfallen soll (sog. Bestimmungslandprinzip).[1364] Aus diesem Grund erfolgt keine Besteuerung im Land des Veräußerers, sondern im Land des Empfängers.

Der Missing Trader verkauft die Ware weiter an einen inländischen Händler (sog. Buffer). Diese Lieferung unterliegt der Umsatzsteuer gemäß § 1 Abs. 1 Nr. 1 UStG, sodass der Missing Trader die Umsatzsteuer an das Finanzamt abführen muss. Das tut dieser entgegen seiner Verpflichtung aus § 18 Abs. 1 UStG aber nicht und taucht entweder unter[1365] oder verwendet eine ungültige Umsatzsteueridentifikationsnummer.[1366] Diese nicht entrichtete Umsatzsteuer rechnet der Missing Trader bei der Kalkulation des Warenpreises ein und kann dadurch die Ware verbilligt an den Buffer weiterverkaufen.

Der Buffer macht die an den Missing Trader gezahlte Umsatzsteuer als Vorsteuer beim Finanzamt geltend und erhält sie zurück (Vorsteuerabzug). Anschließend verkauft er die Ware weiter an einen inländischen Exporteur (Distributor), der die Ware dann wieder an den ursprünglichen Verkäufer im EU-Ausland (Initiator) veräußert. Auch bei der Lieferung des Buffers an den Distributor fällt Umsatzsteuer an, die der Distributor jedoch durch Geltendmachung des Vorsteuerabzugs vom Finanzamt zurückerlangt. Die innergemeinschaftliche Lieferung des Distributors (Inland) an den Initiator (EU-Ausland) ist gemäß §§ 4 Abs. 1 Nr. 1b, 6a Abs. 1 UStG steuerfrei.

Durch die Nichtabführung der Umsatzsteuer macht sich der Missing Trader entweder wegen § 370 Abs. 1 Nr. AO, wenn nur der Umsatz aus der Lieferung an den Buffer nicht angegeben wird, oder nach § 370 Abs. 1 Nr. 2 AO, wenn keine Umsatzsteueranmeldung abgegeben wird, strafbar.[1367] Daneben ist auch eine Strafbarkeit wegen § 26c UStG und wegen Beihilfe an den nachfolgenden Steuerhinterziehungen möglich.[1368]

1363 Monatsbericht BMF 7/2014, S. 17.

1364 *Sterzinger* in: Vögele/Borstell/Engler Verrechnungspreise Kap. I Rn. 46.

1365 *Adick* in: Schaumburg/Peters Internationales Steuerstrafrecht Rn. 18.41.

1366 *Muhler* wistra 2009, 1, 3.

1367 *Muhler* wistra 2009, 1, 4.

1368 *Muhler* wistra 2009, 1, 4 m.w.N.

Es kommt ebenfalls eine Strafbarkeit des Buffers sowie des Distributors wegen des unberechtigten Vorsteuerabzugs in Betracht. Zwar weiß der Buffer oftmals nichts vom Umsatzsteuerkarussell und wird nur deshalb eingeschaltet, um die Hinterziehungen zu verschleiern. Der Steuerpflichtige kann aber dann keinen Vorsteuerabzug geltend machen, wenn er wusste oder hätte wissen müssen, dass er sich durch den Umsatz, auf den er sich beruft, an einer im Rahmen einer Lieferkette oder eines Umsatzsteuerkarussells begangenen Mehrwertsteuerhinterziehung beteiligt hat.[1369] Diese EuGH-Rechtsprechung wurde durch Inkrafttreten von § 25f UStG in deutsches Recht umgesetzt.[1370]

Welche Anforderungen an das Wissenmüssen gestellt werden, wurde vom EuGH bisher nur ansatzweise beantwortet. Auch ist offen, wessen Wissen bzw. Wissenmüssen dem Steuerpflichtigen zuzurechnen ist.[1371] Das ist insbesondere bei der Steuerhinterziehung durch juristische Personen bedeutsam. Hier stellt sich die Frage, ob das Wissen bzw. Wissenmüssen von Organen oder aller Mitarbeiter der juristischen Person zugerechnet werden kann.[1372]

Hinsichtlich des Wissenmüssens hat der EuGH entschieden, dass der Vorsteuerabzug nicht versagt werden darf, wenn der Steuerpflichtige gutgläubig war und alle Maßnahmen ergriffen hat, die vernünftigerweise von ihm verlangt werden können, um sicherzustellen, dass der von ihm getätigte Umsatz nicht in eine vom Rechnungsaussteller oder einem anderen Wirtschaftsteilnehmer der vorhergehenden Umsatzsteuerstufe begangene Steuerhinterziehung einbezogen war.[1373] Grundsätzlich obliegt es der Behörde anhand objektiver Umstände nachzuweisen, dass der Steuerpflichtige von der Einbeziehung seines Umsatzes in eine Steuerhinterziehung wusste oder hätte wissen müssen[1374], da es Aufgabe der Steuerbehörden ist, bei den Wirtschafteilnehmern die erforderlichen Kontrollen durchzuführen, um Unregelmäßigkeiten und Mehrwertsteuerhinterziehung aufzudecken und

1369 EuGH DStR 2006, 1274, 1274; EuGH Urt. v. 18.12.2014 – C-131/13 u.a. (*Italmoda*), Rn. 50, 64 ff.; EuGH Urt. v. 18.05.2017 – C-624/15 (*Litdana*), Rn. 33; EuGH Urt. v. 16.10.2019 – C-189/18 (*Glencore Agriculture Hungary*), Rn. 35; an diese Rspr. anlehnend BGH NZWiSt 2016, 274, 275, NZWiSt 2020, 111, 112, BGH Beschluss v. 12.05.2020 – 1 StR 635/19, Rn. 8 und BFH DStR 2007, 1524, 1524. Das Gleiche gilt für die Steuerfreiheit einer innergemeinschaftlichen Lieferung, s. dazu EuGH Urt. v. 06.12.2012 – C-273/11 (*Mecsek-Gabona*), Rn. 54 f.

1370 BT-Drs. 19/13436, S. 160 f.

1371 *G. Dannecker* in: Leitner/Brandl Finanzstrafrecht 2018, 57,62.

1372 S. dazu *G. Dannecker* in: Leitner/Brandl Finanzstrafrecht 2018, 57, 62, 75 ff. m.w.N.

1373 EuGH Urt. v. 06.09.2012 – C-273/11 (*Mecsek-Gabona*) Rn. 54 f.; EuGH Urt. v. 18.05.2017 – C-624/15 (*Litdana*), Rn. 36,38.

1374 EuGH Urt. v. 21.06.2012 – C-80/11, C-142/11 (*Mahagében und David*), Rn. 49; BMF-Schreiben vom 07.02.2014 IV D 2 – S 7100/12/10003, BStBl. I 2014, S. 271.

gegen die Wirtschaftsteilnehmer Sanktionen zu verhängen.[1375] Aus diesem Grund kann die Steuerverwaltung auch vom Steuerpflichtigen nicht generell verlangen, zu prüfen, ob der Aussteller der Rechnung über die Gegenstände, für die dieses Recht geltend gemacht wird, seinen Verpflichtungen hinsichtlich der Erklärung und Abführung der Mehrwertsteuer nachgekommen ist, um sich zu vergewissern, dass auf der Ebene der Wirtschaftsteilnehmer einer vorhergehenden Umsatzstufe keine Unregelmäßigkeiten oder Steuerhinterziehung vorliegen, oder entsprechende Unterlagen vorzulegen.[1376] Liegen hingegen Anhaltspunkte für Unregelmäßigkeiten oder Steuerhinterziehung vor, kann ein verständiger Wirtschaftsteilnehmer nach den Umständen des konkreten Falles verpflichtet sein, über einen anderen Wirtschaftsteilnehmer, von dem er Gegenstände oder Dienstleistungen zu erwerben beabsichtigt, Auskünfte einzuholen, um sich von dessen Zuverlässigkeit zu überzeugen.[1377] Als solche Anhaltspunkte für ein Wissen bzw. Wissenmüssen hat der BFH sog. „Doppel- oder Mehrfachdurchläufe" von Waren im Umsatzsteuerkarussell, ein im Vorhinein festgelegten Händlerkreis und im Vergleich zum Marktpreis auffallend niedrige Einkaufspreise angesehen.[1378] Unklar ist jedoch, ob das Wissenmüssen Fahrlässigkeit, Leichtfertigkeit oder bedingten Vorsatz erfasst.[1379]

Ein etwaiges Wissen bzw. Wissenmüssen wird der juristischen Person gemäß § 166 BGB analog entsprechend den zivilrechtlichen Grundsätzen über die Wissenszurechnung bei juristischen Personen zugerechnet.[1380] Der BFH hat in seinem Urteil vom 19.05.2010 entschieden, dass es für das Wissen bzw. Wissenmüssen iRd Versagung des Vorsteuerabzugs nicht nur auf das Wissen der Organe ankommt, sondern dass auch das Wissen sonstiger Mitarbeiter zugerechnet werden kann, wenn sie dieses Wissen infolge der Arbeitsteilung und Organisation des Betriebs im Rahmen ihrer jeweiligen Zuständigkeit erlangt haben.[1381] Dieser Auffassung hat sich der BGH angeschlossen.[1382]

1375 EuGH Urt. v. 21.06.2012 – C-80/11, C-142/11 (*Mahagében und David*), Rn. 62; EuGH Urt. v. 18.05.2017 – C-624/15 (*Litdana*), Rn. 41.

1376 EuGH Urt. v. 21.06.2012 – C-80/11, C-142/11 (*Mahagében und David*), Rn. 61; EuGH Urt. v. 18.05.2017 – C-624/15 (*Litdana*), Rn. 40.

1377 EuGH Urt. v. 21.06.2012 – C-80/11, C-142/11 (*Mahagében und David*), Rn. 60; EuGH Urt. v. 18.05.2017 – C-624/15 (*Litdana*), Rn. 39.

1378 BFH DStRE 2010, 1263, 1265; *Grube* MwStR 2013, 8, 9. Zu weiteren möglichen Anhaltspunkten s. auch Merkblatt der Finanzverwaltung zur Umsatzsteuer, Beachtung des gemeinschaftsrechtlichen Missbrauchsverbots, abgedruckt bei *Weimann* GStB 2015, 68, 69.

1379 S. dazu eingehend *G. Dannecker* in: Leitner/Brandl Finanzstrafrecht 2018, 57, 74 f.

1380 S. dazu *G. Dannecker* in: Leitner/Brandl Finanzstrafrecht 2018, 57, 76 m.w.N.

1381 BFH DStRE 2010, 1263, 1265.

1382 BGH NStZ 2015, 283, 285; BGH wistra 2019, 63, 71.

Ein Vorsteuerabzug des Buffers scheitert aber auch daran, dass keine Lieferung vorliegt. Für eine Lieferung ist erforderlich, dass dem Empfänger die Verfügungsmacht verschafft wurde (vgl. Art. 5 Abs. 1 der Richtlinie 77/388/EWG, § 3 Abs. 1 UStG 1999)[1383] und sowohl Leistungserbringer als auch Empfänger Unternehmer gemäß § 15 Abs. 1 Nr. 1 UStG sind.[1384] Das ist beim Missing Trader nicht der Fall, weil er nur eingeschaltet wurde, um Umsatzsteuerhinterziehungen zu begehen.[1385] Der Belieferte ist kein Unternehmer iSd § 2 Abs. 1 UStG, wenn er in das Umsatzsteuerkarussell wissentlich eingebunden ist.[1386] Wurden keine Waren geliefert, fehlt es an der Verschaffung der Verfügungsmacht, sodass auch diesbezüglich nicht von einer Lieferung ausgegangen werden kann.

Liegen die Voraussetzungen des Vorsteuerabzugs zum Zeitpunkt der Lieferung[1387] nicht vor, macht sich der Steuerpflichtige nach § 370 Abs. 1 Nr. 1 AO strafbar, wenn er die Vorsteuer geltend macht, obwohl er weiß, dass er hierzu nicht berechtigt ist. Das wird beim Distributor in der Regel der Fall sein, weil er mit dem Missing Trader kollusiv zusammenwirkt.[1388] Fehlt Vorsatz beim Buffer, besteht nur eine Strafbarkeit gemäß § 378 AO.

Der Distributor macht sich wegen des Vorsteuerabzugs, aber nicht wegen der innergemeinschaftlichen Lieferung an den Initiator strafbar. Zwar liegen die Voraussetzungen für eine Lieferung nicht vor (s.o.) und die Angaben in der Steueranmeldung sind damit unrichtig. Aber es kommt zu keiner Steuerverkürzung, weil die Lieferung des Distributors an den EU-Händler keine echte im umsatzsteuerlichen Sinn ist, entweder weil tatsächlich keine Waren geliefert wurden oder die Lieferung missbrauchsbelastet ist.[1389] Damit entsteht keine Umsatzsteuerschuld. Wenn dem Steuerpflichtigen der Vorsteuerabzug aus den Eingangslieferungen nicht zusteht, sind auch die Umsätze bei den Ausgangslieferungen nicht zu erfassen.[1390]

Die Umsatzsteuerhinterziehung im Rahmen einer Lieferkette unterscheidet sich vom Umsatzsteuerkarussell lediglich dadurch, dass die Waren nicht an ihren Ausgangspunkt zurückkehren; die rechtliche Würdigung ist die gleiche wie beim

---

1383 BFH DStR 2007, 1524, 1528.

1384 *Gehm* StraFo 2015, 441, 443.

1385 BGH NJW 2003, 2924, 2924; *Gehm* StraFo 2015, 441, 443.

1386 BGH NJW 2011, 1616, 1616.

1387 Die Voraussetzungen für den Vorsteuerabzug müssen zum Zeitpunkt der Lieferung bzw. Ausführung der sonstigen Leistung und nicht bei Abgabe der Steueranmeldung vorliegen. Es schadet also nicht, wenn der Buffer erst später von den Umständen Kenntnis erlangt, die einem Vorsteuerabzug entgegengestanden hätten, s. BGH NZWiSt 2016, 274, 275; NZWiSt 2020, 111, 112; BGH Beschluss v. 12.05.2020 – 1 StR 635/19, Rn. 8.

1388 *Adick* in: Schaumburg/Peters Internationales Steuerstrafrecht Rn. 18.41.

1389 *Muhler* wistra 2009, 1, 6.

1390 Vgl. EuGH DStR 2006, 420, 426; *Muhler* wistra 2009, 1, 6.

Umsatzsteuerkarussell.[1391] Häufig sind auch nur Lieferketten Teil eines Strafprozesses, da die Umsatzsteuerkarusselle für die Strafverfolgungsbehörden kaum vollständig rekonsturierbar sind.[1392]

b) Zoll- und Verbrauchsteuerhinterziehung

Hinterziehungen von Zöllen und Verbrauchsteuern führen zu unmittelbaren Einnahmeverlusten der Europäischen Union (Zölle) und den Mitgliedstaaten (Verbrauchsteuern). § 370 AO umfasst jede Art von Steuern, zu denen auch Zölle gemäß §§ 3 Abs. 3 S. 1, 369 Abs. 1 AO zählen.

aa) Zollhinterziehung

Beim Zollrecht handelt es sich wie bei einigen Verbrauchsteuern um harmonisiertes Recht, sodass die maßgeblichen Vorschriften der Unionszollkodex (UZK) und die dazugehörige Durchführungsverordnung (UZK-DVO) sind. Ob unrichtige oder unvollständige Angaben gegenüber der Zollbehörde gemacht oder diese pflichtwidrig in Unkenntnis iSd § 370 Abs. 1 AO gelassen wurde, richtet sich danach, ob ein Verstoß gegen die Vorschriften des Zollkodex und der Durchführungsverordnung vorliegt.[1393]

Zölle sind Einfuhr- und Ausfuhrabgaben. Als Einfuhrabgaben gelten gemäß Art. 5 Nr. 20 UZK alle Abgaben, die bei der Einfuhr von Waren anfallen. Nach § 1 Abs. 1 S. 3 ZollVG sind darunter die durch den UZK erhobenen Abgaben (Zoll), die Einfuhrumsatzsteuer und falls es sich um verbrauchsteuerpflichtige Waren handelt, auch Verbrauchsteuern zu verstehen.[1394] Gleiches gilt für die Ausfuhrabgaben, die zurzeit von der EU nicht erhoben werden.[1395]

Eine Zoll- bzw. Steuerhinterziehung kommt in Betracht, wenn Waren aus einem Drittland in die Europäische Union eingeführt werden, ohne Zölle, Einfuhrumsatzsteuer sowie gegebenenfalls Verbrauchsteuern zu bezahlen. Aber auch wenn die Ware zollfrei ist, muss, bis auf wenige Ausnahmen, die Einfuhrumsatzsteuer entrichtet werden.[1396] Eine Hinterziehung von Zöllen innerhalb der EU ist wegen des gemeinsamen Binnenmarkts, in dem es keine Zölle und Einfuhrabgaben mehr gibt, nicht möglich.[1397] Allerdings können Verbrauchsteuern hinterzogen werden.[1398]

1391 *Gehm* StraFo 2015, 441, 441.
1392 *Gehm* StraFo 2015, 441, 441.
1393 Vgl. *Retemeyer* in: Müller-Gugenberger Wirtschaftsstrafrecht Kap. 45 Rn. 1.
1394 *Retemeyer* in: Müller-Gugenberger Wirtschaftsstrafrecht Kap. 45 Rn. 3.
1395 *Jäger* in: Joecks/Jäger/Randt Steuerstrafrecht § 370 AO Rn. 446.
1396 *Retemeyer* in: Müller-Gugenberger Wirtschaftsstrafrecht Kap. 45 Rn. 3.
1397 *Retemeyer* in: Müller-Gugenberger Wirtschaftsstrafrecht Kap. 45 Rn. 5.
1398 BGH NStZ 2011, 410, 410.

Die Zollhinterziehung hat verschiedene Erscheinungsformen: Den klassischen Schmuggel über die „grüne Grenze“, bei dem Waren unter Umgehung der Zollstelle von einem Land ins andere gebracht werden[1399], den Schmuggel im Reiseverkehr, bei dem Reisende zu verzollende Waren nicht angeben[1400], und den Intelligenzschmuggel.

Der Intelligenzschmuggel drängt immer mehr in den Vordergrund, weil nahezu alle erforderlichen Informationen über die Ware in Papierform vorliegen und es für den Täter ein Leichtes ist, diese Angaben zu ändern und sozusagen vom Schreibtisch aus die Zollhinterziehung zu begehen.[1401] Dabei werden beispielsweise falsche Angaben über den Transaktionswert gemacht, indem der Preis entweder bewusst niedrig gehalten[1402] oder im Fall von Antidumpingzöllen hochgesetzt wird, um weniger Zoll zu bezahlen. Die Hinterziehung von Antidumpingzöllen kann auch durch unrichtige Angaben bezüglich des Ursprungslands der Ware erfolgen[1403], wenn beispielsweise die Ware aus dem Ursprungsland über ein anderes Land in die EU eingeführt wird, das nicht vom Dumpingverbot betroffen ist und als Herstellerland in den Papieren ausgewiesen wird. Die Antidumpingzölle werden eingesetzt, um billige Waren aus dem Ausland, die bestimmte inländische Wirtschaftszweige durch ihre niedrigen Preise schädigen können, beim Import zu verteuern, um einem Dumping entgegenzuwirken.

Falsche Angaben über die Warenbeschaffenheit, unrichtige Angaben über die Voraussetzungen einer Präferenzbehandlung, der Versand von Waren per Post mit Deklarierung des Warenwerts unter 22 Euro oder der Missbrauch bedingter Zollbefreiungen sind weitere Erscheinungsformen des Intelligenzschmuggels.[1404]

1399 Hier kommt eine Strafbarkeit wegen § 370 Abs. 1 Nr. 1 AO in Betracht, wenn die Frage auf zu verzollende Waren bei der Zollanmeldung verneint wird (mündlich, schriftlich, konkludent). Eine Strafbarkeit durch Unterlassen gemäß § 370 Abs. 1 Nr. 2 AO liegt vor, wenn die zollrechtlichen Anmeldepflichten nicht beachtet werden, z.B. wenn der Täter die zollpflichtige Ware nach Verbringen in die EU nicht sofort bei der Zollbehörde anmeldet (sog. Gestellung nach Art. 139 UZK), weil er die Ware verheimlicht (Verstecken unter doppelten Böden oder Tarnpackungen). S. dazu *Retemeyer* in: Müller-Gugenberger Wirtschaftsstrafrecht Kap. 45 Rn. 8f.

1400 Dies kann durch ausdrückliche Erklärung gegenüber dem Zollbeamten, nichts zu verzollen zu haben, oder durch konkludente Erklärung, indem der Reisende am Flughafen den grünen anstatt den roten Ausgang passiert, geschehen.

1401 *Retemeyer* in: Müller-Gugenberger Wirtschaftsstrafrecht Kap. 45 Rn. 7.

1402 Zu den möglichen Vorgehensweisen s. *Retemeyer* in: Müller-Gugenberger Wirtschaftsstrafrecht Kap. 45 Rn. 14a.

1403 Vgl. *Retemeyer/Möller* in: Adick/Bülte Fiskalstrafrecht 20. Kap. Rn. 80.

1404 *Retemeyer* in: Müller-Gugenberger Wirtschaftsstrafrecht Kap. 45 Rn. 15 ff. m.w.N.

bb) Verbrauchsteuerhinterziehung

Trotz Harmonisierung einiger Verbrauchsteuern (Tabak, Mineralöl, bestimmte alkoholische Erzeugnisse wie Bier und Branntwein) in der EU sind nicht nur die Steuersätze in den Mitgliedstaaten unterschiedlich hoch, sondern oftmals übersteigen die Steuern den Wert der Ware[1405], sodass ein Anreiz besteht, Verbrauchsteuern zu hinterziehen, wenn Waren von einem Mitgliedstaat in einen anderen transportiert werden. Im Gegensatz zum Schmuggel, bei dem meist unrichtige oder unvollständige Angaben iSd § 370 Abs. 1 Nr. 1 AO gemacht werden, besteht die Strafbarkeit bei den Verbrauchsteuern in einem Unterlassen der Steueranmeldung, sodass sich der Täter nach § 370 Abs. 1 Nr. 2 AO strafbar macht.[1406]

Die Verbrauchsteuer entsteht, wenn die Ware in den steuerrechtlich freien Verkehr überführt wird, es sei denn, es schließt sich eine Steuerbefreiung an.[1407] Die Überführung erfolgt durch Realakt, indem die Ware aus dem Steuerlager entnommen wird oder eine Herstellung ohne Erlaubnis erfolgt.[1408] Auch das unrechtmäßige Entziehen der verbrauchsteuerpflichtigen Ware aus einem Steueraussetzungsverfahren oder Unregelmäßigkeiten bei der Beförderung unter Steueraussetzung lassen die Steuer entstehen.[1409] Mit der Steuerentstehung geht die Pflicht zur Abgabe einer Steueranmeldung für die sofort fällige Steuer einher.[1410] Unterbleibt eine Anmeldung, liegt eine Strafbarkeit wegen Steuerhinterziehung durch Unterlassen gemäß § 370 Abs. 1 Nr. 2 AO vor.

Besonders verbreitet ist der Tabakschmuggel, bei dem große Warenmengen aus den Steuerlagern oder Herstellerbetrieben entnommen werden, ohne dass Steuerzeichen verwendet werden und die Verbrauchsteuer gemäß § 17 Abs. 1 TabStG gezahlt wird. Der Täter macht sich nach § 370 Abs. 1 Nr. 3 AO strafbar, weil die Verwendung von Steuerzeichen auf den Kleinverkaufspackungen gemäß § 17 Abs. 1 S. 2 TabStG erfolgen muss, sobald die Steuer nach § 17 Abs. 1 S. 3 TabStG entsteht[1411], d.h. die Waren gemäß § 15 Abs. 1 TabStG in den steuerrechtlich freien Verkehr überführt wurden. Werden die Tabakwaren dann in einen anderen EU-Mitgliedstaat (z.B. Deutschland) verbracht, entsteht die Steuer nach § 23 Abs. 1 TabStG, wenn die Tabakwaren erstmals zu gewerblichen Zwecken in Besitz gehalten werden. Gibt der Steuerpflichtige dann nicht unverzüglich eine

1405 *Retemeyer* in: Müller-Gugenberger Wirtschaftsstrafrecht Kap. 45 Rn. 37.

1406 *Schubert* in: Graf/Jäger/Wittig Wirtschafts- und Steuerstrafrecht § 370 AO Rn. 517.

1407 *Schubert* in: Graf/Jäger/Wittig Wirtschafts- und Steuerstrafrecht § 370 AO Rn. 519c.

1408 *Hilgers-Klautzsch* in: Kohlmann Steuerstrafrecht § 370 AO Rn. 1547; *Schubert* in: Graf/Jäger/Wittig Wirtschafts- und Steuerstrafrecht § 370 AO Rn. 519c.

1409 *Hilgers-Klautzsch* in: Kohlmann Steuerstrafrecht § 370 AO Rn. 1547.

1410 *Hilgers-Klautzsch* in: Kohlmann Steuerstrafrecht § 370 AO Rn. 1547.

1411 *Retemeyer* in: Müller-Gugenberger Wirtschaftsstrafrecht Kap. 45 Rn. 39f.

Steuererklärung gemäß § 23 Abs. 1 S. 3 TabStG ab, macht er sich nach § 370 Abs. 1 Nr. 2 AO strafbar.[1412]

Beliebt ist auch, dass Mineralöl als Heizöl eingeführt, aber als Kraftstoff verwendet wird, um Steuern zu sparen, oder für billige Waren aus dem EU-Ausland im Inland keine Verbrauchsteuer entrichtet wird (z.B. Heizöl aus Belgien und Luxemburg; Tabakwaren aus osteuropäischen Ländern, Kaffee, der nur in Deutschland der Kaffeesteuer unterliegt).[1413]

c) Einkommensteuerhinterziehung

Bei der Einkommensteuer kann es insbesondere bei der Verlagerung des Vermögens oder des Wohnsitzes ins Ausland zu Steuerhinterziehungen kommen.

Werden nicht ordnungsgemäß besteuerte Einkünfte (Gelder, Wertpapiere) ins Ausland verlagert oder Kapitalerträge (Zinsen, Dividenden) im Ausland erwirtschaftet und nicht in der Steuererklärung angegeben, macht sich der Steuerpflichtige nach § 370 Abs. 1 Nr. 1 AO strafbar.[1414] Dadurch entstehen große Steuerausfälle. Diese werden durch die Einführung des Common Reporting Standard, bei dem ein automatischer Informationsaustausch zwischen den Staaten erfolgt, abgeschwächt. Wenn die Finanzinstitute verpflichtet sind, Daten über ausländische Kontoinhaber an die Finanzbehörden zu melden, wird es in Zukunft für die Täter schwieriger werden, ihr Geld im Ausland zu verstecken und die damit erzielten Einkünfte nicht zu deklarieren.

Ferner verlagern vermögende Personen ihren Wohnsitz unter Mitnahme ihres Vermögens ins niedrig besteuerte Ausland, um die Vermögenswerte der hohen inländischen Besteuerung zu entziehen.[1415] Allerdings kommt es oft vor, dass nach wie vor ein Wohnsitz im Inland besteht, entweder durch verdeckte Wohnsitze im Inland oder Scheinwohnsitze im Ausland.[1416]

d) Körperschaftsteuerhinterziehung

Besondere Probleme bereiten auch die Fälle grenzüberschreitender Steuerhinterziehung bei der Körperschaftsteuer, weil die Körperschaftsteuer an sich sehr kompliziert ist und das Geflecht eines Konzerns aus Mutter- und Tochtergesellschaften sowie Basisgesellschaften nur schwer zu durchdringen ist.

1412 *Retemeyer* in: Müller-Gugenberger Wirtschaftsstrafrecht Kap. 45 Rn. 41.

1413 Vgl. *Retemeyer* in: Müller-Gugenberger Wirtschaftsstrafrecht Kap. 45 Rn. 43, 50.

1414 Vgl. *G. Dannecker* in: Leitner Finanzstrafrecht 2005, 125, 135; vgl. *Götzenberger* Schwarzgeldanlage in der Praxis, S. 59.

1415 *G. Dannecker* in: Leitner Finanzstrafrecht 2005, 125, 136.

1416 *G. Dannecker* in: Leitner Finanzstrafrecht 2005, 125, 136.

Durch Gewinnverlagerungen ins Ausland mittels unangemessener Verrechnungspreise oder der Einschaltung von Basisgesellschaften können nicht nur Körperschaft-, sondern auch Umsatz- und Gewerbesteuer hinterzogen werden.

aa) Steuerhinterziehung durch unangemessene Verrechnungspreise

Ein Konzern besteht aus einer Muttergesellschaft und verschiedenen Tochtergesellschaften. Auch wenn die Unternehmen wirtschaftlich miteinander verbunden sind, sind die Gesellschaften jedoch eigenständige Rechts- und damit Steuersubjekte und müssen getrennt voneinander betrachtet werden (Trennungsprinzip).[1417] Aus diesem Grund sind die Einkünfte für jede Gesellschaft gesondert zu ermitteln.

Da von Land zu Land Unterschiede bei der Körperschaftsteuer existieren, bestehen für international tätige Unternehmen Anreize, Gewinne in Länder mit niedrigen Steuersätzen zu verschieben.[1418] Ziel dieser räumlichen Gewinnverlagerungen ist es, dass der Gewinn bei einer anderen ausländischen Gesellschaft anfällt und nicht bei der Gesellschaft, die den Gewinn im Inland tatsächlich erwirtschaftet hat.[1419]

Um diese Gewinnverlagerungen zu ermöglichen, müssen zur Tarnung Leistungen zwischen wirtschaftlich verbundenen, in unterschiedlichen Ländern ansässigen Gesellschaften vorgenommen werden. Es werden Preise zwischen diesen verbundenen Unternehmen vereinbart, die nicht das Ergebnis des Kräftespiels von Angebot und Nachfrage sind (Marktpreise), sondern zweckorientiert festgesetzt werden.[1420] Das vertraglich vereinbarte Entgelt für den Liefer- und Leistungsaustausch zwischen den einzelnen Konzernmitgliedern wird als Verrechnungspreis bezeichnet.[1421]

Durch Verrechnungspreise werden die Einkünfte von Gesellschaften gemindert, indem z.B. ein Gesellschafter an die Gesellschaft Waren (Rohstoffe, Halbfertigwaren, Fertigprodukte[1422]) liefert oder von ihr erwirbt oder Dienstleistungen (Assisstenz-, Mangement- und Kontrollleistungen[1423]) erbringt oder erhält und dafür ungewöhnliche – zu hohe oder zu niedrige – Preise bezahlt oder Preisnachlässe

---

1417 *Häck* in: Schaumburg/Peters Internationales Steuerstrafrecht Rn. 16.118.

1418 *G. Dannecker* Orientierungen zur Wirtschafts- und Gesellschaftspolitik 103 (2005), 34, 35.

1419 Vgl. *Seidel* Gewinnverschiebungen über die Grenze, S. 9.

1420 *Fey* in: Beck´sches Steuer- und Bilanzrechtslexikon, Verrechnungspreise Rn. 3.

1421 *Fey* in: Beck´sches Steuer- und Bilanzrechtslexikon, Verrechnungspreise Rn. 3.

1422 *G. Dannecker* Steuerhinterziehung im internationalen Wirtschaftsverkehr, S. 81.

1423 S. dazu die auf *Felix* StuW 1964, Sp. 23 zurückgehende Dreiteilung, s. auch *Engler/Wellmann* in: Vögele/Borstell/Engler Verrechnungspreise Kap. N Rn. 35 ff.; *Kaligin* in: Lademann Außensteuergesetz § 1 AStG Rn. 111; *G. Dannecker* Steuerhinterziehung im internationalen Wirtschaftsverkehr, S. 103 ff.; *Ebenroth* Die verdeckten Vermögenszuwendungen, S. 221 ff.

bzw. Rabatte erhält.[1424] Dies funktioniert in der Regel so, dass für Lieferungen ins Ausland ein zu geringes Entgelt und für Lieferungen aus dem Ausland ein zu hohes Entgelt vereinbart wird und damit die Gewinne aus der deutschen Besteuerung ins Ausland verlagert werden.[1425] Das betrifft nicht nur Waren und Dienstleistungen, sondern auch Grundstücke, Immobilien, Maschinen oder Fahrzeuge, die zur Miete oder Leasing zu einem zu niedrigen bzw. zu hohen Preis überlassen werden.

Auch durch den konzerninternen Technologieaustausch (Nutzung von Know-how, Patenten und Warenzeichen durch Lizenzvertrag) können Gewinnverlagerungen erfolgen. Der Austausch von Dienstleistungen und Technologien gegen Entgelt ist im Vergleich zur Lieferung von Waren deshalb besonders zur Gewinnverlagerung geeignet, weil hier zum einen für die Finanzbehörde Bewertungsschwierigkeiten auftreten und zum anderen nicht nachvollzogen werden kann, ob die Leistungen wirklich erbracht wurden.[1426]

Es ist ebenfalls üblich, dass Unternehmen ihre Einkünfte dadurch mindern, dass sie durch Fremdkapital (z.B. durch die Gewährung eines Darlehens) finanziert werden. Die Fremdkapitalzinsen können von der Körperschaftsteuer als Betriebsausgabe und zur Hälfte auch von der Gewerbesteuer abgezogen werden, sodass dadurch der steuerliche Gewinn gemindert wird.[1427]

Auch im Fall der Fremdfinanzierung werden die Zinsen und Gebühren, je nachdem, welche Gesellschaft das Darlehen an die andere gewährt (inländisch, ausländisch) zu hoch (Ausland nach Inland) oder zu niedrig (Inland nach Ausland) angesetzt.

Zudem übernehmen inländische Muttergesellschaften Bürgschaften und geben Garantieversprechen für Kredite ihrer ausländischen Tochtergesellschaften ab.[1428] Zahlt die begünstigte ausländische Tochtergesellschaft keine oder eine zu niedrige Bürgschaftsprovision oder verzichtet die bürgende Muttergesellschaft auf den Rückgriff bzw. ist es unwahrscheinlich, dass der Regressanspruch verwirklicht wird, kann darin ein berichtigungspflichtiger Vorteil liegen.[1429]

Um einer Verlagerung von Gewinnen ins Ausland entgegenzuwirken, gibt es die Einkünftekorrekturnorm des § 1 Abs. 1 AStG. Werden danach insbesondere Verrechnungspreise zwischen nahestehenden Personen vereinbart, die nicht auf unterschiedlichen Interessen unabhängiger Vertragspartner beruhen, gilt der

---

1424 Vgl. BFH/NV 2005, 105, 105; *G. Dannecker* in: HdB Verdeckte Gewinnausschüttung 2014, 427, 470 f.

1425 BT-Drs. VI/2883, S. 23.

1426 *G. Dannecker* Steuerhinterziehung im internationalen Wirtschaftsverkehr, S. 122.

1427 *Blasch/Weichenrieder* Orientierungen zur Wirtschafts- und Gesellschaftspolitik 103 (2005), 26, 30.

1428 *Ebenroth* Die verdeckten Vermögenszuwendungen, S. 281.

1429 *Ebenroth* Die verdeckten Vermögenszuwendungen, S. 282.

Fremdvergleichspreis, d.h. der Preis, den unabhängige Dritte unter gleichen oder vergleichbaren Verhältnissen abgeschlossen hätten.

Eine Steuerhinterziehung des inländischen steuerpflichtigen Unternehmens kommt immer dann in Betracht, wenn dieses unangemessene Verrechnungspreise mit einem anderen verbundenen ausländischen Unternehmen vereinbart und entweder keine Steuererklärung abgibt (§ 370 Abs. 1 Nr. 2 AO) oder die zu niedrigen Einkünfte aus den Verrechnungspreisen der Steuererklärung zugrunde legt (§ 370 Abs. 1 Nr. 1 AO) und es dadurch zu keiner bzw. zu einer zu niedrigen Steuerfestsetzung kommt.[1430] Wann ein angemessener/fremdüblicher Verrechnungspreis vorliegt, bestimmt sich nach § 1 Abs. 3 AStG, der verschiedene Methoden zur Fremdpreisberechnung vorsieht.

Da es aufgrund dieser verschiedenen Methoden nicht einen angemessenen Fremdvergleichspreis, sondern verschiedene gibt, ist eine Strafbarkeit nach § 370 Abs. 1 Nr. 1 AO nur dann gegeben, wenn offensichtliche Falschdarstellungen vorliegen, z.B. indem der Steuerpflichtige den Verrechnungspreis ohne jegliche Ermittlungen iSd § 1 Abs. 3 AStG nach seinem Gutdünken bzw. aufgrund einer historischen Preisliste bestimmt hat oder wenn der Preis zur Veräußerung eines Betriebs bzw. Teilbetriebs allein anhand der Summe der Einzelpreise der übertragenen Wirtschaftsgüter ohne jegliche Berücksichtigung des Geschäftswerts errechnet wurde.[1431] Soweit sich der Verrechnungspreis des Steuerpflichtigen innerhalb der Bandbreite an angemessenen Verrechnungspreisen bewegt, liegen keine unrichtigen oder unvollständigen Angaben vor.[1432]

Eine Strafbarkeit wegen Steuerhinterziehung durch Unterlassen gemäß § 370 Abs. 1 Nr. 2 AO kommt nicht nur bei Nichtabgabe der Steuererklärung in Betracht, sondern auch, wenn der Steuerpflichtige nachträglich erkennt, dass die Steuererklärung wegen Unangemessenheit der Verrechnungspreise unrichtig war, es zu einem Steuerverlust gekommen ist und er die Berichtigung gemäß § 153 Abs. 1 Nr. 1 AO unterlässt.[1433]

bb) Einsatz von Basisgesellschaften

Schließlich können Gewinne aus dem Inland auch auf ausländische Basisgesellschaften verlagert werden. Diese werden häufig in Steueroasen, also Ländern mit Steuerfreiheit oder niedrigem Steuerniveau, gegründet und zwischen die Muttergesellschaft und die Tochtergesellschaften geschaltet.[1434]

1430 Vgl. *Peters* NZWiSt 2016, 374, 375.

1431 *Fumi* in: Vögele/Borstell/Engler Verrechnungspreise Kap. K Rn. 57.

1432 Vgl. *Kiesel/Theisen* IStR 2006, 284, 285.

1433 *Kiesel/Theisen* IStR 2006, 284, 286.

1434 *Seidel* Gewinnverschiebungen über die Grenze, S. 49, 56.

Basisgesellschaften werden von nicht in diesem Staat ansässigen Personen beherrscht und verfolgen wirtschaftliche Interessen außerhalb ihres Sitzlandes.[1435], entweder im Wohnsitzstaat der Gesellschafter oder in Drittländern.[1436] Die wirtschaftliche Bedeutung der Basisgesellschaft reicht von einer intensiven eigenen wirtschaftlichen Geschäftstätigkeit mit vollem Unternehmerrisiko bis zur Briefkastenfirma.[1437] Sie kann alle betriebswirtschaftlichen Funktionen, die im Rahmen einer Betriebsaufspaltung ausgegliedert werden, wie z.B. Vermögensverwaltung, Ein- und Verkauf, Erbringung von Dienstleistungen, Patentverwaltung und Produktion, übernehmen.[1438] Der Unterschied zur ausländischen Tochtergesellschaft besteht lediglich im zweifachen zwischenstaatlichen Basisverhältnis[1439] (Inland - Basisland - Inland), d.h. es können genauso Gewinne durch unangemessene Verrechnungspreise verlagert werden wie bei ausländischen Tochtergesellschaften, indem mit den Basisgesellschaften erhöhte Leistungen vereinbart werden.[1440]

Für die Strafbarkeit des inländischen Unternehmens, das unangemessene Verrechnungspreise festsetzt, kann auf die obigen Ausführungen verwiesen werden.[1441] Steuerhinterziehungen durch inländische Steuerpflichtige mithilfe von Basisgesellschaften werden seit dem 25.06.2017 auch in § 370 Abs. 3 Nr. 6 AO als besonders schwerer Fall unter Strafe gestellt.[1442]

Schließlich können Basisgesellschaften auch dazu genutzt werden, um nicht ordnungsgemäß besteuerte Einkünfte oder Vermögen aus dem Inland in die Basisgesellschaft einzubringen und von dort auf dem Kreditweg wieder nach Deutschland zurückzuholen.[1443] Dadurch ist es der Finanzbehörde nicht möglich, die Herkunft der investierten Gelder aufzudecken und die nicht ordnungsgemäße Besteuerung festzustellen.[1444] Diesbezüglich kommt eine Strafbarkeit wegen

---

1435 Vgl. *Bürger* in: Dannecker/Jansen Steuerstrafrecht in Europa und den Vereinigten Staaten 2007, 161, 209 f.; vgl. *G. Dannecker* Steuerhinterziehung im internationalen Wirtschaftsverkehr, S. 56; vgl. *Seidel* Gewinnverschiebungen über die Grenze, S. 50.

1436 *Schaumburg* in: Schaumburg Internationales Steuerrecht Rn. 13.27.

1437 *G. Dannecker* Steuerhinterziehung im internationalen Wirtschaftsverkehr, S. 57; *Seidel* Gewinnverschiebungen über die Grenze, S. 50.

1438 *G. Dannecker* Steuerhinterziehung im internationalen Wirtschaftsverkehr, S. 57; vgl. *Seidel* Gewinnverschiebungen über die Grenze, S. 50 f.; Beispiele bei *Dörn* BuW 2003, 228, 228.

1439 *G. Dannecker* Steuerhinterziehung im internationalen Wirtschaftsverkehr, S. 122; *Seidel* Gewinnverschiebungen über die Grenze, S. 51.

1440 *G. Dannecker* Steuerhinterziehung im internationalen Wirtschaftsverkehr, S. 122.

1441 S. E. II. 1. d) aa).

1442 BGBl. I 2017, S. 1686; zu den Gründen s. BT-Drs. 18/11132, S. 6, 30 f.

1443 *G. Dannecker* Steuerhinterziehung im internationalen Wirtschaftsverkehr, S. 59; *ders.* in: Leitner Finanzstrafrecht 2005, 125, 138.

1444 *G. Dannecker* Steuerhinterziehung im internationalen Wirtschaftsverkehr, S. 59; *ders.* in: Leitner Finanzstrafrecht 2005, 125, 138; vgl. *Dörn* BuW 2003, 228, 228.

Geldwäsche gemäß § 261 Abs. 1 S. 2 Nr. 4a StGB in Betracht, wenn es sich um eine gewerbs- oder bandenmäßige Steuerhinterziehung handelt.

Verfügt die Basisgesellschaft über keinen eigenen Geschäftsbetrieb und werden die Geschäfte ausschließlich oder überwiegend aus dem Inland geführt, unterliegt die Basisgesellschaft der inländischen Besteuerung[1445], sodass eine Nichtangabe der erzielten Einkünfte eine Körperschaftsteuerhinterziehung darstellt.

Liegt der Ort der Geschäftsleitung im Ausland, ist ein Verstoß gegen die Hinzurechnungsbesteuerung (§§ 7 bis 14 AStG) oder § 42 AO möglich. Ein Missbrauch von Gestaltungsmöglichkeiten nach § 42 AO[1446] hat zur Folge, dass die Basisgesellschaft steuerlich nicht anerkannt wird und die Einkünfte somit den hinter der Gesellschaft stehenden Gesellschaftern zugerechnet werden.[1447] Die Gesellschafter müssen dann eine Einkommen- oder Körperschaftsteuererklärung für die Einkünfte abgeben, die sie bei unterstellter angemessener Gestaltung selbst erzielt hätten.[1448] Unterlassen sie dies, kommt entweder eine Strafbarkeit nach § 370 Abs. 1 Nr. 1 oder Nr. 2 AO in Betracht.

Bei der Hinzurechnungsbesteuerung in den §§ 7 bis 14 AStG[1449] wird die Basisgesellschaft als Einkünfteerzielungssubjekt behandelt. Die von ihr erzielten Einkünfte aus passivem Erwerb werden steuerlich zugerechnet und auf einer zweiten Stufe so besteuert, als hätte die Zwischengesellschaft die von ihr erzielten und ihr zugerechneten Einkünfte zum frühestmöglichen Zeitpunkt ausgeschüttet.[1450] Die

1445 *Schaumburg* in: Schaumburg Internationales Steuerrecht Rn. 13.32.

1446 Ein Missbrauch von Gestaltungsmöglichkeiten gemäß § 42 AO liegt vor, wenn für die Errichtung von Auslandsgesellschaften wirtschaftliche oder sonst beachtliche Gründe fehlen und keine eigene wirtschaftliche Tätigkeit entfaltet wird, s. zur Rspr. des BFH: BFHE 115, 107, 107; 132, 198, 202; 167, 273, 275; 198, 514, 517 f.; vgl. BFHE 206, 5, 9 f. Die Absicht der Steuerersparnis stellt keinen beachtlichen Grund dar, BFHE 120, 116, 116. § 42 AO ist also im Fall von Briefkastenfirmen ohne eigenes Personal und Geschäftsräumen, die nur zur Gewinnverlagerung im Ausland errichtet wurden, einschlägig. So *Schaumbug* in: Schaumburg Internationales Steuerrecht Rn. 13.37; *Bürger* in: Dannecker/Jansen Steuerstrafrecht in Europa und den Vereinigten Staaten 2007, 161, 210; *Gosch* in: FS Reiss 2008, 597, 602; *Kraft* IStR 1993, 148, 153; *Peters* NZWiSt 2016, 374, 379.

1447 *Bürger* in: Dannecker/Jansen Steuerstrafrecht in Europa und den Vereinigten Staaten 2007, 161, 213; *Dörn* BuW 2003, 228, 228.

1448 *Peters* NZWiSt 2016, 374, 377.

1449 § 42 AO geht den §§ 7 bis 14 AStG denklogisch vor, weil die Einkünfte den Gesellschaftern zugerechnet werden und damit keine Zurechnung an die Zwischengesellschaft nach den §§ 7 ff. AStG mehr möglich ist. S. dazu und zur Einschlägigkeit von §§ 7 bis 14 AStG BFHE 168, 279; 283 ff.; Deutscher Bundestag Wissenschaftliche Dienste WD 4 – 3000 – 056/16, S. 11 f.; *Schaumburg* in: Schaumburg Internationales Steuerrecht Rn. 13.36.

1450 *Schaumburg* in: Schaumburg Internationales Steuerrecht Rn. 13.36.

Ausschüttung an die Gesellschafter gemäß § 7 Abs. 1 AStG führt dazu, dass es sich um Einkünfte aus Kapitalvermögen iSd § 20 Abs. 1 Nr. 1 EStG handelt[1451], die zu versteuern sind. Sollten auch diese Einkünfte nicht in der Steuererklärung angegeben werden, liegt eine Steuerhinterziehung vor.

e) *Erbschaft- und Schenkungsteuer*

Die Erbschaft- und Schenkungsteuerhinterziehung kann nach § 370 Abs. 1 Nr. 2 AO dadurch begangen werden, dass entweder keine Anzeige des erbschaft- oder schenkungsteuerlichen Sachverhalts gemäß § 30 Abs. 1, Abs. 2 ErbStG beim Finanzamt erfolgt oder wenn keine Steuererklärung gemäß § 31 ErbStG abgegeben wird, sofern die Finanzbehörde eine solche vom Erben bzw. Schenker verlangt hat. Beispiele für eine Hinterziehung der Erbschaft- oder Schenkungsteuer sind das Verschweigen eines Kontos in der Schweiz, das zum Nachlass gehört, oder die Nichtanzeige einer Schenkung, die den Freibetrag nach § 16 ErbStG übersteigt.

Allerdings kann Vermögen auch durch die Gründung einer intransparenten Stiftung ins Ausland verlagert werden. Besonders beliebt sind dabei Stiftungen liechtensteinischen, schweizerischen oder angloamerikanischen Rechts sowie Trusts. Hier werden Steuerhinterziehungen durch liechtensteinische Stiftungen beispielhaft näher beleuchtet.

Für die steuerstrafrechtliche Beurteilung, insbesondere die Hinterziehung von Erbschaft- und Schenkungsteuer, ist von Bedeutung, ob es sich um eine transparente/unechte oder eine echte Stiftung handelt.

Von einer echten Stiftung kann nur dann die Rede sein, wenn die Stiftung nach den getroffenen Vereinbarungen und Regelungen über das Vermögen im Verhältnis zum Stifter tatsächlich und rechtlich frei verfügen kann.[1452] Das ist nicht der Fall, wenn der Stifter sich genuine Stifterrechte vorbehält, z.B. den Erst- oder Zweitbegünstigten auch noch nach der Errichtung der Stiftung zu ändern.[1453] Gleiches gilt, wenn der Verwalter rechtlich und tatsächlich an die Weisungen des Stifters gebunden ist, indem dieser den Verwalter kündigen bzw. dessen Ablösung durchsetzen oder die Vermögensübertragung rückgängig machen kann.[1454] Bei dieser transparenten/unechten Stiftung kann der Stifter jederzeit zu Lebzeiten wie ein Kontoinhaber über das Stiftungsvermögen verfügen.[1455] Aus diesem Grund wird die unechte Stiftung wie eine Treuhandstiftung behandelt, sodass die Einkünfte

---

1451 Deutscher Bundestag Wissenschaftliche Dienste WD 4 – 3000 – 056/16, S. 8.

1452 Vgl. BFH DStRE 2007, 1170, 1171; vgl. BFH HFR 2011, 631, 632.

1453 *Flore* in: Flore/Tsambikakis Steuerstrafrecht § 370 AO Rn. 695, 698.

1454 BFH DStRE 2007, 1170, 1171; *Rolletschke* in: Graf/Jäger/Wittig Wirtschafts- und Steuerstrafrecht § 370 AO Rn. 546.

1455 BFH DStRE 2007, 1170, 1171; *Rolletschke* in: Graf/Jäger/Wittig Wirtschafts- und Steuerstrafrecht § 370 AO Rn. 546; *M. Birnbaum* ZEV 2014, 482, 483.

dem Stifter wie bei einem eigenen Bankkonto zugerechnet werden[1456] und von diesem nach § 20 Abs. 1 Nr. 9 EStG zu versteuern sind.[1457] Sollten diese Einkünfte vom Stifter nicht erklärt werden, führt das zu einer Steuerverkürzung und damit zur Steuerhinterziehung.[1458]

Wurde das Vermögen zivilrechtlich auf die Stiftung übertragen (echte Stiftung), so stellt die Errichtung einen schenkungsteuerpflichtigen Tatbestand dar. Nach § 7 Abs. 1 Nr. 8 S. 1 ErbStG gilt der Übergang von Vermögen aufgrund eines Stiftungsgeschäfts unter Lebenden als Schenkung unter Lebenden.[1459] Nachfolgende Zuwendungen des Stifters oder Dritter sind ebenfalls gemäß § 7 Abs. 1 Nr. 1 ErbStG schenkungsteuerpflichtig.[1460] Die Aufhebung der echten Stiftung hat zur Folge, dass das Stiftungsvermögen den im Stiftungsgeschäft bzw. den in der Satzung Begünstigten zufällt, wobei auch dieser Vorgang als Schenkung unter Lebenden gemäß § 7 Abs. 1 Nr. 9 S. 1 ErbStG anzusehen und zu versteuern ist.[1461]

Werden sowohl die Errichtung als auch die Aufhebung der echten Stiftung der Finanzbehörde nicht angezeigt bzw. keine Steuererklärung eingereicht, handelt es sich um eine Steuerhinterziehung gemäß § 370 Abs. 1 Nr. 2 AO.

Eine Hinzurechnungsbesteuerung bezüglich des Vermögens und der Einkünfte einer ausländischen Familienstiftung gemäß § 15 Abs. 1 AStG scheidet wegen § 15 Abs. 6 AStG aus.[1462]

Eine Erbschaftsteuerhinterziehung im Zusammenhang mit einer liechtensteinischen Stiftung gemäß § 370 Abs. 1 Nr. 2 AO kommt dann in Betracht, wenn es sich um eine transparente/unechte Stiftung handelt und das Vermögen im Erbfall auf den Begünstigten übergegangen ist und dieser die Anzeige unterlässt.[1463]

1456 *Seipl* in: Wannemacher Steuerstrafrecht § 370 AO Rn. 890.

1457 BMF-Schreiben vom 20.07.2004 IV A 4 – S 1928 – 94/04, DStR 2004, 1387, 1390, Frage 19; *Rolletschke* in: Graf/Jäger/Wittig Wirtschafts- und Steuerstrafrecht § 370 AO Rn. 551; *Seipl* in: Wannemacher Steuerstrafrecht § 370 AO Rn. 890.

1458 *Rolletschke* in: Graf/Jäger/Wittig Wirtschafts- und Steuerstrafrecht § 370 AO Rn. 551; vgl. *Streck* NJW 2004, 3737, 3739.

1459 *Rolletschke* in: Graf/Jäger/Wittig Wirtschafts- und Steuerstrafrecht § 370 AO Rn. 547.

1460 *Rolletschke* in: Graf/Jäger/Wittig Wirtschafts- und Steuerstrafrecht § 370 AO Rn. 547; *Mutter* DStR 2004, 893, 898.

1461 *Rolletschke* in: Graf/Jäger/Wittig Wirtschafts- und Steuerstrafrecht § 370 AO Rn. 548; vgl. *Mutter* DStR 2004, 893, 898.

1462 Es bestehen eine echte Stiftung und ein Abkommen zum Informationsaustausch mit Liechtenstein. Die Voraussetzungen des § 15 Abs. 6 AStG sind erfüllt. S. dazu *M. Birnbaum* ZEV 2014, 482, 484.

1463 *Flore* in: Flore/Tsambikakis Steuerstrafrecht § 370 AO Rn. 709.

f) Zwischenergebnis

Die vorliegende Untersuchung hat gezeigt, dass es vielfältige Möglichkeiten gibt, Steuern grenzüberschreitend zu hinterziehen. Auch wenn die Europäische Union und die OECD den Informationsaustausch im Kampf gegen die Steuerhinterziehung verbessert haben, bestehen immer noch Möglichkeiten, um das Vermögen oder Einkünfte vor dem Fiskus zu verstecken, wie u.a. die Panama Papers und die Pandora Papers zeigen. Dabei werden nicht nur die finanziellen Interessen der einzelnen Mitgliedstaaten, sondern auch diejenigen der Europäischen Union durch die Hinterziehung von Zöllen und der Umsatzsteuer geschädigt. Es besteht somit eine tatsächliche Notwendigkeit, eine europäische Selbstanzeigeregelung einzuführen, um den Staaten und der EU zu ihren Einnahmen zu verhelfen. Die bisher ergriffenen Maßnahmen reichen nicht aus. Angesichts der durch Steuerhinterziehung verursachten hohen Schäden[1464] ist eine effektivere Verfolgung von Steuerstraftaten erforderlich.

2. Rechtliche Gebotenheit einer europäischen Selbstanzeigeregelung

Über die tatsächliche Notwendigkeit hinaus muss es auch eine rechtliche Gebotenheit der europäischen Selbstanzeigeregelung geben. Das ist nur dann der Fall, wenn die Selbstanzeige mit dem Schutz der finanziellen Interessen der EU vereinbar ist und eine europäische Selbstanzeigeregelung auf Grundlage der europäischen Verträge gerechtfertigt werden kann.

a) Vereinbarkeit der Selbstanzeige mit dem Schutz der finanziellen Interessen der Union

aa) Verpflichtung zum Schutz der finanziellen Interessen der Union

Die finanziellen Interessen der EU sind in Art. 2 der Richtlinie über die strafrechtliche Bekämpfung von gegen die finanziellen Interessen der EU gerichtetem Betrug[1465] definiert. Darunter sind sämtliche Einnahmen, Ausgaben und Vermögenswerte zu verstehen, die im Haushaltsplan der Union bzw. in den Haushaltsplänen der nach den Verträgen geschaffenen Organe, Einrichtungen und sonstigen Stellen der Union oder in den von diesen direkt oder indirekt verwalteten und überwachten Haushaltsplänen erfasst, erworben oder geschuldet werden.

Die Mitgliedstaaten sind verpflichtet, diese Interessen strafrechtlich zu schützen und effektive Strafverfolgung zu betreiben. Das ergibt sich aus Art. 4 Abs. 3 UAbs. 2 EUV, der normiert, dass die Mitgliedstaaten alle geeigneten Maßnahmen

---

1464 Zu den Werten s. E. II. 1.; E. II. 1. a).

1465 ABl. L 198 vom 28.07.2017, S. 34.

allgemeiner oder besonderer Art zur Erfüllung der Verpflichtungen, die sich aus den Verträgen oder den Handlungen der Organe der Union ergeben, ergreifen. Wegweisend in Bezug auf das Strafrecht war das Urteil des EuGH zum „Griechischen Maisskandal".[1466] Dieses wandelte die Befugnis der Mitgliedstaaten, Sanktionen für Gemeinschaftsrechtsverletzungen vorzusehen[1467], in eine Verpflichtung zur Durchsetzung des Unionsrechts durch Ahndung von Verstößen hiergegen.[1468] Aus dem in Art. 4 Abs. 3 UAbs. 2, UAbs. 3 EUV verankerten Prinzip der Unionstreue ergibt sich die Pflicht, nationales Strafrecht zum Schutz der Interessen und der Durchsetzung der Ziele der EU einzusetzen.[1469] Dafür müssen Verstöße gegen Unionsrecht nach ähnlichen sachlichen und verfahrensrechtlichen Regeln wie vergleichbare Verstöße gegen nationales Recht (Gleichstellungsgebot) geahndet werden und die Sanktionen müssen wirksam, verhältnismäßig und abschreckend (Mindesttrias) sein.[1470]

Für den Schutz der finanziellen Interessen der EU im Bereich der Betrugsbekämpfung hat diese Rechtsprechung in Art. 325 Abs. 1, Abs. 2 AEUV ihren Niederschlag gefunden.[1471] Dass die Mitgliedstaaten darüber hinaus auch zur Bekämpfung aller anderen gegen die finanziellen Interessen der EU gerichteten rechtswidrigen Handlungen verpflichtet sind, ergibt sich aus Art. 310 Abs. 6 AEUV. Aus der Zusammenschau dieser Normen (Art. 4 Abs. 3 EUV, Art. 310 Abs. 6, Art. 325 Abs. 1, Abs. 2 AEUV) folgt, dass die Staaten zur Durchsetzung der finanziellen Interessen der EU verpflichtet sind.

bb) Vereinbarkeit der Selbstanzeige mit dem Schutz der finanziellen Interessen der Union

Fraglich ist, ob sich die Selbstanzeige in den Schutz der finanziellen Interessen einfügt. Das könnte auf den ersten Blick zu verneinen sein, da die Selbstanzeige Straffreiheit und keine Bestrafung vorsieht. Um die finanziellen Interessen zu schützen, müssen wirksame, angemessene und verhältnismäßige Sanktionen von den Mitgliedstaaten ergriffen werden.

Zwar sehen alle Mitgliedstaaten einen Straftatbestand bei Steuerhinterziehung vor. Allerdings unterscheiden sich die Regelungen sowohl in den Voraussetzungen

---

1466 Zu den Einzelheiten s. EuGH NJW 1990, 2245, 2245 ff.

1467 S. die vorherigen Entscheidungen des EuGH EuGH NJW 1977, 1009, 1009 (*Amsterdam Bulb*) und EuGH NJW 1984, 2021, 2021 (*von Colson und Kamann*).

1468 *Hecker* Europäisches Strafrecht Kap. 7 Rn. 26.

1469 *Hecker* Europäisches Strafrecht Kap. 7 Rn. 26.

1470 EuGH NJW 1990, 2245, 2246; zu den einzelnen Kriterien, s. *Satzger* Die Europäisierung des Strafrechts, S. 368 ff.

1471 *Satzger* Internationales und Europäisches Strafrecht § 9 Rn. 30.

der Strafbarkeit als auch in der Höhe der Sanktion.[1472] Die Verurteilungsraten schwanken von Mitgliedstaat zu Mitgliedstaat, sodass kein gleichwertiger Schutz der finanziellen Interessen der EU im Bereich des Betrugs und der Steuerhinterziehung besteht.[1473] Wenn Verstöße in einem Mitgliedstaat strenger gehandhabt werden als in einem anderen, besteht die Gefahr, dass die Täter ihre verbotene Tätigkeit in das Land verlagern, in dem keine oder mildere Sanktionen verhängt werden.[1474] Durch dieses sog. forum shopping entstehen Wettbewerbsverzerrungen.[1475] Mitbewerber können sich aufgrund des Wettbewerbsdrucks gezwungen sehen, das wirtschaftsdelinquente Verhalten nachzuahmen, um konkurrenzfähig zu bleiben.[1476]

Zudem sind Fälle grenzüberschreitender Steuerhinterziehung häufig äußerst komplex und nur schwer aufzudecken. Wenn dadurch eine Zusammenarbeit über die Staatsgrenzen hinaus erforderlich wird, aber in jedem Land unterschiedliche Verfahren und Instrumente zur Bekämpfung desselben Straftatbestands angewendet werden, stellt das keine angemessene Vorgehensweise zum Schutz der finanziellen Interessen der EU dar.[1477] Eine Bestrafung der Täter ist dann nicht möglich.

Die Selbstanzeige kann dieses Problem der ineffektiven Strafverfolgung jedenfalls teilweise beheben. Durch die Selbstanzeige können bisher unbekannte Steuerquellen aufgedeckt und die Täter einer Bestrafung zugeführt werden. Auch wenn die Offenlegung der begangenen Steuerhinterziehungen in vielen Ländern nur zur Zahlung der hinterzogenen Steuern, Zinsen, Geldbußen oder Zuschlägen führt, stellen sie dennoch (strafrechtliche) Sanktionen für rechtswidriges Verhalten dar. Die Selbstanzeige schränkt damit nicht den Schutz der finanziellen Interessen der Europäischen Union ein, sondern trägt vielmehr zu deren Schutz bei. Mit Erstattung der Selbstanzeige werden keine neuen Steuerhinterziehungen mehr begangen, weil den Tätern eine Möglichkeit zur Rückkehr in die Steuerehrlichkeit gegeben wird. Zugleich werden die offengelegten Steuerhinterziehungen in Form von Zinsen, Geldbußen bzw. Zuschlägen sanktioniert. Das Steueraufkommen der Mitgliedstaaten und die Einnahmen der EU werden durch die Selbstanzeige gesichert.

1472 Vgl. KOM(2011) 293 endg., S. 5 f.; COM(2012) 363 final, S. 5; *G. Dannecker* DStJG 38 (2015), 373, 412. Zu den verschiedenen Ausgestaltungen von Steuerhinterziehung und Betrug in den einzelnen Mitgliedstaaten s. *ders.* DStJG 38 (2015), 373, 379 ff.

1473 KOM(2011) 293 endg., S. 6; *G. Dannecker* DStJG 38 (2015), 373, 412.

1474 *G. Dannecker/Bülte* in: Wabnitz/Janovsky HdB Wirtschafts- und Steuerstrafrecht, 4. Auflage 2014, 2. Kap. Rn. 379.

1475 *G. Dannecker/Bülte* in: Wabnitz/Janovsky HdB Wirtschafts- und Steuerstrafrecht, 4. Auflage 2014, 2. Kap. Rn. 379.

1476 *G. Dannecker* DStJG 38 (2015), 373, 377.

1477 Vgl. KOM(2011) 293 endg., S. 7.

Im Gegensatz zu den bisher bestehenden unterschiedlichen Regelungen hinsichtlich der Steuerhinterziehung würden Vorgaben für eine europäische Selbstanzeigeregelung dazu führen, dass ein einheitliches Schutzniveau im Bereich der finanziellen Interessen entsteht. Wenn der Täter die Möglichkeit zur Selbstanzeige hat, wird er eher seine begangenen Taten aufdecken, als wenn ihm Strafverfolgung droht. Die Strafandrohung wirkt in den Fällen der Hinterziehungsfalle kontraproduktiv. Anstatt die Begehung von Steuerstraftaten zu verhindern, kann die Strafbewehrung der Steuerhinterziehung dazu führen, dass der Täter sein delinquentes Verhalten fortsetzt und weiterhin Steuerhinterziehungen begeht, um eine Tatentdeckung zu verhindern.

Die Selbstanzeige hat ferner den Vorteil, dass der Steuerhinterzieher alle erforderlichen Informationen (Art und Weise der Hinterziehung, Summe der hinterzogenen Steuern) angeben muss, um Straffreiheit bzw. Strafmilderung zu erlangen. Dadurch werden die Ermittlungen der Finanzbehörden wesentlich erleichtert, sodass dem Staat bzw. der Europäischen Union die fehlenden Steuereinnahmen zufließen können.

Ohne eine einheitliche Regelung hängt der Schutz der finanziellen Interessen vom jeweiligen Ermittlungserfolg der Mitgliedstaaten ab, der jedoch unterschiedlich hoch ist.[1478] Zudem kann es zu Konflikten kommen, wenn mehrere Strafrechtsordnungen anwendbar sind und entweder die nationalen Selbstanzeigeregelungen nicht einheitlich zur Straffreiheit führen[1479] oder eine Bestrafung in Ländern ohne Selbstanzeigeregelung nach wie vor möglich ist. Das betrifft vor allem Fälle der Hinterziehung von Zöllen, harmonisierten Verbrauchsteuern[1480] und Umsatzsteuer, die von einem anderen Mitgliedstaat oder der Europäischen Union verwaltet werden. Nach § 370 Abs. 6 AO sind diese ausländischen Steuerhinterziehungen auch nach nationalem Recht strafbar. Wenn der Täter in Deutschland eine Selbstanzeige wegen dieser Steuerhinterziehungen erstattet und straffrei wird, stellt sich die Frage, ob er in einem anderen Mitgliedstaat, der die Selbstanzeige nicht kennt, wegen derselben Tat noch bestraft werden kann. Das wäre der Fall, wenn der Grundsatz ne bis in idem keine Anwendung auf Fälle der Straflosigkeit infolge einer Selbstanzeige fände.

Das Verbot der Doppelbestrafung ist in Art. 103 Abs. 3 GG, Art. 54 SDÜ und Art. 50 GrCh verankert. Da es sich bei grenzüberschreitenden Fällen der Steuerhinterziehung nicht um einen rein nationalen Sachverhalt handelt[1481], sondern

---

1478 S. die unterschiedlichen Verurteilungsquoten, die von 14 bis 80 Prozent reichen, KOM(2011) 293 endg., S. 6.

1479 *G. Dannecker* DStJG 38 (2015), 373, 439.

1480 S. Art. 1 Abs. 1 der Richtlinie des Rates 2008/118/EG (ABl. L 9 vom 14.01.2009, S. 15): Energieerzeugnisse und elektrischer Strom, Alkohol und alkoholische Getränke, Tabakwaren.

1481 Art. 103 Abs. 3 GG sieht das Verbot der Doppelbestrafung nur bei Strafverfolgung wegen derselben Tat in Deutschland vor.

mehrere Rechtsordnungen einschlägig sein können, kommt es auf Art. 54 SDÜ und Art. 50 GrCh an, die nebeneinander anwendbar sind, weil die beiden Normen sich lediglich in ihrem räumlichen Geltungsbereich unterscheiden.[1482] Das Vollstreckungserfordernis gilt auch für Art. 50 GrCh.[1483]

Es muss also eine rechtskräftige Verurteilung[1484] oder ein Freispruch wegen derselben Tat vorliegen, die bzw. der bereits vollstreckt, gerade vollstreckt oder nach dem Recht des Urteilsstaates nicht mehr vollstreckt werden kann. Nach Ansicht des EuGH genügt für den Verfahrensabschluss jede endgültige verfahrensbeendende Entscheidung einer zur Mitwirkung an der Strafrechtspflege berufenen Behörde, sodass darunter nicht nur Urteile, sondern auch die Einstellung des Verfahrens nach Erfüllung der Auflagen gemäß § 153a StPO fällt.[1485] Nicht erfasst ist eine nicht endgültige und nicht bindende Entscheidung, wie § 170 Abs. 2 StPO, die mangels Rechtskraft zu keinem Strafklageverbrauch führt.[1486] Folglich können Ermittlungen sowohl des Erstverfolgerstaats bei neuen Erkenntnissen[1487] als auch eines anderen Mitgliedstaats erfolgen.[1488]

Für eine Anwendung des Doppelbestrafungsverbots auf die Selbstanzeige spricht, dass durch eine wirksame Selbstanzeige das Steuerstrafverfahren endgültig beendet wird.[1489] Die Selbstanzeige hat die Einleitung eines Strafverfahrens zur Folge, das entweder nach § 170 Abs. 2 StPO eingestellt wird oder mit einem Freispruch im Hauptverfahren endet.[1490] Aus diesem Grund ließe sich folgern, dass eine wirksame Selbstanzeige, egal ob eine Einstellung gemäß § 170 Abs. 2 StPO oder ein Freispruch vorliegt, zur Straflosigkeit für alle im Gebiet der Vertragsstaaten begangenen Straftaten, die mit der Steuerhinterziehung als eine Tat gelten, führt.[1491] Auch wenn die Einstellung des Verfahrens aufgrund einer Selbstanzeige

---

1482 Art. 54 SDÜ gilt für den Schengenraum (EU-Mitgliedstaaten, Island, Norwegen, Schweiz, Liechtenstein), Art. 50 GrCH nur für die Mitgliedstaaten der EU (in Polen und Großbritannien nur teilweise), s. *Satzger* in: S/S/W StPO Art. 50 GRCh/54 SDÜ Rn. 4.

1483 EuGH NJW 2014, 3007, 3008; ABl. C 303 vom 14.12.2007, S. 31 zu Art. 50 GrCh; *Satzger* in: S/S/W StPO Art. 50 GRCh/54 SDÜ Rn. 13.

1484 Art. 54 SDÜ spricht von Aburteilung, die sowohl eine Verurteilung als auch einen Freispruch erfasst.

1485 EuGH NJW 2003, 1173, 1173.

1486 EuGH NStZ-RR 2009, 109, 110.

1487 *Esser* JA 2014, 674, 678.

1488 OGH NStZ 2005, 344, 344; vgl. *Satzger* in: S/S/W StPO Art. 50 GrCh/54 SDÜ Rn. 25.

1489 *Adick* in: Adick/Bülte Fiskalstrafrecht 17. Kap. Rn. 70.

1490 Sollte die Selbstanzeige unwirksam sein, wird der Täter wegen der begangenen Steuerhinterziehungen verurteilt.

1491 *Adick* in: Adick/Bülte Fiskalstrafrecht 17. Kap. Rn. 68, 70; *Peters* in: Schaumburg/Peters Internationales Steuerstrafrecht Rn. 4.44; *Bender* wistra 2009, 176, 179.

gemäß § 170 Abs. 2 StPO weder zu einem Verfolgungshindernis in Deutschland noch in einem anderen Staat führt und aus diesem Grund die Geltung von ne bis in idem abzulehnen sein könnte, würde eine solche Differenzierung zu einem Bruch führen. Das Verbot der Doppelbestrafung kann nicht davon abhängen, ob es zu einer Einstellung oder einem Freispruch kommt. Ansonsten wäre die Strafbarkeit des Steuerhinterziehers vom Verlauf des Strafverfahrens abhängig, auf das er keinen Einfluss hat. Ne bis in idem sollte Anwendung auf die Selbstanzeige finden. Somit würde bei einer wirksamen Selbstanzeige eine Bestrafung des Täters in einem anderen Mitgliedstaat ausscheiden. Gleiches sollte für den Fall gelten, wenn die Selbstanzeige in einem Mitgliedstaat zur Straflosigkeit, in einem anderen lediglich zur Strafmilderung führt.

Der Täter könnte aber aufgrund der unterschiedlichen Ausgestaltung bzw. dem Fehlen der Selbstanzeige dazu geneigt sein, die Selbstanzeige in dem Land zu erstatten, das die niedrigsten Voraussetzungen an eine wirksame Selbstanzeige stellt, sollte es sich um eine grenzüberschreitende Steuerhinterziehung handeln, die in mehreren Ländern strafbar ist. Dieses forum shopping steht einem gleichwertigen Schutz der finanziellen Interessen entgegen, sodass es einheitlicher Vorgaben für eine Selbstanzeige bedarf.

Festzuhalten bleibt, dass die Selbstanzeige mit dem Schutz der finanziellen Interessen der EU vereinbar ist und dass ohne eine solche die Einnahmen der Mitgliedstaaten sowie der Europäischen Union nicht ausreichend geschützt werden können.

b) Rechtfertigung der Selbstanzeige auf Grundlage der europäischen Verträge

Ferner stellt sich die Frage, wie die europäische Selbstanzeigeregelung gerechtfertigt werden kann. Dafür muss es eine geeignete Ermächtigungsgrundlage und Rechtsprinzipien in den europäischen Verträgen geben, die für die Einführung einer Selbstanzeige sprechen.

aa) Ermächtigungsgrundlage

Will die EU von ihrer Befugnis zur Rechtsetzung Gebrauch machen, muss sie sich auf eine ausdrückliche Ermächtigungsgrundlage stützen. Das ergibt sich aus dem Prinzip der begrenzten Einzelermächtigung gemäß Art. 5 Abs. 1, Abs. 2 EUV, wonach die Europäische Union nur innerhalb der Zuständigkeiten tätig werden darf, die ihr die Mitgliedstaaten übertragen haben. Für die Einführung einer Selbstanzeige kommen zwei Rechtsgrundlagen in Betracht: Art. 83 Abs. 2 oder Art. 325 Abs. 4 AEUV. Art. 83 AEUV stellt eine Kompetenznorm für die Schaffung von Mindestvorschriften zur Festlegung von Straftaten und Strafen durch Richtlinien bei besonders schwerer und grenzüberschreitender Kriminalität (Abs. 1) bzw. zur Durchführung des Unionsrechts (Abs. 2) dar. Art. 325 Abs. 4 AEUV ermöglicht die

Schaffung von echtem supranationalem Strafrecht[1492] zur Verhütung und Bekämpfung von Betrügereien, die sich gegen die finanziellen Interessen der Union richten. Die Kompetenz zum Erlass einer europäischen Selbstanzeigeregelung folgt aus der Kompetenz zum Erlass von Vorschriften bei der Steuerhinterziehung. Wenn die Union hinsichtlich der Steuerhinterziehung Vorgaben machen kann, dann trifft das auch auf die Selbstanzeige zu, die das Strafrecht begrenzt.

aaa) Art. 325 Abs. 4 AEUV

Für Art. 325 Abs. 4 AEUV spricht, dass diese Norm im Kapitel der Betrugsbekämpfung steht und die erforderlichen Maßnahmen zum Schutz der finanziellen Interessen der EU erlassen werden können. Auch die Kommission hatte sich zunächst in ihrem Richtlinienvorschlag über die strafrechtliche Bekämpfung von gegen die finanziellen Interessen der Europäischen Union gerichtetem Betrug[1493] auf Art. 325 Abs. 4 AEUV gestützt.[1494]

Der Union stehen in Art. 325 Abs. 4 EUV alle Handlungsinstrumente iSd Art. 288 AEUV zur Verfügung, also auch der Erlass einer Verordnung, die in allen Teilen verbindlich ist und unmittelbar in jedem Mitgliedstaat gilt.[1495] Das kommt durch die Formulierung „erforderliche Maßnahmen“ zum Ausdruck.[1496]

Der Begriff der „Betrügereien“ ist im Unionsrecht nicht näher definiert. Er ist nicht wie der Betrug in § 263 StGB zu verstehen, sondern wesentlich weiter und erfasst jedes straf- oder ordnungswidrigkeitenrechtliche Handeln oder Unterlassen sowie Schein- und Umgehungstatbestände, die vorsätzlich oder fahrlässig zu einer Schädigung der finanziellen Interessen der EU führen.[1497] Unter den finanziellen Interessen sind die Einnahmen und Ausgaben der Union zu verstehen. Darunter fallen auch die Mehrwertsteuereinnahmen, die durch Steuerhinterziehung der EU entzogen werden können. An sich könnte die Schaffung einer europäischen Selbstanzeige auf der Grundlage von Art. 325 Abs. 4 AEUV erfolgen. Dann wären aber nur die Mehrwertsteuereinnahmen, nicht hingegen andere Steuern wie Einkommen- oder Körperschaftsteuer, umfasst.[1498] Für eine umfassende Regelung und ein einheitliches Schutzniveau in der Europäischen Union müssen aber auch alle

---

1492 *Bülte* in: Adick/Bülte Fiskalstrafrecht Einf. Rn. 6.

1493 COM(2012) 363 final.

1494 Die Rechtsgrundlage wurde dann aber auf Art. 83 Abs. 2 AEUV geändert. S. dazu Rat der Europäischen Union Gutachten des Juristischen Dienstes 15309/12, S. 4 ff. m.w.N.; s. auch die Richtlinie selbst, ABl. L 198 vom 28.07.2017, S. 1.

1495 Vgl. *G. Dannecker* DStJG 83 (2015), 373, 409.

1496 *Satzger* in: Streinz EUV/AEUV Art. 325 AEUV Rn. 21.

1497 Vgl. *Magiera* in: Grabitz/Hilf/Nettesheim Das Recht der EU Art. 325 AEUV Rn. 15 ff.; *Spitzer/Stiegel* in: von der Groeben/Schwarze/Hatje Europäisches Unionsrecht Art. 325 AEUV Rn. 12 ff.

1498 Vgl. *G. Dannecker* DStJG 83 (2015), 373, 421.

anderen Steuerarten von der Selbstanzeige erfasst werden. Andernfalls wäre die Strafbarkeit des Täters von der Hinterziehung der jeweiligen Steuerart abhängig.

Zudem ist eine Regelung im Wege der Verordnung zu weitgehend. Beim Erlass von Rechtsakten hat die Union das Subsidiaritäts- (Art. 5 Abs. 1 S. 2, Abs. 3 EUV) und das Verhältnismäßigkeitsprinzip (Art. 5 Abs. 1 S. 2, Abs. 4 EUV) zu beachten. Gemäß Art. 5 Abs. 3 UAbs. 1 EUV wird die Union entsprechend dem Subsidiaritätsprinzip in den Bereichen, die nicht in ihre ausschließliche Zuständigkeit fallen, nur tätig, wenn die Ziele der in Betracht gezogenen Maßnahmen von den Mitgliedstaaten nicht ausreichend verwirklicht werden können, sondern vielmehr wegen ihres Umfangs oder ihrer Wirkungen auf Unionsebene besser zu verwirklichen sind. Nach Art. 4 Abs. 2 lit. j AEUV unterliegt die Schaffung eines Raumes der Freiheit, der Sicherheit und des Rechts der geteilten Zuständigkeit. Die Verhütung und Bekämpfung von Kriminalität verbunden mit einer möglichen Angleichung der strafrechtlichen Rechtsvorschriften gemäß Art. 67 Abs. 3 AEUV stellt einen wesentlichen Teil zur Gewährleistung der Sicherheit in der EU dar. Damit ist das gesamte Strafrecht einschließlich des Verfahrensrechts zum Gegenstand europäischer Normsetzung geworden.[1499]

Die einzelnen Mitgliedstaaten können Steuerhinterziehungen im grenzüberschreitenden Bereich nicht allein aufdecken und verhindern. Die verschiedenen Regelungen führen zu einer uneinheitlichen Verfolgungspraxis, bei der die Verurteilungsraten von Land zu Land unterschiedlich hoch sind.[1500] Um die finanziellen Interessen der EU und der Mitgliedstaaten ausreichend schützen zu können, bedarf es einheitlicher Vorgaben für eine europäische Selbstanzeigeregelung. Das Subsidiaritätsprinzip wird eingehalten.

Wenn die Europäische Union rechtsetzend tätig wird, muss sie die Maßnahme wählen, die am wenigsten einschneidend für die Mitgliedstaaten ist (Verhältnismäßigkeitsprinzip). Eine Verordnung hat jedoch hinsichtlich all ihrer Teile unmittelbare Geltung, sodass den Mitgliedstaaten kein Umsetzungsspielraum zur Einfügung der unionsrechtlichen Vorgaben in ihre (Straf-) Rechtssysteme bleibt, die zum Teil sehr unterschiedlich sind. Dadurch könnte es zu Systembrüchen innerhalb der Rechtsordnung der Mitgliedstaaten kommen. Insbesondere wird das am common law-System Großbritanniens und Irlands deutlich. Großbritanniens Selbstanzeigeregelung ist kein strafrechtliches, sondern ein steuerrechtliches Instrument. Ähnliches trifft für die Ausgestaltung in Irland zu.[1501] Wäre die europäische Selbstanzeige strafrechtlich als Strafaufhebungs- oder Strafmilderungsgrund ausgestaltet, würde dies einem in Großbritannien und Irland seit Jahrzehnten

1499 *Engelhart* in: Müller-Gugenberger Wirtschaftsstrafrecht § 6 Rn. 67, 76 ff. m.w.N.

1500 S. E. II. 2. a) bb).

1501 Code of Practice for Revenue Audit and other Compliance Interventions Abschnitt 3.6 ff.; OECD aaO. (Fn. 1333), S. 69 ff.

etablierten System widersprechen, welches auf Immunität vor Strafverfolgung und nicht auf die Einleitung eines Strafverfahrens durch eine Selbstanzeige angelegt ist.

Aus diesem Grund stellt die Richtlinie eine weniger einschneidende Maßnahme dar. Gemäß Art. 288 Abs. 3 AEUV ist die Richtlinie für die Mitgliedstaaten nur hinsichtlich des zu verwirklichenden Ziels verbindlich. Ihnen obliegt aber die Wahl der Form und Mittel. Damit können die Staaten entscheiden, ob sie die Selbstanzeige als straf- oder steuerrechtliches Instrument einführen wollen.

bbb) Art. 83 Abs. 2 AEUV

Deshalb kommt allein Art. 83 Abs. 2 AEUV als Rechtsgrundlage in Betracht. Zwar kann es sich bei der Steuerhinterziehung auch um eine grenzüberschreitende Straftat handeln, aber sie gehört nicht zu den in Art. 83 Abs. 1 UAbs. 2 AEUV aufgezählten Kriminalitätsbereichen, sodass Art. 83 Abs. 1 AEUV als Ermächtigungsgrundlage ausscheidet.

Artikel 83 Abs. 2 AEUV ermöglicht die Angleichung der strafrechtlichen Rechtsvorschriften der Mitgliedstaaten durch Schaffung von Mindestvorschriften bei Straftaten und Strafen im Wege der Richtlinie, wenn dies für die wirksame Durchführung der Unionspolitik auf einem Gebiet, auf dem bereits Harmonisierungsmaßnahmen erfolgt sind, unerlässlich ist.

Die Selbstanzeige ist in den Mitgliedstaaten unterschiedlich oder überhaupt nicht geregelt. Der Schutz der finanziellen Interessen der EU[1502] ist ein Bereich, in dem bereits verschiedene Harmonisierungsmaßnahmen im Kampf gegen Steuerhinterziehung stattgefunden haben. Dazu zählen die PIF-Konvention sowie die Richtlinie über die strafrechtliche Bekämpfung von gegen die finanziellen Interessen der EU gerichtetem Betrug.[1503] Ein bereits harmonisierter Politikbereich liegt damit vor.

Die Angleichung der strafrechtlichen Rechtvorschriften muss zudem für die Durchführung der Politik der Union unerlässlich sein. Durch das Merkmal der „Unerlässlichkeit" wird auf das ultima-ratio-Prinzip[1504] Bezug genommen und der allgemeine Maßstab der Erforderlichkeit verschärft.[1505] Das BVerfG fordert darüber hinaus, dass ein gravierendes Vollzugsdefizit in Bezug auf die betreffenden

1502 Für den möglichen Einsatz von Art. 83 Abs. 2 AEUV auf dem Gebiet des Schutzes der Finanzinteressen: *Böse* in: Schwarze EU-Kommentar Art. 83 AEUV Rn. 27; *Meyer* in: von der Groeben/Schwarze/Hatje Art. 83 AEUV Rn. 46; *Zeder* EuR 2012, 34, 45 f.

1503 S. E. I.

1504 Das ultima-ratio-Prinzip besagt, dass das Strafrecht nur als letztes Mittel eingesetzt werden darf, wenn sich mildere Mittel nicht als wirksam erweisen, *J. Vogel/Eisele* in: Grabitz/Hilf/Nettesheim Das Recht der EU Art. 83 AEUV Rn. 92.

1505 *Böse* in: Schwarze EU-Kommentar Art. 83 AEUV Rn. 28; *J. Vogel/Eisele* in: Grabitz/Hilf/Nettesheim Das Recht der EU Art. 83 AEUV Rn. 92 f.

Vorschriften des Unionsrechts tatsächlich besteht und nur durch Strafdrohung beseitigt werden kann[1506], was jedoch der bisherigen Rechtsprechung des EuGH widerspricht.[1507] Ebenso setzt sich das BVerfG in Widerspruch zu seiner eigenen Rechtsprechung hinsichtlich der Erforderlichkeit von Strafgesetzen, wo es einen weitreichenden Einschätzungs- und Bewertungsspielraum des Gesetzgebers über die Notwendigkeit anerkennt.[1508] Deshalb sollte auch dem Unionsgesetzgeber ein Beurteilungsspielraum zustehen.[1509]

Der Begriff der Unerlässlichkeit ist bisher im Unionsrecht nicht definiert. Allerdings muss die EU sowohl in rechtlicher als auch tatsächlicher Hinsicht die Gründe für die Unerlässlichkeit der Strafrechtsharmonisierung eingehend darlegen.[1510] Unerlässlich ist der Erlass von Strafrecht aus Unionssicht dann, wenn die Einhaltung bereits harmonisierten Unionsrechts sich nur durch die Abschreckungswirkung des Strafrechts erreichen lässt[1511] und wenn die bereits ergriffenen Maßnahmen nicht ausreichend waren. Die EU hat verschiedene Maßnahmen zum Schutz der finanziellen Interessen getroffen (s.o.). Diese haben aber nicht dazu geführt, dass es eine einheitliche Verfolgungspraxis bei Steuerhinterziehung gibt. Viele Steuerstraftaten werden auch gar nicht aufgedeckt. Um die Täter zu bestrafen und andere sowie die Täter von der (weiteren) Begehung von Steuerhinterziehungen abzuhalten, ist die Einführung einer Selbstanzeige unerlässlich iSd Art. 83 Abs. 2 AEUV. Nur dadurch können die Taten aufgedeckt und die Einnahmen der Mitgliedstaaten sowie der Europäischen Union sichergestellt werden.

Die strafrechtliche Annexkompetenz[1512] des Art. 83 Abs. 2 AEUV ermöglicht der Union, Mindestvorschriften sowohl hinsichtlich Tatbestand (Straftatbestand) als auch Rechtsfolge (Strafe) einzuführen.

Das Strafrecht besteht nicht nur aus den strafbegründenden, sondern auch aus den strafmildernden (§§ 46 ff. StGB), strafausschließenden (z.B. §§ 257 Abs. 3 S. 1, 258 Abs. 5, 261 Abs. 9 StGB) und strafaufhebenden Vorschriften (tätige Reue,

---

1506 BVerfGE 123, 267, 411 f.

1507 Der EuGH hat bisher davon abgesehen, solch einen Nachweis für ein bestehendes Vollzugsdefizit zu verlangen, EuGH Urt. v. 13.09.2005 – C-176/03 (*Umweltschutz*), Slg. 2005, I-7879, Rn. 48; EuGH Urt. v. 23.10.2007 – C-440/05 (*Meeresverschmutzung*), Slg. 2007, I-9097, Rn. 66; *Böse* in: Schwarze EU-Kommentar Art. 83 AEUV Rn. 28; vgl. *Mansdörfer* HRRS 2010, 11, 17.

1508 BVerfGE 90, 145, 173; 120, 224, 240; 123, 267, 408 f.; *Böse* in: Schwarze EU-Kommentar Art. 83 AEUV Rn. 28; *J. Vogel/Eisele* in: Grabitz/Hilf/Nettesheim Das Recht der EU Art. 83 AEUV Rn. 93.

1509 *Böse* in: Schwarze EU-Kommentar Art. 83 AEUV Rn. 28; *J. Vogel/Eisele* in: Grabitz/Hilf/Nettesheim Das Recht der EU Art. 83 AEUV Rn. 93.

1510 *Böse* in: Schwarze EU-Kommentar Art. 83 AEUV Rn. 28.

1511 *Meyer* in: von der Groeben/Schwarze/Hatje Art. 83 AEUV Rn. 58.

1512 *Hecker* Europäisches Strafrecht Kap. 8 Rn. 2.

Rücktritt, Selbstanzeige). Durch diese wird das Strafrecht in seiner Wirkung begrenzt. Wenn die Union in der Lage ist, strafbegründende Voraussetzungen und Mindestvorschriften für Strafen zu schaffen, muss das gleichermaßen für Strafbefreiungen gelten, sofern diese für die wirksame Durchführung der Unionspolitik unerlässlich sind. Das ist bei der Selbstanzeige zum Schutz der finanziellen Interessen der EU der Fall (s.o.). Deshalb ist Art. 83 Abs. 2 AEUV die geeignete Rechtsgrundlage.

Stützt man die Einführung einer europäischen Selbstanzeige auf Art. 83 Abs. 2 AEUV, ist zu beachten, dass Dänemark, (Großbritannien) und Irland, die über eigene Selbstanzeigeregelungen verfügen, an eine solche Richtlinie nicht gebunden wären.[1513] Das hätte zur Folge, dass eine Harmonisierung in der gesamten EU nicht möglich wäre.

bb) Rechtfertigung einer europäischen Selbstanzeigeregelung aus dem Effektivitätsgrundsatz

Die Einführung einer europäischen Selbstanzeigeregelung könnte aber wegen des Effektivitätsgrundsatzes geboten sein. Der Effektivitätsgrundsatz in Art. 4 Abs. 3 UAbs. 2 EUV verpflichtet die Mitgliedstaaten, effektive Strafverfolgung zu betreiben und bei Verstößen gegen das Unionsrecht wirksame, verhältnismäßige und angemessene Sanktionen einzuführen. Das Steuerstrafrecht hat zum Ziel, Bürger von Steuerhinterziehungen abzuhalten (präventiv) und rechtswidriges Verhalten zu bestrafen (repressiv). Damit dient es zugleich der Sicherung des Steueranspruchs des Staates und der effektiven Durchsetzung des Steuerrechts. Das Steuerrecht wiederum ist auf die gleichmäßige Besteuerung der Steuerpflichtigen angelegt, d.h. die Bürger müssen sowohl bei der Rechtsetzung als auch bei der Rechtsanwendung gleichbehandelt werden. Gelingt es nicht, alle Steuerpflichtigen in die Pflicht zu nehmen, dass sie ihre steuerlichen Verpflichtungen erfüllen, wird dadurch die Gleichmäßigkeit der Besteuerung (Rechtsanwendungsgleichheit) gestört. Wenn die Steuerstraftaten nicht aufgedeckt werden, sind die Steuereinnahmen, die dem Staat zustehen, verloren.

Um das Steueraufkommen langfristig sicherzustellen, hat das Steuerstrafrecht die Aufgabe, die Hinterziehungen zu sanktionieren. Der Tatbestand der Steuerhinterziehung führt allerdings in vielen Fällen nicht zu einer Bestrafung des

1513 Dänemark nimmt nicht an den Maßnahmen zur Verwirklichung des Raumes der Freiheit, der Sicherheit und des Rechts gemäß Art. 1, Art. 2 des dem EUV und dem AEUV beigefügten Protokolls Nr. 22 über die Position Dänemarks teil und wäre damit nicht an die Richtlinie gebunden. Ähnliches galt/gilt für Großbritannien und Irland, die sich drei Monate nach Vorlage des Vorschlags oder der Initiative gemäß Art. 3 Abs. 1 des Protokolls Nr. 21 über die Position des Vereinigten Königreichs und Irlands hinsichtlich des Raumes der Freiheit, der Sicherheit und des Rechts an der Annahme der Maßnahme beteiligen können, es aber nicht müssen.

Täters, sondern dazu, dass Steuerhinterziehungen fortgesetzt werden. Das liegt an der Ausgestaltung des Besteuerungsverfahrens, wonach der Steuerpflichtige verpflichtet ist, alle steuerlich erheblichen Tatsachen wahrheitsgemäß anzugeben. Tut er dies, legt er dadurch seine bereits begangenen Taten offen und setzt sich der Strafverfolgung aus. Um dies zu verhindern, wird er weiterhin Steuerhinterziehungen begehen. Dann kann das Steuerstrafrecht aber weder präventiv noch repressiv wirken. Es wird seiner Effektivität beraubt und kann seine Aufgabe, das Steueraufkommen des Staates durch Vermeidung und Bestrafung von Steuerhinterziehungen zu sichern, nicht erfüllen. Dadurch werden die finanziellen Interessen der EU nicht ausreichend geschützt. Die Selbstanzeige führt hingegen dazu, dass der Täter seine Taten aufdecken kann, ohne eine strafrechtliche Verfolgung befürchten zu müssen. Er kann so aus der Hinterziehungsfalle entkommen und steuerehrlich werden.

Wenn der Täter die hinterzogenen Steuern, zuzüglich Zinsen und gegebenenfalls einen Zuschlag zahlt, erfüllt er nachträglich seine Steuerpflicht. Dadurch wird die Rechtsgutsverletzung beseitigt sowie der Steueranspruch des Staates durchgesetzt. Die Gleichmäßigkeit der Besteuerung ist hergestellt. Zudem kann das Strafrecht wieder repressiv und präventiv wirken, sodass rechtswidriges Verhalten sanktioniert und der Steuerdelinquent von der Begehung zukünftiger Steuerhinterziehungen abgehalten wird. Die Selbstanzeige dient somit der Wiederherstellung der Effektivität des Steuerstrafrechts.

Von einer effektiven Strafverfolgung und damit einem Schutz der finanziellen Interessen der EU kann hingegen keine Rede sein, wenn eine Bestrafung der Täter nicht möglich ist, weil sie ihre Taten nicht offenlegen. Die Selbstanzeige kann einen solchen Anreiz bieten. Sie bietet die Möglichkeit, steuerehrlich zu werden und das Steueraufkommen des Staates langfristig zu sichern. Durch die Erstattung der Selbstanzeige werden die Täter von der Begehung weiterer Steuerhinterziehungen abgehalten. Die Strafdrohung aus den begangenen Steuerhinterziehungen steht einer Rückkehr in die Steuerehrlichkeit nicht mehr entgegen.

Zwar haben sich die Ermittlungsmöglichkeiten durch den zunehmenden Informationsaustausch zwischen den einzelnen Staaten verbessert, sodass die Wahrscheinlichkeit der Tatentdeckung gestiegen ist. Allerdings gilt der automatische Informationsaustausch nur bezüglich der Einkommen- und der Körperschaftsteuer natürlicher und juristischer Personen, die ihre Einkünfte bzw. Gewinne auf unbekannten Konten im Ausland gelagert haben.[1514] Die Umsatzsteuer, deren Hinterziehung im Jahr 2018 zu einem Steuerverlust von 140 Milliarden Euro in der Europäischen Union geführt hat und damit elf Prozent der erwarteten Mehrwertsteuereinnahmen ausmachte[1515], ist hingegen nicht erfasst. Die Aufdeckung von Umsatzsteuerhinterziehungen ist nach wie vor schwierig, weil an

1514 Zu den Fällen grenzüberschreitender Steuerhinterziehung, s. E. II. 1.
1515 S. E. II. 1. a).

Umsatzsteuerkarussellen bzw. Lieferketten mehrere Personen bzw. Unternehmen (Initiator, Missing Trader und Distributor) beteiligt sein, die wiederum andere Unternehmen, die keine Kenntnis von der Umsatzsteuerhinterziehung haben, zur Verschleierung der Steuerhinterziehungen zwischenschalten (sog. Buffer).[1516] Das Umsatzsteuerkarussell bzw. Lieferkette kann eine unterschiedliche Anzahl von Unternehmen umfassen. Je größer die Anzahl, desto weniger ist durchschaubar, wer die Drahtzieher der Umsatzsteuerhinterziehung sind. Bis ein solches Umsatzsteuerkarussel bzw. Lieferkette aufgedeckt ist, haben die Täter oft bereits Steuern im Hunderttausend- bzw. Millionenbereich hinterzogen.

Um aber sowohl den Mitgliedstaaten als auch der Europäischen Union zu ihren Staatseinnahmen zu verhelfen, muss die Selbstanzeige europaweit eingeführt werden, weil sie den notwendigen Anreiz zur Offenlegung bietet. Nur so kann dem Effektivitätsgrundsatz gemäß Art. 4 Abs. 3 UAbs. 2 EUV Rechnung getragen werden.

c) Zwischenergebnis

Die Selbstanzeige verstößt nicht gegen den Schutz der finanziellen Interessen der EU, sondern trägt zu ihrem Schutz bei. Sie ist geboten, damit der Täter steuerehrlich werden kann, ohne eine Strafverfolgung zu befürchten. Ihm wird ein Ausweg aus der Hinterziehungsfalle eröffnet, sodass der Täter nicht mehr gezwungen ist, weitere Steuerhinterziehungen zu begehen. Zugleich werden durch die Erstattung der Selbstanzeige bisher unbekannte Steuerquellen aufgedeckt. Dadurch wird das Interesse der Mitgliedstaaten sowie der Europäischen Union am rechtzeitigen und gleichmäßigen Steueraufkommen gesichert. Die Selbstanzeige führt durch die Inaussichtstellung von Straffreiheit dazu, dass das Steuerstrafrecht, das wegen seiner Strafandrohung einer Rückkehr in die Steuerehrlichkeit entgegensteht, wieder effektiv wird. Durch die Selbstanzeige wird dem Effektivitätsgrundsatz gemäß Art. 4 Abs. 3 UAbs. 2 EUV Rechnung getragen.

Die Richtlinie des Europäischen Parlaments und des Rates über die strafrechtliche Bekämpfung von gegen die finanziellen Interessen der Europäischen Union gerichtetem Betrug vom 05.07.2017 erfüllt die Anforderungen an eine sinnvolle Harmonisierung des Steuerstrafrechts nicht, weil sie keine Regelungen zur Vereinheitlichung der Selbstanzeige getroffen hat.[1517] Eine Harmonisierung des Steuerstrafrechts ist nicht nur hinsichtlich der Strafbegründung, sondern auch hinsichtlich der Strafbegrenzung erforderlich.[1518]

Ohne eine europäische Selbstanzeigeregelung besteht die Gefahr, dass der Steuerhinterzieher seine Straftaten entweder nicht offenlegt oder im Fall einer grenzüberschreitenden Steuerhinterziehung in dem Mitgliedstaat Selbstanzeige

---

1516 Zum Umsatzsteuerkarussel und zur Lieferkette s. E. II. 1. a).

1517 *G. Dannecker* DStJG 83 (2015), 373, 425.

1518 Vgl. *G. Dannecker* DStJG 83 (2015), 373, 425.

erstattet, der die geringsten Anforderungen an die Wirksamkeit der Selbstanzeige stellt, sofern man von einer Sperrwirkung der Selbstanzeige für andere Mitgliedstaaten ausgeht.[1519] Die bisherige Verfolgung von Steuerstraftaten durch die Mitgliedstaaten ist angesichts der Steuerausfälle von schätzungsweise 825 Milliarden Euro [1520] unzureichend und kann die finanziellen Interessen der EU nicht ausreichend schützen. Diese Ineffektivität des Strafrechts wird durch die Selbstanzeige beseitigt. Durch eine europäische Selbstanzeigeregelung werden, sofern sie Sperrwirkung in allen Mitgliedstaaten entfaltet, einheitliche Anforderungen an die Wirksamkeit einer Selbstanzeige gestellt, die dazu führen, dass es ein einheitliches Schutzniveau der finanziellen Interessen der EU in der gesamten Europäischen Union gibt und ein forum shopping der Täter vermieden wird.

III. Ausgestaltung einer europäischen Selbstanzeigeregelung

Nachdem sowohl die tatsächliche als auch die rechtliche Notwendigkeit für eine europäische Selbstanzeigeregelung aufgezeigt wurde, soll nun die Ausgestaltung einer solchen Regelung in den Blick genommen werden.

Artikel 83 Abs. 2 AEUV ermächtigt zum Erlass von Mindestvorschriften. Es steht den Mitgliedstaaten frei, die Voraussetzungen an die Selbstanzeige zu verschärfen. Allerdings dürfen die Vorgaben der Europäischen Union nicht so weit gehen, dass den Mitgliedstaaten kein Umsetzungsspielraum mehr verbleibt und die nationalen strafrechtlichen Kompetenzen zu sehr eingeschränkt werden.[1521]

1. Selbstanzeige als Strafaufhebungs- oder Strafmilderungsgrund

Hinsichtlich der Rechtsklarheit und Vorhersehbarkeit ist es erforderlich, dass der Steuerstraftäter vorhersehen kann, welche Anforderungen er erfüllen muss, um Straffreiheit zu erlangen. Ein Strafaufhebungsgrund bietet dem Steuerdelinquenten mehr Rechtssicherheit als ein Strafmilderungsgrund. Bei der Ausgestaltung der Selbstanzeige als Strafaufhebungsgrund erlangt der Täter immer Straffreiheit, wenn die Voraussetzungen der Selbstanzeige erfüllt sind. Bei der Ausgestaltung als Strafmilderungsgrund steht es hingegen im Ermessen des Gerichts, ob es die Strafe aufhebt oder nur eine Milderung vornimmt.[1522] Im Interesse eines effektiven

---

1519 Zur Anwendung von ne bis in idem auf die Selbstanzeige s. E. II. 2. a) bb).

1520 S. E. II. 1.

1521 *G. Dannecker* in: Leitner/Brandl Finanzstrafrecht 2017, 1, 44.

1522 Zum Vor- und Nachteil der Normierung eines Strafaufhebungs- oder Strafmilderungsgrundes bei der Selbstanzeige, s. *G. Dannecker* in: Leitner/Brandl Finanzstrafrecht 2017, 1, 42.

Schutzes der finanziellen Interessen der Union kann es geboten sein, die Selbstanzeige unionsrechtlich als Strafaufhebungsgrund auszugestalten. Dagegen könnte das Urteil des EuGH vom 05.12.2017 (*M.A.S. & M.B.*) sprechen, das eine Ausnahme vom Vorrang des Unionsrechts vorsieht, wenn wesentliche Grundsätze des nationalen Verfassungsrechts verletzt werden.[1523] Mit dieser Rechtsprechung hat sich der EuGH gegen seine vorherige Rechtsprechung in der Sache *Taricco*[1524] gewandt, die noch einen bedingungslosen Anwendungsvorrang des Unionsrechts im Bereich der Betrugsbekämpfung vorsah.[1525] In dieser Entscheidung ging es ebenfalls um die italienischen Verjährungsvorschriften im Rahmen des schweren Mehrwertsteuerbetrugs. Der EuGH stellte im Gegenzug zu *M.A.S. & M.B.* in der Entscheidung *Taricco* nicht auf die unterschiedliche Einordnung der Verjährungsvorschriften im nationalen Recht und Unionsrecht ab, sondern ordnete die Nichtanwendung der italienischen Vorschriften an, um den schweren Mehrwertsteuerbetrug wirksam und abschreckend zu bekämpfen. Der EuGH stellte fest, dass die Mitgliedstaaten grundsätzlich die Wahl haben, ob sie verwaltungsrechtliche oder strafrechtliche Sanktionen einführen, um die Erhebung der Einnahmen aus der Mehrwertsteuer

---

1523 EuGH Urt. v. 05.12.2017 – C-42/17 (*M.A.S. & M.B.*), Rn. 29 ff., 62. Im vom EuGH zu entscheidenden Fall ging es um italienische Verjährungsvorschriften, die auf nationaler Ebene dem materiellen Recht und nicht dem Verfahrensrecht (so die Einordnung im Unionsrecht) zugeordnet werden. Da die italienischen Vorschriften eine kurze Verjährungsfrist in Fällen von schwerem Mehrwertsteuerbetrug vorsahen, könnte dies einen Verstoß gegen den Schutz der finanziellen Interessen der EU darstellen, sodass die nationalen Vorschriften nicht angewendet werden dürften. Allerdings gilt für die nationalen Verjährungsvorschriften als Teil des materiellen Strafrechts in Italien der Grundsatz der Gesetzmäßigkeit, gegen den verstoßen würde, wenn diese Vorschriften unangewendet blieben und dadurch nachträglich die Verjährungsfristen verlängert würden. Aus diesem Grund legte der italienische Verfassungsgerichtshof dem EuGH die Frage zur Reichweite des Anwendungsvorrangs, über den zuvor im Urteil *Taricco* entschieden wurde, zur Vorabenentscheidung vor. Der EuGH berücksichtigte die Einordnung der Verjährungsvorschriften zum materiellen Recht und sah von einem Anwendungsvorrang des Unionsrechts ab, weil zum damaligen Zeitpunkt noch keine Harmonisierung der Verjährungsvorschriften im Bereich der Mehrwertsteuer erfolgt war; s. dazu EuGH (aaO.) Rn. 44.

1524 EuGH Urt. v. 08.09.2015 – C-105/14 (*Taricco*).

1525 EuGH Urt. v. 08.09.2015 – C-105/14 (*Taricco*), Rn. 52, 58. So auch EuGH Urt. v. 26.02.2013 – C-399/11 (*Melloni*), Rn. 59, wonach die Geltendmachung nationaler Vorschriften, auch wenn diese Verfassungsrang besitzen, keinen Einfluss auf den Anwendungsvorrang des Unionsrechts hat. Ebenso EuGH Urt. v. 17.12.1970 – 11/70 (*Internationale Handelsgesellschaft*), Slg. 1970, 1126, 1135, Rn. 3; EuGH Urt v. 08.09.2010 – C-409/06 (*Winner Wetten*), Rn. 61.

und damit den Schutz der finanziellen Interessen der Union zu gewährleisten.[1526] Strafrechtliche Sanktionen könnten jedoch unerlässlich sein, um den Mehrwertsteuerbetrug zu bekämpfen.[1527]

Fraglich ist, ob die Ausgestaltung der Selbstanzeige als Strafaufhebungsgrund gegen nationale verfassungsrechtliche Grundsätze verstoßen würde. Ist das der Fall, muss die Europäische Union es den Mitgliedstaaten überlassen, ob sie die Selbstanzeige als Strafaufhebungs- oder Strafmilderungsgrund ausgestalten.

Die Entscheidung über die Ausgestaltung der Selbstanzeige obliegt dem Gesetzgeber, dem ein Beurteilungsspielraum zusteht.[1528] Er soll entscheiden, wie am besten einem Taktieren des Steuerhinterziehers entgegengewirkt werden kann.[1529] Eine Festlegung der EU auf die Selbstanzeige als Strafaufhebungsgrund könnte somit gegen die Gesetzgebungskompetenzen der Mitgliedstaaten verstoßen. Gleichwohl kann die Europäische Union das gesamte Strafrecht einschließlich des Verfahrensrechts regeln, wenn sie das Subsidiaritäts- und das Verhältnismäßigkeitsprinzip gemäß Art. 5 Abs. 1 S. 2, Abs. 3 EUV bzw. Art. 5 Abs. 1 S. 2, Abs. 4 EUV beachtet, weil die Schaffung eines Raumes der Freiheit, der Sicherheit und des Rechts gemäß Art. 4 Abs. 2 lit. j AEUV der geteilten Zuständigkeit unterliegt.[1530] Die Bekämpfung der Steuerhinterziehung kann effektiv nur auf Unionsebene in Form einer einheitlichen Regelung der Selbstanzeige erfolgen, weil die Mitgliedstaaten grenzüberschreitende Steuerhinterziehungen nicht allein aufdecken können und es wegen der unterschiedlichen Regelungen des Tatbestands der Steuerhinterziehung eine uneinheitliche Verfolgungspraxis mit unterschiedlich hohen Verurteilungsraten gibt.[1531] Insofern sollte mit Schaffung einer europäischen Selbstanzeigeregelung auch eine Harmonisierung des Tatbestands der Steuerhinterziehung einhergehen.

Die Richtlinie als Regelungsinstrument greift prinzipiell auch nicht zu stark in den Beurteilungsspielraum der Mitgliedstaaten ein, weil sie nur hinsichtlich des Ziels verbindlich ist. Den Mitgliedstaaten obliegt die Wahl der Form und Mittel.[1532] Der Beurteilungsspielraum der Mitgliedstaaten bei der Umsetzung von Richtlinien in nationales Recht würde jedoch missachtet, wenn die europäische Selbstanzeige zwingend als Strafaufhebungsgrund ausgestaltet wird, weil dadurch verwaltungsrechtliche Regelungen oder eine Strafmilderung ausscheiden würden. Trotz der bestehenden unionsrechtlichen Verpflichtung der Mitgliedstaaten zum effektiven Schutz der finanziellen Interessen der Europäischen Union muss den

---

1526 EuGH Urt. v. 08.09.2015 – C-105/14 (*Taricco*), Rn. 39. So bereits EuGH Urt. v. 26.02.2013 – C-617/10 (*Åkerberg Fransson*), Rn. 34.

1527 EuGH Urt. v. 08.09.2015 – C-105/14 (*Taricco*), Rn. 39.

1528 *G. Dannecker* in: Leitner/Brandl Finanzstrafrecht 2017, 1, 44.

1529 *G. Dannecker* in: Leitner/Brandl Finanzstrafrecht 2017, 1, 44.

1530 S. E. II. 2. b) aa) aaa).

1531 S. E. II. 2. a) bb) und E. II. 2. b) aa) aaa).

1532 S. E. II. 2. b) aa) aaa).

Mitgliedstaaten ein Spielraum zugestanden werden, wie sie die Vorgaben des Unionsrechts umsetzen.[1533] Den Mitgliedstaaten steht es somit frei, ob sie aufgrund des Regelungsvorschlags die Selbstanzeige als Strafaufhebungs-, als Strafmilderungsgrund oder als Verfahrenshindernis ausgestalten.

2. Wirksamkeitsvoraussetzungen der Selbstanzeige

a) Positive Wirksamkeitsvoraussetzungen

Wenn somit auf Rechtsfolgenseite keine einheitliche Regelung der Selbstanzeige erfolgen kann, so sollten aber die Anforderungen an eine wirksame Selbstanzeige vereinheitlicht werden, damit ein einheitliches Schutzniveau in der Europäischen Union gewährleistet wird. Andernfalls wäre der Täter in einem Land mit niedrigeren Anforderungen straffrei und in einem anderen Land strafbar. Damit der Täter die Anzeige nicht dort erstattet, wo er die geringsten Voraussetzungen erfüllen muss und dann in allen anderen Mitgliedstaaten wegen der offenbarten Taten nicht mehr verfolgt werden kann, sind einheitliche Vorgaben erforderlich. Grundsätzlich fordern alle Länder, dass der Täter seine begangenen Steuerhinterziehungen vollständig offenlegt.[1534] Die Selbstanzeige hat zur Folge, dass der Täter die Steuern zuzüglich Zinsen nachzahlen muss.[1535] Viele Länder statuieren darüber hinaus eine Geldbuße, die bei einer Selbstanzeige reduziert werden kann, oder sehen einen Zuschlag vor.[1536] Die positiven Wirksamkeitsvoraussetzungen sind damit bei allen Mitgliedstaaten, die die Selbstanzeige kennen, nahezu gleich.[1537] Es ist für eine wirksame Selbstanzeige die Offenlegung aller begangenen Steuerhinterziehungen zuzüglich einer Nachzahlung der hinterzogenen Steuern nebst Zinsen erforderlich. Dementsprechend sollte die europäische Selbstanzeigeregelung diese positiven Voraussetzungen umfassen.

b) Negative Wirksamkeitsvoraussetzungen

Daneben gibt es auch Mitgliedstaaten, die bestimmte Ausschlussgründe normieren. So ist in einigen Ländern die Erstattung der Selbstanzeige bei Einleitung eines Strafverfahrens ausgeschlossen.[1538] Besonders hoch sind die Anforderungen in Deutschland,

---

1533 *G. Dannecker* in: GS Joecks 2018, 383, 396.

1534 Zur Übersicht über die verschiedenen Selbstanzeigeregelungen, s. OECD aaO. (Fn. 1333), S. 33 ff.

1535 Nur Malta und Polen sehen die Möglichkeit der Reduzierung oder sogar des Entfalls von Zinsen vor.

1536 Deutschland, Finnland, Großbritannien, Irland, Malta, Niederlande, Österreich, Portugal.

1537 Zu den verschiedenen Selbstanzeigeregelungen, s. OECD aaO. (Fn. 1333), S. 33 ff.

1538 Deutschland, Großbritannien, Österreich.

Irland, Österreich und den Niederlanden[1539], bei denen die Tatentdeckung sowie die steuerliche Prüfung zu einem Ausschluss der Selbstanzeige führen (vgl. § 371 AO, § 1077E Abs. 1, 15 TCA 1997, § 29 FinStrG). Demnach könnten die Regelungen derjenigen Mitgliedstaaten, die besonders hohe Anforderungen an die Wirksamkeit der Selbstanzeige stellen, für die Festlegung der Wirksamkeitsvoraussetzungen herangezogen werden, um ein einheitliches Schutzniveau in der Europäischen Union zu gewährleisten.

Zu beachten ist jedoch, dass die Mitgliedstaaten, die besonders hohe Anforderungen an die Wirksamkeit der Selbstanzeige stellen, die Möglichkeiten des Täters zu einer Rückkehr in die Steuerehrlichkeit einschränken. Der Schutz des Steuerstraftäters ist hier niedriger, weil er höhere Voraussetzungen erfüllen muss, um Straffreiheit zu erlangen.

Würden niedrige Voraussetzungen für eine wirksame Selbstanzeige ausreichen, wäre dadurch der Anreiz, begangene Steuerhinterziehungen offenzulegen und bisher unbekannte Steuerquellen aufzudecken, besonders groß. Einer Mitwirkung des Täters bedarf es aber nicht mehr, wenn die Tat bereits entdeckt ist, ein Strafverfahren wegen der begangenen Steuerhinterziehungen eingeleitet wurde oder ein Amtsträger mit der steuerlichen Prüfung begonnen hat. Denn dann ist die Finanzbehörde nicht mehr auf die Angaben des Steuerpflichtigen angewiesen, um die steuerlich erheblichen Tatsachen festzustellen. Die bisher unbekannten Steuerquellen sind bereits entdeckt. Einer Aufdeckung durch den Täter bedarf es nicht mehr. Die Selbstanzeige ist in diesem Fall wirkungslos, weil das fiskalische Ziel bereits erreicht ist. Aus diesem Grund sollte die europäische Selbstanzeigeregelung die Ausschlussgründe der Einleitung eines Strafverfahrens, der Tatentdeckung und der steuerlichen Prüfung umfassen. Zwar könnte man einwenden, dass dieser Vorschlag gegen die bisherige Ausgestaltung der Selbstanzeige in Großbritannien verstößt, wonach eine Selbstanzeige auch dann möglich ist, wenn die Tat bereits entdeckt ist.[1540] Allerdings ist Großbritannien zum 31.01.2020 aus der Europäischen Union ausgetreten, sodass diese nationale Besonderheit einer europäischen Selbstanzeigeregelung nicht entgegensteht. Um einen einheitlichen Schutz europaweit zu gewährleisten, ist neben der Offenlegung sowie der Nachzahlung der Steuern zuzüglich Zinsen die Normierung von Ausschlussgründen erforderlich.

3. Erfasste Steuerarten

Unter den finanziellen Interessen der EU sind die Einnahmen und Ausgaben der Union zu verstehen. Darunter fallen die Mehrwertsteuereinnahmen, die durch Steuerhinterziehung der EU entzogen werden können. Nach § 370 Abs. 6 AO ist auch die Hinterziehung von Zöllen und harmonisierten Verbrauchsteuern anderer Mitgliedstaaten oder der EU strafbar. Daraus könnte man schließen, dass eine europäische

---

1539 *Malherbe* Tax Amnesties S. 78.

1540 Die aufgeforderte Selbstanzeige stellt den Großteil der Selbstanzeigen dar, weil die HMRC dem Täter mit Übersendung des opening letters die CDF anbietet.

Selbstanzeigeregelung nur in Bezug auf Zölle, Umsatzsteuer und harmonisierte Verbrauchsteuern erforderlich ist. Das würde jedoch dazu führen, dass die Strafbarkeit des Steuerstraftäters in einem Mitgliedstaat, der die Selbstanzeige in Bezug auf andere Steuerarten (z.B. Körperschaft- und Einkommensteuer) nicht kennt, davon abhängt, gegen welches Steuergesetz er verstoßen hat. Deshalb muss eine einheitliche europäische Selbstanzeigeregelung alle Steuerarten erfassen. Da vor allem große Steuerausfälle auf einen Tatplan zurückzuführen sind, sollen nur vorsätzliche Steuerhinterziehungen in die europäische Selbstanzeige einbezogen werden.

Der Regelungsvorschlag könnte folgendermaßen aussehen:

Richtlinienvorschlag zur Einführung einer Selbstanzeige zum Schutz der finanziellen Interessen der Union

Artikel 1 Gegenstand

In dieser Richtlinie werden Mindestvorschriften zur Einführung einer Selbstanzeige bei begangener Steuerhinterziehung festgelegt, um einen besseren und effektiveren Schutz der finanziellen Interessen der Union zu gewährleisten.

Artikel 2 Anwendungsbereich

Die Selbstanzeige findet Anwendung auf alle vorsätzlich begangenen Steuerhinterziehungen. Sie gilt für alle Steuerarten.

Artikel 3 Selbstanzeige

(1) Legt der an der Tat Beteiligte alle begangenen Steuerhinterziehungen bezüglich einer Steuerart gegenüber einer Finanzbehörde vollständig offen, kann die Strafe gemildert werden oder er bleibt wegen dieser Steuerhinterziehungen straffrei.[1541] Für die Offenlegung ist erforderlich, dass der Anzeigende alle Umstände darlegt, die zur Verringerung oder zum Ausfall des Steueranspruchs oder zu einem nicht gerechtfertigten Steuervorteil geführt haben.

(2) Der Täter muss die hinterzogenen Steuern innerhalb einer angemessenen Frist zuzüglich Zinsen bezahlen.

(3) Strafmilderung bzw. Straffreiheit tritt nicht ein,
   1. wenn zum Zeitpunkt der Offenlegung gegen den an der Tat Beteiligten bereits ein Strafverfahren eingeleitet war,
   2. wenn die Tat bereits entdeckt ist oder kurz bevorsteht, entdeckt zu werden,
   3. wenn ein Amtsträger der Finanzbehörde zur steuerlichen Prüfung erschienen ist und mit der steuerlichen Prüfung begonnen hat.

1541 Die Formulierung „bleibt straffrei" gibt den Mitgliedstaaten die Möglichkeit, die Selbstanzeige entweder als prozessuales Verfahrenshindernis oder als Strafaufhebungsgrund auszugestalten.

F. Fazit und Ausblick

Abschließend sollen die wesentlichen Ergebnisse der Arbeit zusammengefasst werden.

I. Grundlagen des deutschen Steuerrechts und seiner Durchsetzung

1. Der heutige Steuerstaat, der seine Wurzeln in der Finanzwissenschaft zur Zeit des ersten Weltkriegs hat, bildet den Ausgangspunkt für das Handeln des Staates zur Erzielung von Einnahmen. Die Steuern stellen die Haupteinnahmequelle dar. Die Entwicklung zum modernen Staat war mit einem Wandel der Pflichten der einzelnen Bürger verbunden, die nicht mehr in der Ableistung von Frohn- und Lehensdiensten oder ständischen Steuern bestehen, sondern in einer Geldzahlungspflicht, die jedem, unabhängig von den gesellschaftlichen Verhältnissen obliegt.[1542] Mithilfe der Steuereinnahmen kann der Staat seine öffentlichen Aufgaben als Sozial- und Rechtsstaat verwirklichen.[1543]

2. Die Steuerhinterziehung ist sozialschädlich, weil sie nicht nur zu Steuerausfällen des Staates, sondern auch zur Schädigung der ehrlichen Steuerzahler und der Wirtschaft führt.[1544]

3. Damit der Staat an seine Einnahmen gelangt, ist er im Besteuerungsverfahren wesentlich auf die Mitwirkung des Steuerpflichtigen angewiesen. Dieser wird richtige und vollständige Angaben in seiner Steuererklärung machen, wenn er von der Gerechtigkeit des Steuersystems ausgeht und die Besteuerung für gerechtfertigt hält. Dann ist aber auch gleichzeitig die Steuermoral hoch und die Neigung zur Begehung von Steuerhinterziehungen niedrig. Die Motive, warum Menschen eine Steuerhinterziehung begehen, sind vielfältig.[1545]

4. Die Steuermoral hängt maßgeblich auch von der Besteuerungsmoral des Staates ab, d.h. nach welchen Kriterien Steuern erhoben werden und wie der Staat mit den Steuereinnahmen umgeht. Ein Staat kann nur dann Steuermoral von seinen Bürgern erwarten, wenn er selbst Besteuerungsmoral zeigt. Fehlt es an dieser, werden auch die Bürger nicht zur Steuerzahlung bereit sein.[1546]

1542 Zur geschichtlichen Entwicklung des Steuerstaats s. B. I. 1.

1543 S. B. I. 2.

1544 S. B. II.

1545 Zu den Motiven s. B. III. 1.

1546 Zur Wechselwirkung von Steuermoral und Besteuerungsmoral s. B. III.

II. Die Selbstanzeige im deutschen Steuerstrafrecht

5. Die Existenz der Selbstanzeige lässt sich mit der Aufdeckung unbekannter Steuerquellen, dem Ermittlungsnotstand[1547], der Rückkehr in die Steuerehrlichkeit, der Herstellung der Belastungsgleichheit im Steuerrecht und der Wiederherstellung der Effektivität des Steuerstrafrechts begründen.[1548] Fiskalische Interessen allein können die Selbstanzeige nicht rechtfertigen. Die Selbstanzeige findet ihre Legitimation vielmehr darin, dass die Schadenswiedergutmachung honoriert wird. Wegen der Rückkehr in die Steuerehrlichkeit bedarf es keiner Bestrafung des Täters mehr. Es entfällt die Strafbedürftigkeit. Die Selbstanzeige trägt dazu bei, dass dem Staat die bisher entzogenen Steuereinnahmen zugeführt werden. Dadurch, dass der Steuerdelinquent nachträglich seinen steuerlichen Pflichten nachkommt, wird Belastungsgleichheit unter allen Steuerpflichtigen hergestellt. Die Inaussichtstellung von Straffreiheit ermöglicht dem Täter einen Ausweg aus der Hinterziehungsfalle. Er kann seine steuerlichen Mitwirkungspflichten erfüllen, ohne eine strafrechtliche Verurteilung befürchten zu müssen. Die Strafandrohung steht einer Rückkehr in die Steuerehrlichkeit nicht mehr entgegen. Das Steuerstrafrecht, das die Begehung von Steuerstraftaten nicht verhinderte, sondern deren Fortsetzung wegen der periodischen Steuern sogar noch förderte, wird durch die Möglichkeit der Selbstanzeige wieder effektiv.

6. Sowohl dem Steuer- als auch dem Steuerstrafrecht werden durch die Verfassung Grenzen gesetzt. Das Steuerrecht hat zum Ziel, dem Staat durch Festsetzung des Steueranspruchs Steuereinnahmen zu verschaffen und zugleich die Bürger gleichmäßig entsprechend ihrer Leistungsfähigkeit zu belasten. Die Gleichmäßigkeit der Besteuerung und das Leistungsfähigkeitsprinzip dienen der Verwirklichung der Steuergerechtigkeit, die in Art. 3 Abs. 1 GG verankert ist.[1549] Die Steuergesetze sollen gleichmäßig angewendet und Steuern effektiv durchgesetzt werden. Um die effektive Durchsetzung des Steuerrechts zu gewährleisten, wurde das Steuerstrafrecht geschaffen, das zum einen Steuerhinterziehungen verhindern und zum anderen begangene Verstöße gegen das Steuerrecht sanktionieren soll. Es hat also eine präventive und eine repressive Funktion. Seiner Aufgabe kann das Steuerstrafrecht aber nicht gerecht werden, wenn die Strafandrohung dazu führt, dass die Täter ihre Steuerhinterziehungen fortsetzen, um eine Aufdeckung ihrer Taten wegen der Periodizität der Steuern zu verhindern. Aus diesem Grund wurde die Selbstanzeige eingeführt, um dem Täter eine Rückkehr in die Steuerehrlichkeit zu ermöglichen und das Steuerstrafrecht wieder effektiv zu machen. Als Teil des Steuerstrafrechts

1547 Dieser ist im Vergleich zu den anderen Gründen von untergeordneter Bedeutung, s. C. I. 2.

1548 Zu den Gründen für die Existenz der Selbstanzeige s. C. I.

1549 S. C. II. 1.

muss die Selbstanzeige ebenfalls den verfassungsrechtlichen Anforderungen genügen. Für die Selbstanzeige ist insbesondere der Nemo-tenetur-Grundsatz, der seine verfassungsrechtliche Verankerung im Rechtstaatsprinzip und dem Recht auf ein faires Verfahren in Form der Waffengleichheit findet[1550], sowie der allgemeine Gleichbehandlungsgrundsatz in Art. 3 Abs. 1 GG von Bedeutung. Die Selbstanzeige ist mit dem Grundgesetz vereinbar und stellt keinen Verstoß gegen das Gleichbehandlungsgebot in Art. 3 Abs. 1 GG dar.[1551] Wegen der prozessualen Fundierung des Nemo-tenetur-Grundsatzes kann sich auch eine juristische Person auf das Schweigerecht berufen. Das ist insbesondere dann bedeutsam, wenn natürliche Personen als Organ der juristischen Person eine Steuerhinterziehung begangen haben und die Erstattung der Selbstanzeige entweder wegen fehlender Liquidität oder wegen des Eingreifens von Ausschlussgründen ausscheidet. In diesem Fall wird gegen die juristische Person ein Ordnungswidrigkeitenverfahren zur Verhängung einer Geldbuße gemäß § 30 Abs. 1 OWiG eingeleitet. Damit sich die juristische Person effektiv verteidigen kann, muss ihr die Berufung auf das Schweigerecht möglich sein.[1552]

7. Die Selbstanzeige ist rechtspolitisch geboten. Das folgt aus den Mitwirkungspflichten im Besteuerungsverfahren, der Vergleichbarkeit der Veranlagungszeiträume sowie der Doppelzuständigkeit der Finanzbehörde für das Steuer- und Strafverfahren. Aufgrund dessen ist eine Selbstbelastung des Täters möglich, die auch nicht durch §§ 30, 393 AO vermieden werden kann. Andere von der Literatur vertretene Lösungsansätze können bis auf die Normierung eines Verwendungsverbots den Konflikt zwischen Mitwirkungspflichten im Besteuerungsverfahren und Selbstbelastungsverbot im Strafverfahren nicht genauso gut wie die Selbstanzeige auflösen.[1553]

8. Der Nemo-tenetur-Grundsatz gilt nicht absolut. Zwar können ein besonderes Aufklärungs- und Strafverfolgungsinteresse eine Einschränkung des Selbstbelastungsverbots nicht rechtfertigen.[1554] Aber eine Eingrenzung ist dann möglich, wenn es um die Normierung von Auskunftspflichten im Vorfeld eines Strafverfahrens geht. Solche Pflichten verstoßen erst dann gegen den Nemo-tenetur-Grundsatz, wenn die Aussagen im Strafverfahren verwertet werden und zur Verurteilung des Täters führen.[1555]

9. Die aktuelle Regelung der Selbstanzeige trägt dem Nemo-tenetur-Grundsatz nicht ausreichend Rechnung. Für einen effektiven Schutz des Selbstbelastungsverbots

1550 Zur verfassungsrechtlichen Verankerung des nemo-tenetur-Prinzips s. C. II. 3. c).
1551 Zur Verfassungsmäßigkeit der Selbstanzeige, s. C. II. 2.
1552 S. C. II. 3. d).
1553 Zur rechtspolitischen Gebotenheit der Selbstanzeige s. C. III.
1554 S. C. III. 2. c) bb) aaa).
1555 S. C. III. 2. c) bb) bbb).

dürfen die Voraussetzungen an eine wirksame Selbstanzeige nicht zu hoch sein. Zudem muss die Regelung so klar formuliert sein, dass der Steuerdelinquent vorhersehen kann, welche Anforderungen er erfüllen muss, um Straffreiheit zu erlangen. Die aktuelle Vorschrift des § 371 AO ist in vielen Teilen zu unbestimmt und die Sperrgründe werden zu weit ausgedehnt. Das betrifft den Berichtigungsverbund, insbesondere welche Steuerstraftaten erfasst sind, wann die Verjährungsfrist zu laufen beginnt und welche Auswirkungen Abweichungen auf die Wirksamkeit der Selbstanzeige haben. Ferner wird die Sperrwirkung entgegen dem Wortlaut auf alle Tatbeteiligte in § 371 Abs. 2 S. 1 Nr. 1a und 1b AO erstreckt und die Anforderungen an eine Tatentdeckung hängen maßgeblich von der objektiven Komponente ab. Die Vorschrift des § 398a AO ist ebenfalls in vielerlei Hinsicht problematisch (Berechnung des Hinterziehungsbetrags und willkürliche Staffelung der Zuschläge).[1556]

10. Die Selbstanzeige in Deutschland existiert bereits seit mehr als 100 Jahren und hat sich zu einem fest im Steuerstrafrecht etablierten Rechtsinstitut entwickelt.[1557] Für eine wirksame Selbstanzeige muss der Täter seine Angaben berichtigen, bei Erlangung eines Steuervorteils oder einer Steuerverkürzung die Steuern zuzüglich Zinsen innerhalb einer angemessenen Frist bezahlen (positive Wirksamkeitsvoraussetzungen) und es dürfen keine Ausschlussgründe vorliegen (negative Wirksamkeitsvoraussetzungen).[1558] Straffreiheit tritt nur bezüglich der offengelegten Steuerhinterziehungen ein.[1559] Um aber eine Strafbarkeit wegen der mitverwirklichten Delikte des StGB zu vermeiden, müsste § 393 Abs. 2 S. 2 AO aufgehoben werden.

III. Die steuerrechtliche Selbstanzeige in Großbritannien

11. Anders als in Deutschland bestehen in Großbritannien verschiedene Straftatbestände der Steuerhinterziehung (statutes and common law), die in einigen Fällen von der Art der hinterzogenen Steuer abhängen.[1560] Die Pflichten des Steuerzahlers sind den deutschen Pflichten ähnlich, nur dass der Steuerpflichtige auch seine eigene Steuerlast berechnet und keinen Steuerbescheid bekommt.[1561] Das führt dazu, dass die Steuererklärungen von der britischen Finanzbehörde erst im Nachhinein kontrolliert werden. Die Finanzbehörde ist sowohl für das Steuer- als auch

1556 S. C. III. 2. c) bb) ccc).

1557 S. D. I. 1.

1558 Zu den Wirksamkeitsvoraussetzungen der Selbstanzeige s. D. I. 2.

1559 Zu den Rechtsfolgen der Selbstanzeige s. D. I. 3.

1560 S. D. II. 2. b).

1561 S. D. II. 1. b).

für das Steuerstrafverfahren (als Ermittlungsorgan) zuständig und ihr stehen in beiden Verfahren weitreichende Befugnisse zu.[1562]

12. Die Selbstanzeige in Großbritannien blickt ebenfalls auf eine lange Geschichte zurück und stellt eine Praxis der britischen Finanzbehörde HMRC dar.[1563] Es handelt sich um ein steuerrechtliches Instrument, das mit der restriktiven Strafverfolgungspolitik der HMRC[1564] begründet werden kann. Während Strafverfolgung nur in besonders schweren Fällen der Steuerhinterziehung zur Abschreckung und Statuierung eines Exempels erfolgt, bietet die Finanzbehörde den Tätern mit der Selbstanzeige die Möglichkeit, Immunität vor Strafverfolgung zu erlangen, wenn sie alle Taten offenlegen.

13. Die Gründe, weshalb die Selbstanzeige eingeführt wurde, sind die gleichen wie in Deutschland: Erhöhung der Staatseinnahmen durch Aufdeckung unbekannter Steuerquellen, Ermittlungsnotstand, Ermöglichung der Rückkehr in die Steuerehrlichkeit, Herstellung von Belastungsgleichheit im Steuerrecht und Wiederherstellung der Effektivität des Steuerstrafrechts.[1565]

14. Die Selbstanzeige stellt eine vertragliche Vereinbarung zwischen dem Täter und der Finanzbehörde dar (sog. CDF). Für eine vollständige und richtige Selbstanzeige muss der Täter ebenfalls alle Steuerstraftaten offenlegen. Dies erfolgt mithilfe von zwei verschiedenen Formularen, der *Outline* und der *Formal Disclosure*. Sodann geht die Finanzbehörde zur Einigung über, bei der die zu entrichtenden Steuern, die Zinsen und die Geldbußen festgelegt werden.[1566] Sollte die Anzeige richtig und vollständig sein, führt sie zur Reduzierung der Geldbuße sowie zur Immunität vor Strafverfolgung bezüglich der offenbarten Steuerhinterziehungen. Aber auch wegen der mitverwirklichten Allgemeindelikte[1567] wird nur selten eine Strafverfolgung erfolgen.[1568]

15. Neben diesem allgemeinen Selbstanzeigeprogramm gab es weitere Programme, die auf bestimmte Länder für Auslandssteuerhinterziehungen zugeschnitten waren. Die Worldwide Disclosure Facility bildete das letzte aktuelle Programm.[1569]

16. Der Rechtsvergleich hat gezeigt, dass sowohl die Selbstanzeige in Deutschland als auch in Großbritannien ähnlich ausgestaltet sind, auch wenn die Anforderungen in Deutschland durch die Ausschlussgründe höher sind.

1562 S. D. II. 1. c); D. II. 2. a).

1563 S. D. II. 3. a).

1564 Zur Strafverfolgungspolitik s. D. II. 3. b).

1565 S. D. II. 3. c).

1566 Zur Ausgestaltung der Selbstanzeige in Großbritannien s. D. II. 3. d) aa).

1567 Zu den möglichen Allgemeindelikten s. D. II. 3. e) cc) bbb).

1568 Zu den Rechtsfolgen s. D. II. 3. e).

1569 Zu den speziellen Selbstanzeigeprogrammen s. D. II. 3. d) bb).

IV. Die europäische Selbstanzeigeregelung

17. Die Europäische Union sowie die OECD haben verschiedene Maßnahmen zur Bekämpfung der Steuerhinterziehung ergriffen.[1570] Diese sind aber nicht ausreichend, um die Fälle grenzüberschreitender Steuerhinterziehung[1571] einzudämmen. Aus diesem Grund ist die Einführung einer europäischen Selbstanzeigeregelung geboten. Aber auch der Effektivitätsgrundsatz erfordert eine solche Regelung.[1572] Die Selbstanzeige trägt zum Schutz der finanziellen Interessen der Union[1573] bei und macht das Steuerstrafrecht wieder effektiv. Eine entsprechende Regelung sollte auf Art. 83 Abs. 2 AEUV gestützt werden.[1574]

V. Ausblick

18. Die Untersuchung hat gezeigt, dass die Selbstanzeige sowohl rechtspolitisch auf nationaler und unionsrechtlicher Ebene geboten ist, um die Effektivität des Steuerstrafrechts zu garantieren. Die Selbstanzeige ermöglicht es, dass Steuerstraftaten offengelegt werden, der Täter nachträglich seiner Steuerpflicht nachkommt und dabei nicht Gefahr läuft, sich selbst zu belasten.

Die oftmals komplexen Fälle der grenzüberschreitenden Steuerhinterziehung können die Mitgliedstaaten nicht allein aufdecken, sodass es der Zusammenarbeit bedarf. Der Täter wird aber nicht zur Mitwirkung bereit sein, wenn ihm seine Offenlegung keine Vorteile bringt. Die Selbstanzeige bietet den erforderlichen Anreiz und führt durch die einheitlichen Vorgaben zu einem gleichen Schutzniveau der finanziellen Interessen in der gesamten EU.

Aus diesen Gründen ist der Erlass einer entsprechenden Richtlinie durch die Europäische Union geboten.

1570 S. E. I.

1571 Zu den Fällen grenzüberschreitender Steuerhinterziehung s. E. II. 1.

1572 S. E. II. 2. b) bb).

1573 Zur Vereinbarkeit der Selbstanzeige mit den finanziellen Interessen der EU s. E. II. 2. a) bb).

1574 Zur geeigneten Ermächtigungsgrundlage s. E. II. 2. b) aa).

Literaturverzeichnis

Abramowski, Jasper, Gibt es eine strafbefreiende Selbstanzeige auch im Steuerstrafrecht der USA?, DStZ 1991, S. 744-747

ders., Verfassungswidrigkeit des steuerlichen Selbstanzeigeprivilegs? - Konsequenzen aus dem Zinsurteil des Bundesverfassungsgerichts -, DStZ 1992, S. 460-465

Adams, Helen; Jones, Jennifer, Tricky Business, Taxation 19 March 2015, S. 18-20

Adick, Markus, Zur Neuregelung der Selbstanzeige (§ 371 AO) im Jahr 2011, HRRS 2011, S. 197-203

ders. (Hrsg.), Bülte, Jens (Hrsg.), Fiskalstrafrecht, 2. Auflage 2019, Heidelberg

Ahrens, Susanne; Nagel, Sibylle, Selbstveranlagung, ein Instrument zur Verwaltungsvereinfachung und zur Steigerung der Effizienz der Steuerverwaltung? – Vortrags- und Diskussionsveranstaltung vom 4.12.2001 in der Bundesfinanzakademie des Bundesfinanzministeriums in Brühl anläßlich ihres 50jährigen Bestehens, FR 2002, S. 261-269

Al Hamwi, Alexander, Die strafbefreiende Selbstanzeige nach § 371 AO, Straftheoretische Fundierung im Kontext einer allgemeinen Regelung zur Wiedergutmachung, Beiträge zur Strafrechtswissenschaft – Paperbacks –, Band 14, Diss. 2019, Berlin, *zitiert:* Die strafbefreiende Selbstanzeige nach § 371 AO

Allen, Michael J., Textbook on Criminal Law, 13. Auflage 2015, Oxford

Alm, James; McClelland, Gary H.; Schulze, William D., Why do people pay taxes?, Journal of Public Economics 1992, S. 21-38

Alldridge, Peter, Criminal Justice and Taxation, Oxford Monographs on Criminal Law and Justice, 2017, Oxford, *zitiert:* Criminal Justice and Taxation

Allingham, Michael G.; Sandmo, Agnar, Income Tax Evasion: A Theoretical Analysis, Journal of Public Economics 1972, S. 323-338

Arndt, Adolf, Umwelt und Recht, NJW 1966, S. 869-872

Ashford, Gary, Chapter 2 Special investigations, in: *Funnel, Graham (Hrsg.),* HMRC Investigations and Enquiries 2011-12, 2011, Haywards Heath

ders., Chapter 2 Serious civil tax investigations into fraud and avoidance: Code of Practice 9 (Contractual Disclosure Facility) and Code of Practice 8, in: *McLaughlin, Mark (Hrsg.),* HMRC Investigations Handbook 2015/16, 2016, Haywards Heath

ders., Chapter 5 Offshore tax investigations, disclosure campaigns and tax cooperation agreements, in: *McLaughlin, Mark (Hrsg.),* HMRC Investigations Handbook 2015/16, 2016, Haywards Heath

Badische Zeitung, SPD fordert Abschaffung der Straffreiheit für Steuersünder, Artikel vom 05.02.2014, abrufbar unter: http://www.badische-zeitung.de/deutschland-1/debatte-um-die-selbstanzeige--80415614.html

Badura, Peter, Das Verwaltungsmonopol, 1963, Berlin

ders., Staatsrecht, Systematische Erläuterung des Grundgesetzes für die Bundesrepublik Deutschland, 7. Auflage 2018, München, *zitiert:* Staatsrecht

Bährle, Volker, Die Aussagefreiheit des Angeklagten und die Verwertung von Vorverfahrensaussagen in der Hauptverhandlung, Diss. 1993, Heidelberg, *zitiert:* Aussagefreiheit des Angeklagten

Baker, Philip, Taxation and the European Convention on Human Rights, B.T.R. 2000, S. 211-269

Bauer, Gerhard, Die Aussage des über das Schweigerecht nicht belehrten Beschuldigten, Diss. 1972, Göttingen

Bayer, Ralph-Christopher; Reichl, Norbert, Ein Verhaltensmodell zur Steuerhinterziehung, in: *Schmölders, Günter (Begr.); Hansmeyer, Karl-Heinrich (Hrsg.); Mackscheidt, Klaus (Hrsg.),* Finanzwissenschaftliche Forschungsarbeiten, Neue Folge Band 66, 1997, Berlin, *zitiert:* Ein Verhaltensmodell zur Steuerhinterziehung

Beermann, Albert (Begr.), Gosch, Dietmar (Hrsg.), Abgabenordnung Finanzgerichtsordnung, Kommentar mit Nebengesetzen, EuGH-Verfahrensrecht, (ehemals: Steuerliches Verfahrensrecht), Loseblattsammlung, Stand: 163. Lieferung, Stand: 01.07.2021, *zitiert: Autor* in: Gosch AO/FGO

Beckemper, Katharina; Schmitz, Roland; Wegner, Carsten; Wulf, Martin, Zehn Anmerkungen zur Neuregelung der strafbefreienden Selbstanzeige durch das „Schwarzgeldbekämpfungsgesetz", wistra 2011, S. 281-289

Beckmann, Klaus, Steuerhinterziehung, Individuelle Entscheidung und Finanzpolitische Konsequenzen, in: *Sinn, Hans-Werner (Hrsg.); Wiegard, Wolfgang (Hrsg.),* Beiträge zur Finanzwissenschaft, 2003, Tübingen, *zitiert:* Steuerhinterziehung

Benda, Ernst, Die Wahrung verfassungsrechtlicher Grundsätze im Steuerrecht, DStZ 1984, S. 159-164

Bender, Peter, Der Tranistschmuggel im europäischen „ne bis in idem" – zugleich Anmerkung zu BGH wistra 2008, 470, wistra 2009, S. 176-180

Berthold, Volker, Der Zwang zur Selbstbezichtigung aus § 370 Abs. 1 AO und der Grundsatz nemo tenetur, Europäische Hochschulschriften, Reihe II, Rechtswissenschaft, Bd./Vol. 1368, Diss. 1993, Frankfurt am Main, *zitiert:* Der Zwang zur Selbstbezichtigung

Berwick, Phil, The new Contractual Disclosure Facility, Tax Journal 17 February 2012, S. 14-15

Besson, Philipp A., Das Steuergeheimnis und das Nemo-tenetur-Prinzip im (steuer-) strafrechtlichen Ermittlungsverfahren, Europäische Hochschulschriften, Reihe

II, Rechtswissenschaft, Bd./Vol. 2112, Diss. 1997, Frankfurt am Main, *zitiert:* Das Steuergeheimnis

Beulke, Werner; Swoboda, Sabine, Strafprozessrecht, 15. Auflage 2020, Heidelberg

Biener, Friedrich August, Beiträge zu der Geschichte des Inquistions-Processes und der Geschwornen-Gerichte, 1827, Leipzig, *zitiert:* Geschichte des Inquisitonsprozesses

Bilsdorfer, Peter, Anmerkung zu Vorlagebeschluss des Amtsgerichts Saarbrücken vom 2. Dezember 1982 35-55/82, DStZ 1983, S. 131-132

ders., Aktuelle Probleme der Selbstanzeige, wistra 1984, S. 131-136

Bingham, T., Tax evasion, The law and the practice, 1980, London, *zitiert:* Tax evasion

Birk, Dieter, Das Leistungsfähigkeitsprinzip als Maßstab der Steuernormen, Ein Beitrag zu den Grundfragen des Verhältnisses Steuerrecht und Verfassungsrecht, Steuerrechtswissenschaft, Band 13, Habil. 1983, Köln, *zitiert:* Das Leistungsfähigkeitsprinzip als Maßstab der Steuernormen

ders.; Desens, Marc; Tappe, Henning, Steuerrecht, 23. Auflage 2020, Heidelberg

Birle, Jürgen (Bearb); u.a., Beck´sches Steuer- und Bilanzrechtslexikon, 56. Edition 2021, *zitiert: Autor* in: Beck´sches Steuer- und Bilanzrechtslexikon

Birnbaum, Mathias, Doppelbesteuerung von Ausschüttungen liechtensteinischer Stiftungen?, ZEV 2014, S. 482-485

Blasch, Frank; Weichenrieder, Alfons J., Konzepte für die Unternehmensbesteuerung, Orientierungen zur Wirtschafts- und Gesellschaftspolitik 103 (2005), S. 26-33

Blumers, Wolfgang, Zur Auslegung des § 371 AO am Beispiel „Tatentdeckung", wistra 1985, S. 85-88

Bosch, Nikolaus, Aspekte des nemo-tenetur-Prinzips aus verfassungsrechtlicher und strafprozessualer Sicht, Ein Beitrag zur funktionsorientierten Auslegung des Grundsatzes „nemo tenetur seipsum accusare", in: *Schmidhäuser, Eberhard (Hrsg.); Schroeder, Friedrich-Christian (Hrsg.),* Strafrechtliche Abhandlungen, Neue Folge, Band 110, Diss. 1998, Berlin, *zitiert:* Aspekte des nemo-tenetur-Prinzips

Böse, Martin, Die verfassungsrechtlichen Grundlagen des Satzes „Nemo tenetur se ipsum accusare", GA 2002, S. 99-128

ders. Wirtschaftsaufsicht und Strafverfolgung, Die verfahrensübergreifende Verwendung von Informationen und die Grund- und Verfahrensrechte des Einzelnen, IUS PUBLICUM, Beiträge zum Öffentlichen Recht, Band 127, Habil. 2005, Tübingen, *zitiert:* Wirtschaftsaufsicht und Strafverfolgung

ders., Die strafbefreiende Selbstanzeige – goldene Brücke zur Steuerehrlichkeit oder modernder Ablasshandel?, BRJ 2014, S. 145-15

Bottke, Wilfried, Strafrechtswissenschaftliche Methodik und Systematik bei der Lehre vom strafbefreienden und strafmildernden Täterverhalten, Diss. 1979, Ebelsbach, *zitiert:* Strafrechtswissenschaftliche Methodik und Systematik

ders., Rechtsprobleme bei der Auflage eines Fahrtenbuchs, DAR 1980, S. 238-243

ders., Anfertigung und Verwertung heimlicher Wort- und Stimmaufzeichnungen auf Tonträger außerhalb des Fernmeldeverkehrs – BGH v. 9. 4. 86 – 3 StR 551/85 -, Jura 1987, S. 356-367

Brager, Dennis N., The Tax Gap and Voluntary Disclosure, J. Tax Prac. & Proc. 2007-2008, S. 33-34, 47-48

Brauns, Uwe, Die Auslegung des § 371 AO im Spannungsfeld strafrechtlicher und steuerpolitischer Zielsetzungen – Grundsätze für den Ausgleich eines Zielkonflikts -, wistra 1985, S. 171-179

ders., Materiell-strafrechtliche Wertaspekte der Selbstanzeige (§ 371 AO) - Der Nutzen der Rücktrittslehren für eine „erweiterte Abwägung“ -, wistra 1987, S. 233-242

ders., Die Wiedergutmachung der Folgen der Straftat durch den Täter, Ein Beitrag zur Neubewertung eines Strafzumessungsfaktors de lege lata und de lege ferenda, in: *Bernsmann, Klaus (Hrsg.); Hirsch, Hans Joachim (Hrsg.); Kohlmann, Günter (Hrsg).; Walter, Michael (Hrsg.); Weigend, Thomas (Hrsg.),* Kölner Kriminalwissenschaftliche Schriften, Band 19, Habil. 1996, *zitiert:* Die Wiedergutmachung der Folgen der Straftat durch den Täter

Brenner, Karl, Zum Auskunftsverweigerungsrecht des Steuerpflichtigen bei der Betriebsprüfung, BB 1978, S. 910-911

ders., Kein Ausschluß der Selbstanzeige, wenn der konkrete Täter noch nicht entdeckt ist, DStZ 1984, S. 478-480

Breyer, Jörg, Der Inhalt der strafbefreienden Selbstanzeige, in: *Joecks, Wolfgang (Hrsg.),* Strafrecht der Wirtschaft, Band 4, Diss. 1999, Baden-Baden, *zitiert:* Der Inhalt der strafbefreienden Selbstanzeige

Bringewatt, P., Der „Verdächtige“ als schweigeberechtigte Auskunftsperson? - Zur Vorauswirkung strafprozessualer Grundsätze -, JZ 1981, S. 289-295

Brüning, Christoph, Gleichheitsrechtliche Verhältnismäßigkeit, JZ 2001, S. 669-673

Bullock, James; McCann, Ray, The code breakers, Tax Journal 4 July 2014, S. 12-14

Bülte, Jens, Die Geldwäschegesetzgebung als Ermächtigungsgrundlage für den Informationsaustausch zwischen den Steuerbehörden und den Strafverfolgungsorganen, Zugleich eine verfassungsrechtliche Betrachtung der §§ 30 Abs. 4, 370a AO, 261 StGB und 10, 11 GwG, Europäische Hochschulschriften, Reihe II, Rechtswissenschaft, Bd./Vol. 4495, Diss. 2006, Frankfurt am Main, *zitiert:* Die Geldwäschegesetzgebung

ders., Zur Situation der steuerstrafrechtlichen Selbstanzeige in Deutschland, ZWF 2015, S. 52-56 *ders.*, Gesetzgeberische Maßnahme zur Unterbindung unerwünschten Taktierens: Lösungsansätze in Deutschland, in: *Leitner/Roman (Hrsg.); Brandl, Rainer (Hrsg.)*, Finanzstrafrecht 2017, Grundsatzfragen der Selbstanzeige, 2018, Wien, S. 119-153, *zitiert:* Finanzstrafrecht 2017

ders.; Heine, Sonja; Rolletschke, Stefan; Schubert, Torsten, § 370 Steuerhinterziehung, in: *Graf, Jürgen Peter (Hrsg.); Jäger, Markus (Hrsg.); Wittig, Petra (Hrsg.)*, Wirtschafts- und Steuerstrafrecht, 2. Auflage 2017, München

Bund der Steuerzahler Nordrhein-Westfalen e.V., Steuerkultur und Steuermoral in Deutschland 2014, Pressekonferenz am 24. Juli 2014 in Düsseldorf, abrufbar unter: https://docplayer.org/6553129-Steuerkultur-und-steuermoral-in-deutschland-2014.html, *zitiert:* Steuerkultur und Steuermoral in Deutschland 2014

Bundesministerium der Finanzen, Ergänzende Informationen zum Strafbefreiungserklärungsgesetz (StraBEG); Fragen und Antworten zur Anwendung des StraBEG, BMF Schreiben vom 20.07.2004 IV A 4 – S 1928 – 94/04, DStR 2004, S. 1387-1390, *zitiert:* BMF Schreiben vom 20.07.2004 IV A 4 – S 1928 – 94/04, DStR 2004

dass., Monatsbericht des BMF März 2005, *zitiert:* Monatsbericht BMF 3/2005

dass., Anwendungserlass zur Abgabenordnung (AEAO); Neubekanntmachung des AEAO, 31.01.2014, abrufbar unter: http://www.bundesfinanzministerium.de/Content/DE/Downloads/BMF_Schreiben/Weitere_Steuerthemen/Abgabenordnung/AO-Anwendungserlass/2014-01-31-Neubekanntmachung-AEAO.pdf?__blob=publicationFile&v=2, *zitiert:* AEAO 2014

dass., Monatsbericht des BMF Juli 2014, *zitiert:* Monatsbericht BMF 7/2014

dass., Referentenentwurf des Bundesministeriums der Finanzen, Entwurf eines Gesetzes zur Änderung der Abgabenordnung und des Einführungsgesetzes zur Abgabenordnung, 27.08.2014, abrufbar unter: http://www.bundesgerichtshof.de/SharedDocs/Downloads/DE/Bibliothek/Gesetzesmaterialien/18_wp/Abgabenordnung/refe.pdf?__blob=publicationFile, *zitiert:* Referentenentwurf

dass., Monatsbericht des BMF August 2014, *zitiert:* Monatsbericht BMF 8/2014

dass., Monatsbericht des BMF September 2014, *zitiert:* Monatsbericht BMF 9/2014

dass., BMF-Schreiben vom 10.11.2015, Anwendung der Abkommen über den steuerlichen Informationsaustausch (Tax Information Exchange Agreement - TIEA), abrufbar unter: https://www.bundesfinanzministerium.de/Content/DE/Downloads/BMF_Schreiben/Internationales_Steuerrecht/Allgemeine_Informationen/2015-11-10-Informationstausch-Anwendungsschreiben-TIEAs.pdf?__blob=publicationFile&v=3, *zitiert:* BMF-Schreiben

Bürger, Sebastian, Das deutsche Steuerstrafrecht, in: *Dannecker, Gerhard (Hrsg.); Jansen, Oswald (Hrsg.)*, Steuerstrafrecht in Europa und den Vereinigten Staaten, 2007, Wien, S. 161-222

Burwitz, Gero, Neuere Entwicklungen im Steuerrecht, Plädoyer für die Selbstanzeige, NZG 2014, S. 494-495

Cabinet Office; Behavioural Insights Team, Applying behavioural insights to reduce fraud, error and debt, veröffentlicht am: 06.02.2012, abrufbar unter: https://www.gov.uk/government/publications/fraud-error-and-debt-behavioural-insights-team-paper, *zitiert:* Abhandlung Cabinet Office/Behavioural Insights Team

Castringius, Arnold, Das Schweigen und Leugnen des Beschuldigten im Strafprozess, Diss. 1995, Hamburg

Ceffinato, Tobias, Vollendungsumkehr und Wiedergutmachung, JUS POENALE, Beiträge zum Strafrecht, Band 10, Habil. 2017, Tübingen

The Crown Prosecution Service, Code for Crown Prosecutors, October 2018, abrufbar unter: https://www.cps.gov.uk/sites/default/files/documents/publications/Code-for-Crown-Prosecutors-October-2018.pdf

ders., The Director´s Guidance on Charging – sixth edition, December 2020, abrufbar unter: https://www.cps.gov.uk/sites/default/files/documents/legal_guidance/Directors-Guidance-on-Charging-6th-Edition.pdf

Dallmeyer, Jens, Verletzt der zwangsweise Brechmitteleinsatz gegen Beschuldigte deren Persönlichkeitsrechte?, StV 1997, S. 606-610

ders. Die Integrität des Beschuldigten im reformierten Strafprozess – Zur zwangsweisen Verabreichung von Brechmitteln bei mutmaßlichen Drogendealern, KritV 2000, S. 252-266

Dannecker, Christoph, Der nemo tenetur-Grundsatz – prozessuale Fundierung und Geltung für juristische Personen, ZStW 127 (2015), S. 370-409

ders., Konturierung prozessualer Gewährleistungsgehalte des nemo tenetur-Grundsatzes anhand der Rechtsprechung des EGMR, ZStW 127 (2015), S. 991-1017

Dannecker, Gerhard, Steuerhinterziehung im internationalen Wirtschaftsverkehr, in: *Samson, Erich (Hrsg.); Tiedemann, Klaus (Hrsg.),* Schriften zum gesamten Wirtschaftsstrafrecht, Diss. 1984, Köln

ders., Beweiserhebung, Verfahrensgarantien und Verteidigungsrechte im europäischen Kartellordnungswidrigkeitenverfahren als Vorbild für ein europäisches Sanktionsverfahren, ZStW 111 (1999), S. 256-296

ders., Die Bedeutung des Schutzes der finanziellen Interessen der Europäischen Union für die Harmonisierung des Starfrechts in der Europäischen Union, ZStrR 121 (2003), S. 280-310

ders., Steuerflucht und Steuerhinterziehung: Ist der Fiskus hilflos?, Orientierungen zur Wirtschafts- und Gesellschaftspolitik 103 (2005), S. 34-39

ders., Das Steuerstrafrecht im Spannungsfeld von ökonomischer Rationalität und Ethik, Besteuerungsmoral, Steuermoral, Steuergerechtigkeit, in: *Leitner, Roman (Hrsg.),* Finanzstrafrecht 2005, Grundrechtsfragen im Finanzstrafrecht, Mit neuester Rechtsprechung und Literatur zum Finanzstrafrecht, Überblick über die Bände 1996-2005, 2006, Wien, S. 125-158, *zitiert:* Finanzstrafrecht 2005 *ders.*, Selbstbelastungsfreiheit: eine verfahrensrechtliche Garantie auch für Lebensmittelunternehmen?, in: *Hagenmeyer, Moritz (Hrsg.); Loosen, Peter (Hrsg.)*, Festschrift für Michael Welsch, 1. Auflage 2010, Hamburg, S. 179-203, *zitiert:* FS Welsch

ders., Verdeckte Gewinnausschüttungen im deutschen Steuer-, Gesellschafts- und Bilanzrecht und ihre Bedeutung für das Strafrecht, in: *Leitner, Roman (Hrsg.)*, Handbuch Verdeckte Gewinnausschüttung, Gesellschaftsrecht, Abgabenrecht, Bewertungsfragen, Bilanzrecht, Finanzstrafrecht, Strafrecht, Rechtsvergleich Deutschland, 2014, Wien, S. 427-498, *zitiert:* HdB Verdeckte Gewinnausschüttung

ders., Europäisierung und Internationalisierung des Steuerstrafrechts, DStJG 38 (2015), S. 373-439

ders., Wesen und Zweck der Selbstanzeige, in: *Leitner, Roman (Hrsg.); Brandl, Rainer (Hrsg.)*, Finanzstrafrecht 2017, Grundsatzfragen der Selbstanzeige, 2018, Wien, S. 1-47, *zitiert:* Finanzsrafrecht 2017

ders., Die Hinterziehungsfalle im Steuerstrafrecht: Präventionssteigerung durch Selbstanzeige?, in: *Dünkel, Frieder (Hrsg.); Fahl, Christian (Hrsg.); Hardtke, Frank (Hrsg.); Harrendorf, Stefan (Hrsg.); Regge, Jürgen (Hrsg.); Sowada, Christoph (Hrsg.)*, Gedächtnisschrift für Wolfgang Joecks, 2018, München, S. 383-399, *zitiert:* GS Joecks

ders., Zurechnungsfragen bei der Umsatzsteuer und im Finanzstrafrecht, Wissenszurechnung von Mitarbeitern und Strohmanngeschäfte, in: *Leitner, Roman (Hrsg.); Brandl, Reiner (Hrsg.)*, Finanzstrafrecht 2018, Offene Fragen der Umsatzsteuer-Delinquenz, 2019, Wien, S. 57-91, *zitiert:* Finanzstrafrecht 2018

Degenhart, Christoph, Das allgemeine Persönlichkeitsrecht, Art. 2 I i.V.m. Art. 1 I GG, JuS 1992, S. 361-368

ders., Staatsrecht I, Staatsorganisationsrecht, 37. Auflage 2021, Heidelberg

Dietz, Gottfried, Bestrafung wegen Steuerhinterziehung bei verspäteter Anmeldung und Zahlung von Umsatzsteuer und Lohnsteuer?, DStR 1981, S. 372-374

Dingeldey, Thomas, Das Prinzip der Aussagefreiheit im Strafprozeßrecht, JA 1984, S. 407-414

Djanogly, Cathya, HMRC investigations and dawn raids, abrufbar unter: https://www.lexisnexis.co.uk/legal/guidance/hmrc-criminal-investigations-and-dawn-raids

Dörn, Harald, Ausschluß der Selbstanzeige durch Tatentdeckung (§ 371 Abs. Nr. 2 AO) nur bei Kenntnis des Täters?, wistra 1998, S. 175-176

ders., Domizil-, Basis- oder Briefkastengesellschaften, BuW 2003, S. 228-230

Dreier, Horst (Hrsg.), Grundgesetz Kommentar, Band I Präambel, Art. 1-19, 3. Auflage 2013, Tübingen, *zitiert: Autor* in: Dreier GG

Duttge, Gunnar, Strafprozessualer Einsatz von V-Personen und Vorbehalt des Gesetzes, JZ 1996, S. 556-565

Ebenroth, Carsten Thomas, Die verdeckten Vermögenszuwendungen im transantionalen Unternehmen, Ein Beitrag zum Schutz von Fiskal-, Aktionärs-, Gläubiger- und Arbeitnehmerinteressen im Transnationalen Unternehmen, Habil. 1979, Bielefeld, *zitiert:* Die verdeckten Vermögenszuwendungen im transnationalen Unternehmen

Eckhoff, Rolf, Rechtsanwendungsgleichheit im Steuerrecht, Die Verantwortung des Gesetzgebers für einen gleichmäßigen Vollzug des Einkommenssteuerrechts, Habil. 1999, Köln, *zitiert:* Rechtsanwendungsgleichheit im Steuerrecht

Ehmann, Horst, Informationsschutz und Informationsverkehr im Zivilrecht, AcP 188 (1988), S. 230-380

Eidam, Lutz, Einschränkende Auslegung des Verwendungsverbotes aus § 393 II 1 AO im Fall einer Selbstanzeige gem. § 371 AO?, wistra 2004, S. 412-414

ders., Die strafprozessuale Selbstbelastungsfreiheit am Beginn des 21. Jahrhunderts, Frankfurter kriminalwissenschaftliche Studien, Bd./Vol. 97, Diss. 2006, Frankfurt am Main, Berlin, Bern, Bruxelles, New York, Oxford, Wien, *zitiert:* Die strafprozessuale Selbstbelastungsfreiheit

Engisch, Joachim, Wettbewerbsgleichheit im grenzüberschreitenden Handel, mit Schlussfolgerungen für indirekte Steuern, Habil. 2008, Tübingen, *zitiert:* Wettbewerbsgleichheit im grenzüberschreitenden Handel

Engler, Sebastian, Zur Tatentdeckung als Sperrgrund einer strafbefreienden Selbstanzeige, Anmerkungen zum Urteil des BGH v. 9.5.2017 1 StR 265/16, DStR 2017, S. 2260-2264

Epping, Volker (Hrsg.); Hillgruber, Christian (Hrsg.), Beck´ scher Online-Kommentar Grundgesetz, 48. Edition, Stand: 15.08.2021, München, *zitiert: Autor* in: BeckOK GG

Erb, Hilmar; Erdel, Nanette, Der Referentenentwurf zur Neuregelung der Selbstanzeige – Anmerkungen aus Beratersicht, NZWiSt 2014, S. 327-333

Erbs, Georg (Begr.); Kohlhaas, Max (Hrsg.); Häberle, Peter (Hrsg.), Beck´ sche Kurzkommentare, Strafrechtliche Nebengesetze, Band 1, Loseblattsammlung, Stand: 236. Ergänzungslieferung, Mai 2021, München, *zitiert: Autor* in: Erbs/Kohlhaas Strafrechtliche Nebengesetze

Eser, Albin, Aussagefreiheit und Beistand des Verteidigers im Ermittlungsverfahren, Rechtsvergleichende Beobachtungen zur Rechtsstellung des Beschuldigten, ZStW 79 (1967), S. 565-623

ders., Der Schutz vor Selbstbezichtigung im deutschen Strafprozeßrecht, Beiheft ZStW 86 (1974), Deutsche strafrechtliche Landesreferate zum IX. Internationalen Kongreß für Rechtsvergleichung, Teheran, S. 136-171

Esser, Robert, Grenzen für verdeckte Ermittlungen gegen inhaftierte Beschuldigte aus dem europäischen nemo-tenetur-Grundsatz, JR 2004, S. 98-107

ders., EMRK – StPO – Wirtschaftsstrafrecht, JA 2014, S. 674-682

Europäische Kommission Generaldirektion Steuern und Zollunion, Study and Report on the VAT Gap in the EU-28 Member States, 2020 Final Report, 10 September 2020, abrufbar unter: https://op.europa.eu/de/publication-detail/-/publication/48f32ee9-f3dd-11ea-991b-01aa75ed71a1/language-en

Europäische Union, Finanzbericht 2018, *zitiert:* EU Finanzbericht 2018

Faz.net, Steuerstrafrechtler: Alice Schwarzer muss mit Verfahren rechnen, Artikel vom 07.06.2014, abrufbar unter: http://www.faz.net/aktuell/politik/unvollstaendige-selbstanzeige-steuerstrafrechtler-alice-schwarzer-muss-mit-verfahren-rechnen-12978216.html#/elections

Felix, Günther, Körperschaftsteuerrechtliche Beurteilung sogen. „Regiekosten" international tätiger Konzerne, StuW 1964, Sp. 19-32

Financial Times, New HMRC fraud unit collects £5bn of taxes, Investigation unit tightens focus on wealthy individuals, Artikel vom 06.02.2017, abrufbar unter: https://www.ft.com/content/a93cc706-ea33-11e6-967b-c88452263daf

Firnhaber, Burkhard, Die strafbefreiende Selbstanzeige im Steuerrecht, (§§ 410, 411 AO), in: *Spitaler, Armin (Hrsg.),* Schriftenreihe des Instituts für Steuerrecht der Universität zu Köln, Band 32, Diss. 1962, Düsseldorf, *zitiert:* Die strafbefreiende Selbstanzeige im Steuerrecht

Fischer, Bianca, Divergierende Selbstbelastungspflichten nach geltendem Recht, Versuch einer Harmonisierung, Schriften zum Öffentlichen Recht, Band 358, 1979, Berlin, *zitiert:* Divergierende Selbstbelastungspflichten

Fischer, Daniel J., Die Normierung der Strafzwecke nach Vorbild der U.S. Sentencing guidelines- eine Chance für das deutsche (Steuer-)Strafrecht, Zugleich eine Einführung in das US-amerikanische Steuerstrafrecht, Nomos Universitätsschriften, Recht, Band 310, Diss. 1999, Baden-Baden, *zitiert:* Die Normierung der Strafzwecke nach Vorbild der U.S. Sentencing guidelines

Fischer, Thomas, Die Sicht des Juristen, „Steuerhinterziehung ist eine ganz normale Straftat", Interview in: Frankfurter Allgemeine Zeitung vom 08.03.2014, abrufbar unter: http://www.faz.net/aktuell/wirtschaft/recht-steuern/die-sicht-des-juristen-steuerhinterziehung-ist-eine-ganz-normale-straftat-12837671.html?printPagedArticle=true#pageIndex_2

ders.; Schwarz, Otto (Begr.); Dreher, Eduard (Forts.); Tröndle, Herbert (Forts.), Strafgesetzbuch mit Nebengesetzen, 68. Auflage 2021, München, *zitiert:* Fischer StGB

Fisher, Jonathan, Criminal Law, Tax Journal, 23 January 2006, S. 19-22

Flore, Ingo (Hrsg.); Tsambikakis, Michael (Hrsg.), Steuerstrafrecht, Kommentar, 2. Auflage 2016, Köln, *zitiert: Autor* in: Flore/Tsambikakis Steuerstrafrecht

Forsthoff, Ernst, Begriff und Wesen des sozialen Rechtsstaats, VVDStRL Heft 12, 1954, S. 8-36

ders., Eigentumsschutz öffentlich-rechtlicher Rechtsstellungen, NJW 1955, S. 1249-1251

Foster, Hartley; Houghton, Janice, Chapter 38 VAT- UK provisions, in: *Lee, Natalie (Hrsg.),* Revenue Law: Principles and Practice, 33. Auflage 2015, Haywards Heath

ders.; Gilham, George, Chapter 4 Administrative Machinery, in: *Lee, Natalie (Hrsg.),* Revenue Law: Principles and Practice, 33. Auflage 2015, Haywards Heath

Franzen, Wofgang, Steuermoral und Steuerhinterziehung, Eine empirische Studie im Auftrag der Margarete und Johann Ley-Stiftung, Forschungsstelle für empirische Sozialökonomik e.V., September 2009, abrufbar unter: http://www.fores-koeln.de/publikat/franzen2009_steuermoral+steuerhinterziehung.pdf, *zitiert:* Steuermoral und Steuerhinterziehung

ders. (Begr.); Gast-de Haan, Brigitte (Begr.); Joecks, Wolfgang (Bearb.); Jäger, Markus (Bearb.); Randt, Karsten (Bearb.); Ebner, Markus (Bearb.); Lipsky, Anne (Bearb.); Steuerstrafrecht, mit Zoll- und Verbrauchsteuerstrafrecht, Kommentar, §§ 369-412 AO, § 32 ZollVG, 8. Auflage 2015, *zitiert: Autor* in: Joecks/Jäger/Randt Steuerstrafrecht

Frees, Christian-Peter, Die steuerrechtliche Selbstanzeige, Zur kriminalpolitischen Zweckmäßigkeit des § 371 AO, in: *Maiwald, Manfred (Hrsg),* Schriften zum Strafrecht und Strafprozeßrecht, Band 1, Diss. 1991, Frankfurt am Main, *zitiert:* Die steuerrechtliche Selbstanzeige

Friauf, Karl Heinrich, Unser Steuerstaat als Rechtsstaat, StbJb 1977/78, S. 39-64

ders., Verfassungsrechtliche Anforderungen an die Gesetzgebung über die Steuern vom Einkommen und vom Ertrag, DStJG 12 (1989), S. 3-32

Frisch, Wolfgang, An den Grenzen des Strafrechts, in: *Küper, Wilfried (Hrsg.); Welp, Jürgen (Hrsg.),* Beiträge zur Rechtswissenschaft, Festschrift für Walter Stree und Johannes Wessels zum 70. Geburtstag, 1993, Heidelberg, S. 69-106, *zitiert:* FS Stree/Wessels

Fuest, Clemens, Steuerakzeptanz und Steuerwiderstand als Herausforderung in der Steuergesetzgebung, in: *Brandt, Jürgen (Hrsg.),* Vierter Deutscher Finanzgerichtstag 2007, Mitverantwortung von Bürger und Staat für ein gerechtes Steuerrecht, 2007, Stuttgart, München, Hannover, S. 87-97, *zitiert:* Deutscher Finanzgerichtstag 2007

Gehm, Matthias, Aktuelle strafrechtliche Aspekte beim Umsatzsteuerkarussell, StraFo 2015, S. 441-445

ders., Kompendium Steuerstrafrecht mit Steuerordnungswidrigkeiten- und Verfahrensrecht, 3. Auflage 2017, Berlin, *zitiert:* Steuerstrafrecht

Gehrlein, Markus, Beweisverbote im Zivilprozess, VersR 2011, S. 1350-1358

Gentsch, Jessica, Grundrechtliche Gleichheitsgebote: Eine fallorientierte Einführung, ZJS 2010, S. 596-602

Geppert, Klaus, Beschlagnahme von Schadenakten privater (Kraftfahrzeug-) Haftpflichtversicherer im (Verkehrs-)Strafprozeß, DAR 1981, S. 301-307

Gerling, Andreas, Informatorische Befragung und Auskunftsverweigerungsrecht, Bochumer juristische Studien Nr. 55, Diss. 1987, Bochum

Goldscheid, Rudolf, Staatssozialismus oder Staatskapitalismus, Ein finanzsoziologischer Beitrag zur Lösung des Staatsschulden-Problems, 4. und 5. Auflage, 1917, Wien, Leipzig, *zitiert:* Staatssozialismus oder Staatskapitalismus

Gosch, Dietmar, Die Zwischengesellschaft nach „Hilversum I und II", „Cadbury Schweppes" und den Jahressteuergesetzen 2007 und 2008, in: *Kirchhof, Paul (Hrsg.); Nieskens, Hans (Hrsg.),* Festschrift für Wolfram Reiss, Zum 65. Geburtstag, 2008, Köln, S. 597-620, *zitiert:* FS Reiss

Götzenberger, Anton-Rudolf, Schwarzgeld-Anlage in der Praxis, Wie Schwarzgeld entsteht, angelegt, legalisiert oder aufgedeckt wird, 7. Auflage 2002, Frankfurt, Wien, *zitiert:* Schwarzgeldanlage in der Praxis

Gov.uk, Appeal to the tax tribunal, abrufbar unter: https://www.gov.uk/tax-tribunal/overview

dies., Criminal Courts, Magistrates´ Court, abrufbar unter: https://www.gov.uk/courts/magistrates-courts

dies., Criminal Courts, Crown Court, abrufbar unter: https://www.gov.uk/courts/crown-court

dies., Guidance Offshore tax evasion: offences relating to offshore income, abrufbar unter: https://www.gov.uk/guidance/offshore-tax-evasion-offences-relating-to-offshore-income.

dies., HMRC´s criminal investigation policy, 13 July 2021, abrufbar unter: https://www.gov.uk/government/publications/criminal-investigation/hmrc-criminal-investigation-policy

dies., Policy Paper 2010 to 2015 Government Policy: Tax Evasion and Avoidance, 8 May 2015, abrufbar unter: https://www.gov.uk/government/publications/2010-to-2015-government-policy-tax-evasion-and-avoidance/2010-to-2015-government-policy-tax-evasion-and-avoidance#appendix-5-preventing-tax-evasion

dies., Self Assessment tax returns, abrufbar unter: https://www.gov.uk/self-assessment-tax-returns/who-must-send-a-tax-return

Grabitz, Eberhard (Begr.); Hilf, Meinhard (Forts.); Nettesheim, Martin (Hrsg.), Das Recht der Europäischen Union, EUV/AEUV, 73. Ergänzungslieferung, Stand: Mai 2021, München, *zitiert: Autor* in: Grabitz/Hilf/Nettesheim Das Recht der EU

Graf, Jürgen-Peter (Hrsg.), Beck ´scher Online-Kommentar OWiG, 32. Edition, Stand: 01.10.2021, München, *zitiert: Autor* in: BeckOK OWiG

Grocott, Jack, UK taxpayers get chances to confess, Int´l Tax Rev. 2009, S. 18-19

Groeben, Hans von der (Hrsg.); Schwarze, Jürgen (Hrsg.); Hatje, Armin (Hrsg.), Europäisches Unionsrecht, Vertrag über die Europäische Union, Vertrag über die Arbeitsweise der Europäischen Union, Charta der Grundrechte der

Europäischen Union, 7. Auflage 2015, Baden-Baden, *zitiert: Autor* in: von der Groeben/Schwarze/Hatje Europäisches Unionsrecht

Grötsch, Andreas, Persönliche Reichweite der Sperrwirkung im Rahmen des § 371 Abs. 2 AO unter besonderer Berücksichtigung von Personen- und Kapitalgesellschaften, Steuerrecht in Forschung und Praxis, Band 3, Diss. 2003, Hamburg, *zitiert:* Persönliche Reichweite der Sperrwirkung iRd § 371 Abs. 2 AO

Grube, Friederike, Darstellung und Analyse der neueren Rechtsprechung zum innergemeinschaftlichen Umsatzsteuerkarussell, MwStR 2013, S. 8-13

Grützner, Thomas, Die Sanktionierung von Submissionsabsprachen, Eine Untersuchung der bestehenden Möglichkeiten einer Bekämpfung von Submissionsabsprachen unter besonderer Berücksichtigung des § 298 StGB, in: *Maiwald, Manfred (Hrsg.),* Schriften zum Strafrecht und Strafprozeßrecht, Band 66, Diss. 2003, Frankfurt am Main, *zitiert:* Sanktionierung von Submissionsabsprachen

Guradze, Heinz, Schweigerecht und Unschuldsvermutung im englisch-amerikanischen und bundesdeutschen Strafprozess, in: *Commagerer, Henry Steele (Hrsg.); Doeker, Günther (Hrsg.); Fraenkel, Ernst (Hrsg.); Hermes, Ferdinand (Hrsg.); Harvard, William C. (Hrsg.); Maunz, Theodor (Hrsg.);* Festschrift für Karl Loewenstein, Aus Anlass seines achtzigsten Geburtstages, 1971, Tübingen, S. 151-165, *zitiert:* FS Loewenstein

Günther, Hans-Ludwig, Die Schweigebefugnis des Tatverdächtigen im Straf- und Bußgeldverfahren aus verfassungsrechtlicher Sicht, GA 1978, S. 193-206

Haller, Klaus; Conzen, Klaus, Das Strafverfahren, Eine systematische Darstellung mit Originalakte und Fallbeispielen, 9. Auflage 2021, Heidelberg, *zitiert:* Das Strafverfahren

Hamburger Abendblatt, Zahl der Selbstanzeigen von Steuersündern geht zurück, Artikel vom 07.01.2018, abrufbar unter: https://www.abendblatt.de/wirtschaft/article213035125/Zahl-der-Selbstanzeigen-von-Steuersuendern-geht-zurueck.html

Hamel, Walter, Glaubens- und Gewissensfreiheit, in: *Bettermann, Karl August (Hrsg.); Neumann, Franz L.; Bachhof, Otto,* Die Grundrechte, Handbuch der Theorie und Praxis der Grundrechte, Band 4, Halbband 1, 2. Auflage 1972, Berlin, S. 37-110, *zitiert:* Die Grundrechte Bd. IV/1

Hannich, Rolf (Hrsg.), Karlsruher Kommentar zur Strafprozessordnung, mit GVG, EGGVG und EMRK, 8. Auflage 2019, München, *zitiert: Autor* in: KK StPO

Händel, Konrad, Anmerkung zu BGH, Urteil vom 21. 2. 1964 - 4 StR 519/63 (LG Hagen), NJW 1964, S. 1144

Harrison, Steve, Taxpayer Compliance under the Self-Assessment Regime, European Taxation 1996, S. 239-244

Hassemer, Winfried, Theorie und Soziologie des Verbrechens, Ansätze zu einer praxisorientierten Rechtsgutslehre, Fischer Athenäum Taschenbücher,

Rechtswissenschaft, 1973, Frankfurt am Main, *zitiert:* Theorie und Soziologie des Verbrechens

Hecker, Bernd, Europäisches Strafrecht, 6. Auflage 2021, Berlin, Heidelberg

Hein, Reinhard, Anmerkung zu Vorlagebeschluss des AG Saarbrücken vom 2.12.1982, Az. 35-55/82 11 Js 1260/81, StB 1983, S. 144-145

Helgerth, Roland, Der „Verdächtige" als schweigeberechtigte Auskunftsperson und selbständiger Prozeßbeteiligter neben dem Beschuldigten und dem Zeugen, Diss. 1976, Erlangen-Nürnberg, *zitiert:* Der Verdächtige

Hellmann, Uwe, Das Neben-Strafverfahrensrecht der Abgabenordnung, Osnabrücker Rechtswissenschaftliche Abhandlungen, Band 47, Habil. 1995, Köln, Berlin, Bonn, München, *zitiert:* Das Neben-Strafverfahrensrecht der AO

ders., Anmerkung zu BGH, Beschluss v. 10. 1. 2002 – 5 StR 452/01 (LG Hamburg) und BGH, Beschluss v. 23. 1. 2002 – 5 StR 640/01 (LG Paderborn), JZ 2002, S. 617-620

ders., Die steuerstrafrechtliche Selbstanzeige im Geflecht der strafbefreienden und -modifizierenden „Nachtatverhalten", in: *Fahl, Christian (Hrsg.); Müller, Eckhart (Hrsg.); Satzger, Helmut (Hrsg.); Swoboda, Sabine (Hrsg.),* Festschrift für Werner Beulke zum 70. Geburtstag, 2015, Heidelberg, S. 405-418, *zitiert:* FS Beulke

Helmert, Volker, Der Straftatbegriff in Europa, Eine rechtsvergleichende Untersuchung der allgemeinen Voraussetzungen der Strafbarkeit in Deutschland, England, Frankreich und Polen, in: *Ambos, Kai (Hrsg.),* Beiträge zum Internationalen und Europäischen Strafrecht, Band/Volume 10, Diss. 2011, Berlin, *zitiert:* Der Straftatbegriff in Europa

Helmholz, R. H., The Privilege and the Ius Commune: The Middle Ages to the Seventeenth Century, in: *ders.; Gray, Charles M.; Langbein, John H.; Moglen, Eblen; Smith, Herny E.; Alschuler, Albert W.,* The Privilege against Self-incrimination, Its Origins and Development, 1997, Chicago, London, S. 17-46, *zitiert:* The Privilege

Helml, Sarah Regina, Die Reform der Selbstanzeige im Steuerstrafrecht, Diss. 2014, München

Henkel, Heinrich, Strafverfahrensrecht, Ein Lehrbuch, 2. Auflage 1968, Stuttgart, Berlin, Köln, Mainz, *zitiert:* Strafverfahrensrecht

Herald, Crawford, VAT penalties, VAT Dig. 2013, S. 4-21

Her Majesty´s Revenue and Customs, Civil Investigation of Fraud - Contractual Disclosure Facility, Discussion document, 20th July 2011, abrufbar unter: https://www.taxation.co.uk/docs/default-source/file/ContractualDisclosureFacility.pdf

dies., Guidance Territory categorisation for offshore penalties: from 24 July 2013, 26 July 2013, abrufbar unter: https://www.gov.uk/government/publications/territory-categorisation-for-offshore-penalties/territory-categorisation-for-offshore-penalties-from-24-july-2013 *dies.*, Beating the tax cheats – HMRC´s criminal case highlights of 2016, Press Release 7 January 2017, abrufbar unter: https://www.gov.uk/government/news/beating-the-tax-cheats-hmrcs-criminal-case-highlights-of-2016

dies., Measuring tax gaps 2018 edition, Tax gap estimates for 2016-17, 14 June 2018, abrufbar unter: https://webarchive.nationalarchives.gov.uk/20190509073425/https://www.gov.uk/government/statistics/measuring-tax-gaps

dies., Admit tax fraud to HMRC using the Contractual Disclosure Facility, 6 October 2022, abrufbar unter: https://www.gov.uk/guidance/admitting-tax-fraud-the-contractual-disclosure-facility-cdf

dies., Guidance Make a disclosure using the Worldwide Disclosure Facility, 6 April 2022, abrufbar unter: https://www.gov.uk/guidance/worldwide-disclosure-facility-make-a-disclosure

Herzog, Roman, Steuer- und Finanzpolitik im geeinten Deutschland - Die Sicht des Bundesverfassungsgerichts -, in: *Präsidium des Bundes der Steuerzahler (Hrsg.),* Steuer- und Finanzpolitik im geeinten Deutschland und in Europa, Referate und Protokolle vom VI. Deutschen Steuerzahlerkongreß 1991, 1991, Wiesbaden, *zitiert:* VI. Deutscher Steuerzahlerkongreß

Hetzel, Philipp, Kronzeugenregelungen im Kartellrecht, Anwendung und Auslegung von Vorschriften über den Erlass oder die Ermäßigung von Geldbußen im Licht elementarer Rechtsgrundsätze, in: *Schwarze, Jürgen (Hrsg.),* Schriftenreihe Europäisches Recht, Politik und Wirtschaft, Band 304, Diss. 2004, Baden-Baden, *zitiert:* Kronzeugenregelungen im Kartellrecht

Hey, Johanna, Mitteilungspflichten oder Quellenabzug – Maßnahmen zur Sicherung von Steueransprüchen, in: *Drenseck, Walter (Hrsg.); Seer, Roman (Hrsg.),* Festschrift für Heinrich Wilhelm Kruse zum 70. Geburtstag, 2001, Köln, S. 269-293, *zitiert:* FS Kruse

Hickey, Julian; Levy, Jonathan, Chapter 3 Tax fraud: criminal investigations and prosecution - direct tax, in: *McLaughlin (Hrsg.),* HMRC Investigations Handbook 2015/16, 2016, Haywards Heath

Hildebrandt, Bernd, Verwertungsverbote für Tatsachen oder Beweismittel im Steuerstrafverfahren und im Besteuerungsverfahren, DStR 1982, S. 20-25

HM Treasury, Spending Review 2010, Cm. 7942, October 2010, abrufbar unter: https://www.gov.uk/government/uploads/system/uploads/attachment_data/file/203826/Spending_review_2010.pdf

Hoffmann, Heiko, Die Ausschlußtatbestände der Selbstanzeige bei Steuerhinterziehung, Zur Sperrwirkung des § 371 Abs. 2 AO, in: *Joecks, Wolfgang (Hrsg.),* Strafrecht der Wirtschaft, Band 6, Diss. 1998, Berlin, *zitiert:* Selbstanzeige

Hofmann, Philipp, Steuermoral, Eine wirtschaftspsychologische Analyse, 2010, Hamburg, *zitiert:* Steuermoral – Eine wirtschaftspsychologische Analyse

Hoffschmidt, Über die Rechtfertigung der strafbefreienden Selbstanzeige im Steuerstrafrecht (§ 371 AO), Diss. 1988, Bielefeld, *zitiert:* Über die Rechtfertigung der strafbefreienden Selbstanzeige

Hubbard, Andrew, Honest and compliant taxpayers?, Tax Adviser, August 2007, S. 38-39

Huber, Michael, Grundwissen – Strafprozessrecht: Schweigerecht des Beschuldigten, JuS 2007, S. 711-712

Hübschmann, Walter (Hrsg.); Hepp, Ernst (Hrsg.); Spitaler, Armin (Hrsg.), Kommentar zur Abgabenordnung und Finanzgerichtsordnung, Loseblattsammlung, Stand: 265. Lieferung 10.2021, *zitiert: Autor* in: Hübschmann/Hepp/Spitaler AO/FGO

Hüls, Silke (Hrsg.); Reichling, Tilmann (Hrsg.), Steuerstrafrecht, Heidelberger Kommentar, 2. Auflage 2020, Heidelberg, *zitiert:* Steuerstrafrecht

Hungerford-Welch, Peter, Criminal Procedure and Sentencing, 8. Auflage 2014, London, New York

Hunsmann, Daniel, Die steuerstrafrechtliche Selbstanzeige (§ 371 AO) – „Rückkehr zur Steuerehrlichkeit"? – Zugleich Anmerkung zum BGH-Beschluss vom 20.5.2010 – 1 StR 577/09, DStZ 2011, S. 185-191

ders., Neuregelung der Selbstanzeige im Steuerstrafrecht, NJW 2015, S. 113-118

Huster, Stefan, Rechte und Ziele, Zur Dogmatik des allgemeinen Gleichheitssatzes, Schriften zum Öffentlichen Recht, Band 642, Diss. 1993, Berlin, *zitiert:* Rechte und Ziele

Inland Revenue, Tax Bulletin, Prosecution and the „Hansard" Procedure, The Consequences of Regina v W and another, June 1998, S. 544-545

Isensee, Josef, Steuerstaat als Staatsform, in: *Stödter, Rolf (Hrsg.); Thieme, Werner (Hrsg.),* Festschrift für Hans Peter Ipsen zum siebzigsten Geburtstag, 1977, Tübingen, S. 409-436, *zitiert:* FS Ipsen

ders., Die verdrängten Grundpflichten des Bürgers, DÖV 1982, S. 609-618

ders., Aussprache und Schlussworte, Grundpflichten in verfassungsrechtlicher Dimension, VVDStRL Heft 41, 1983, S. 130-131

Jakob, Wolfgang, Rechtsfragen der Organisation und Funktion des Steuerfahndungsdienstes, StuW 1971, S. 297-307

James, Malcom, The UK Tax System: an introduction, 3. Auflage 2016, London

Jarke, Annette, Das Verwertungsverbot des § 393 Abs. 2 S. 1 AO, Eine kritische Anmerkung zum Beschluß des BayObLG vom 6. 8. 1996, wistra 1997, S. 325-327

Jascó, Judit, Gedanken über die deutsche Regelung der Selbstanzeige im Fall der Steuerhinterziehung, Publicationes Universitatis Miskolcinensis, Sectio Juridica et Politica, Tomus XXXII. (2014), S. 273-292

Joecks, Wolfgang, Der nemo-tenetur-Grundsatz und das Steuerstrafrecht, in: *Hirsch, Hans Joachim (Hrsg.); Wolter, Jürgen (Hrsg.); Brauns, Uwe (Hrsg.),* Festschrift für Günther Kohlmann, Zum 70. Geburtstag, 2003, Köln, S. 451-464, *zitiert:* FS Kohlmann

ders., Der Regierungsentwurf eines Gesetzes zur Änderung der Abgabenordnung und des Einführungsgesetzes zur Abgabenordnung, DStR 2014, S. 2261-2267

ders. (Hrsg.); Miebach, Klaus (Hrsg.), Münchener Kommentar zum StGB, Band 7, Nebenstrafrecht II, 3. Auflage 2019, München, *zitiert: Autor* in: MKStGB

Johnston, T. E. St., Judges´ Rules and Interrogation in England Today, Journal of Criminal Law and Criminology 1966, Volume 57, Issue 1, S. 85-92

Joyce, Peter; Wain, Neil, A Dictionary of Criminal Justice, 2010, Abingdon, New York

Justi, Johann Heinrich Gottlob von, System des Finanzwesens nach vernünftigen aus dem Endzweck der bürgerlichen Gesellschaften, und aus der Natur aller Quellen der Einkünfte des Staates hergeleiteten Grundsätzen und Regeln, 1766, Halle, *zitiert:* System des Finanzwesens

Kaligin, Thomas, § 1 AStG, in: *Lademann, Fritz (Begr.)* Außensteuergesetz, mit Betriebsstättengewinnaufteilungsverordnung – BsGaV, 2. Auflage 2015, Stuttgart, München, Hannover, Berlin, Weimar, Dresden, *zitiert:* Außensteuergesetz

Kania, Beatrix, Steuerstandort Großbritannien, Grundlagen und Praxis des britischen Steuerrechts, 2013, Wiesbaden, *zitiert:* Steuerstandort Großbritannien

Kant, Immanuel, Grundlegung zur Metaphysik der Sitten, in: *Vorländer, Karl (Hrsg.),* Der Philosophischen Bibliothek Band 41, unveränderter Nachdruck der 3. Auflage, 1957, *zitiert:* Grundlegung zur Metaphysik der Sitten

Karl, Roland, Rechtsanwendungsgleichheit und Verwaltungsanweisungen zur Begrenzung der Sachverhaltsermittlung, DStZ 2002, S. 598-606

Kasiske, Peter, Die Selbstbelastungsfreiheit im Strafprozess, JuS 2014, S. 15-20

Kauffmann, Philipp K., In dubio pro reo – Selbstanzeige?, JSE 2014, S. 136-156

Keith of Kinkel, Lord (Chair), Committee on Enforcement Powers of the Revenue Departments, Report, Volume 1, Chapters 1-15, 20th Century House of Commons Sessional Papers 1982/83, Cmnd. 8822, March 1983, *zitiert: Keith of Kinkel, Lord* Keith Committee Report 1983

Keller, Rainer, Rechtliche Grenzen der Provokation von Straftaten, Schriften zum Strafrecht, Heft 84, Diss. 1989, Berlin

Kemper, Martin, Die Selbstanzeige nach § 371 AO – Eine verfehlte „Brücke zur Steuerehrlichkeit"?, ZRP 2008, S. 105-108

Kiesel, Hanno; Theisen, Michaela, Steuerstrafrechtliche Risiken konzerninterner Verrechnungspreisgestaltungen, IStR 2006, S. 284-288

Kingreen, Thorsten; Poscher, Ralf; Pieroth, Bodo (Begr.); Schlink, Bernhard (Begr.); Grundrechte Staatsrecht II, Mit ebook: Lehrbuch, Entscheidungen, Gesetzestexte, 37. Auflage 2021, Heidelberg, *zitiert: Kingreen/Poscher* Staatsrecht II

Kirchhof, Paul, Besteuerung und Eigentum, VVDStRL Heft 39, 1980, S. 213-285

ders., Steuergerechtigkeit und sozialstaatliche Geldleistungen, JZ 1982, S. 305-312

ders., Die Finanzierung des Leistungsstaates, Die verfassungsrechtlichen Grenzen staatlicher Abgabenhoheit, Jura 1983, S. 505-517

ders., § 118 Die Steuern, in: *Isensee, Josef (Hrsg.); ders. (Hrsg.),* Handbuch des Staatsrechts, Band V, Rechtsquellen, Organisation, Finanzen, 3. Auflage, 2007, Heidelberg, *zitiert:* HbStR Bd. V

ders., § 119 Nichtsteuerliche Abgaben, in: *Isensee, Josef (Hrsg.); ders. (Hrsg.),* Handbuch des Staatsrechts, Band V, Rechtsquellen, Organisation, Finanzen, 3. Auflage, 2007, Heidelberg, *zitiert:* HbStR Bd. V

ders., § 181 Allgemeiner Gleichheitssatz, in: *Isensee, Josef (Hrsg.); ders. (Hrsg.),* Handbuch des Staatsrechts, Band VIII, Grundrechte: Wirtschaft, Verfahren, Gleichheit, 3. Auflage, 2010, Heidelberg, *zitiert:* HbStR Bd. VIII

Kischel, Uwe, Gleichheitssatz und Steuerrecht – Gefahren eines dogmatischen Sonderwegs, in: *Mellinghoff, Rudolf (Hrsg.); Palm, Ulrich (Hrsg.),* Gleichheit im Verfassungsstaat, Symposium aus Anlass des 65. Geburtstages von Paul Kirchhof, 2008, Heidelberg, *zitiert:* Gleichheit im Verfassungsstaat

ders., Rechtsvergleichung, 1. Auflage 2015, München

Klein, Alexander, Steuermoral und Steuerrecht, Akzeptanz als Element einer steuerlichen Rechtfertigungslehre, Europäische Hochschulschriften, Reihe II, Rechtswissenschaft, Bd./Vol. 2226, Diss. 1997, Frankfurt am Main, *zitiert:* Steuermoral und Steuerrecht

Klein, Franz (Begr.); Orlopp, Gerd (Begr.); Gersch, Eva-Maria (Bearb.); Jäger, Markus (Bearb.); Rätke, Bernd (Bearb.); Ratschow, Eckart (Bearb.); Rüsken, Reinhart (Bearb.); Werth, Franeska (Bearb.), Abgabenordnung einschließlich Steuerstrafrecht, 15. Auflage 2020, München, *zitiert: Autor* in: Klein AO

Klein, Hans Hugo, § 41 Status des Abgeordneten, in: *Isensee, Josef (Hrsg.); Kirchhof, Paul (Hrsg.),* Handbuch des Staatsrechts, Band II, Demokratische Willensbildung – Die Staatsorgane des Bundes, 2. Auflage, 1998, Heidelberg, *zitiert:* HbStR Bd. II

Kleinheisterkamp, Daniela, Kreditwesengesetz und Strafverfahren, Zur Bedeutung des „nemo-tenetur"-Prinzips für das bankaufsichtliche Verfahren, Diss. 2010, Tübingen, *zitiert:* Kreditwesengesetz und Strafverfahren

Kloepfer, Michael, Finanzverfassungsrecht mit Haushaltsverfassungsrecht, 1. Auflage 2014, München, *zitiert:* Finanzverfassungsrecht

Knauer, Wolfgang (Hrsg.); Kudlich, Hans (Hrsg.); Schneider, Hartmut (Hrsg.), Münchener Kommentar zur StPO, Band 1, §§ 1-150 StPO, 1. Auflage 2014, München, *zitiert: Autor* in: MK StPO

Koch, Karl (Hrsg.); Scholtz, Rolf-Detlev (Hrsg.), Abgabenordnung, AO, 5. Auflage 1996, Köln, Berlin, Bonn, München, *zitiert: Autor* in: Koch/Scholtz AO

Koenig, Ulrich (Hrsg.), Abgabenordnung Kommentar, 4. Auflage 2021, München, *zitiert: Autor* in: Koenig AO

Kohlmann, Günter (Begr.), Steuerstrafrecht, Ordnungswidrigkeitenrecht und Verfahrensrecht, Kommentar zu den §§ 369-412 AO, Loseblattsammlung, Stand: 69. Lieferung November 2020, Köln, *zitiert: Autor* in: Kohlmann Steuerstrafrecht

Kopf, Robert; Szalai, Stephan, Der „Nemo tenetur-Grundsatz" im Steuerrecht, NJ 2010, S. 363-371

Körner, Martin; Strotmann, Harald, Steuermoral – Das Spannungsfeld von Freiwilligkeit der Steuerzahlung und Regelverstoß durch Steuerhinterziehung, Institut für Angewandte Wirtschaftsforschung e.V. Tübingen, IAW-Forschungsberichte Nr. 64, 2006, Tübingen, *zitiert:* Steuermoral

KPMG, Voluntary disclosure in Italy, November 2016, abrufbar unter: https://assets.kpmg.com/content/dam/kpmg/ch/pdf/voluntary-disclosure-italy-en.pdf

dies., Greece – New Voluntary Disclosure Program in Effect through 31 May, GMS Flash Alert, 20 April 2017, abrufbar unter: https://assets.kpmg.com/content/dam/kpmg/xx/pdf/2017/04/fa17-072.pdf

Krack, Ralf, Die Tätige Reue im Wirtschaftsstrafrecht, NStZ 2001, S. 505-511

Kraft, Gerhard, Schlußfolgerungen aus der BFH-Rechtsprechung zur Abgrenzung des § 42 AO von den §§ 7 ff. AStG aus der Sicht der internationalen Steuerberatung, IStR 1993, S. 148-153

Kratzsch, Dietrich, Der strafrechtliche Aspekt der Selbstanzeige (§ 395 AO), Zur Abgrenzung von Steuerrecht und Steuerstrafrecht, StuW 1974, S. 68-75

ders., Die Schwierigkeiten im Umgang mit der Selbstanzeige, DStJG 6 (1983), S. 283-305

Kudlich, Hans, Grundfälle zum Rücktritt vom Versuch, JuS 1999, S. 240-245

Kuhlen, Lothar, Grundfragen der strafbaren Steuerhinterziehung, 2012, Heidelberg, München, Landsberg, Frechen, Hamburg

Kuhn, Thomas; Weigell, Jörg; Görlich, Michael, Steuerstrafrecht, 3. Auflage 2019, München

Kühne, Hans-Heiner, Anmerkung BGH, Urteil des 3. Strafsenats vom 9. April 1986 – 3 StR 551/85 – OLG Düsseldorf, EuGRZ 1986, S. 493-494

Kühn, Rolf (Begr.); Wedelstädt, Alexander von (Hrsg.), Abgabenordnung und Finanzgerichtsordnung, Kommentar, 22. Auflage 2018, Stuttgart, *zitiert: Autor* in: Kühn/v. Wedelstädt AO/FGO

Kühne, Hans-Heiner, Strafprozessrecht, Eine systematische Darstellung des deutschen und europäischen Strafverfahrensrechts, 9. Auflage 2015, Heidelberg, *zitiert:* Strafprozessrecht

Lagodny, Otto, Strafrecht vor den Schranken der Grundrechte, Habil. 1996, Tübingen

ders., Verdeckte Ermittler und V-Leute im Spiegel von § 136 a StPO als „angewandtem Verfassungsrecht", StV 1996, S. 167-172

Lammer, Dirk, Verdeckte Ermittlungen im Strafprozeß, Zugleich eine Studie zum Menschenwürdegehalt der Grundrechte, Schriften zum Strafrecht, Heft 94, Diss. 1992, Berlin, *zitiert:* Verdeckte Ermittlungen im Strafprozeß

Leitner, Roman, Rechtfertigung und Grenzen der Selbstanzeige aus österreichischer Sicht, DStJG 83 (2015), S. 153-169

ders., Selbstanzeige gem. § 29 FinStrG – Problembereiche der Praxis, in: *ders. (Hrsg.); Brandl, Rainer (Hrsg,),* Finanzstrafrecht 2017, Grundsatzfragen der Selbstanzeige, 2018, Wien, S. 49-65, *zitiert:* Finanzstrafrecht 2017

Leitner, Werner (Hrsg.); Rosenau, Henning (Hrsg.), Wirtschafts- und Steuerstrafrecht, Nomos Kommentar, 1. Auflage 2017, Baden-Baden, *zitiert: Autor* in: NK-WSS

Lenckner, Theodor; Schumann, Heribert; Winkelbauer, Wolfgang, Grund und Grenzen der strafrechtlichen Selbstanzeige im Steuerrecht und das Wiederaufleben der Berichtigungsmöglichkeit im Fall der Außenprüfung (1. Teil), wistra 1983, S. 123-128

Lennon, Jonathan; Rahman, Aziz, Conspiracy to Defraud & Conspiracy to Cheat, Inside Time 16th December 2014, abrufbar unter: http://www.insidetime.org/conspiracy-to-defraud-conspiracy-to-cheat-2/

Levy, Leonard W., Origins of the Fifth Amendment, The Right against Self-incrimination, 2. Auflage 1986, New York, *zitiert:* Origins of the Fifth Amendment

Levy, Jonathan; Watters, Andrew, Human Rights and Self-incrimination, Tax Journal 10 November 2003, S. 5-7

LexisNexis United Kingdom, Simon´s Taxes, Loseblattsammlung, Stand: 101. Lieferung Februar 2017, Band 2: General Principles; Impact of EU Law; Administration & Compliance; Enquiries & Investigations; *zitiert: Autor* in: Simon´s Taxes Bd. 2

ders. Simon´s Taxes, Loseblattsammlung, Stand: 101. Lieferung Februar 2017, Band 3: Business profits, capital allowances, partnerships and property income, *zitiert:* Simon´s Taxes Bd. 3

List, Heinrich, Die Selbstanzeige im Steuerstrafrecht, 2. Auflage 1963, Stuttgart

Löffler, Christian, Grund und Grenzen der steuerstrafrechtlichen Selbstanzeige, Über die strafrechtliche Erklärung des § 371 AO, in: *Horn, Eckhard (Hrsg.), Samson, Erich (Hrsg.),* Kieler Schriften zum Strafrecht, Band 2, Diss. 1992, Baden-Baden, *zitiert:* Grund und Grenzen der steuerstrafrechtlichen Selbstanzeige

Lohnsteuer kompakt, Exklusiv: Die langsamsten Finanzämter Deutschlands, Artikel vom 24.05.2016, abrufbar unter: https://www.lohnsteuer-kompakt.de/steuerwissen/exklusiv-die-langsamsten-finanzaemter-deutschlands/#more-5669

Lösel, Christian; Brähler, Gernot; Hackert, Christian, Die Tipke´schen Steuerzahlertypen- Eine empirische Analyse nach der Q-Methode, StuW 2009, S. 221-231

Loutzenhiser, Glen, Tiley´s Revenue Law, 8. Auflage 2016, Oxford, Portland

Maas, Robert W., Guide to Taxpayers' Rights and HMRC Powers, 4. Auflage 2016, Haywards Heath

Mackscheidt, Klaus, Die Entwicklung der Steuermoralforschung, in: *Bizer, Kilian (Hrsg.); Falk, Armin (Hrsg.); Lange, Joachim (Hrsg.),* Am Staat vorbei, Transparenz, Fairness und Partizipation kontra Steuerhinterziehung, in: *Schmölders, Günter (Begr.); Hansmeyer, Karl-Heinrich (Hrsg.); Kitterer, Wolfgang (Hrsg.); Mackscheidt, Klaus (Hrsg.),* Finanzwissenschaftliche Forschungsarbeiten, Band 73, 2004, Berlin, *zitiert:* Am Staat vorbei

Mäder, Detlef, Betriebliche Offenbarungspflichten und Schutz vor Selbstbelastung, Zum Spannungsfeld von Umweltrecht und nemo-tenetur-Grundsatz, in: *Eser, Albin (Hrsg.),* Beiträge und Materialien aus dem Max-Planck-Institut für ausländisches und internationales Strafrecht, Band S 70, Diss. 1997, Freiburg im Breisgau, *zitiert:* Betriebliche Offenbarungspflichten

Mahlstedt, Tobias, Die verdeckte Befragung des Beschuldigten im Auftrag der Polizei, Informelle Informationserhebung und Selbstbelastungsfreiheit, Schriften zum Strafrecht, Heft 223, Diss. 2011, Berlin, *zitiert:* Die verdeckte Befragung des Beschuldigten

Malherbe, Jacques, Tax Amnesties, 2011, Alphen aan den Rijn

Mangoldt, Hermann von (Begr.); Klein, Friedrich (Forts.), Starck, Christian (Forts.); Huber, Peter (Hrsg.); Voßkuhle, Andreas (Hrsg.), Kommentar zum Grundgesetz, Band 1: Präambel, Artikel 1 bis 19, 7. Auflage 2018, München, *zitiert: Autor* in: v. Mangoldt/Klein/Starck GG

Mansdörfer, Marco, Das europäische Strafrecht nach dem Vertrag von Lissabon – oder: Europäisierung des Strafrechts unter nationalstaatlicher Mitverantwortung, HRRS 2010, S. 11-23

Manssen, Gerrit, Staatsrecht II, Grundrechte, 18. Auflage 2021, München, *zitiert:* Staatsrecht II

Märkt, Jörg, Steuern als Preise, Zur Notwendigkeit einer Besteuerung ohne Trittbrettfahrer angesichts des Steuerwettbewerbs, Schriftenreihe des Instituts für Allgemeine Wirtschaftsforschung der Albert-Ludwigs-Universität Freiburg i. Br., Band 74, Diss. 2003, Freiburg, *zitiert:* Steuern als Preise

Mattern, Gerhard, Treu und Glauben im Steuerrecht, ein Beitrag zur Lehre von der Besteuerungsmoral unter besonderer Berücksichtigung der Rechtsprechung, in: *Hartz, Wilhelm (Hrsg.),* Spezialfragen im Steuerrecht, 1958, Stuttgart, *zitiert:* Treu und Glauben im Steuerrecht

Maunz, Theodor (Begr.); Dürig, Günter (Begr.); Herzog, Roman (Hrsg.); Herdegen, Matthias (Hrsg.); Scholz, Rupert (Hrsg.); Klein, Hans H. (Hrsg.), Grundgesetz-Kommentar, Loseblattsammlung, Stand: 95. Lieferung Juli 2021, München, *zitiert: Autor* in: Dürig/Herzog/Scholz GG

Mayer, Theodor, Geschichte der Finanzwissenschaft vom Mittelalter bis zum Ende des 18. Jahrhunderts, in: *Gerloff, Wilhelm (Hrsg.); Neumark, Fritz (Hrsg.),* Handbuch der Finanzwissenschaft, Erster Band, Wesen und Aufgabe der Finanzwissenschaft, ihre Stellung und Beziehungen zu anderen Wissenschaften, Geschichte der öffentlichen Finanzwirtschaft, Geschichte der Finanzwissenschaft, Die öffentliche Haushaltwirtschaft, 2. Auflage, 1952, Tübingen, S. 236-272, *zitiert:* HdB Finanzwissenschaft Bd. I, 2. Auflage

McLaughlin, Mark, Chapter 1 HMRC enquiries: outline and recent developments, in: *ders. (Hrsg.),* HMRC Investigations Handbook 2015/16, 2016, Haywards Heath

Meine, Hans-Gerd, Die Reichweite des Verwertungsverbots nach § 393 Abs. 2 AO, wistra 1985, S. 186-187

Mellinghoff, Rudolf, Verfassungsgebundenheit des Steuergesetzgebers – unter besonderer Berücksichtigung der neueren Rechtsprechung des Bundesverfassungsgerichts, in: *Siegel, Theodor (Hrsg.); Kirchhof, Paul (Hrsg.); Schneeloch, Dieter (Hrsg.); Schramm, Uwe (Hrsg.),* Steuertheorie, Steuerpolitik und Steuerpraxis, Festschrift für Peter Bareis zum 65. Geburtstag, 2005, Stuttgart, S. 171-195, *zitiert:* FS Bareis

ders., Strafgleichheit, in: *Herzog, Felix (Hrsg.); Neumann, Ulfrid (Hrsg.),* Festschrift für Winfried Hassemer, 2010, Heidelberg, S. 503-519, *zitiert:* FS Hassemer

Menzel, Tim, Die Steuerhinterziehung im deutschen und englischen Recht, Berichte aus der Rechtswissenschaft, Diss. 2006, Aachen, *zitiert:* Die Steuerhinterziehung im deutschen und englischen Recht

Meyer, Susanne, Gebühren für die Nutzung von Umweltressourcen, Unzulässiger Preis für Freiheitsausübung oder zulässiges Bewirtschaftungsinstrument, Diss. 1995, Berlin, *zitiert:* Gebühren für die Nutzung von Umweltressourcen

Meyer-Goßner, Lutz (Bearb.); Schmitt, Bertram (Erl.), Strafprozessordnung, Gerichtsverfassungsgesetz, Nebengesetze und ergänzende Bestimmungen, 63. Auflage 2020, München, *zitiert: Autor* in: Meyer-Goßner/Schmitt StPO

Minoggio, Ingo, Das Schweigerecht der juristischen Person als Nebenbeteiligte im Strafverfahren, wistra 2003, S. 121-129

Möller, Hauke, Verfassungsrechtliche Überlegungen zum „nemo-tenetur"-Grundsatz und zur strafmildernden Berücksichtigung von Geständnissen, JR 2005, S. 314-320

Muhler, Manfred, Die Umsatzsteuerhinterziehung, wistra 2009, S. 1-10

Müller, Jürgen R., Die Selbstanzeige im Steuerstrafverfahren, Praxis Beratung Gestaltung, 2. Auflage 2015, Köln, *zitiert:* Die Selbstanzeige im Steuerstrafverfahren

Müller, Lutz, Steuergeheimnis und Verwertungsverbot bei nichtsteuerlichen Straftaten, DStR 1986, S. 699-702

Müller, Michael, Die Selbstanzeige im Steuerstrafrecht, vor und nach dem Schwarzgeldbekämpfungsgesetz (2011) mit besonderem Augenmerk auf den neu geschaffenen Sperrgrund gemäß §§ 371 Abs. 2 Nr. 3, 398a AO, Schriften zum Strafrecht, Band 273, Diss. 2015, Berlin, *zitiert:* Die Selbstanzeige im Steuerstrafrecht

Müller-Boysen, Ulrike, Die Rechtsstellung des Betroffenen vor dem parlamentarischen Untersuchungsausschuß, Ein Beitrag zu den Mitwirkungsrechten und zum Schweigerecht des Betroffenen, Diss. 1980, München, *zitiert:* Die Rechtsstellung des Betroffenen vor dem parlamentarischen Untersuchungsausschuß

Müller-Dietz, Heinz, Die Stellung des Beschuldigten im Strafprozeß, ZStW 93 (1981), S. 1177-1270

Müller-Franken, Sebastian, Das Verbot des Abzugs der „Zuwendung von Vorteilen" nach dem Jahressteuergesetz 1966, Verfassungsproblem einer Durchbrechung des objektiven Nettoprinzips, StuW 1971, S. 3-23

Müller-Gugenberger, Christian (Hrsg.), Wirtschaftsstrafrecht, Handbuch des Wirtschaftsstraf- und ordnungswidrigkeitenrechts, 7. Auflage 2021, Köln, *zitiert: Autor* in: Müller-Gugenberger Wirtschaftsstrafrecht

Murphy, Richard, The European Tax Gap, A Report for the Socialists and Democrats Group in the European Parliament, January 2019, abrufbar unter: https://www.taxresearch.org.uk/Documents/EUTaxGapJan19.pdf, *zitiert:* The European Tax Gap

Mutter, Christoph, Steueramnestie für hinterzogene Schenkungsteuer bei Trust und Stiftung im Ausland, DStR 2004, S. 893-899

National Audit Office, Report HM Revenue & Customs, Tackling the hidden economy, 3 April 2008, HC 341, Session 2007-2008, abrufbar unter: https://www.nao.org.uk/wp-content/uploads/2008/04/0708341.pdf

dass., Report HM Revenue & Customs Managing civil tax investigations, 17 December 2010, HC 677, Session 2010-2011, abrufbar unter: https://www.nao.org.uk/wp-content/uploads/2010/12/1011677.pdf

dass., Report HM Revenue & Customs, Tackling tax fraud: how HMRC responds to tax evasion, the hidden economy and criminal attacks, 17 Dezember 2015, HC 610, Session 2015-16, abrufbar unter: https://www.nao.org.uk/wp-content/uploads/2015/12/Tackling-tax-fraud-how-HMRC-responds-to-tax-evasion-the-hidden-economy-and-criminal-attacks.pdf

Naumann, Kurt, Steuergerechtigkeit und Steuermoral, Ein theologischer Beitrag zur Frage der Steuergesinnung, BB 1967, S. 1433-1437

Neiseke, Eric, Die Selbstanzeige im Steuerrecht, Anforderungen, Hintergründe und Entwicklung aus behördlicher Sicht, 2016, Köln, *zitiert:* Die Selbstanzeige im Steuerrecht

Neumann, Ulfried, Mitwirkungs- und Duldungspflichten bei körperlichen Eingriffen im Strafverfahren, Zugleich ein Beitrag zu den verfassungsrechtlichen Grenzen körperlicher Eingriffe (§ 81a StPO), in: *Zaczyk, Rainer (Hrsg.); Köhler, Michael (Hrsg.); Kahlo, Michael (Hrsg.),* Festschrift für E. A. Wolff, zum 70. Geburtstag am 1.10.1998, 1998, Berlin, Heidelberg, New York, S. 373-393, *zitiert:* FS Wolff

Niese, Werner, Narkoanalyse als doppelfunktionelle Prozeßhandlung, ZStW 63 (1951), S. 199-228

Nothelfer, Martin, Die Freiheit von Selbstbezichtigungszwang, Verfassungsrechtliche Grundlagen und einfachgesetzliche Ausformulierungen, R. v. Decker´s rechts- und sozialwissenschaftliche Abhandlungen, Band 40, Diss. 1989, Heidelberg, *zitiert:* Die Freiheit von Selbstbezichtigungszwang

Odendahl, Kerstin, Der allgemeine Gleichheitssatz: Willkürverbot und „neue Formel" als Prüfungsmaßstäbe, JA 2000, S. 170-176

Odenthal, Hans-Jörg, Die Gegenüberstellung zum Zwecke des Wiedererkennens, NStZ 1985, S. 433-438

O´Donnel, John, VAT investigation, Vat Dig. 2007, S. 1-26

OECD, Update on Voluntary Disclosure Programmes: A pathway to tax compliance, 7 August 2015, abrufbar unter: http://www.oecd.org/ctp/exchange-of-tax-information/update-on-voluntary-disclosure-programmes-a-pathwaypto-tax-compliance.htm

Ormerod, David, Cheating the public revenue, Crim. L.R. 1998, S. 627-645

Ossenbühl, Klaus Hermann, Die gerechte Steuerlast, Prinzipien der Steuerverteilung unter staatsphilosophischem Aspekt, Sammlung Politeia, Bd. XXVII, 1972, Heidelberg, *zitiert:* Die gerechte Steuerlast

Paeffgen, Hans-Ullrich, Vorüberlegungen zu einer Dogmatik des Untersuchungshaft-Rechts, Habil. 1986, Köln, Berlin, Bonn, München

Parillo, Kristen A., HMRC Releases New Details on Second Tax Amnesty, Tax Notes Int´l, 15 June 2009, S. 939

Parpworth, Neil, Constitutional and Administrative Law, 9. Auflage 2016, Oxford

Patzschke, Andrew, Die Selbstanzeige als Strafaufhebungsgrund des allgemeinen Strafrechts, Schriftenreihe Strafrecht in Forschung und Praxis, Band 253, Diss. 2012, Hamburg, *zitiert:* Die Selbstanzeige als Strafaufhebungsgrund des allgemeinen Strafrechts

Pawlik, Michael, Verdeckte Ermittlungen und das Schweigerecht des Beschuldigten, Zu den Anwendungsgrenzen der §§ 136 Abs.1 Satz 2 und 136a StPO, GA 1998, S. 378-389

Penner, J. E., The Law Student´s Dictionary, 13. Auflage 2008, Oxford

Peres, Holger, Strafprozessuale Beweisverbote und Beweisverwertungsverbote, und ihre Grundlagen in Gesetz, Verfassung und Rechtsfortbildung, in: *Lehmann,*

Michael (Hrsg.), Rechtswissenschaftliche Forschung und Entwicklung, Band 213, Diss. 1991, München, *zitiert:* Strafprozessuale Beweisverbote

Peters, Sebastian, Steuerliche Pflichten und strafrechtliche Risiken bei der Einschaltung ausländischer Basisgesellschaften, NZWiSt 2016, S. 374-381

Pezzer, Heinz-Jürgen, Gleichmäßiger Gesetzesvollzug in der Steuerrechtsordnung, StuW 2007, S. 101-111

Popitz, Johannes, Die Ideale im Recht und das Steuerrecht, AöR 1921, S. 129-155

Poß, Joachim, Die Selbstanzeige abschaffen, Pro & Contra, DRiZ 2013, S. 206

Präsident des Bundesrechnungshofs, Probleme beim Vollzug der Steuergesetze, Empfehlungen des Präsidenten des Bundesrechnungshofs als Bundesbeauftragter für Wirtschaftlichkeit in der Verwaltung zur Verbesserung des Vollzuges der Steuergesetze in Deutschland, 2006, Stuttgart, *zitiert:* Probleme beim Vollzug der Steuergesetze

Preuß, Ulrich K., Rechtsstaat- Steuerstaat- Sozialstaat, Eine Problemskizze, in: *Deiseroth, Dieter (Hrsg.); Hase, Friedhelm (Hrsg.); Ladeur, Karl-Heinz (Hrsg.),* Abendroth/Blanke/Preuß u. a. Ordnungsmacht?, über das Verhältnis von Legalität, Konsens und Herrschaft, 1981, Frankfurt am Main, S. 46-68, *zitiert:* Ordnungsmacht

Puppe, Ingeborg, List im Verhör des Beschuldigten, GA 1978, S. 289-306

dies., Der halbherzige Rücktritt, Zugleich eine Besprechung von BGHSt 31, 46, NStZ 1984, S. 488-491

Pyle, David J., The Economics of Taxpayer Compliance, Journal of Economic Surveys 1991, S. 163-198

Queck, Nadine, Die Geltung des nemo-tenetur-Grundsatzes zugunsten von Unternehmen, in: *Schmidhäuser, Eberhard (Begr.); Schroeder, Friedrich-Christian (Hrsg.),* Strafrechtliche Abhandlungen, Neue Folge, Band 168, Diss. 2005, Berlin, *zitiert:* Die Geltung des nemo-tenetur-Grundsatzes zugunsten von Unternehmen

Ranft, Eckart, Das strafrechtliche Verwertungsverbot des § 428 Abs. 2 AO, DStR 1969, S. 364-367

Ransiek, Andreas, Die Rechte des Beschuldigten in der Polizeivernehmung, R. v. Decker´s rechts- und sozialwissenschaftliche Abhandlungen, Band 45, 1990, Heidelberg, *zitiert:* Die Rechte des Beschuldigten

ders.; Winsel, André, Die Selbstbelastung im Sinne des „nemo tenetur se ipsum accusare"-Grundsatzes, GA 2015, S. 620-638

Register, Dawn; Adams, Helen, Sticks instead of carrots?, Taxation 29 September 2016, S. 10-12

Reichling, Tilmann, Selbstanzeige und Verbandsgeldbuße im Steuerstrafrecht, NJW 2013, S. 2233-2236

Reinel, Stefan, Der „nemo tenetur"-Grundsatz als Grenze steuerlicher Informationshilfe in der Europäischen Union, in: *Marauhn, Thilo (Hrsg.); Walter, Christian (Hrsg.),* Jus Internationale et Europaeum, Band 112, Diss. 2015, Tübingen, *zitiert:* Der „nemo tenetur"-Grundsatz als Grenze steuerlicher Informationshilfe

Reiter, Christian Harald Maximilian, „Nemo tenetur se ipsum prodere" und Steuererklärungspflicht, Zur Strafbarkeit der wiederholenden Hinterziehung periodischer Veranlagungs- und Fälligkeitssteuern im anhängigen Steuerstrafverfahren, Münchner Juristische Beiträge, Band 63, Diss. 2007, München, *zitiert:* „Nemo tenetur se ipsum prodere" und Steuererklärungspflicht

Reiß, Wolfram, Zwang zur Selbstbelastung nach der neuen Abgabenordnung, NJW 1977, S. 1436-1437

ders., Besteuerungsverfahren und Steuerstrafverfahren, Zugleich ein Beitrag zur Bedeutung des Grundsatzes von nemo tenetur se ipsum prodere im Besteuerungsverfahren, Habil. 1987, Köln, *zitiert:* Besteuerungsverfahren und Steuerstrafverfahren

ders., Strafrechtliche und (umsatz-)steuerliche Aspekte bei grenzüberschreitenden Warenlieferungen in der Europäischen Union, in: *Fischer, Michael (Hrsg.); Mellinghoff, Rudolf (Hrsg.),* Festgabe für Heinrich List zum 100. Geburtstag am 15. März 2015, Stuttgart, München, Hannover, Berlin, Weimar, Dresden, S. 148-177, *zitiert:* FS List

Rengier, Rudolf, Aushöhlung der Schweigebefugnis des auch steuerlich Beschuldigten durch „nachteilige" Schätzung der Besteuerungsgrundlagen, BB 1985, S. 720-723

Renzikowksi, Joachim, Die förmliche Vernehmung des Beschuldigten und ihre Umgehung, JZ 1997, S. 710-717

Rieß, Peter, Die Vernehmung des Beschuldigten im Strafprozeß, JA 1980, S. 493-301

Röckl, Edgar, Das Steuerstrafrecht im Spannungsfeld des Verfassungs- und Europarechts, Eine kritische Untersuchung unter besonderer Berücksichtigung der Wertungsdivergenzen zwischen Steuer- und Steuerstrafrecht als Verfassungsproblem, der Hinterziehung verfassungswidriger Steuern sowie der verfassungs- und europarechtlichen Grenzen der Steuerfahndung bei Banken, Schriften zum öffentlichen Recht, Band 875, Diss. 2002, Berlin, *zitiert:* Das Steuerstrafrecht im Spannungsfeld des Verfassungs- und Europarechts

Rodi, Michael, Die Rechtfertigung von Steuern als Verfassungsproblem, Dargestellt am Beispiel der Gewerbesteuer, in: *Heldrich, Andreas (Hrsg.); Lerche, Peter (Hrsg.); Roxin, Claus (Hrsg.),* Münchener Universitätsschriften, Reihe der Juristischen Fakultät, Band 101, Diss. 1994, München, *zitiert:* Die Rechtfertigung von Steuern als Verfassungsproblem

Rogall, Klaus, Der Beschuldigte als Beweismittel gegen sich selbst, Ein Beitrag zur Geltung des Satzes „Nemo tenetur seipsum prodere", Schriften zum

Prozessrecht, Band 49, Diss. 1977, Berlin, *zitiert:* Der Beschuldigte als Beweismittel gegen sich selbst

ders., Grund und Grenzen des strafrechtlichen Selbstbegünstigungsprinzips auf der Basis eines generalpräventiv-funktionalen Schuldmodells, StV 1996, S. 63-68

ders., Die Vergabe von Vomitivmitteln als strafprozessuale Zwangsmaßnahme, NStZ 1998, S. 66-68

ders., Das Verwendungsverbot des § 393 II AO, in: *Hirsch, Hans Joachim (Hrsg.); Wolter, Jürgen (Hrsg.); Brauns, Uwe (Hrsg.),* Festschrift für Günther Kohlmann, Zum 70. Geburtstag, 2003, Köln, S. 465-498, *zitiert:* FS Kohlmann

Rolletschke, Stefan, Steuerstrafrecht, Academia iuris: Lehrbücher der Rechtswissenschaft Schwerpunktstudium, 4. Auflage 2012, München, *zitiert:* Steuerstrafrecht

ders.; Roth, David, Die Selbstanzeige, 2015, München

Rosenbaum, Christian, Der grundrechtliche Schutz vor Informationseingriffen, Jura 1988, S. 178-185

Rösinger, Luna, Die Freiheit des Beschuldigten vom Zwang zur Selbstbelastung, Über den Begründungszusammenhang von Mitwirkungsfreiheit und Strafverfahrenseingriff, Diss. 2019, Tübingen, *zitiert:* Die Freiheit des Beschuldigten vom Zwang zur Selbstbelastung

Roxin, Claus; Schünemann, Bernd (Forts.), Strafverfahrensrecht, Ein Studienbuch, 29. Auflage 2017, München, *zitiert:* Strafverfahrensrecht

Rudolphi, Hans-Joachim (Begr.); Schlüchter, Ellen (Begr.); Frisch, Wolfgang (Begr.); Rogall, Klaus (Begr.); Wolter, Jürgen (Begr./Hrsg.), Systematischer Kommentar zur Strafprozessordnung, Mit GVG und EMRK, Band I, §§ 1 - 93 StPO, 5. Auflage 2018; Band II, §§ 94 - 136a StPO, 5. Auflage 2016, Köln, *zitiert: Autor* in: SK-StPO

Ruegenberg, Guido, Das nationale und internationale Steuergeheimnis im Schnittpunkt von Besteuerungs- und Strafverfahren, in: *Knobbe-Keuk, Brigitte (Begr.); Schön, Wolfgang (Hrsg.),* Rechtsordnung und Steuerwesen, Band 28; Diss. 2001, Köln, *zitiert:* Das nationale und internationale Steuergeheimnis

Rüffelmacher, Günter, Die strafbefreiende Wiedergutmachung im Steuerstrafrecht (§§ 410, 411 AO), Diss. 1956, Würzburg, *zitiert:* Die strafbefreiende Wiedergutmachung im Steuerstrafrecht

Rulf, Friedrich, Beiträge zur Kritik der österr. Strafproceß-Ordnung vom 17. Jänner 1850, Magazin für Rechts- und Staatswissenschaft, Band 4 (1851), S. 309-327

Rüping, Hinrich, Zur Mitwirkungspflicht des Beschuldigten und Angeklagten, JR 1974, S. 135-140

ders., Der Grundsatz des rechtlichen Gehörs und seine Bedeutung im Strafverfahren, in: *Schmidhäuser, Eberhard (Hrsg.); Schroeder, Friedrich-Christian (Hrsg.),* Strafrechtliche Abhandlungen, Neue Folge, Band 26, Habil. 1983, Berlin, *zitiert:* Rechtliches Gehör

ders., Das Strafverfahren, 3. Auflage 1997, München

ders., Selbstanzeige und Steuermoral, DStR 2010, S. 1768-1772

ders.; Kopp, Thomas, Steuerrechtliche Mitwirkungspflichten und strafrechtlicher Schutz vor Selbstbelastung, NStZ 1997, S. 530-534

Rüster, Susanne, Rechtsstaatliche Probleme im Grenzbereich zwischen Besteuerungsverfahren und Strafverfahren, wistra 1988, S. 49-56

dies., Der Steuerpflichtige im Grenzbereich zwischen Besteuerungsverfahren und Strafverfahren, Abhandlungen zum nationalen und internationalen Steuerrecht, Band 5, Diss. 1989, Göttingen, *zitiert:* Der Steuerpflichtige

Sachs, Michael (Hrsg.), Grundgesetz Kommentar, 9. Auflage 2021, München, *zitiert: Autor* in: Sachs GG

Sahan, Oliver, Keine Steuererklärungspflicht bei Gefahr strafrechtlicher Selbstbelastung, Renaissance des „nemo tenetur" vor dem Hintergrund des Steuerverkürzungsbekämpfungsgesetzes und der neuen BGH-Rechtsprechung, Diss. 2006, Köln, Berlin, München, *zitiert:* Keine Steuererklärungspflicht bei Gefahr strafrechtlicher Selbstbelastung

Salditt, Franz, Die Hinterziehung ungerechter Steuern, in: *Lang, Joachim (Hrsg.),* Die Steuerrechtsordnung in der Diskussion, Festschrift für Klaus Tipke zum 70. Geburtstag, 1995, Köln, S. 475-485, *zitiert:* FS Tipke

Salter, David, Some thoughts on fraudulent evasion of income tax, B.T.R. 2002, S. 489-505

ders.; Ullah, Monuhar, Criminal Tax Law in England and Wales, in: *Dannecker, Gerhard (Hrsg.); Jansen, Oswald (Hrsg.),* Steuerstrafrecht in Europa und den Vereinigten Staaten, 2007, Wien, S. 223-278

Samson, Erich, Steuerhinterziehung, nemo tenetur und Selbstanzeige – eine Dokumentation, wistra 1988, S. 130-136

Satzger, Helmut, Die Europäisierung des Strafrechts, Eine Untersuchung zum Einfluß des Europäischen Gemeinschaftsrechts auf das deutsche Strafrecht, in: *Sieber, Ulrich (Hrsg.),* Ius Criminale, Schriftenreihe zum Europäischen Strafrecht, Band 8, Habil. 2001, Köln, Berlin, Bonn, München, *zitiert:* Die Europäisierung des Strafrechts

ders., Der Einfluss der EMRK auf das deutsche Straf- und Strafprozessrecht – Grundlagen und wichtige Einzelprobleme, Jura 2009, S. 759-768

ders., Internationales und Europäisches Strafrecht, Strafanwendungsrecht, europäisches Straf- und Verfahrensrecht, Völkerstrafrecht, 9. Auflage 2020, Baden-Baden, *zitiert:* Internationales und Europäisches Strafrecht

ders. (Hrsg.); Schluckebier, Wilhelm (Hrsg.); Widmaier, Gunter (Hrsg.), Strafprozessordnung, Mit GVG und EMRK, 4. Auflage 2020, Köln, *zitiert: Autor* in: S/S/W StPO

Sauerwald, Josef, Zum Neuen Jahr, StB 1998, S. 79-81

Sautter, Bruno, Die Pflicht zur Duldung von Körperuntersuchungen nach § 372a ZPO: Zugleich ein Beitrag zur Verfassungsmäßigkeit des § 81 a StPO, AcP 161 (1962), S. 215-269

Schäfer, Karl, Einige Bemerkungen zu dem Satz „nemo tenetur se ipsum accusare", in: *Hanack, Ernst-Walter (Hrsg.); Reiß, Peter (Hrsg.); Wendisch, Günter (Hrsg.),* Festschrift für Hanns Dünnebier zum 75. Geburtstag am 12. Juni 1982, 1982, Berlin, New York, S. 11-51, *zitiert:* FS Dünnebier

Schaefer, Torsten, Der Nemo-Tenetur-Grundsatz im Steuerstrafverfahren, Diss. 2007, Marburg, *zitiert:* Der Nemo-Tenetur-Grundsatz im Steuerstrafverfahren

Schaumburg, Harald, Kapitel 13 Hinzurechnungsbesteuerung, in: *ders. (Hrsg.); Freeden, Arne von (Bearb.); Häck, Nils (Bearb.); ders. (Bearb.),* Internationales Steuerrecht, Außensteuerrecht, Doppelbesteuerungsrecht, 4. Auflage 2017, Köln, *zitiert:* Internationales Steuerrecht

ders.; Peters, Sebastian, Internationales Steuerstrafrecht, 2. Auflage 2021, Köln, *zitiert: Autor* in: Schaumburg/Peters Internationales Steuerstrafrecht

Schelling, Philp; Warntjen, Maximilian, Die Pflicht des Arztes zur Offenbarung von Behandlungsfehlern, MedR 2012, S. 506-512

Schick, Walter, Steuerfahndung im Rechtsstaat, JZ 1982, S. 125-132

Schlüter, Jan, Die Strafbarkeit von Unternehmen in einer prozessualen Betrachtung, in: *Maiwald, Manfred (Hrsg.),* Schriften zum Strafrecht und Strafprozeßrecht, Band 45, Diss. 2000, Frankfurt am Main, *zitiert:* Die Strafbarkeit von Unternehmen

Schmidt, Eberhard, Lehrkommentar zur Strafprozeßordnung und zum Gerichtsverfassungsgesetz, Teil I, 2. Auflage 1964, Göttingen, *zitiert:* Lehrkommentar zur Strafprozeßordnung und zum Gerichtsverfassungsgesetz Bd. I

ders., Lehrkommentar zur Strafprozeßordnung und zum Gerichtsverfassungsgesetz, Teil II, 1. Auflage 1957, Göttingen, *zitiert:* Lehrkommentar zur Strafprozeßordnung und zum Gerichtsverfassungsgesetz Bd. II

ders., Lehrkommentar zur Strafprozeßordnung und zum Gerichtsverfassungsgesetz, Nachträge und Ergänzungen zu Teil II, 1. Auflage 1967, Göttingen, *zitiert:* Lehrkommentar zur Strafprozeßordnung und zum Gerichtsverfassungsgesetz, Nachtragsband zu Bd. II

ders., Der Strafprozeß, Aktuelles und Zeitloses, NJW 1969, S. 1137-1146

Schmidt, Eckehardt, Moderne Steuerungssysteme im Steuervollzug, DStJG 31 (2008), S. 37-57

Schmidt-Aßmann, Eberhard, § 26 Der Rechtsstaat, in: *Isensee, Josef (Hrsg.); Kirchhof, Paul (Hrsg.),* Handbuch des Staatsrechts, Band II, Verfassungsstaat, 3. Auflage 2004, Heidelberg, *zitiert:* HbStR Bd. II

ders., Due Process und Grundrechtsschutz durch Verfahren, Eine vergleichende Untersuchung zum amerikanischen und deutschen Verwaltunsgverfahrensrecht, AöR 2017, S. 325-365

Schmölders, Günter, Steuermoral, in: *Beckerath, Erwin von (Hrsg.); u.a.*, Handwörterbuch der Sozialwissenschaften, Zugleich Neuauflage des Handwörterbuchs der Staatswissenschaften, Zehnter Band, Städtebau – Verbrauchsteuern, 1959, Tübingen, S. 119-124, *zitiert:* Handwörterbuch der Sozialwissenschaften

ders., Das Irrationale in der öffentlichen Finanzwissenschaft, Probleme der Finanzpsychologie, in: *Grassi, Ernesto, (Hrsg.),* Rowohlts deutsche Enzyklopädie, Sachgebiet Staats- und Wirtschaftswissenschaften, 1960, Hamburg, *zitiert:* Das Irrationale in der öffentlichen Finanzwissenschaft

ders., Finanz- und Steuerpsychologie, Das Irrationale in der öffentlichen Finanzwissenschaft, Neubearbeitung, 1970, Hamburg, *zitiert:* Finanz- und Steuerpsychologie

ders.; Strümpel, Burkhard, Vergleichende Finanzpsychologie, Besteuerung und Steuermentalität in einigen europäischen Ländern, Akademie der Wissenschaften und der Literatur, Abhandlungen der geistes- und sozialwissenschaftlichen Klasse, Jahrgang 1968, Nr. 4, 1968, Wiesbaden, S. 129-151, *zitiert:* Vergleichende Finanzpsychologie

Schneider, Dieter, Steuervermeidung – ein Kavaliersdelikt?, DB 1997, S. 485-490

Schneider, Friedrich; Torgler, Benno; Schaltegger, Christoph A., Kompaktwissen Schattenwirtschaft und Steuermoral, Reihe Kompaktwissen CH, 2008, Zürich, Chur, *zitiert:* Schattenwirtschaft und Steuermoral

Schneider, Hartmut, Grund und Grenzen des strafrechtlichen Selbstbegünstigungsprinzips, auf der Basis eins generalpräventiv-funktionalen Schuldmodells, in: *Schmidhäuser, Eberhard (Hrsg.); Schroeder, Friedrich-Christian (Hrsg.),* Strafrechtliche Abhandlungen, Neue Folge, Band 72, Diss. 1991, Berlin, *zitiert:* Grund und Grenzen des strafrechtlichen Selbstbegünstigungsprinzips

Scholler, Heinrich J., Die Freiheit des Gewissens, Schriften zum Öffentlichen Recht, Band 2, 1958, Berlin, *zitiert:* Die Freiheit des Gewissens

Scholz, Rupert, Steuerstaat und Rechtsstaat, in: *Isensee, Josef (Hrsg.); Lecheler, Helmut (Hrsg.),* Freiheit und Eigentum, Festschrift für Walter Leisner zum 70. Geburtstag, 2000, Berlin, S. 797-809, *zitiert:* FS Leisner

Schönke, Adolf (Begr.); Schröder, Horst (Forts.); Eser, Albin (Red.); Perron, Walter (Bearb.); Sternberg-Lieben, Detlev (Bearb.); Eisele, Jörg (Bearb.); Hecker, Bernd (Bearb.); Kinzig, Jörg (Bearb.); Bosch, Nikolaus (Bearb.); Schuster, Frank (Bearb.); Weißer, Bettina (Bearb.); Schittenhelm, Ulrike (Bearb.), Strafgesetzbuch, Kommentar, 30. Auflage 2020, München, *zitiert: Autor* in: Schönke/Schröder StGB

Schramm, Hans-Holger, Die Verpflichtung des Abwassereinsatzleiters zur Weitergabe von Eigenmeßwerten und der nemo-tenetur-Satz, Europäische

Hochschulschriften, Reihe II, Rechtswissenschaft, Bd./Vol. 903, Diss. 1990, Frankfurt am Main, *zitiert:* Weitergabe von Eigenmeßwerten und nemo-tenetur-Satz

Schröder, Horst, Die Koordinierung der Rücktrittsvorschriften, in: *Geerds, Friedrich (Hrsg.); Naucke, Wolfgang (Hrsg.),* Beiträge zur gesamten Strafrechtswissenschaft, Festschrift für Hellmuth Mayer zum 70. Geburtstag am 1. Mai 1965, 1966, Berlin, S. 377-391, *zitiert:* FS Mayer

Schroeder, Daniela, Grundrechte, 5. Auflage 2019, Heidelberg, München, Landsberg, Frechen, Hamburg

Schroeder, Friedrich-Christian, Der Fair-trial-Grundsatz im Strafverfahren, Entstehung, Rechtsnatur, Bedeutung, in: *Roth, Herbert (Hrsg.),* Europäisierung des Rechts, Ringvorlesung der Juristischen Fakultät der Universität Regensburg 2009/2010, 2010, Tübingen, S. 183-196, *zitiert:* Europäisierung des Rechts

Schuster, Frank Peter, Die strafbefreiende Selbstanzeige im Steuerstrafrecht – Auslaufmodell oder notwendige Brücke in die Steuerehrlichkeit?, JZ 2015, S. 27-33

Schwarze, Jürgen (Hrsg.); Becker, Ulrich (Hrsg.); Hatje, Armin (Hrsg.); Schoo, Johann (Hrsg.); EU-Kommentar, 4. Auflage 2019, Baden-Baden, *zitiert: Autor* in: Schwarze EU-Kommentar

Seebode, Manfred, Über die Freiheit, die eigene Strafverfolgung zu unterstützen, JA 1980, S. 493-499

Seer, Roman, Der Konflikt zwischen dem Schweigerecht des Beschuldigten im Steuerstrafverfahren und seiner Mitwirkungspflicht im Besteuerungsverfahren, StB 1987, S. 128-132

ders., Reform des Veranlagungsverfahrens, StuW 2003, S. 40-59

Seidel, Gernot, Gewinnverschiebungen über die Grenze, Diss. 1971, Göttingen

Sieber, Ulrich; Engelhart, Marc, Compliance Programs for the Prevention of Economic Crimes, An Empirical Survey of German Companies, in: *Sieber, Ulrich (Hrsg.),* Schriftenreihe des Max-Planck-Instituts für ausländisches und internationales Strafrecht, Strafrechtliche Forschungsberichte, Band S 140, 2014, Berlin, *zitiert:* Compliance Programs for the Prevention of Economic Crimes

Simmich, Claus, Die Steuermoral als verfassungsrechtliches und steuerrechtliches Problem, Studieninstitut für angewandte Steuer- und Haushaltspolitik e.V., Diss. 1967, München, *zitiert:* Die Steuermoral

Simon, Eberhard H., Teil II Selbstanzeige, in: *ders. (Hrsg), Wagner, Andrea (Hrsg),* Steuerstrafrecht, 4. Auflage 2015, Stuttgart, *zitiert:* Simon/Wagner Steuerstrafrecht

Smailes, David, Tolley´s Income Tax 2016-17, 101. Auflage, 2016, London

Spatschek, Rainer; Lindenberg, Daniel, Selbstanzeige vor erstmaliger Datenübertragung im Rahmen des automatischen Informationsaustauschs, Stbg 2017, S. 263-264

Spickhoff, Andreas, § 630c BGB, in: *ders. (Hrsg.),* Medizinrecht, 3. Auflage 2018, München

Spiegel Online, Zahl der Selbstanzeigen von Steuerhinterziehern bricht ein, Artikel vom 27.12.2016, abrufbar unter: http://www.spiegel.de/wirtschaft/soziales/steuerhinterziehung-zahl-der-selbstanzeigen-bricht-offenbar-ein-a-1127574.html

Spriegel, Helmut, Steuergeheimnis und nichtsteuerliche Straftat, wistra 1997, S. 321-325

Stahl, Rudolf, Zum Verfassungsrang der Selbstanzeige, in: *Carlé, Dieter (Hrsg.); ders. (Hrsg.); Strahl, Martin (Hrsg.),* Festschrift für Klaus Korn, zum 65. Geburtstag, am 28. Januar 2005, 2005, Bonn, Berlin, S. 757-777, *zitiert:* FS Korn

ders., Selbstanzeige, Unter Berücksichtigung des Schwarzgeldbekämpfungsgesetzes und des deutsch-schweizerischen Abkommens, Brennpunkte der Steuerberatung, Band 1, 3. Auflage 2011, Köln, *zitiert:* Selbstanzeige

Stein, Lorenz von, Lehrbuch der Finanzwissenschaft, Erster Theil Die Finanzverfassung Europas, 5. Auflage 1885, Leipzig, *zitiert:* Lehrbuch der Finanzwissenschaft, 1. Teil

ders., Lehrbuch der Finanzwissenschaft, Zweiter Theil Die Finanzverwaltung Europas, Erste Abtheilung Der Staatshaushalt, die Staatsausgaben, die wirthschaftlichen Staatseinahmen und der allgemeine Teil der Steuerlehre, 5. Auflage 1885, Leipzig, *zitiert:* Lehrbuch der Finanzwissenschaft, 2. Teil, 1. Abteilung

Stemann, C. v., Einige Bemerkungen zum Entwurfe der Strafproceßordnung für die Herzogthümer Schleswig-Holstein, 1850, Altona

Stern, Klaus, Das Staatsrecht der Bundesrepublik Deutschland, Band I, Grundbegriffe und Grundlagen des Staatsrechts, Strukturprinzipien der Verfassung, 1. Auflage 1977, München, *zitiert:* Staatsrecht Bd. I, 1. Auflage

ders., Das Staatsrecht der Bundesrepublik Deutschland, Band I, Grundbegriffe und Grundlagen des Staatsrechts, Strukturprinzipien der Verfassung, 2. Auflage 1984, München, *zitiert:* Staatsrecht Bd. I

Stetter, Sabine, Die Lösung der Fälle mittelbarer Selbstbelastung wegen einer Steuerstraftat durch Erfüllung steuerrechtlicher Erklärungspflichten, Zugleich ein problembezogener Vergleich des deutschen und amerikanischen Rechts, in: *Joecks, Wolfgang (Hrsg.),* Strafrecht der Wirtschaft, Band 13, Diss. 2007, Berlin, *zitiert:* Die Lösung der Fälle mittelbarer Selbstbelastung

Streck, Michael, Betriebsprüfung und Steuerstrafverfahren, BB 1980, S. 1537-1542

ders., Der Eingriff der Steuerfahndung, Beratungsbuch für Verteidiger und Steuerbürger, 3. Auflage 1981, Köln, *zitiert:* Der Eingriff der Steuerfahndung

ders., Das Recht des Verhältnisses von Steuer- und Strafverfahren, DStJG 6 (1983), S. 217-251

ders., Praxis der Selbstanzeige, DStR 1985, S. 9-13

ders., Fast zwölf Monate Steueramnestie, Steueramnestie noch drei Monate, NJW 2004, S. 3737-3741 *ders.; Spatscheck, Rainer,* Steuerliche Mitwirkungspflicht trotz Strafverfahrens?, wistra 1998, S. 334-342

dies.; Talaska, Peter, Die Steuerfahndung, in: *Streck, Michael (Hrsg.),* Beratungsbücher für Berater, Rechtsschutz und Gestaltung im Unternehmensrecht, Steuerrecht und Steuerstrafrecht, Bd. 1, 5. Auflage 2017, Köln, *zitiert:* Steuerfahndung

Streinz, Rudolf (Hrsg.), EUV/AEUV, Vertrag über die Europäische Union und Vertrag über die Arbeitsweise der Europäischen Union, 3. Auflage 2018, München, *zitiert: Autor* in: Streinz EUV/AEUV

Stürner, Rolf, Strafrechtliche Selbstbelastung und verfahrensförmige Wahrheitsermittlung, NJW 1981, S. 1757-1763

Süddeutsche Zeitung, Zahl der Steuer-Selbstanzeigen sinkt drastisch, Artikel vom 24.12.2015, abrufbar unter: https://www.sueddeutsche.de/wirtschaft/finanzen-zahl-der-steuer-selbstanzeigen-sinkt-drastisch-dpa.urn-newsml-dpa-com-20090101-151224-99-550945

dies., Rettet die Steuermoral, Samstagsessay, Artikel vom 16.04.2016, S. 26

Swedish Tax Agency, Taxes in Sweden, An English Summary of Tax Statistical Yearbook of Sweden 2015, abrufbar unter: https://www.skatteverket.se/download/18.361dc8c15312eff6fd1f7cd/1467206001885/taxes-in-sweden-skv104-utgava16.pdf, *zitiert:* Taxes in Sweden 2015

Tegtmeyer, Sonja, Zwischenstaatliche informationelle Unterstützung in Steuersachen mit Nicht-EU-Staaten; Schriften des Instituts für Ausländisches und Internationales Finanz- und Steuerwesen der Universität Hamburg, Band 41, Diss. 2007, Baden-Baden, *zitiert:* Zwischenstaatliche informationelle Unterstützung in Steuersachen

Teske, Doris, Die Abgrenzung der Zuständigkeiten und der Beweisverfahren im Besteuerungsverfahren und im Steuerstrafverfahren unter besonderer Berücksichtigung des § 393 AO de lege lata und de lege ferenda, Diss. 1987, Köln, *zitiert:* Die Abgrenzung der Zuständigkeiten

dies., Das Verhältnis von Besteuerungs- und Steuerstrafverfahren unter besonderer Berücksichtigung des Zwangsmittelverbots (§ 393 Abs. 1 S. 2 und S. 3 AO), wistra 1988, S. 207-216

Tettinger, Peter J., Fairneß und Waffengleichheit, Rechtsstaatliche Direktiven für Prozeß und Verwaltungsverfahren, Schriftenreihe der Bundesrechtsanwaltskammer, Band 4, 1984, München, *zitiert:* Fairneß und Waffengleichheit

The Herald, Court breaks out in cheers as tax case jury frees Ken Dodd, Artikel vom 22.07.1989, abrufbar unter: https://www.heraldscotland.com/news/11926587.court-breaks-out-in-cheers-as-tax-case-jury-frees-ken-dodd/

Tiedemann, Klaus, Anmerkung zu Urteil des BGH v. 5.9.1974 – 4 StR 369/74, JR 1975, S. 385-387

Tipke, Klaus, Über Steuergerechtigkeit in Steuergesetzgebung, Steuerverwaltung und Steuergerichtsbarkeit, StuW 1980, S. 281-297

ders., Über Steuergesetzgebung und Verfassungsgerichtsbarkeit, Von der Euphorie über die Resignation zu neuer Hoffnung, StuW 1990, S. 308-321

ders., Besteuerungsmoral und Steuermoral, Nordrhein-Westfälische Akademie der Wissenschaften, Geisteswissenschaften, Vorträge G 366, 2000, Wiesbaden

ders., Die Steuerrechtsordnung, Band I, 2. Auflage, 2000, Köln, *zitiert:* Die Steuerrechtsordnung Bd. I

ders., Die Steuerrechtsordnung, Band II, 2. Auflage, 2003, Köln, *zitiert:* Die Steuerrechtsordnung Bd. II

ders., Die Steuerrechtsordnung, Band III, 2. Auflage, 2012, Köln, *zitiert:* Die Steuerrechtsordnung Bd. III

ders., § 146 Steuergerechtigkeit, in: *Kube, Hanno (Hrsg.); Mellinghoff, Rudolf (Hrsg.); Morgenthaler, Gerd (Hrsg.); Palm, Ulrich (Hrsg.); Puhl, Thomas (Hrsg.); Seiler, Christian (Hrsg.),* Leitgedanken des Rechts, Paul Kirchhof zum 70. Geburtstag, Band II Staat und Bürger, 2013, Heidelberg, München, Landsberg, Frechen, Hamburg, *zitiert:* Leitgedanken des Rechts Bd. II

ders. (Hrsg.), Kruse, Heinz Wilhelm (Hrsg), Abgabenordnung-Finanzgerichtsordnung, Kommentar zur AO (ohne Steuerstrafrecht) und FGO, Loseblattsammlung, Stand: 167. Lieferung 08.2021, Köln, *zitiert: Autor* in: Tipke/Kruse AO/FGO

ders. (Begr.); Lang, Joachim (Forts. bis 20. Auflage); Seer, Roman (Forts.); Hey, Johanna (Forts.), Steuerrecht, 24. Auflage 2021, Köln, *zitiert: Autor* in: Tipke/Lang Steuerrecht

Torka, Ronald, Nachtatverhalten und Nemo tenetur, Eine Untersuchung über die Grenzen „zulässiger Verteidigung" und die Relevanz des Nemo-tenetur-Prinzips bei der Strafzumessung selbstbegünstigenden Nachtatverhaltens gem. § 46 Abs. 2 StGB, in: *Schmidhäuser, Eberhard (Hrsg.); Schroeder, Friedrich-Christian (Hrsg.),* Strafrechtliche Abhandlungen, Neue Folge, Band 130, Diss. 2000, Berlin, *zitiert:* Nachtatverhalten und Nemo tenetur

Verrel, Torsten, Nemo tenetur – Rekonstruktion eines Verfahrensgrundsatzes – 1. Teil, NStZ 1997, S. 361-365

ders., Nemo tenetur – Rekonstruktion eines Verfahrensgrundsatzes – 2. Teil, NStZ 1997, S. 415-420

ders., Die Selbstbelastungsfreiheit im Strafverfahren, Ein Beitrag zur Konturierung eines überdehnten Verfahrensgrundsatzes, Münchener Universitätsschriften, Reihe der Juristischen Fakultät, Diss. 2001, München, *zitiert:* Selbstbelastungsfreiheit

Vinken, Horst, Ein Plädoyer für den Erhalt der strafbefreienden Selbstanzeige, DStR 28/2010, S. III

Vogel, Holger, Ungleichheiten beim Vollzug von Steuergesetzen im Bundesstaat, Juristische und ökonomische Aspekte, Europäische Hochschulschriften, Reihe V, Volks- und Betriebswirtschaft, Diss. 2000, Frankfurt am Main, *zitiert:* Ungleichheiten beim Vollzug von Steuergesetzen im Bundesstaat

Vogel, Klaus, Rechtfertigung der Steuern: Eine vergessene Vorfrage, Zugleich zur „heimlichen Steuerrevolte" und zum Dreieck Staat/Wirtschaft/Gesellschaft, Der Staat 25 (1986), S. 481-519

ders., Das ungeschriebene Finanzrecht des Grundgesetzes, in: *Selmer, Peter (Hrsg.); Münch, Ingo von (Hrsg.),* Gedächtnisschrift für Wolfgang Martens, 1987, Berlin, New York, S. 265-279, *zitiert:* GS Martens

ders., Der Verlust des Rechtsgedankens im Steuerrecht als Herausforderung an das Verfassungsrecht, DStJG 12 (1989), S. 123-144

ders., § 30 Der Finanz- und Steuerstaat, in: *Isensee, Josef (Hrsg.); Kirchhof, Paul (Hrsg.),* Handbuch des Staatsrechts, Band II, Verfassungsstaat, 3. Auflage, 2004, Heidelberg, *zitiert:* HbStR Bd. II

ders.; Waldhoff, Christian, Grundlagen des Finanzverfassungsrechts, Sonderausgabe des Bonner Kommentars zum Grundgesetz (Vorbemerkungen zu Art.104a bis 115 GG), 1999, Heidelberg, *zitiert:* Grundlagen des Finanzverfassungsrechts

Vögele, Alexander (Hrsg.), Borstell, Thomas (Hrsg.); Engler, Gerhard (Hrsg.), Verrechnungspreise, 4. Auflage 2015, München, *zitiert: Autor* in: Vögele/Borstell/Engler Verrechnungspreise

Vogelsang, Klaus, Grundrecht auf informationelle Selbstbestimmung?, in: *Starck, Christian (Hrsg.),* Studien und Materialien zur Verfassungsgerichtsbarkeit, Band 39, Diss. 1987, Baden-Baden, *zitiert:* Grundrecht auf informationelle Selbstbestimmung

Wabnitz, Heinz-Bernd (Hrsg.); Janovsky, Thomas (Hrsg.), Handbuch des Wirtschafts- und Steuerstrafrechts, 4. Auflage 2014, München, *zitiert: Autor* in: Wabnitz/Janovsky HdB Wirtschafts- und Steuerstrafrecht

dies., Handbuch des Wirtschafts- und Steuerstrafrechts, 5. Auflage 2020, München, *zitiert: Autor* in: Wabnitz/Janovsky HdB Wirtschafts- und Steuerstrafrecht

Wagner, Gerhard, § 630c BGB, in: *Säcker, Franz Jürgen (Hrsg.); Rixecker, Roland (Hrsg.); Oetker, Hartmut (Hrsg.); Limperg, Bettina (Hrsg.),* Münchener Kommentar zum Bürgerlichen Gesetzbuch, Band 5, 8. Auflage 2020, München, *zitiert: Autor* in: MK BGB

Wan, Andrew, Tax havens seek greater international cooperation, Int'l Tax Rev. 2012, S. 12-13

Wannemacher, Wolfgang J. (Hrsg.); Andrejtschitsch, Jan (Bearb.), Steuerstrafrecht, Handbuch, 6. Auflage 2013, Bonn, *zitiert: Autor* in: Wannemacher Steuerstrafrecht

Weber, Max, Wirtschaft und Gesellschaft, Erster Halbband, 5. Auflage, 1972, Tübingen, *zitiert:* Wirtschaft und Gesellschaft

Wegner, Carsten, § 371 AO: Läuft die strafbefreiende Selbstanzeige zum 31.12.10 aus?, PStR 2010, S. 145-147

Weichert, Thilo, Informationelle Selbstbestimmung und strafrechtliche Ermittlungen, - zum verfassungskonformen Technikeinsatz im Strafverfahren, Diss. 1990, Pfaffenweiler, *zitiert:* Informationelle Selbstbestimmung und strafrechtliche Ermittlungen

Weiß, Wofgang Die Verteidigungsrechte im EG-Kartellverfahren, zugleich ein Beitrag zu den allgemeinen Rechtsgrundsätzen des Gemeinschaftsrechts, in: *Sieber, Ulrich (Hrsg.)*, Ius criminale, Schriftenreihe zum europäischen Strafrecht, Band 3, Diss. 1996, Köln, Berlin, Bonn, München, *zitiert:* Die Verteidigungsrechte im EG-Kartellverfahren

Wenzel, Judith, Das Verhältnis von Steuerstraf- und Besteuerungsverfahren, unter besonderer Berücksichtigung der Ursächlichkeit des Besteuerungsverfahrens für Beweisverwertungsverbote im Steuerstrafrecht, Reihe Rechtswissenschaft, Band 199, Diss. 2003, Herbolzheim, *zitiert:* Das Verhältnis von Steuerstraf- und Besteuerungsverfahren

Weimann, Rüdiger, Neues Merkblatt zum Umsatzsteuer-Missbrauch: Mandanten vor übereilten Statements warnen!, GStB 2015, S. 68-72

Weßlau, Edda, Zwang, Täuschung und Heimlichkeit im Strafverfahren, ZStW 110 (1998), S. 1-37

Wessels, Johannes, Schweigen und Leugnen im Strafverfahren, JuS 1966, S. 169-176

ders. (Begr.); Beulke, Werner (Forts.); Satzger, Helmut (Forts.), Strafrecht Allgemeiner Teil, Die Straftat und ihr Aufbau, 50. Auflage 2020, Heidelberg, *zitiert:* Strafrecht AT

Westphal, Marion, Die strafbefreiende Selbstanzeige im Steuerrecht, zum persönlichen Umfang der Sperrwirkung des § 371 Abs. 2 Nr. 1a AO beim Erscheinen im Betrieb, in: *Lehmann, Michael (Hrsg.)*, Rechtswissenschaftliche Forschung und Entwicklung, Band 120, Diss. 1987, München; *zitiert:* Die strafbefreiende Selbstanzeige im Steuerrecht

White, Simone, Voluntary Disclosure: A Criminal Law By-Pass?, Journal of European Criminal Law 2007, S. 31-42

Wickstead, Hannah, Changes to COP9, Taxation 17 July 2014, S. 19

Wieland, Rainer, Buchhaltungsunterlagen als Gegenstand der Beschlagnahme beim Steuerberater des Beschuldigten, Diss. 1997, Bochum

Williams, David W.; Morse, Geoffrey; Eden, Sandra, Davies Principles of Tax Law, 8. Auflage 2016, London

Wintrich, Josef, Über Eigenart und Methode verfassungsgerichtlicher Rechtsprechung, in: Verfassung und Verwaltung in Theorie und Wirklichkeit, Festschrift für Herrn Geheimrat Professor Dr. Wilhelm Laforet anläßlich seines 75. Geburtstages, 1952, München, S. 227-249, *zitiert:* FS Laforet

Wittig, Petra, Die Selbstanzeige bei Steuerstraftaten, Jura 2014, S. 567-579

Wohlers, Wolfgang, Entstehung und Funktion der Staatsanwaltschaft, Ein Beitrag zu den rechtshistorischen und strukturellen Grundlagen des reformierten Strafverfahrens, Diss. 1994, Berlin, *zitiert:* Entstehung und Funktion der Staatsanwaltschaft

Wolff, Heinrich Amadeus, Selbstbelastung und Verfahrenstrennung, Das Verbot des Zwangs zur aktiven Mitwirkung am eigenen Strafverfahren und seine Ausstrahlungswirkung auf die gesetzlichen Mitwirkungspflichten des Verwaltungsrechts, Schriften zum Prozessrecht, Band 129; Diss. 1997, Berlin, *zitiert:* Selbstbelastung und Verfahrenstrennung

Wölfl, Bernd, Die Verwertbarkeit heimlicher privater Ton- und Bildaufnahmen im Strafverfahren, Europäische Hochschulschriften, Reihe II, Rechtswissenschaft, Bd./Vol. 2263, Diss. 1997, Frankfurt am Main, *zitiert:* Die Verwertbarkeit heimlicher privater Ton- und Bildaufnahmen im Strafverfahren

Wolfslast, Gabriele, Beweisführung durch heimliche Tonbandaufzeichnung – Besprechung des BGH-Urteils vom 9.4.1986 – 3 StR 551/85, NStZ 1987, S. 103-106

Wrede, Matthias, Ökonomische Theorie des Steuerentzugs, Steuervermeidung, -umgehung und -hinterziehung, Diss. 1993, Heidelberg, *zitiert:* Ökonomische Theorie des Steuerentzugs

Zeder, Fritz, Europastrafrecht, Vertrag von Lissabon und Stockholmer Programm: Mehr Grundrechtsschutz?, EuR 2012, S. 34-60

Zeit Online, Hoeneß zu dreieinhalb Jahren Haft verurteilt, Artikel vom 13.03.2014, abrufbar unter: http://www.zeit.de/wirtschaft/2014-03/uli-hoeness-urteil-prozess

dies., Zahl der Selbstanzeigen nach Hoeneß-Prozess verdreifacht, Artikel vom 16.04.2014, abrufbar unter: http://www.zeit.de/wirtschaft/2014-04/steuerhinterziehung-selbstanzeigen-hoeness

dies., Strafbefehl gegen Alice Schwarzer, Artikel vom 10.07.2016, abrufbar unter: http://www.zeit.de/gesellschaft/2016-07/steuerhinterziehung-alice-schwarzer-strafbefehl

Zöbeley, Günter, Zur Verfassungsmäßigkeit der strafbefreienden Selbstanzeige bei Steuerhinterziehung, DStZ 1984, S. 198-200

Verzeichnis der zitierten britischen Rechtsprechung

Attorney General's Reference (No. 1 of 1981) [1982] QB 848

Canadian Minister of Finance v Smith PC [1926] 5 ATC 621

CIR v Aken CA 1990, 63 TC 395

Commissioners of the Customs & Excise v Han [2001] STC 1188

Gold Nuts Ltd and Others v Commissioners for HMRC [2016] UKFTT 0082 (TC)

J P Harrison (Watford) Ltd v Griffiths [1962] 40 TC 281

Kennerley v Revenue and Customs Cmrs [2007] STC (SCD) 188

King v Walden [2001] STC 822

Lindsay Woodward & Hiscox CIR CS [1932] 18 TC 43

Mann v Nash [1932] 16 TC 523

Partridge v Mallandine [1886] 2 TC 179

R v Allen [2001] STC 1537

R. v. Ayres [1984] AC 447

R v Barker [1941] 2 KB 381

R v Bembridge [1783] 3 Doug KB 327, 332

R v CIR, ex p Allen QB 1997, [1997] STC 1141

R v Dealy (John Clarke) [1995] STC 217

R v Derby Magistrates' Court, ex p B [1996] AC 487

R v Dolan and Cormack (1981) 3 Cr. App. R. (S.) 139

R v Forsyth [1997] 2 Cr. App. R. 299

R v G [2003] UKHL 50

R v Ghosh [1982] QB 1053

R v Gill and anor [2003] STC 1229

R v Hudson [1956] 2 QB 252

R v Hunt [1994] STC 819

R v IRC, ex p Mead and Cook [1992] STC 482

R v IRC, ex p Wilkinson [2005] UKHL 30

R v Less Times 30. März 1993 CA

R v Mavji [1986] STC 508

R v McCarthy [1981] STC 298

R v Mulligan [1990] Crim. L.R. 427
R v Redford [1988] STC 845
R v Ryan [1994] STC 446
R v W and another CA [1998] STC 550
Scott v Metrolpolitan Police Comr [1975] AC 819
Southern v AB [1933] 18 TC 59
Warner v Metropolitan Police Comr [1968] 2 All ER 356
Wai Yu-tsang v R [1992] 1 AC 269

www.ingramcontent.com/pod-product-compliance
Ingram Content Group UK Ltd.
Pitfield, Milton Keynes, MK11 3LW, UK
UKHW021927290926
8980IPUK00016B/1495

9 783631 895146